Oulad-Youssef

Kreditrationierung in Entwicklungsländern

GABLER EDITION WISSENSCHAFT

Empirische Finanzmarktforschung / Empirical Finance

Herausgegeben von Professor Dr. Jan Pieter Krahnen und Professor Richard Stehle, Ph.D.

Im betriebswirtschaftlichen Gebiet Finanzierung hat die empirische Forschung in den vergangenen Jahren beträchtlich an Bedeutung gewonnen. In die vorliegende Schriftenreihe sollen Dissertationen und Habilitationen aufgenommen werden, die zur empirischen Finanzmarktforschung (im weitesten Sinne) einen wichtigen Beitrag leisten. Autoren bzw. die sie betreuenden Hochschullehrer werden aufgefordert, sich bei Interesse an einer Aufnahme der Arbeit in die Reihe mit den Herausgebern in Verbindung zu setzen.

Nordin Oulad-Youssef

Kreditrationierung in Entwicklungsländern

Empirische Ergebnisse für den marokkanischen Kreditmarkt

Mit einem Geleitwort
von Prof. Dr. Joachim Starbatty

Springer Fachmedien Wiesbaden GmbH

Die Deutsche Bibliothek - CIP-Einheitsaufnahme

Oulad-Youssef, Nordin:
Kreditrationierung in Entwicklungsländern : empirische Ergebnisse für den marokkanischen Kreditmarkt / Nordin Oulad-Youssef. Mit einem Geleitw. von Joachim Starbatty.
- Wiesbaden : Dt. Univ.-Verl. ; Wiesbaden : Gabler, 1999
(Gabler Edition Wissenschaft : Empirische Finanzmarktforschung)
Zugl.: Tübingen, Univ., Diss., 1998
ISBN 978-3-8244-6958-1 ISBN 978-3-663-08667-3 (eBook)
DOI 10.1007/978-3-663-08667-3

Lektorat: Ute Wrasmann / Albrecht Dreisen

Originally published by Betriebswirtschaftlicher Verlag Dr . Th. Gabler GmbH, Wiesbaden in 1999.

http://www.gabler-online.de
http://www.duv.de

Vorwort der Herausgeber

Das betriebswirtschaftliche Gebiet Finanzierung hat sich in den vergangenen dreißig Jahren im Hinblick auf die Abgrenzung von anderen wirtschaftswissenschaftlichen Teildisziplinen, aber auch im Hinblick auf die Forschungsinhalte und die Forschungsmethoden stark gewandelt. Finanzierung wird heute meist, dem amerikanischen Gebrauch des Begriffes „Finance“ folgend, als Oberbegriff für die Gebiete Unternehmensfinanzierung, Investition und Bankbetriebslehre verwendet. Diesen drei Gebieten ist gemein, daß die Funktionsweise der relevanten Geld-, Kapital- und Devisenmärkte von zentraler Bedeutung ist. In der Forschung wird üblicherweise mit mehr oder weniger stark formalisierten Modellen in einem ersten Schritt versucht, Hypothesen über die betrachteten Sachverhalte abzuleiten, in einem zweiten Schritt werden diese Hypothesen dann empirisch überprüft, d. h. mit der Realität konfrontiert.
Gemessen am zeitlichen Aufwand der beteiligten Wissenschaftler und am Umfang der vorgelegten Arbeiten hat im Gebiet Finanzierung die empirische Forschung in den vergangenen Jahren beträchtlich an Bedeutung gewonnen. Dabei haben die EDV-mäßige Verfügbarkeit von Daten und die verbesserten Möglichkeiten ihrer Verarbeitung eine wichtige Rolle gespielt.

In die vorliegende Schriftenreihe sollen Dissertationen und Habilitationen aufgenommen werden, die zur empirischen Finanzmarktforschung (im weitesten Sinne) einen wichtigen Beitrag leisten. Autoren bzw. die sie betreuenden Hochschullehrer werden aufgefordert, sich bei Interesse an der Aufnahme einer Arbeit in die Reihe mit den Herausgebern in Verbindung zu setzen.

Wichtigtes Ziel der Reihe ist die effiziente Verbreitung der Forschungsergebnisse. Um den Lesern die wichtigsten Teile der Arbeiten leicht zugänglich zu machen, soll im jeweiligen Geleitwort des Betreuers auf die besonderen Stärken der Arbeit hingewiesen werden. Auch die bei Drucklegung bereits bekannten Schwächen der Arbeit sollen in diesem Geleitwort Erwähnung finden.

Eine Liste der bisher erschienenen Schriften ist am Ende dieser Arbeit und auf den Web-Seiten der Herausgeber zu finden.

Prof. Dr. J. P. Krahnen
Johann Wolfgang Goethe Universität
Fachbereich Wirtschaftswissenschaften
Professur für Kreditwirtschaft
und Finanzierung
Mertonstraße 17-21
D-60054 Frankfurt am Main
Tel.: (069) 798-22568
Fax: (069) 798-28951
E-Mail: krahnen@wiwi.uni-frankfurt.de
http://www.wiwi.uni-frankfurt.de/professoren/krahnen

Prof. R. Stehle, Ph. D.
Humboldt-Universität zu Berlin
Wirtschaftswissenschaftliche Fakultät
Institut für Bank-, Börsen-
und Versicherungswesen
Spandauer Straße 1
D-10178 Berlin
Tel.: (030) 2093-5761
Fax: (030) 2093-5666
E-Mail: stehle@wiwi.hu-berlin.de
http://www.wiwi.hu-berlin.de/finance

Geleitwort

Der Ausbruch der Wirtschaftskrise in Südostasien im Jahre 1997 hat die Bedeutung eines soliden und funktionsfähigen Finanzsektors für die wirtschaftliche Entwicklung erneut unterstrichen. In Entwicklungsländern weisen Finanzmärkte und Finanzinstitute häufig gravierende Ineffizienzen auf. Deshalb kann es zu Rationierung von Krediten kommen. Oft sind Ineffizienzen aber auch Konsequenz der Rationierung. Nordin Oulad-Youssef hat Ursachen, Erscheinungsformen, Bedeutung und wirtschaftspolitische Konsequenzen der Kreditrationierung in Entwicklungsländern am Beispiel Marokkos herausgearbeitet.

Er zeigt zunächst die Bedeutung des Finanzsektors für die wirtschaftliche Entwicklung auf. Er analysiert in Teil I das Phänomen der Kreditrationierung in Entwicklungsländern aus theoretischer Sicht. In Kapitel 1 unterstellt er symmetrische Informationsverteilung: Die Informationen hinsichtlich der Risiken eines durch Kredit zu finanzierenden Investitionsobjektes sind zwar unvollständig, aber Kreditgeber und Kreditnehmer gleichermaßen bekannt. Nach einführenden Bemerkungen über die Arten der Kreditrationierung und über die Entwicklung der theoretischen Modellierung von Kreditrationierung stellt er ein vereinfachtes Grundmodell vor. In den späteren Abschnitten führt er sukzessive realitätsnähere Annahmen ein und differenziert seine modelltheoretische Analyse entsprechend. Dabei geht er zwar von bekannten Modellen aus, entwickelt diese aber zugleich eigenständig weiter und leistet damit einen eigenen Beitrag zur Weiterführung der theoretischen Analyse von Kreditrationierung.

In Kapitel 2 untersucht er Kreditrationierung bei asymmetrischer Informationsverteilung: Er unterstellt, daß der Kreditnehmer über das jeweilige Investitionsprojekt und die mit ihm verbundenen Risiken besser informiert ist als der Kreditgeber. Er erläutert in allgemeiner Form die bei asymmetrischer Informationsverteilung auftretenden Probleme (Adverse selection, Moral hazard). Außerdem stellt er kurz die bisherigen Ansätze zur Modellierung entsprechender Kreditmärkte vor und unterzieht sie einer knappen Kritik. Diese Ansätze entwickelt er in den folgenden Abschnitten fort. Er präsentiert allgemeiner gehaltene Modelle, die nicht nur Wettbewerbs-, sondern auch Monopolmärkte abbilden und sowohl die Analyse von Adverse-selection- als auch von Moral-hazard-Effekten erlauben. Auch hier geht er von einem allgemeinen Grundmodell aus, das er in den nachfolgenden Abschnitten dann sukzessive um wichtige Aspekte (Kreditsicherheiten, variable Kredithöhe) erweitert. Bei allen Modellvarianten arbeitet er heraus, ob und in welchem Maße es zu Kreditrationierung kommen kann. Dabei ist die mathematische Analyse von beeindruckender Stringenz und Klarheit; auch die eigenständige Fortentwicklung der bislang bekannten Modelle beeindruckt.

In Teil II der Arbeit befaßt er sich mit der empirischen Analyse von Kreditrationierung. Kapitel 3 enthält eine ausführliche Bestandsaufnahme der verschiedenen Test- und Schätzmethoden, die zur Messung von Kreditrationierung eingesetzt werden. Die Methoden werden ausführlich dargestellt und im Hinblick auf ihre Eignung zur Erfassung von Kreditrationierung allgemein und in Entwicklungsländern insbesondere bewertet. Es ist ernüchternd, daß er bei den meisten Methoden zu dem Ergebnis kommt, daß sie gravierende Schwächen aufweisen und für eine Messung von Kreditrationierung in Entwicklungsländern nur mit Einschränkungen geeignet oder sogar völlig ungeeignet sind. In Kapitel 4 führt er eine eigenständige empirische Analyse der Kreditrationierung am Beispiel Marokkos durch. Abschließend zeigt er den weiteren Forschungsbedarf auf und diskutiert die wirtschaftspolitischen Implikationen seiner empirischen Ergebnisse.

Die Stärken der Arbeit liegen in den profunden Kenntnissen der Theorie der Kreditrationierung, in der selbständigen Weiterentwicklung dieser Ansätze und in der souveränen Beherrschung der ökonometrischen Methoden zur Messung von Kreditrationierung. Der Wirtschaftspolitiker lernt aus der Arbeit, über die Ausgestaltung passender Rahmenbedingungen – etwa in der Rechtsordnung – und komplementärer Reformen – Steuerpolitik, Geldpolitik – bei Deregulierung von Finanzmärkten nachzudenken.

Prof. Dr. Dr. h. c. Joachim Starbatty

Vorwort

Diese Arbeit sucht nach Ursachen und anhand eines Fallbeispiels nach empirischen Ergebnissen für die oft behauptete, aber bisher nicht überprüfte strenge Kreditrationierung in den Entwicklungsländern.

Herr Prof. Dr. Dr. h. c. Joachim Starbatty war bereit sie zu betreuen; seine Empfehlung ermöglichte mir einen Forschungsaufenthalt bei der marokkanischen Zentralbank, ohne den die Anfertigung der Arbeit weitaus schwieriger gewesen wäre. Dafür danke ich ihm.

Danken möchte ich auch Herrn Prof. Dr. Gerd Ronning für die Übernahme des Zweitgutachtens und für seine Hilfe bei der Suche nach einem für die empirischen Schätzungen geeigneten EDV-Programm.

Mein Dank gilt auch Frau Roukia Boutaleb und Herrn Ahmed Es-Said von der marokkanischen Zentralbank. Frau Roukia Boutaleb vom "Département des Etudes Economiques" in Rabat hat meine Arbeit durch ihr Interesse ermutigt und ermöglichte mir einen Aufenthalt in ihrer Abteilung sowie die Benutzung der Bankbibliothek, die für die Analyse des marokkanischen Bankenwesens sehr hilfreich waren.

Herr Es-Said von der Aufsichtsabteilung "Supervision Bancaire" in Casablanca betreute meinen ganzen Aufenthalt und besorgte mir alle für die Arbeit notwendigen Materialien.

Nordin Oulad-Youssef

Inhaltsverzeichnis

Abbildungsverzeichnis

Tabellenverzeichnis

Einführung

0.1 Die Finanzwirtschaft in der Entwicklungsökonomie

"The literature leaves one overwhelming impression: finance still remains very much the poor relation of mainstream development economics." So leitet Chandavarkar (1992, S. 134) seinen Aufsatz über den Stellenwert des Finanzsektors in der Entwicklungsökonomie ein. Daß in den Entwicklungsländern unvollständige, oft instabile Finanzsysteme bestehen, ist ein allgemein anerkannter Sachverhalt; welche Rolle er aber für die wirtschaftliche Unterentwicklung dieser Länder spielt, wurde bis weit in die achtziger Jahre kaum berücksichtigt. Die früheren Überlegungen von Gurley/Shaw (1955, 1960) und Patrick (1966), wonach die Finanzintermediation den realen Output beeinflußt, indem sie die finanziellen Möglichkeiten der Investoren erweitert, fanden vorerst keinen Eingang in die Entwicklungsökonomie und blieben überhaupt ohne Einfluß auf die mikro- und makroökonomische Wirtschaftstheorie[1]. Ebenfalls wenig beachtet blieben eine Reihe historischer Analysen der Finanzintermediation wie die von Hoselitz (1956), Cameron (1961, 1970), Gerschenkron (1962) und Goldsmith (1969), die dem Bankensektor eine aktive Rolle bei der Industrialisierung Europas zuschrieben. Das Interesse im monetären Bereich galt damals der Geldtheorie, bei der Finanzintermediäre, und hier insbesondere der Bankensektor, keine Rolle spielten. Die beobachtete Korrelation zwischen finanzieller Entwicklung und der allgemeinen wirtschaftlichen Entwicklung wurde mit dem "demand-following"-Ansatz abgetan: "By and large, it seems to be the case that where enterprise leads finance follows" (Robinson, 1952, S. 86)[2]. Die Wirtschaftspolitik in den Entwicklungsländern richtete sich danach und stellte durch eine Politik, die man als finanzielle Repression bezeichnet, den Finanzsektor zu Diensten einer beabsichtigten raschen Industrialisierung von Wirtschaftszweigen, die für die wirtschaftliche Entwicklung als vorantreibend angesehen wurden; die Kredite wurden durch Vorschriften über die Kreditvergabe für diese Sektoren gelenkt, und die Zinsen wurden meist auf einem sehr niedrigen Niveau festgeschrieben.

Die gesamtwirtschaftlichen Schocks der siebziger und der frühen achtziger Jahre, die in der Verschuldungskrise gipfelten und zur Verknappung der Finanzierungsmittel für die Entwicklungsländer auf internationalen Kreditmärkten führten, zwangen viele dieser Länder zu einer Revision der bisher betriebenen Politik mit dem Ziel, inländische Ersparnisse stärker zu mobilisieren[3]. Der Finanzsektor als mögliche Quelle der wirtschaftlichen Entwicklung rückte langsam

[1] Dieser Zusammenhang zwischen Bankensektor und realem Output wurde schon 1911 in Schumpeters *Theorie der wirtschaftlichen Entwicklung* thematisiert. Schumpeter betrachtet das Finanzkapital, damals hauptsächlich in Form von industriellen Krediten bereitgestellt, als Motor der wirtschaftlichen Entwicklung, indem es Innovationen in einer Volkswirtschaft ermöglicht.

[2] Die Bezeichnung "demand-following approach" (und das Pendant "supply-leading approach") gehen auf Patrick (1966) zurück.

[3] Nach den empirischen Resultaten von Rockerbie (1993, Abb. 2–14) zeigt sich ab Anfang der achtziger Jahre mit Ausnahme von Brasilien und Peru bei 11 anderen untersuchten lateinamerikanischen Ländern eine Verschärfung der Rationierung (zwischen 5 und 10% des BIP) auf den internationalen Kreditmärkten. Seine Resultate deuten aber gleichzeitig auf eine Anpassung der Länder an diese Schocks hin und damit auf eine Revision ihrer Wirtschaftspolitik. Langfristig betrachtet (1965–1988) ist mit Ausnahme weniger Länder die Rationierungshypothese statistisch insignifikant.

ins Blickfeld der entwicklungsökonomischen Diskussion und schaffte sich mit den Arbeiten von McKinnon (1973) und Shaw (1973) Raum in der Entwicklungsforschung.

Nach der McKinnon-Shaw-Hypothese tragen Finanzmärkte zum Wachstum einer Volkswirtschaft bei, indem durch die Abschaffung der finanziellen Repression höhere, positive reale Zinsen realisiert werden und dadurch, entsprechend des neoklassischen Paradigmas, das Sparen erhöht wird, welches dann höhere Investitionen bis zum Markträumungsniveau nach sich zieht. McKinnon (1973) geht von einer "fragmentierten" Wirtschaft aus, in der Finanzinstrumente nicht oder nur wenig vorhanden sind, die Opportunitätskosten der Geldhaltung durch die Erträge der Realaktiva bestimmt werden und die Wirtschaftssubjekte auf Selbstfinanzierung angewiesen sind. In einer solchen Wirtschaft tritt Geld als komplementär zu Realaktiva auf und wird als "conduit" betrachtet, durch das die Realkapitalbildung realisiert wird. Höhere reale Sparzinsen erhöhen die Geldhaltung, welche eine höhere Investition in Form von Realaktiva ermöglicht. Shaw (1973) betont dagegen die Rolle der Finanzintermediation für den Wachstumsprozeß einer Volkswirtschaft: Die Spezialisierung der Finanzintermediäre und ihre Möglichkeiten zur Risikoreduktion senken die Transaktionskosten der Spar- und Investitionsentscheidungen und ermöglichen so höheres Sparen und Investieren[4].

Die seit Mitte der siebziger Jahre auf eine Abschaffung der Repression abzielenden Reformen in den verschiedenen Entwicklungsländern brachten unterschiedliche Ergebnisse hervor: Während in Ländern wie Südkorea oder Taiwan die Liberalisierungsreformen der frühen achtziger Jahre mit hohen Wachstumsraten einhergingen, endeten die Finanzreformen in Ländern wie Argentinien, Chile, Uruguay, den Philippinen und der Türkei in Finanzkrisen inmitten einer starken makroökonomischen Instabilität, die durch hohe negative Wachstumsraten, hohe Inflation, hohe Zahlungsbilanzdefizite und sehr hohe reale Zinsen gekennzeichnet war[5].

Diese unterschiedlichen Erfahrungen mit der Liberalisierung der Finanzmärkte lösten in der Entwicklungsforschung ein zunehmendes Interesse an Finanzfragen aus. Die empirische Überprüfung der McKinnon-Shaw-Hypothese und die Suche nach Ursachen für solche Erfahrungsunterschiede waren in den achtziger Jahren und sind auch heute noch eines der Hauptthemen in der entwicklungspolitischen Diskussion. Empirisch kann der von der McKinnon-Shaw-Hypothese postulierte positive kausale Zusammenhang zwischen realen Zinsen, Sparen, Investitionen und Wirtschaftswachstum nicht allgemein erhärtet werden:

— Die Zinsreagibilität des volkswirtschaftlichen Sparens ist in fast allen empirischen Studien, wie der von Giovannini (1983, 1985), Gupta (1984,1987), Khatkhate (1988), Fry (1988, S.

[4] Ein Überblick über die McKinnon- und Shaw-Modelle sowie ihre Formalisierung bzw. Erweiterungen durch Kapur (1976, 1983), Mathieson (1979, 1980) und Galbis (1977) findet sich in Fry (1988, Kap. 1 und Kap. 2, S. 13ff.).

[5] Zur Darstellung der Liberalisierungsreformen und ihrer Ergebnisse in diesen Ländern siehe z. B. Díaz-Alejandro (1985), Edwards/Edwards (1987), Fry (1988, Kap. 13 u. Kap. 14), Cho (1989), Weltbank (1989, S. 149ff.), McKinnon (1989, 1993), Amsden/Euh (1993), Caprio et al. (1994, Kap. 5–10), Hermes (1996).

140), Cho/Khatkhate (1989), Schmidt-Hebbel et al. (1992), Oyewole (1994), Warman/Thirlwall (1994), beinahe null oder sehr gering. Die Höhe der Zinssätze hat allerdings Einfluß auf die Form, in der gespart wird. Nach den empirischen Ergebnissen von Fry (1988, S. 157), McKinnon (1989), Weltbank (1989, S. 34), Warman/Thirlwall (1994) besteht ein positiver Zusammenhang zwischen dem Bestand der Finanzaktiva in der Volkswirtschaft (der sog. finanziellen Tiefe) und der Höhe der Realzinsen.

— Zwischen realen Zinssätzen und Investitionsvolumen besteht kein eindeutiger positiver Zusammenhang. In den empirischen Analysen von Khatkhate (1988), Greene/Villanueva (1991), Demetriades/Devereaux (1992), Morisset (1993), Warman/Thirlwall (1994), wird entweder keine oder eine negative Beziehung gefunden. Der Kosteneffekt höherer Zinssätze kompensiert oder überwiegt einen möglichen positiven Effekt, der durch einen höheren Bestand an finanziellen Ersparnissen bedingt wird.

— Nicht unstrittig ist auch die postulierte positive Korrelation zwischen realen Zinsen bzw. finanzieller Tiefe und Wachstumsraten in einer Volkswirtschaft. Gültigkeit hat die Hypothese zweifellos für einzelne Länder, wie z. B. in den Analysen von Gupta (1984) für Indien und von Odedokun (1996a) für einige der 71 Länderstudien von Entwicklungsländern dokumentiert wird. Die Ergebnisse verschiedener empirischer Studien wie die von Fry (1988, S. 148), Khatkhate (1988), Khan/Villanueva (1991), De Gregorio/Guidotti (1995), Odedokun (1996b) zeigen, daß dieser positive Effekt meist auf eine mit den positiven realen Zinsen bzw. der finanziellen Tiefe verbundene verbesserte Allokation und weniger auf eine erhöhte Investitionsquote zurückzuführen ist[6]. Die endogene Wachstumstheorie liefert hier formaltheoretische Erklärungen für die von Shaw (1973) postulierte positive Inzidenz der finanziellen Intermediation auf die Investitionsproduktivität und auf das Wirtschaftswachstum. Die Finanzintermediation führt in den Modellen von Greenwood/Jovanovic (1990), Levine (1991, 1992) und Obstfeld (1994) zu einer Diversifikation der Produktivitäts- und Produktrisiken und so zu einer Erhöhung der Haltung des produktiven Kapitals. In den Modellen von Saint-Paul (1992, 1993) wird durch Diversifikation der Investitionen das Risiko einer wachstumsfördernden technologischen Spezialisierung verringert. Bei Bencivenga/Smith (1991) und Levine (1991, 1992) wird das mit einer Investition verbundene Liquiditätsrisiko durch die Finanzintermediäre weiter verringert und so eine vorzeitige Liquidation des produktiven Kapitals verhindert; die Investitionen werden gefördert. Die Finanzintermediäre sorgen bei King/Levine (1993a) für eine Produktivitätssteigerung in der Volkswirtschaft, indem sie eine kostenniedrigere und damit effizientere Projektevaluierung und -überwachung ermöglichen[7].

[6] In der Arbeit von Odedokun (1996b) wird eine Korrelation zwischen Kapitalproduktivität — gemessen als Verhältnis der Wachstumsrate des BIP zur Investitionsquote — und finanzieller Tiefe nur für die realen Werte der üblichen Indikatoren dieser Tiefe wie Geldmengeaggregate in ihren verschiedenen Abgrenzungen oder Kreditbestand gefunden.

[7] Ein Überblick über endogene Wachstumsmodelle mit Finanzintermediation findet sich in Pagano (1993) und Berthélemy/Varoudakis (1996a).

Allgemein aber ist die Hypothese der positiven Korrelation von finanzieller Tiefe und Wirtschaftswachstum nicht gültig. In der Studie von Odedokun (1996a) wird die Hypothese in 39 Fällen von 71 Einzelschätzungen als insignifikant gefunden. Die in vielen Studien oftmals für Gruppen von Ländern ausgewiesene Korrelation ([Weltbank, 1989, S. 38f.], Levine (1992), Levine/Zervos (1993), King/Levine [1993a, 1993b, 1993c]) muß vorsichtig interpretiert werden. Sie resultiert oft aus der Aggregation sehr heterogener Länder[8]. Führt man beispielsweise die von der Weltbank (1989, S. 38f.) für 33 Entwicklungsländer vorgenommene Regression ohne die Länder mit stark negativen Realzinsen durch, dann ist die gefundene positive Korrelation weniger eindeutig (vgl. Gibson/Tsakalotos, 1994, S. 595f.). Ähnliche Ergebnisse erzielen Roubini/Sala-i-Martin (1992): In ihrer Studie ist die positive Korrelation zwischen realen Zinsen und Wachstum bzw. die negative Korrelation zwischen finanzieller Repression und Wachstum bei Aggregation aller analysierten Länder insignifikant; bei der Betrachtung relativ homogener Ländergruppen ist die Korrelation nur für Länder mit stark negativem Zins eindeutig. Bei den übrigen ist sie nicht relevant (siehe Roubini/Sala-i-Martin, 1992, Tab. 4, S. 24f.).
Finanzielle Tiefe kann sogar einen negativen Effekt auf das Wirtschaftswachstum haben. Dies ist zum Beispiel der Fall bei 12 von De Gregorio/Guidotti (1995) untersuchten lateinamerikanischen Ländern in der instabilen Periode 1970-1985 (vgl. De Gregorio/Guidotti, 1995, S. 442ff.). Ähnliche Resultate erhalten auch Berthélemy/Varoudakis (1996b): Bei Aggregation von 95 untersuchten Ländern nach ihrer finanziellen Entwicklung hat die finanzielle Tiefe nur für relativ gut entwickelte Finanzmärkte einen positiven Effekt auf das Wachstum. Eine finanzielle Vertiefung bringt für die übrigen Gruppen negative Effekte mit sich: "If the financial development is insufficient, increasing the size of the financial sector implies consumption of more resources in this sector, without significant improvement in capital mobilisation and efficiency, which are obtained only after a certain threshold is passed." (Berthélemy/Varoudakis, 1996b, S. 80)[9]

Zur Erklärung dieser sich nicht mit den Aussagen der McKinnon-Shaw-Theorie der finanziellen Liberalisierung deckenden empirischen Resultate können hauptsächlich drei Gründe angeführt werden:

1. Die wirtschaftspolitische Umsetzung einer Liberalisierung tangiert u. a. die Bereiche der Ordnungs-, Wettbewerbs- und Geldpolitik. So erfordert eine Liberalisierungspolitik die Schaffung von Institutionen, die zum einen auf die Risikobegrenzung der Banken, zum anderen auf die Sicherstellung der makroökonomischen Stabilität ausgerichtet sind[10].

[8] Dornbusch/Reynoso (1989) argumentieren ähnlich. Für eine Stichprobe von 84 Entwicklungsländern schreiben sie: "The correlation of growth and financial deepening is not tight...; it is apparent that by judicious choice of sample any partial correlation can be generated." (Dornbusch/Reynoso, 1989, S. 205).

[9] Die Existenz der "threshold effects" in der wirtschaftlichen Entwicklung einer Volkswirtschaft impliziert die Existenz multipler Equilibria und — anders als Patrick's "demand-following-approach" oder "supply-leading-approach" der finanziellen Entwicklung — eine wechselseitige Kausalitätsbeziehung zwischen finanzieller Entwicklung und Wirtschaftswachstum. Unter den Arbeiten, die aufgrund der Externalitäten multiple Equilibria ableiten, siehe Berthélemy/Varoudakis (1994, 1995, 1996b), Saint-Paul (1992, 1996) und Zilibotti (1994). In den Granger-Kausalitätsanalysen von Jung (1986) und Demetriades/Hussein (1996) wird die wechselseitige Kausalitätsbeziehung in mehreren der untersuchten Länder empirisch bestätigt.

[10] Besonders betont werden diese beiden Strategien im Liberalisierungsprozeß beispielsweise von Villanue-

Die Begrenzung von Risiken, die aus einer freien Kreditvergabe der Banken erwachsen, erfordert den Aufbau einer funktionsfähigen Bankenaufsicht. So wird die Konzentration von Kreditgeschäften auf einzelne Kreditnehmer nach der Liberalisierung in Chile und Argentinien und die damit einhergehende erhöhte Krisenanfälligkeit der Banken als ein wichtiger Faktor für die Finanzkrisen in diesen Ländern betrachtet.
Eine finanzielle Liberalisierung erschwert ferner die Kontrolle geldpolitischer Variablen mit der entsprechenden Gefahr der Inflation und makroökonomischen Instabilität. Sehr hohe reale Zinsen, die sich oft nach der Liberalisierung einstellen wie etwa im Falle der Länder der Südspitze Lateinamerikas, der Türkei und der Philippinen, stürzen viele kreditabhängige Unternehmen in die Insolvenz, bringen in der Folge Banken in Bedrängnis und verhindern neue Investitionen. Eine Kontrolle der monetären Variablen erfordert bei deregulierten Märkten flexiblere Instrumente als die in den meisten Entwicklungsländern eingesetzte Mindestreserve- und Diskontpolitik. Der Einsatz flexiblerer Instrumente wie Pensionsgeschäfte verlangt seinerseits einen gut funktionierenden Geldmarkt. Voraussetzung für solche Geschäfte ist die Emission kurzfristiger Wertpapiere hauptsächlich durch die öffentliche Hand und ihre Vergütung mit marktgerechten Zinsen. Damit setzt eine stabilitätsorientierte Politik die Bereitschaft der öffentlichen Hand voraus, die Staatsausgaben durch den Markt und nicht durch die Notenbank zu finanzieren, wodurch wiederum weitere Inflationsgefahren gebannt werden.

2. Die fehlende positive kausale Koppelung zwischen realen Zinsen, gesamtwirtschaftlichem Sparen und Investitionen läßt sich durch das Keynessche Konzept der effektiven Nachfrage bzw. durch den Keynesschen Anpassungsprozeß begründen. Hierauf stützt sich die postkeynesianische Kritik u. a. von Burkett/Dutt (1991), Dutt (1991) und Studart (1993, 1995, 1995/96) sowie die neostrukturalistische Kritik von Taylor (1983) und van Wijnbergen (1983a, 1983b) an der finanziellen Liberalisierung.

Nach dem postkeynesianischen Paradigma verringert eine finanzielle Liberalisierung mit der entsprechenden Erhöhung der realen Zinsen und einer möglichen Erhöhung des Sparens die kaufkräftige Güternachfrage. Bleibt die effektive Nachfrage hinter dem Output zurück, werden die Ersparnisse nicht durch die Investitionsnachfrage absorbiert. Die Nachfragelücke auf dem Gütermarkt und das Ungleichgewicht auf dem Kapitalmarkt müssen über einen Einkommensrückgang kompensiert werden.
Löst ferner die finanzielle Liberalisierung einen Kapitalimport mit der entsprechenden Wechselkursaufwertung aus, wie dies bei den lateinamerikanischen Ländern der Fall war, wird der Einkommensrückgang verschärft, indem der Exportsektor beeinträchtigt wird.
Der Einkommensrückgang kann auch verschärft werden, wenn, bedingt durch die Liberalisierung, den Banken Verluste entstehen und sie dadurch ihre Kreditvergabe zur Finanzie-

---

va/Mirakhor (1990).

rung von Investitionen einschränken. Solche Verluste sind durch eine positive Fristentransformation der Banken bedingt (langfristige Kreditforderungen und kurzfristige Einlagen), wenn durch die Liberalisierung die Einlagenzinsen steigen, die Kreditzinsen aber nicht angepaßt werden können, da frühere Kredite zu fixen Zinsen vergeben worden waren.

Auch in den neostrukturalistischen Modellen werden Keynessche Anpassungsprozesse über das Einkommen betrachtet. Diese Modelle unterscheiden sich von der postkeynesianischen Sichtweise insofern, als sie die oft in Entwicklungsländern vorhandenen informellen Finanzmärkte in ihre Analyse einbeziehen. In den Modellen von Taylor (1983) und van Wijnbergen (1983a, 1983b) löst eine finanzielle Liberalisierung mit entsprechender Erhöhung der realen Zinsen auf dem institutionellen Finanzsektor einen Mittelabfluß vom informellen Markt hin zum institutionellen Markt aus; die zugeflossenen Mittel werden — anders als auf dem informellen Sektor — wegen der Mindestreservepflicht nicht voll für Kreditzwecke eingesetzt. Folge des verminderten Kreditangebots ist eine Verringerung der Investitionstätigkeit und des Einkommens. Der Einkommensrückgang kann sogar bei steigender Inflation (Stagflation) eintreten, da die durch die Liberalisierung bedingte Zinssteigerung, cost-push-Inflation vorausgesetzt, sich auf das Preisniveau niederschlägt[11].

3. Die Ergebnisse einer Liberalisierung entsprechend der McKinnon-Shaw-Hypothese basieren auf einer Modellierung von Spar- und Investitionsentscheidungen nach dem Paradigma der Gleichgewichtstheorie auf vollkommenen Märkten. Finanzmärkte sind jedoch durch informations- und verhaltensbedingte Risiken gekennzeichnet, die andere Marktergebnisse hervorbringen können, als die Liberalisierungstheorie voraussagt. Spar- und Allokationsentscheidungen stellen intertemporäre Entscheidungen dar, bei denen Forderungen gegen eine spätere Zahlungsversprechung getauscht werden und denen — bedingt durch die Zahlungsunfähigkeit und -unwilligkeit der Forderungsnehmer — Unsicherheiten inhärent sind. Aufgrund dieser Risiken werden Spar- und Kreditentscheidungen nicht nur anhand von Preiskriterien, sondern auch von Mengenbeschränkungen getroffen, so daß der postulierte positive Zusammenhang zwischen Kreditzins und Investitionen bzw. zwischen Einlagenzins und Sparen nicht immer gültig ist. Hier setzt diese Arbeit an und betrachtet in Zusammenhang mit diesem Argument die Kreditallokation als ihren Untersuchungsgegenstand.

0.2 Zielsetzung und Aufbau der Arbeit

Die vorliegende Arbeit untersucht erstens anhand einer theoretischen Analyse die durch das Kreditrisiko begründete Rationierung auf formellen Kreditmärkten in den Entwicklungsländern. Zweitens stellt sie ökonometrische Schätzmethoden für die Überprüfung einer eventuell vorliegenden Rationierung vor und untersucht diese Methoden auf ihre Relevanz für die Entwick-

[11] Einen Überblick über neostrukturalistische Modelle gibt Fry (1988, Kap. 4).

lungsländer. Drittens schließlich wendet sie am Beispiel Marokkos die empirische Analyse zur Überprüfung der Rationierungshypothese an.

Mit dieser Fragestellung wird ein bislang für die Entwicklungsländer kaum untersuchtes Phänomen analysiert. Chandavarkars Feststellung –

> "But the phenomenon of credit rationing in developing countries has hardly evoked any analytic or empirical investigation in contrast to the wealth of research on the interest-elasticity of savings and investment, as so well exemplified in Fry (1988) which in reviewing the literature on credit rationing..., is unable to cite any studies of credit rationing in developing countries." Chandavarkar (1992, S. 137) –

hat bis heute Gültigkeit und soll mit der vorliegenden Untersuchung entkräftet werden.

Zur Durchführung der Analyse wird die Arbeit in zwei Teile gegliedert, die sich der theoretischen und der empirischen Analyse der Kreditrationierung widmen. Teil I der Arbeit (Kapitel 1 u. 2) sucht Ursachen und Einflußfaktoren möglicher Rationierung anhand einer mikroökonomischen Analyse aufzudecken. Diese Analyse zielt auf die Aufstellung von Modellen und die Ableitung testbarer Hypothesen ab, die für eine empirische Umsetzung notwendig sind. Im Vordergrund der Mikroanalyse stehen die Beziehungen zwischen Banken und Unternehmen und somit eine Analyse der Rationierung von Investitionskrediten.
Im Mittelpunkt der Ursachenanalyse steht nach der Fragestellung das Ausfallrisiko der Investitionskredite. Kapitel 1 befaßt sich mit den Auswirkungen des inhärenten Objektrisikos einer Investition auf die Kreditvergabe. Bank und Investor sehen sich hier einem Investitionsobjekt gegenüber, dessen Erträge und die daraus zu leistende Kreditrückzahlung aufgrund unvollständiger, aber gleichverteilter Information unsicher sind.
Kapitel 2 befaßt sich neben dem Objektrisiko mit dem Subjektrisiko einer Investition, das im der Bank unbekannten Verhalten des Investors begründet ist. Hier sieht sich die Bank Investitionsobjekten verschiedener Ertrag-Risiko-Kombinationen gegenüber, deren Wahl aber letztlich vom Investor abhängt.
In beiden Kapiteln wird sowohl der Fall fixer als auch variabler Investitionsbeträge behandelt und der Einfluß der Eigenkapitalbeteiligung bzw. Kreditsicherheiten untersucht. Ebenfalls analysiert wird in beiden Kapiteln der Einfluß der Marktform auf das Marktergebnis in den beiden extremen Ausprägungen Monopol und Wettbewerbsmarkt.

Gegenstand von Teil II der Arbeit (Kapitel 3 u. 4) ist die empirische Analyse der Kreditrationierung. In Kapitel 3 werden die Test- und Schätzmethoden für die Theorie der Kreditrationierung vorgestellt. Gleichzeitig wird ein Überblick über die vorhandenen empirischen Arbeiten zur Kreditrationierung gegeben. Bei der Darstellung der Test- und Schätzmethoden wird ihre durch Datenverfügbarkeit und institutionelle Gegebenheiten bestimmte Relevanz für die Entwicklungsländer untersucht. In Kapitel 4 wird als Fallbeispiel eine ökonometrische Analyse für den marokkanischen aggregierten Bankenkreditmarkt unternommen, um — meines Wissens zum erstenmal — die oft behauptete strenge Kreditrationierung in den Entwicklungsländern zu quantifizieren.

Die Arbeit schließt mit einer Zusammenfassung wichtiger Ergebnisse und Schlußfolgerungen für die Wirtschaftspolitik ab.

0.3 Die Relevanz der Fragestellung

Die wirtschaftspolitische Relevanz der Untersuchung resultiert aus den Wachstumseffekten, die von einer Kreditrationierung ausgehen können:

Erstens beeinflussen Rationierungen auf Finanzmärkten unmittelbar das Investitionsvolumen einer Volkswirtschaft und machen sich somit beim Wirtschaftswachstum bemerkbar. Der Einfluß ist um so gravierender, je weniger Möglichkeiten bestehen, Kredite durch andere Finanzierungsformen zu substituieren. Bernanke/Blinder (1988) und Greenwald/Stiglitz (1990) zeigen in dem einfachen IS-LM-Modell mit Geld, Kredit und Wertpapieren die negativen Auswirkungen einer unzureichenden Kreditvergabe auf den Output: Wenn Wertpapiere und Kredite keine vollständigen Substitute darstellen, findet die Kreditmenge als investitionsbestimmende Größe auch in der IS-Kurve ihren Niederschlag. Eine Linksverschiebung infolge einer Rationierung von Krediten läßt den Output und die Zinsen für Wertpapiere sinken[12]. Der Produktionsrückgang ist sogar inflationär, wenn die Rationierung die Angebotsseite und weniger die Güternachfrage tangiert (vgl. Blinder, 1987, S. 328). Er kann auch mit steigenden Kreditzinsen einhergehen, nämlich dann, wenn die Banken ihre Kreditentscheidungen wieder mehr nach Preis- und weniger nach Mengenkriterien treffen. Dies ist der Fall, wenn aufgrund einer zyklischen Volatilität der Investitionsprojekte — d. h. einer überproportionalen Verringerung bzw. Erhöhung der erwarteten Erträge dieser Projekte bei einer Rezession bzw. einem Aufschwung— die riskanteren zurückgenommen werden, was den gesamten erwarteten Bankertrag steigen läßt (vgl. Stiglitz/Weiss, 1992, S. 182f.).

Einfluß hat die Rationierung zweitens auf den Wachstumszyklus einer Volkswirtschaft, indem sie Konjunktureinbrüche verstärkt und damit den Investitionsrückgang erhöht. Eine exogene Erhöhung von Unsicherheiten infolge exogener Schocks (Ölpreisschock, dramatische Erwartungsveränderung auf Grund wirtschaftlicher bzw. politischer Unruhen usw.) führt zu einer Einschränkung der (teilweise) kreditfinanzierten Produktion, um das erhöhte Konkursrisiko zu vermeiden. Gleiche Effekte stellen sich ein, wenn es über die Verschlechterung der Vermögenspositionen oder der Gewinnchancen einiger Unternehmer zu einer Verringerung der

[12]Siehe auch Greenwald et al. (1984), Bernanke/Gertler (1989, 1990) und Blinder (1987) für ähnliche Analysen über die negative Auswirkung von Finanzierungsrestriktionen auf den Output im Rahmen von (partiellen bzw. totalen) Marktgleichgewichtsmodellen. Buffie (1990) analysiert die negativen Auswirkungen einer Kreditbeschränkung auf die Kapitalakkumulation im Rahmen eines Lebenszyklusmodells für das Unternehmen. Bencinvenga/Smith (1993) analysieren die Effekte einer Finanzrestriktion auf das Wachstum im Rahmen eines endogenen Wachstumsmodells.

erwarteten Bankerträge und Einschränkung der Kreditvergabe kommt.
Diese Überlegungen werden von Greenwald/Stiglitz (1988a, 1988b, 1993) und Stiglitz (1992) im Rahmen der Gleichgewichtsanalyse, von Gallegati (1993) im Rahmen eines endogenen Wachstumsmodells für Aktiengesellschaften formalisiert: Die Existenz eines Konkursrisikos des Unternehmens und die Unmöglichkeit, dieses Risiko auf Future-Märkten vollständig abzusichern, induzieren ein risikoaverses Verhalten der Unternehmen, um die i. d. R. mit dem Umfang der Produktion positiv korrelierenden Bankrottkosten zu vermeiden. Eine Erhöhung der Unsicherheiten und/oder die Rationierung des Aktienkapitals führen — um das erhöhte Konkursrisiko zu vermeiden — zu einer Einschränkung der Produktion.
Die Verflechtung zwischen den Produktionssektoren und die dadurch bedingte Interdependenz der Märkte hat negative Multiplikatoreffekte: Die Verringerung des Aktivitätsniveaus auf einem Teilmarkt erhöht die Wahrscheinlichkeit eines Bankrotts auf anderen Teilmärkten, da sich die Absatzchancen verschlechtern; sie rufen eine Einschränkung der Kreditvergabe und eine weitere Dämpfung der Produktion hervor (vgl. Greenwald/Stiglitz, 1988b, S. 151f.). Zu weiteren negativen Multiplikatoreffekten kommt es auch, wenn die Rationierung die Kreditbeziehungen zwischen Firmen einschränkt (vgl. Stiglitz, 1992, S. 290).

Finanzrestriktionen beeinflussen das Wachstum einer Volkswirtschaft drittens nicht nur unmittelbar über die Investitionen, sondern auch über den privaten Konsum bzw. über das Sparen. In einer Reihe empirischer Analysen werden Liquiditätsrestriktionen bei den Haushalten, sei es in Form einer Kreditbeschränkung, in Form unterschiedlicher Soll- und Habenzinsen oder in Form von Vorleistungen wie das Bausparen, als Determinanten der Konsumausgaben ausgewiesen. So z. B. in den Arbeiten von Hayashi (1982, 1985), Zeldes (1989), Jappeli/Pagano (1989), Campbell/Mankiw (1990), Flaig (1993) und Engelhardt (1996). Der Einfluß dieser Restriktionen impliziert, daß für den Konsum das verfügbare Einkommen und nicht das permanente Einkommen maßgeblich ist. Dies impliziert aber auch, daß eine intertemporale Anpassung von Konsumplänen durch Kredite nicht möglich ist; diese Anpassung kann nur durch ein höheres Sparen erreicht werden. Jappelli/Pagano (1994) zeigen formal in einem dreiperiodigen überlappenden Generationsmodell, wie die Liquiditätsrestriktion zu einem höheren Sparen führt. Gleiche Ergebnisse leitet Xu (1995) in einem Lebenszyklusmodell ab.
Diese positive Korrelation wird empirisch durch Jappelli/Pagano (1994) für 19 Länder konstatiert.
Eine finanzielle Liberalisierung also, die vor allem zu einer Erweiterung der Konsumentenkredite führt, wie es in den lateinamerikanischen Ländern der Fall war, induziert kein höheres Sparen und keine höheren Investitionen (vgl. De Gregorio, 1995, S. 436)[13]. Jeder Wachstumseffekt einer solchen Liberalisierung kann nur — wie in den Modellen von De Gregorio (1993a, 1993b) entwickelt — aus einer Erhöhung des Humankapitals hervorgehen. Diese Erhöhung wird durch

[13] Ähnlich argumentieren Jappelli/Pagano (1994) für den Prozeß der finanziellen Integration in der Europäischen Union: "This process may lead to further easing of liquidity constraints in the countries where the mortgage and consumer credit markets are still relatively underdeveloped. ... the development of these markets will lead to a deterioration in the Community's overall saving and growth performance (Jappelli/Pagano, 1994, S. 105).

eine erweiterte Möglichkeit zur Ausbildung bedingt, die eine geringere Liquiditätsrestriktion mit sich bringen kann.

Die Relevanz von Kreditbeschränkungen im Wachstumszyklus einer Volkswirtschaft wird gestützt von historischen Arbeiten, deren Anliegen die Erklärung von Wirtschaftszyklen sind. So ist nach den Arbeiten von Bernanke (1983) und Hamilton (1987) die eingeschränkte Kreditvergabe der US-amerikanischen Banken in den Jahren 1930–33 eine wesentliche Ursache der Weltwirtschaftskrise[14]. Die Einschränkungen waren auf die größer gewordenen Unsicherheiten (u. a. Bank-run-Befürchtung und die vermehrte Haltung von liquiden, rediskontfähigen Papieren, Verringerung des Werts der Sicherheiten aufgrund deflationsbedingter höherer realer Kreditbelastung) zurückzuführen.
Calomiris/Hubbard (1989) finden für die Zeit des Goldstandards in den USA vor dem Ersten Weltkrieg auch einen engen Zusammenhang zwischen Kreditverfügbarkeit und realen wirtschaftlichen Variablen[15].

Die wirtschaftspolitische Relevanz der Kreditbeschränkungen wird unterstrichen, wenn ihre geldpolitischen Implikationen in Betracht gezogen werden. Im IS-LM-Modell mit Kreditmarkt ist die Geldpolitik wirksamer als rein fiskalische Maßnahmen. Eine expansive Geldpolitik beispielsweise, die mit einer Erhöhung der Depositen und Überschußreserven der Banken verbunden ist, verschiebt nicht nur die LM-Kurve nach links, sondern auch die IS-Kurve nach rechts, da die Kreditvergabemöglichkeiten der Banken erhöht werden. Somit kann die Geldpolitik auch bei der Keynesschen Investitions- oder Liquiditätsfalle wirksam sein. Die Impulse der Geldpolitik werden hier nicht nur über die Passivseite der Bankenbilanz (Geldmenge), sondern auch über Aktivposten (Kredite) geleitet. Sie sind Gegenstand der Arbeiten von Blinder/Stiglitz (1983), Blinder (1987), Kashyap et al. (1993) und Bernanke/Gertler (1995)[16].
Die empirische Gültigkeit des Transmissionsmechanismus ist umstritten und beherrscht die aktuelle Diskussion in der geldpolitischen Forschung. Während eine Reihe von empirischen Analysen, die sich ausschließlich auf die USA beziehen, den Transmissionsweg relevant finden (u. a. Sofianos et al. (1990), McCallum (1991), Gertler/Gilchrist (1993, 1994), Kashyap et al. (1993, 1996), Bernanke/Blinder [1992]), weisen andere Untersuchungen gegensätzliche Resultate aus (u. a. King (1986), Romer/Romer (1990), Ramey (1993), Taylor (1995), Meltzler (1995), Oliner/Rudebusch [1996]).

Die praktische Relevanz einer risikobedingten Kreditrationierung in den Entwicklungsländern

[14]Einen Überblick über empirische Analysen der Weltwirtschaftskrise gibt Calomiris (1993).

[15]Den gleichen Zusammenhang zwischen verringerter Kreditvergabe und Rezession stellen auch Bernanke/Lown (1991) für die US-amerikanische Wirtschaft Anfang der neunziger Jahre fest. Diese Verringerung wird allerdings nicht als ursächlich für die Rezession, sondern als Folge eines Nachfragerückgangs gesehen und als solche nicht als eine Mengenbeschränkung betrachtet. Capie/Collins (1992, S. 60ff.) postulieren für England auch einen nachfragebedingten Rückgang des Kreditvolumens für die gesamte Nachkriegszeit.

[16]Einen Überblick über diesen Transmissionsmechanismus geben Bernanke (1993), Cecchetti (1995), Hubbard (1995) und Mishkin (1996).

resultiert einerseits aus der Beobachtung dortiger hoher Kreditrisiken, wie sie sich in den sehr hohen Ausfallquoten von Krediten widerspiegeln, andererseits aus der mangelnden Substituierbarkeit von Kreditfinanzierung durch andere Finanzierungsformen.

Die Ausfallquoten weisen in den Entwicklungsländern alarmierende Werte von 20% der gesamten Kreditbestände und mehr auf und werden auch heute noch als eines der gravierenden Probleme angesehen, mit denen die Finanzsysteme der Entwicklungsländer konfrontiert sind[17]. Der Grund für solch hohe Ausfallquoten liegt sicherlich in der in diesen Ländern lange Zeit und noch heute betriebenen staatlich verordneten Kreditpolitik, die nicht unbedingt die Finanzierung der produktivsten und erfolgversprechendsten Investitionen fördert. Die Beobachtung aber, daß für eine Kreditvergabe notwendige Informationen über den Kreditnehmer in den Entwicklungsländern nicht verfügbar oder nicht zuverlässig sind und daß die Überwachungsmöglichkeiten des Kreditgebers nach einer Kreditvergabe begrenzt sind, unterstreicht die Relevanz solcher Risiken auch nach der Einleitung von Liberalisierungsmaßnahmen. Rechnungslegungs- und Publizitätsvorschriften, die eine verbindliche, genaue und aktuelle Kontenführung und ihre Bekanntgabe vorschreiben und die Grundlage von Kreditvergaben an Unternehmen bilden, sind in den Entwicklungsländern unzureichend vorhanden oder werden unzureichend gehandhabt (vgl. Weltbank, 1989, S. 111f.).
Die eingeschränkte Möglichkeit, ausgefallene Kredite durch Zwangsvollstreckungsmaßnahmen einzutreiben, und die in diesen Ländern mangelhaften oder inexistenten Rechtsvorschriften über Konkursvollstreckungsverfahren und Schuldeninkasso fördern weiter die Zahlungsunwilligkeit des Kreditnehmers. Nach der Weltbank (1989, S. 108) können in den Ländern Südasiens vom Zeitpunkt des Kreditausfalls bis zur endgültigen Verwertung eines Vermögenswertes zur Kredittilgung fünf bis acht Jahre vergehen.
Die Relevanz der Kreditrisiken wird zusätzlich sichtbar in den mangelnden rechtlichen Grundlagen zur Sicherung der Besitzverhältnisse und zur Erleichterung ihrer Übertragbarkeit, die den Kreditinstituten gegebenenfalls eine Hereinnahme von Kreditsicherheiten zur Senkung der Kreditrisiken ermöglicht. In den Entwicklungsländern sind die Besitzrechte, was immobile Werte betrifft, oft sehr unsicher. In Thailand beispielsweise, das nach der Weltbank (1989, S. 107) unter den Entwicklungsländern über ein relativ leistungsfähiges System des Landbesitzes verfügt, gibt es für etwa ein Fünftel des bestellten Landes keinen sicheren Rechtstitel.

Die mangelnde Substituierbarkeit der Kreditfinanzierung durch andere Finanzierungsformen ist ein Aspekt, der besonders in den Entwicklungsländern zum Tragen kommt, da dort alternative Finanzierungsformen infolge eines engen Kapitalmarktes sehr begrenzt sind. Mit Ausnahme der südostasiatischen und einiger lateinamerikanischer Länder ist die durchschnittliche Kapitalisierung der Aktienmärkte niedrig. Mit Ausnahme weniger Länder ist die Zahl der notierten

[17]Die Weltbank (1989, S. 71f.) listet 30 Entwicklungsländer mit einem sehr hohen Anteil an notleidenden oder uneinbringlichen Krediten auf. Galbis (1995, S. 40) stellt in seiner Analyse der finanziellen Reformen für 8 Entwicklungsländer fest: "the problem of nonperforming loans remains perhaps the most serious one in some countries".

Gesellschaften sehr gering[18]. Der hohe Zuwachs von Kapitalmarktimporten, der in den letzten Jahren zu beobachten ist, fällt hauptsächlich auf einige wenige Länder: Von den 1993 den Kapitalmärkten der Entwicklungsländer zugeflossenen knapp 62 Mrd. US-Dollar gingen 59 Mrd. an lediglich einige lateinamerikanische und asiatische Länder (siehe El-Erian/Kumar, 1995, Tab. 3, S. 319).

[18] Eine Bestandsaufnahme dieser Marktindikatoren in einigen Entwicklungsländern ist in El-Erian/Kumar (1995) zu finden. Einen Überblick über die Entwicklung der Kapitalmärkte in den Entwicklungsländern allgemein gibt Claessens (1995).

Teil I

Theorie der Kreditrationierung

1 Kreditrationierung bei symmetrischer Informationsverteilung

1.1 Vorbemerkungen

Kreditrationierung wird als eine Situation definiert, in der bei gegebenem Zins ein Nachfrageüberschuß nach Krediten besteht, *ohne daß es — gegen einen höheren Zins — zu einer Erhöhung des Angebots kommt.* Bei dieser Situation reicht der Zins als Instrument zur Koordination von Angebots- und Nachfrageentscheidungen nicht aus; die Allokation von Krediten wird durch eine Mengenbeschränkung herbeigeführt[1]. Diese Beschränkung kann in Form einer Kürzung oder durch eine vollständige Ablehnung des nachgefragten Betrages erfolgen. Im ersten Fall spricht man von Teilrationierung oder Rationierung vom Typ I, im zweiten von Vollrationierung oder Rationierung vom Typ II. Je nachdem, ob Rationierung als Gleichgewichts- oder als Anpassungsphänomen auftritt, unterscheidet man zwischen gleichgewichtiger und dynamischer Rationierung. Liegt die Rationierung bei jeder Zinshöhe vor, so wird sie als "redlining" bezeichnet[2].

Kreditrationierung nahm in den fünfziger Jahren mit der Formulierung der Theorie der Kreditverfügbarkeit ("availability doctrine") erstmals Raum als Gegenstand wirtschaftstheoretischer und -politischer Analysen ein. Die Existenz der Kreditrationierung wurde hierbei als Argument angeführt gegen die damals herrschende, von der Keynesschen Theorie geprägte Hypothese der geringen Effektivität der Geldpolitik, die mit einer niedrigen Zinselastizität der Geld- und Investitionsnachfrage begründet wurde. Eine Veränderung der Geldmenge, so die availability doctrine, kann auch bei geringerer Zinselastizität die aggregierte Nachfrage beeinflussen, denn die Impulse der Geldpolitik werden weniger durch die Zinsen, als vielmehr durch die Kreditverfügbarkeit weitergegeben. Indem die Zentralbank die von den Kreditinstituten vorgenommene Rationierung der Nichtbanken und damit deren Konsum- und Investitionstätigkeit beeinflussen kann, wird die Kreditverfügbarkeit als Transmissionsmechanismus betrachtet. Führt etwa die Zentralbank eine kontraktive Politik durch Offenmarktverkäufe mit langfristigen Staatstiteln durch, dann bewirken die damit einhergehenden Kursverluste eine Weiterhaltung der im Portfolio der Banken befindlichen Titel ("locking-in"-Effekt) (vgl. Roosa [Rosa], 1951, S. 288f.). Die verminderte Liquidität der Banken kann nur durch eine Einschränkung des Kreditangebots kompensiert werden. Ähnliche Einschränkungen ergeben sich, wenn Risikoüberlegungen der Banken eine Portfolioumschichtung auslösen. Ist die höhere Rendite der Staatstitel, wie es i. d. R. sein wird, mit einem höheren Risiko verbunden, dann steigt das Risiko des gesamten Bankenportfolios; nur eine Erhöhung des Anteils der Staatstitel durch Einschränkung des Kreditangebots kann diesen Anstieg ausgleichen, da Staatstitel stets geringere Risiken aufweisen als

[1] In der Literatur wird der Begriff der Kreditrationierung zuweilen weiter abgegrenzt und mit Nachfrageüberschuß zum herrschenden Zinssatz gleichgesetzt (siehe z. B. Baltensperger, 1978, S. 172 oder Ritthaler, 1979, S. 1). Diese Bezeichnung grenzt den Untersuchungsgegenstand — die Mengenrationierung als Folge einer mangelnden Preisanpassung — unzutreffend ab, denn sie kann auch die marktübliche Preisrationierung mit den entsprechenden Preis- und Mengenanpassungen bezeichnen.

[2] Die Bezeichnungen Typ I- und Typ II-Rationierung gehen auf Keeton (1979, S. 9) zurück, die Verwendung des redlining-Begriffs im Rahmen der Theorie der Kreditrationierung auf Stiglitz/Weiss (1981, S. 406f.).

Kredite (vgl. Scott, 1957, S. 45)[3].
Entscheidend für eine Kreditrationierung ist bei der availability doctrine die implizite Annahme, daß die Einschränkung des Kreditangebots nicht durch entsprechende Zinssteigerungen mit entsprechendem Nachfragerückgang ausgeglichen werden kann. Damit wird bei dieser Doktrin die Kreditrationierung auf eine exogen bedingte Starrheit der Zinsen zurückgeführt. Eine Erklärung, warum eine Mengenrationierung einer Zinserhöhung vorgezogen wird, lieferten ihre Vertreter nicht. Dies ist nicht verwunderlich, denn die availability doctrine war in erster Linie makroökonomisch ausgerichtet. Ihr Augenmerk galt mehr dem Transmissionsmechanismus der Geldpolitik als einer mikroökonomischen Erklärung der Kreditrationierung.

Mit einem Beitrag von Hodgman (1960) beginnt die mikroökonomisch fundierte Theorie der Kreditrationierung, die eine endogene Erklärung auf der Basis eines rationalen, zielgerichtet handelnden Marktteilnehmers als gleichgewichtiges Phänomen sucht. Indem das Ausfallrisiko eines Investitionsobjektes in die Analyse einbezogen wird, gelingt erstmals, wenn auch unter sehr restriktiven Annahmen, eine Erklärung der Kreditrationierung, ohne auf exogene Faktoren zurückzugreifen. Im Hodgman-Modell sowie in den sich auf ihn beziehenden Nachfolgemodellen von Chase (1961), Miller (1962), Ryder (1962) und Freimer/Gordon (1965) wird bei der Analyse ausschließlich die Angebotsseite betrachtet und eine Kreditrationierung vom Typ I mit einer starren oder zurückgebogenen Kreditangebotsfunktion begründet. Der Begriff der Kreditrationierung, so wie er oben formuliert wurde, verlangt jedoch eine Erklärung des Nachfrageüberschusses und der ausbleibenden Erhöhung des Zinssatzes. Eine Analyse der Kreditrationierung muß also nicht nur das Angebots-, sondern auch das Nachfrageverhalten berücksichtigen.

An diesen Kritikpunkten setzt das Modell von Jaffee/Modigliani (1969) und Jaffee (1971) an. Durch die Analyse eines Monopolmarktes unter Einbeziehung einer Kreditnachfragefunktion wird Kreditrationierung vom Typ I mit mangelnder Preisdifferenzierung begründet. Hierbei wird die Nachfragefunktion postuliert und damit eine entscheidungslogische Fundierung, die eine mikroökonomische Analyse auszeichnet, nicht geliefert. Die Preisdifferenzierung wird ferner — entgegen dem Anspruch einer endogenen Erklärung der Kreditrationierung — auf institutionelle Faktoren wie gesetzlich fixierte Zinsobergrenzen oder "moralische" Kosten zurückgeführt.

Die Modelle von Koskela (1979) und Keeton (1979) heben diese Mängel auf, indem die Zielfunktion der Kreditnachfrager explizit formuliert und daraus die Nachfragefunktion abgeleitet wird. Kredite werden in diesen Modellen als heterogene Güter mit unterschiedlicher "Qualität", d. h. mit unterschiedlichem Kreditrisiko betrachtet, in deren Abhängigkeit die Angebots- und Nachfragefunktionen aus den entsprechenden Indifferenzkurven abgeleitet werden. Die Anwendung dieses hedonischen Ansatzes liefert sowohl auf Wettbewerbsmärkten als auch auf Monopolmärkten eine Begründung für Kreditrationierung vom Typ I, ohne auf exogene Faktoren

[3]Einen kurzen Überblick über die availability doctrine gibt Jaffee (1971, S. 16ff.). In Lindbeck (1959) wird sie ausführlicher behandelt.

zurückgreifen zu müssen.

In allen genannten Modellen wird der Preis des Kredites nur durch den Zinssatz bestimmt. Andere Vertragsvereinbarungen (sog. "noninterest terms" oder "nonprice terms") wie Kreditbesicherung und Eigenkapitaleinbringung können jedoch die Entscheidung des Kreditgebers beeinflussen, wenn sie simultan mit der Kredithöhe und dem Kreditzins bestimmt werden können[4]. Eine vollständigere Analyse der Kreditrationierung erfordert daher die Berücksichtigung dieser Variablen. Hier setzen die Arbeiten von Smith (1972), Azzi/Cox (1976) und Barro (1976) an. Im Modell von Smith (1972) übt der Eigenkapitalanteil am Investitionsbetrag einen positiven *externen Effekt* auf den Bankertrag aus, so daß bei zunehmendem Einsatz von Eigenkapital eine Rationierungs- in eine Markträumungslösung umgewandelt werden kann. Eine ähnliche Argumentation gilt für die Kreditbesicherung in den Modellen von Barro (1976) und Azzi/Cox (1976).

In diesem Kapitel werden diese einzelnen Modelle, teilweise erweitert zu einer umfassenden Theorie der Kreditrationierung bei symmetrischer Informationsverteilung zusammengefügt. Die Analyse beginnt mit der Darstellung von Modellen, die neben dem Kreditbetrag die vereinbarte Verzinsung als einzigen Vertragsgegenstand betrachten. Andere über den Zins hinausgehende Vereinbarungen wie Kreditsicherheit und Eigenkapitalbeteiligung werden sukzessive in die Analyse einbezogen.
In Abschnitt 1.2 wird ein Grundmodell aufgestellt, das sich an Hodgman (1960) anlehnt. Die Annahmen dieses Modells werden dann schrittweise aufgehoben und die Ergebnisse auf ihre Gültigkeit hin überprüft: Abschnitt 1.3 setzt sich mit dem in diesem Modell angenommenen Entscheidungskriterium der Kreditvergabe auseinander. Abschnitt 1.4 bezieht das Nachfrageverhalten in die Analyse ein und betrachtet die Kreditrationierung bei unterschiedlichen Marktformen. In Abschnitt 1.5 werden neben dem Zins die Eigenkapitaleinbringung und die Besicherung als weiterer Vertragsgegenstand berücksichtigt und ihr Einfluß auf die Kreditrationierung untersucht.

1.2 Das Grundmodell

Das hier vorgestellte Grundmodell entspricht in seinen Annahmen und Ergebnissen dem Hodgman-Modell. Während sich Hodgman (1960) der graphischen Analyse bedient, wird in der vorliegenden Arbeit eine analytische Untersuchung vorgezogen, um Vergleichbarkeit mit den später zu behandelnden Modellen zu ermöglichen und um eine einheitliche Darstellung zu gewährleisten. Der Analyserahmen wird wie folgt festgelegt: Zur Durchführung eines Investitionsvorhabens fragen die Investoren Kredite in Höhe von L mit einer Laufzeit von einer Periode und Kreditzins r nach. Der Ertrag R aus dem Investitionsobjekt ist eine stetige Zufallsvariable mit der

[4] Koskela (1979) betrachtet zwar in seiner Analyse die Eigenkapitaleinbringung im Investitionsprojekt als Variable, behandelt sie aber als fixe exogene Größe. Damit ist sie für den Kreditgeber hinsichtlich der nachgefragten Menge und des Zinses nicht entscheidungsrelevant.

Dichte $f(R)$ und Verteilungsfunktion $F(R)$. Informationen über die Momente dieser Dichte sind unvollkommen, aber symmetrisch verteilt. Der Investitionsertrag ist von dem investierten Kreditbetrag unabhängig (sog. "fixed size investment"). Der stochastische Investitionsertrag R ist in diesem Fall durch den Wertebereich $R_{min} \leq R \leq R_{max}$ mit den entsprechenden Verteilungen $F(R_{min}) = 0 \leq F(R) \leq F(R_{max}) = 1$ definiert.
Der Investor verpflichtet sich im Falle des Erfolges des Investitionsobjektes, ($R \geq L[1+r]$) den fixen Betrag $L(1+r)$ nach Ablauf der Periode zurückzuzahlen; bei einem Mißerfolg ($R < L[1+r]$) erhält der Kreditgeber den Projektertrag R, zuzüglich der eventuell hinterlegten Sicherheiten C (sog. Standardkreditvertrag). Damit wird impliziert, daß die Haftung des Investors für die Zahlungsverpflichtungen aus der Kreditaufnahme auf den Investitionsertrag und die eventuell hinterlegte Sicherheit beschränkt ist und die Bank die Kontrolle über die Investitionserträge hat. Bei einer Kreditvergabe fallen der Bank Kreditkosten an, die in der Zahlung des Einlagenzinses d und eventuell auftretender Bankrottkosten bestehen. Der Einlagenzins stellt zugleich die Opportunitätskosten der Bank dar.

Grundlagen einer Kreditentscheidung sind im Hodgman-Modell die erwartete Rückzahlung und der erwartete Verlust aus der Kreditvergabe.
Sieht man von Kreditsicherheiten und von Kreditkosten vorerst ab, dann ist die erwartete Rückzahlung einer Kreditvergabe Z definiert durch

$$Z = \int_{R_{min}}^{L(1+r)} Rf(R)\,dR + \int_{L(1+r)}^{R_{max}} L(1+r)f(R)\,dR.$$

Der erste Term der Gleichung stellt die erwartete Rückzahlung im Verlustfall, der zweite im Erfolgsfall dar.
Die Gleichung läßt sich nach partieller Integration des ersten Terms und durch Addition und Subtraktion von $\int_{R_{min}}^{L(1+r)} L(1+r)f(R)\,dR$ umformen in:

$$Z = L(1+r) - \int_{R_{min}}^{L(1+r)} F(R)\,dR. \tag{1.1}$$

Der erwartete Verlust aus der Kreditvergabe V schreibt sich andererseits als

$$V = \int_{R_{min}}^{L} (L-R)f(R)\,dR$$

und nach partieller Integration als

$$V = \int_{R_{min}}^{L} F(R)\,dR. \tag{1.2}$$

Die Verlustfunktion ist eine streng monoton steigende Funktion von L, wie aus der ersten Ableitung $\frac{dV}{dL} = F(L) \geq 0$ ersichtlich wird. Der so formulierte erwartete Verlust impliziert damit, daß bei gegebener Kreditwürdigkeit, wie sie in $f(R)$ bzw. in $F(R)$ zum Ausdruck kommt, der erwartete Verlust eine steigende Funktion der Kredithöhe ist.

Die Kreditvergabe erfolgt — so wird von Hodgman angenommen — in Abhängigkeit des Verhältnisses $\frac{Z-L}{V} = b$, wobei b einen sehr heterogenen Parameter darstellt, der von der subjektiven Risikoeinstellung des Kreditgebers, seiner Liquiditätsposition, den Wettbewerbsbedingungen und den Opportunitätskosten bestimmt wird.
Nach Einsetzen von (1.1) und (1.2) in die Gleichung $Z - L - bV = 0$ erhält man:

$$L(1+r) - \int_{R_{min}}^{L(1+r)} F(R)\, dR - L - b \int_{R_{min}}^{L} F(R)\, dR = 0. \tag{1.3}$$

Gleichung (1.3) definiert die Angebotsfunktion in implizierter Form $S(L,r) = 0$. Ihre Eigenschaften lassen sich durch Anwendung der Differentialrechnung untersuchen[5]:

$$\frac{dL}{dr} = -\frac{L\{1 - F[L(1+r)]\}}{(1+r)\{1 - F[(L(1+r)]\} - bF(L) - 1}. \tag{1.4}$$

Für Werte von $L(1+r) \geq R_{max}$ ist $F[L(1+r)] = 1$ und somit $dL/dr = 0$. Gilt dagegen $L(1+r) < R_{max}$, dann ist $0 \leq F[L(1+r)] < 1$ und dadurch — solange der Parameter b die Bedingungen $\frac{(1+r)\{1-F[(L(1+r)]\}-1}{F(L)} > b$ sicherstellt — $dL/dr > 0$. Damit hat die Angebotsfunktion S, wie sie in (1.3) definiert ist, den in Abbildung 1 gezeigten Verlauf.

Für $L(1+r) < R_{max}$ weist die Funktion eine positive Steigung auf: Der erwartete Verlust V, der mit steigendem Kreditbetrag zunimmt, kann durch eine Zinserhöhung und den damit verbundenen Anstieg von Z kompensiert werden, so daß die Bedingung $Z - L = bV$ erfüllt ist.

Ist die Rückzahlungsfähigkeit des Kreditnehmers erreicht, kann ein Anstieg des erwarteten Verlustes nicht mehr kompensiert werden — das Angebot wird zinsunelastisch. Anders formuliert: Bei bestimmter Kreditwürdigkeit gleicht der vom Kreditnehmer maximal zu erhaltende Kredit $L(1+r) = R_{max}$; eine höhere Nachfrage D wird von der Bank nicht befriedigt, auch wenn der Kreditnachfrager bereit ist, höhere Zinsen zu zahlen. Es kommt zu einer Rationierung vom Typ I in Höhe von $\Delta L = D - S$.

Zur Erklärung der Kreditrationierung als Folge des Ausfallrisikos wurden in diesem Ansatz eine Reihe restriktiver Annahmen aufgestellt, die seine allgemeine theoretische Gültigkeit ein-

---

[5] Für eine implizite Funktion $f(x,y) = 0$ gilt für die erste und die später benötigte zweite Ableitung:

$$\frac{dy}{dx} = -\frac{f_x}{f_y}; \qquad \frac{d^2y}{dx^2} = \frac{2f_x f_y f_{xy} - f_y^2 f_{xx} - f_x^2 f_{yy}}{f_y^3},$$

wobei $f_{[.]}$ die Ableitungen nach den Argumenten [.] darstellen. Siehe z. B. Fichtenholz (1978, S. 430f.).

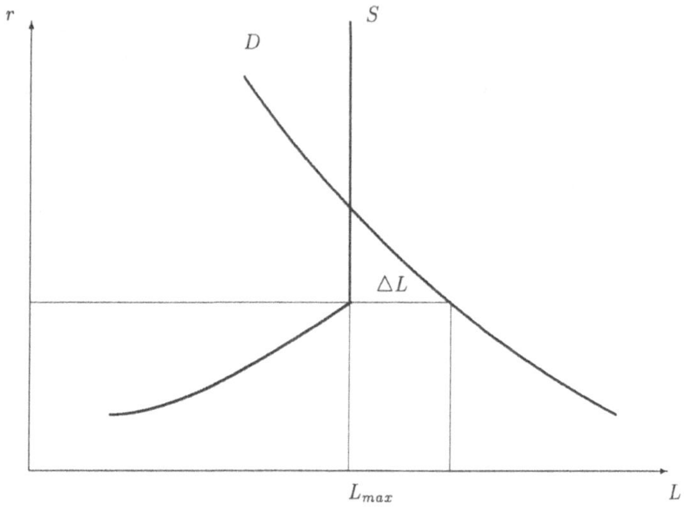

Abbildung 1: Kreditrationierung bei einer starren Angebotskurve

schränken. Inwieweit ihre Aufhebung die Ergebnisse verändert, soll Gegenstand der nächsten Abschnitte sein. Im einzelnen sollen folgende Annahmen schrittweise geändert werden:

1. Die Verwendung des Verhältnisses Z/V als Entscheidungskriterium für die Kreditvergabe.

2. Die Einführung einer ad hoc postulierten Nachfrage und somit die Vernachlässigung einer Analyse des Nachfrageverhaltens.

3. Die Unabhängigkeit des Investitionsertrages und der Rückzahlungsfähigkeit von der Kredithöhe.

4. Die Vernachlässigung der beiden anderen Vertragskomponenten "Kreditsicherheit" und "Eigenkapitalbeteiligung" bei der Projektfinanzierung[6,7].

[6] Ein weiterer gegen das Hodgman-Modell vorgebrachter Einwand stellt die Relevanz der Analyse grundsätzlich in Frage. Kreditrationierung entsteht im Modell als Folge einer Verweigerung des Kreditgebers, einen höheren Kreditbetrag als den erwarteten Investitionsertrag zur Verfügung zu stellen. Kreditrationierung tritt also auf, wenn die Insolvenz des Kreditnehmers absolut sicher ist. Chase (1961, S. 325) hat argumentiert, daß es bei dieser absolut sicheren Insolvenz unwahrscheinlich ist, daß eine Nachfrage überhaupt zustande kommt oder, graphisch ausgedrückt, es unwahrscheinlich ist, daß die Nachfragekurve die Angebotskurve im zinsunelastischen Bereich schneidet. Dieser Vorwand hat jedoch keinen Bestand, da die Erwartungen hinsichtlich der Investitionserträge beim Kreditnehmer und -geber i. d. R. unterschiedlich sein werden (vgl. Hodgman, 1961, S. 328).

[7] Der Hodgman-Ansatz hat noch eine Erweiterung durch die explizite Berücksichtigung der Marktform erfahren. Ryder (1962, S. 477ff.) hat gezeigt, daß im Monopson-Fall weitere Annahmen erforderlich sind, damit die Rationierungslösung zustande kommt. Hat der Nachfrager eine monopsonistische Stellung am Kreditmarkt inne, so werden seine Kosten durch die Angebotskurve wiedergegeben (siehe z. B. Ott, 1984, S. 201ff.). Seine

1.3 Finanzielle Zielsetzung des Kreditgebers und Kreditrationierung

1.3.1 Maximierung des erwarteten Gewinns

Im vorgestellten Grundmodell wurde das Gleichgewicht auf dem Kreditmarkt auf der Basis eines Satisfizierungskriteriums abgeleitet: Innerhalb der übrigen Prämissen kommt es zur Rationierung, wenn die Kreditgeber ihre Kreditentscheidungen nach dem kritischen Wert $Z - L = bV$ treffen. Das Kriterium stellt jedoch keine optimale Grundlage für Kreditentscheidungen dar, wie das folgende Beispiel zeigt: Bei einem mit sehr geringem Ausfallrisiko verbundenen Kreditgeschäft empfiehlt das Kriterium eine zinslose Kreditvergabe. Da einerseits gilt:

$$\lim_{V \to 0} Z = \lim_{V \to 0} (L + bV) = L, \text{ andererseits nach (1.1) } \lim_{V \to 0} Z = L(1 + r),$$

ist diese Identität nur erfüllt, wenn $r = 0$ gilt. Zu dieser Bedingung werden Kreditgeber keine Verträge abschließen, da sie über alternative Anlagen verfügen, deren Erlöse den Parameter b wie angenommen mitbestimmen[8].

Die Analyse muß somit andere Kriterien heranziehen, die Kreditgeschäfte und die Möglichkeit der Rationierung auf der Basis rationaler Entscheidungen erklären. Zwei Maximierungskriterien bieten sich an: (1) Die Maximierung des erwarteten Gewinns aus dem Kreditgeschäft oder (2) die Maximierung des erwarteten Risikonutzens. Gegenstand dieses Unterabschnitts wird das erste Kriterium sein. Die Maximierung des Risikonutzens wird dann im nächsten Unterabschnitt behandelt.

Das Kriterium der Gewinnmaximierung wurde zum ersten Mal in der Theorie der Kreditrationierung von Freimer/Gordon (1965) formuliert und in den nachfolgenden Ansätzen fast ausnahmslos verwendet. Die vorliegende Darstellung verallgemeinert ihre für eine Gleichverteilung abgeleiteten Ergebnisse; sie stützt sich auf Jaffee/Modigliani (1969).
Der erwartete Bankgewinn aus einer Kreditvergabe wird durch die Differenz zwischen der erwarteten Rückzahlung eines Kredites und den Refinanzierungskosten bestimmt. Er läßt sich — sieht man weiterhin von Kreditsicherheiten, Eigenkapitalbeteiligung und sonstigen eventuell

---

Grenzkosten dr/dL betragen im Rationierungspunkt nach (1.4)

$$\lim_{R \to R_{max}} \frac{dr}{dL} = \infty.$$

Wenn sein Grenznutzen aus dem Krediterhalt nach dem Gesetz der erwerbswirtschaftlichen Nachfrage den Grenzkosten entsprechen soll, um den Nutzen zu maximieren, dann ist diese Bedingung vor dem Rationierungspunkt erreicht. Damit es in diesem Fall zur Rationierung kommt, bedarf es einer Unstetigkeit in der Verteilungsfunktion oder eines unstetigen Kreditbetrages in einem Punkt unterhalb der Grenznutzen-Grenzkosten-Bedingung (vgl. Ryder, 1962, S. 478f.). Diese Resultate bleiben auch im Fall des preisdifferenzierenden und des bilateralen Monopols erhalten (vgl. Hodgman, 1962, S. 488ff.). Eine Einbeziehung der Marktform in die Analyse wird für die allgemeinere Form des "variable size"-Investitionsfalles in Abschnitt 1.4 ausführlich behandelt.

[8] Neben dem hier angeführten Beispiel zeigt Fischer (1986, S. 68ff.) anhand einer stetigen Gleichverteilung, daß auch im umgekehrten Fall des hohen Ausfallrisikos das Kriterium keine sinnvolle Entscheidungsgrundlage darstellt.

auftretenden Ausfallkosten ab — formal durch

$$G = \int_{R_{min}}^{L(1+r)} Rf(R)\,dR + \int_{L(1+r)}^{R_{max}} L(1+r)f(R)\,dR - L(1+d) \tag{1.5}$$

ausdrücken und analog zu Gleichung (1.1) umformulieren in:

$$G = L(r-d) - \int_{R_{min}}^{L(1+r)} F(R)\,dR. \tag{1.6}$$

Banken maximieren ihren Gewinn aus einer Kreditvergabe L unter der Bedingung erster Ordnung

$$\frac{\partial G}{\partial L} = r - d - (1+r)F[L(1+r)] \stackrel{!}{=} 0. \tag{1.7}$$

Diese Funktion stellt die Angebotsfunktion in impliziter Form $S(L,r) = 0$ dar, wenn die Bedingung zweiter Ordnung erfüllt ist. Dies ist stets der Fall, denn es gilt:

$$\frac{\partial^2 G}{\partial L^2} = -(1+r)^2 f[L(1+r)] < 0.$$

Im Intervall $[R_{min}, R_{max}]$ ist der Gewinn eine streng konkave Funktion von L; innerhalb dieses Intervalls gilt zwangsläufig die Maximierungsbedingung $\frac{\partial G}{\partial L} \stackrel{!}{=} 0$, da für (1.7) gilt:

$$\left.\frac{\partial G}{\partial L}\right|_{L(1+r)=R_{min}} = r - d > 0 \quad \text{und} \tag{1.8}$$

$$\left.\frac{\partial G}{\partial L}\right|_{L(1+r)=R_{max}} = -(1+d) < 0. \tag{1.9}$$

Der Verlauf der Kreditangebotsfunktion wird durch die implizite Differentiation von (1.7) angegeben:

$$\frac{dL}{dr} = \frac{\{1 - F[L(1+r)]\} - L(1+r)f[L(1+r)]}{(1+r)^2 f[L(1+r)]} \lesseqgtr 0.$$

Die Angebotsfunktion kann verschiedene Steigungen in Abhängigkeit von der Verteilungs- bzw. Dichtefunktion annehmen und läßt sich intuitiv interpretieren. Eine hohe Erfolgswahrscheinlichkeit $1 - F[.]$ sichert im allgemeinen einen positiven Verlauf der Angebotskurve. Steigt das Verlustrisiko mit steigendem Zinssatz und Kreditvolumen, so wird der positive Term immer kleiner, der negative Term immer größer; der gesamte Ausdruck wird negativ. Die Angebotskurve zeigt damit eine "backward-bending"-Eigenschaft: Sie biegt ab einem bestimmten (Maximum-)Punkt $dL/dr = 0$ zurück.

Weitere Eigenschaften der Angebotsfunktion lassen sich aus (1.7) ableiten:

1. Für einen unter dem Einlagenzins liegenden Kreditzins bleibt das Angebot aus, da der Gewinn aus einer Kreditvergabe negativ ist: Für $r < d$ ist $\frac{\partial G}{\partial L} < 0$.

2. Für einen Zinssatz $r = d$ ist der maximal zu erhaltende Kreditbetrag $L \leq \frac{R_{min}}{1+d}$:

Die Gewinnoptimierungsbedingung ist für $r = d$ erfüllt, wenn $F[.] = 0$ gilt, d. h., wenn $L(1+r) = L(1+d) \leq R_{min}$.

3. Der Betrag, den ein Kreditgeber maximal verleihen wird, ist wie auch im Grundmodell ungeachtet des Kreditzinssatzes begrenzt auf $L(1+r) \leq R_{max}$. Damit ist die notwendige Bedingung einer möglichen Rationierung gegeben.

4. Für hohe Zinssätze $r \to \infty$ bleibt das Angebot aus, da der Gewinn aus der Kreditvergabe wieder sinkt: In (1.7) ist
$$\lim_{r\to\infty} \frac{\partial G}{\partial L} = -(1+d) < 0.$$

Abbildung 2 zeigt den Verlauf der Angebotskurve S bei der Zielsetzung der Maximierung des erwarteten Gewinnes.

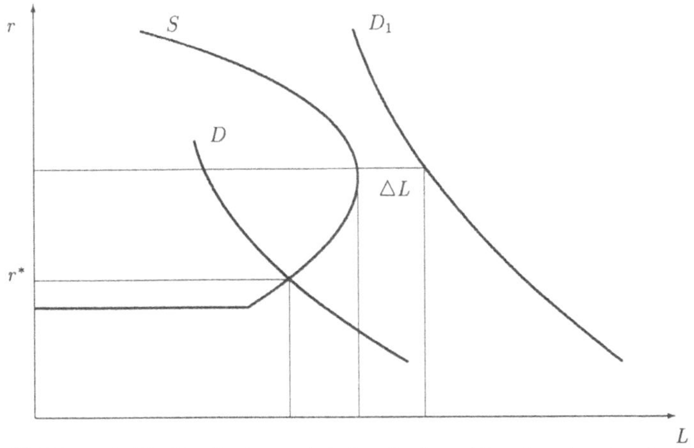

Abbildung 2: Kreditrationierung bei einer backward-bending-Angebotskurve

Trifft nun eine sich oberhalb des maximalen Kreditvolumens befindende Nachfrage D_1 auf eine zurückgebogene Angebotskurve, kommt es zu einer redlining-Rationierung. Verläuft dagegen die Nachfrage in Form von D, kann keine Rationierung auftreten, es sei denn, die Zinsen werden unterhalb des Markträumungsniveaus r^* festgeschrieben, wie oft für die Entwicklungsländer vermutet wird.

1.3.2 Maximierung des erwarteten Risikonutzens

Zur Analyse der Kreditrationierung unter dem Kriterium der Maximierung des erwarteten Risikonutzens als Entscheidungsgrundlage für die Kreditvergabe wird in dieser Arbeit ein Modell aufgestellt, das sich von dem einzigen in der Rationierungstheorie für den fixed-investment-Fall formulierten Risikonutzen-Modell von Miller (1962) im wesentlichen in zwei Punkten unterscheidet:

(1) Miller leitet seine Rationierungslösung ausgehend von einem risikoaversen Kreditgeber ab und argumentiert exemplarisch anhand einer quadratischen Nutzenfunktion. Das hier aufgestellte Modell wird allgemeiner formuliert: Die Rationierung wird unter einer allgemeinen Nutzenfunktion sowohl für Risikoaversion, -neutralität und -sympathie analysiert. Durch solch eine Formulierung werden ferner die Zusammenhänge zwischen beiden Maximierungskriterien deutlich.

(2) Rationierung kommt im Miller-Modell nur vor, wenn die Ausfallkosten berücksichtigt werden. Im folgenden Modell kommt es ohne eine zwingende Einführung der Ausfallkosten zu einer Rationierungslösung.

Ausgang der Analyse ist ein Kreditgeber, der seinen Nutzen U_L aus dem Endvermögen W_L maximieren will. Die Vermögensposition aus der Kreditvergabe L ist definiert durch

$$W_L = \begin{cases} R - L(1+d) & falls \quad R < L(1+r) \\ L(r-d) & falls \quad R \geq L(1+r), \end{cases}$$

sein erwarteter Nutzen $E(U_L)$ durch

$$E(U_L) = \int_{R_{min}}^{L(1+r)} U_L[R - L(1+d)]f(R)\,dR + \int_{L(1+r)}^{R_{max}} U_L[L(r-d)]f(R)\,dR.$$

Diese Gleichung kann analog zu (1.1) umgeformt werden in:

$$E(U_L) = U_L[L(r-d)] - \int_{R_{min}}^{L(1+r)} U_L'[R - L(1+d)]F(R)\,dR, \qquad (1.10)$$

wobei $U_L'[.] = dU_L/dW$ darstellt.

Bedingung erster Ordnung für die Nutzenmaximierung ist

$$\frac{\partial E(U_L)}{\partial L} = U_L'[L(r-d)]\,\{r - d - (1+r)F[L(1+r)]\} \stackrel{!}{=} 0. \qquad (1.11)$$

Aus einem Vergleich der Gleichungen (1.11) und (1.7) wird der Zusammenhang beider Maximierungskriterien deutlich: Bei Risikoneutralität (linearer Nutzenfunktion des Kreditgebers mit ($U_L' = 1$)) wird Gleichung (1.11) in (1.7) überführt; das Gewinnmaximierungskriterium unterstellt bekanntlich Risikoneutralität des Kreditgebers. Diese sehr oft in der Theorie der Kreditrationierung und auch in den nächsten Abschnitten dieser Arbeit getroffene Annahme läßt sich mit der Möglichkeit der Risikodiversifizierung begründen. Banken können das mit dem Kreditgeschäft verbundene einzelne Ausfallrisiko über mehrere bonitätsmäßig unterschiedliche und voneinander unabhängige Kreditnehmer verteilen, so daß der Impakt eines Ausfalls auf das Gesamtvermögen relativ klein ist.

Gleichung (1.11) definiert für eine bestimmte Nutzenfunktion die Angebotsfunktion des Kreditgebers in der Form $S(L, r) = 0$, wenn die Bedingung zweiter Ordnung erfüllt ist

$$\frac{\partial^2 E(U_L)}{\partial L^2} = U_L''[L(r-d)](r-d)[r-d-(1+r)F[L(1+r)]] - U_L'[L(r-d)](1+r)^2 f[L(1+r)] < 0^9.$$

Ihr Verlauf in der (L, r)-Ebene wird durch

$$\frac{dL}{dr} = \frac{U_L''(.)L\{[r-d-(1+r)F[L(1+r)]\} + U_L'(.)[1-F(.)-L(1+r)^2 f(.)]}{U_L'(.)(1+r)^2 f(.) - U_L''(.)\,[r-d-(1+r)F[L(1+r)]]\,(r-d)} \lesseqgtr 0$$

bestimmt. Die Angebotsfunktion zeigt für eine bestimmte Nutzenfunktion die gleichen Eigenschaften, wie sie unter dem Ziel der Gewinnmaximierung abgeleitet wurden:

1. Bei Gültigkeit der Annahme der Nichtsättigung ($U_L'(W_L) > 0, \forall\, W_L$) ist die Funktion im Intervall $[R_{min}, R_{max}]$ eine streng konkave Funktion von L:

$$\left.\frac{\partial E(U_L)}{\partial L}\right|_{L(1+r)=R_{min}} = U_L'[.](r-d) > 0 \quad \text{und}$$
$$\left.\frac{\partial E(U_L)}{\partial L}\right|_{L(1+r)=R_{max}} = -U_L'[.](1+d) < 0.$$

   Innerhalb dieses Intervalls gilt zwangsläufig die Maximierungsbedingung $\frac{\partial E(U_L)}{\partial L} \stackrel{!}{=} 0$. Damit ist wieder die notwendige Bedingung einer möglichen Rationierung gegeben, denn der Betrag, den ein Kreditgeber maximal verleihen wird, ist ungeachtet des Kreditzinses und der Risikoeinstellung begrenzt auf $L(1+r) \leq R_{max}$.

2. Die Angebotsfunktion kann verschiedene Steigungen in Abhängigkeit von der Verteilungs-

[9] Die Bedingung zweiter Ordnung ist analytisch nicht immer eindeutig bestimmt: Während bei Risikoneutralität und -aversion der Ausdruck stets negativ ist, ist bei Risikosympathie sein Vorzeichen unbestimmt, da in diesem Fall der erste Term positiv, der zweite negativ ist. Hier wird davon ausgegangen, daß der zweite Term den ersten überwiegt, so daß die Maximierungsbedingung stets erfüllt ist.

und Risikofunktion annehmen und läßt sich wie oben interpretieren: Eine hohe Erfolgswahrscheinlichkeit $1 - F[.]$ und eine hohe Risikosympathie (hohe U_L' und positive U_L'') sichern einen positiven Verlauf der Angebotskurve; steigt dagegen das Verlustrisiko mit steigendem Zinssatz und Kreditvolumen, so wird immer wahrscheinlicher, daß der zweite Term des Zählers und damit der gesamte Ausdruck negativ werden. Die Angebotskurve biegt somit ab einem bestimmten (Maximum-)Punkt $dL/dr = 0$ zurück.
Bei vergleichbaren (L, r)- Kombinationen verläuft die Kurve um so steiler, je höher die Risikofreudigkeit ist. Bei kleineren (L, r)-Werten und somit kleinerem Verlustrisiko F[.] ist der Term $r - d - (1 + r)F[.]$ positiv. Je größer U_L' und U_L'' in diesem Fall sind, desto größer ist der Zähler und desto kleiner der Nenner.
Wird dieser Term für größere (L, r)-Werte negativ, so wird der Zähler um so kleiner und der Nenner um so größer, je höher U_L' und U_L'' sind.
Die Angebotsfunktion zeigt damit unabhängig von der Risikoeinstellung die backward-bending-Eigenschaft. Die Risikoeinstellung, wie sie in U_L' und U_L'' ihren Ausdruck findet, entscheidet über die Steigung und somit über die Elastizität des Angebots, räumt die Möglichkeit der Rationierung aber nicht aus.

3. Für einen unter dem Einlagenzins liegenden Kreditzinssatz erfolgt kein Angebot, da der zu erzielende Nutzen negativ ist. In (1.11) ist für $r < d$, $\frac{\partial E(U_L)}{\partial L} < 0$.

4. Für einen Zinssatz $r = d$ ist bei $U_L' > 0$ die Nutzenoptimierungsbedingung (1.11) erfüllt, wenn $F[.] = 0$ gilt, d. h. wenn $L(1 + r) = L(1 + d) \leq R_{min}$.

5. Für sehr hohe Zinssätze $r \to \infty$ bleibt das Angebot aus, da der Nutzen aus der Kreditvergabe wieder sinkt; für höhere Zinssätze gilt:

$$lim_{r \to \infty}, \frac{\partial E(U_L)}{\partial L} = -U_L'(.)(1 + d) < 0.$$

Anhand der für das Ziel der Maximierung des Gewinns und des Risikonutzens abgeleiteten Angebotskurven lassen sich die Effekte exogener Datenveränderungen komparativ-statisch untersuchen. Eine Erhöhung der Finanzierungs- bzw. der Opportunitätskosten d verschiebt ceteris paribus die Angebotskurve nach links, da das Angebot geringer wird. Diese Reaktion läßt sich anhand der Zielsetzung der Gewinnmaximierung am einfachsten veranschaulichen: Differenziert man implizit die Angebotsgleichung (1.7), so erhält man:

$$\frac{\partial L}{\partial d} = -\frac{1}{(1 + r)^2 f[L(1 + r)]} < 0.$$

Liegt ein redlining bei einer Nachfrage D_1 vor, so erhöht sich der Umfang der Rationierung. Anderenfalls, so bei Nachfrage D, geht der Angebotsrückgang mit einer Zinserhöhung einher. Hier kann nur Rationierung auftreten, wenn Zinsobergrenzen oder eine träge Preisreaktion eine Zinsanpassung an das neue Gleichgewicht verhindern. Reagiert also der Kreditzins bei einer Veränderung der Opportunitäts- bzw. Finanzierungskosten träge, dann ändert sich der Umfang der (dynamischen) Kreditrationierung. Eine empirische Analyse der Beziehungen zwischen Kreditzins und Opportunitätskosten z. B. in Form von Geldmarktzins oder Depositenzins kann so einen Aufschluß über die dynamische Kreditrationierung geben. Wie im zweiten Teil der Arbeit dargestellt wird, ist diese Analyse u. a. wegen ihrer Einfachheit eine der am häufigsten angewandten Testmethoden in der empirischen Forschung zur Kreditrationierung.

Ähnliche Effekte stellen sich bei einer exogenen Veränderung des Ausfallrisikos $F[.]$ ein. Seine Erhöhung bewirkt einen Angebotsrückgang, der bei redlining oder Zinsrigidität den Umfang der Rationierung steigen läßt.

Die Rationierungslösungen beim Gewinn- oder Nutzenmaximierungsziel des Kreditgebers wurden aus der backward-bending-Eigenschaft der Angebotsfunktion abgeleitet. Diese Eigenschaft stellt jedoch keine hinreichende Bedingung für eine Rationierung dar: Verläuft beispielsweise die Kreditnachfrage in Abbildung 2 in Form von D, dann ist keine Rationierung möglich, es sei denn, es wird — wie oft für die Entwicklungsländer vermutet — ein Zinssatz aufgrund exogener Preisobergrenzen unterhalb des Markträumungsniveaus erhoben.
In der Rationierungslösung wurde ferner bei der Bestimmung der Angebotsmenge die Bank als Preisnehmer betrachtet; ihre Entscheidung zielte lediglich auf die Bestimmung des Kreditbetrages. Der Rationierungsbegriff kennzeichnet sich aber dadurch aus, daß bei gegebenem, von den Marktteilnehmern festgelegtem und somit endogen bestimmtem Zinssatz die Nachfrage das Angebot übersteigt. Neben der Einbeziehung der Nachfragefunktion muß also der Zins als eine Variable in die Analyse eingehen und simultan mit dem Kreditangebot bestimmt werden (vgl. Jaffee/Modigliani, 1969, S. 851).
Im folgenden Abschnitt wird die Analyse durch die Berücksichtigung dieser beiden Punkte vervollständigt. Ferner wird die Annahme fixer Investitionserträge aufgehoben und die Kreditsicherheit sowie die Eigenkapitalbeteiligung bei der Projektfinanzierung berücksichtigt. In einem ersten Schritt werden sie als exogen bestimmt betrachtet, so daß die Analyse auf die Bestimmung des Zinses und der Kreditmenge zielt. In einem zweiten Schritt werden die Variablen als endogen eingeführt und als Aktionsparameter der Marktteilnehmer betrachtet. Damit werden alle im Grundmodell als restriktiv aufgeführten Annahmen aufgehoben.

1.4 Kreditrationierung bei variabler Kredithöhe

1.4.1 Die Verhaltensfunktionen

Die bisherige Analyse der Kreditrationierung hat gezeigt, daß der Zinssatz und die Kreditmenge das Ausfallrisiko eines Kredites — seine "Qualität" — beeinflussen. Kreditmärkte können aufgrund dieser Abhängigkeit als Märkte für Güter mit unterschiedlicher Qualität angesehen werden. Der Preis eines Gutes reflektiert auf Märkten mit heterogenen Gütern und Produktdifferenzierung implizit seine Eigenschaft bzw. sein Eigenschaftsbündel und somit seine Qualität (vgl. Rosen, 1974, S. 37). Zur Analyse der Gleichgewichtsbedingungen auf diesen Märkten wird im Rahmen der Preistheorie für implizite Märkte die Nachfrage nach und das Angebot an einer bestimmten Qualität eines Gutes in Abhängigkeit vom impliziten Preis — die hedonischen Preisfunktionen — abgeleitet und ihr Zusammenspiel analysiert.

In den Modellen von Koskela (1979) und Keeton (1979, S. 9ff.) werden diese Überlegungen auf Kreditmärkte übertragen und die Analysemethode der Theorie heterogener Güter darauf angewandt: Der Kreditbetrag wird als eine Eigenschaft betrachtet, deren Höhe die Qualität eines Kredites (sein Ausfallrisiko) beeinflußt, der Zins als der implizite Preis des Kredites. Aus dem explizit formulierten Nutzenmaximierungsziel der Kreditgeber und Kreditnehmer werden dann die Nachfrage- und Angebotsfunktionen aus den entsprechenden Indifferenzkurven abgeleitet und das Gleichgewicht analysiert[10].
Beide Modelle sind bei der Festlegung der Annahmen, der Vorgehensweise und der Ergebnisse nahezu identisch[11]. Die folgende Darstellung lehnt sich an Koskela (1979) an, berücksichtigt aber neben dem Eigenkapital explizit die Kreditsicherheiten als exogene Variable und dient so als Ausgangsmodell für die Endogenisierung der beiden Variablen im nächsten Abschnitt.

(1) Die Kreditnachfrage

Zur Analyse des Nachfrageverhaltens wird ein Investor mit einer Anfangsausstattung an Vermögen W_0 betrachtet, der einen bestimmten Teil $\bar{E}$ seines Vermögens als Eigenkapital in einem Investitionsprojekt mit einem unsicheren, vom gesamten Investitionsbetrag abhängigen Ertrag R anlegt ("variable-size-investment"-Fall). Zur Finanzierung des Investitionsvorhabens wird das Eigenkapital durch eine Kreditaufnahme L zum Zinssatz r ergänzt. Bei der Kreditaufnahme werden Sicherheiten in bestimmter Höhe $\bar{C}$ hinterlegt. Das restliche Vermögen $W_0 - \bar{E} - \bar{C}$ wird in eine sichere Anlage zum Zinssatz d investiert. Vermögensaufteilung und Umfang der Sicherheiten stellen somit exogen bedingte Entscheidungen dar, die nicht simultan mit Kredithöhe und Zinssatz bestimmt werden.

Der gesamte Investitionsertrag R ist eine Zufallsvariable, die von der Rendite der Investition $X \in [X_{min}, X_{max}]$ und vom Kapitaleinsatz $L + \bar{E}$ abhängt. Dabei wird angenommen, daß dieser Ertrag nicht linear mit dem Kapitaleinsatz, sondern degressiv gemäß der Funktion $\theta(L + \bar{E})$ zunimmt. Der Investitionsertrag schreibt sich somit als $R = (L + \bar{E})X\theta(.)$, wobei gilt:

$$\frac{d[(L+\bar{E})\theta]}{d(L+\bar{E})} = (L+\bar{E})\theta' + \theta = z' > 0 \quad \text{und} \tag{1.12}$$

[10] Eine Analyse des Marktgleichgewichts auf Märkten für heterogene Güter unternimmt Rosen (1974). Das in diesem Abschnitt vorgestellte, an Koskela (1979) angelehnte Modell weist eine deckungsgleiche Vorgehensweise mit Rosens Analyse von Konsumgütermärkten auf.

[11] Koskela (1979) berücksichtigt in seiner Analyse im Unterschied zu Keeton (1979) die Eigenkapitalbeteiligung als Variable, nimmt sie jedoch als gegeben an und beschränkt somit die Analyse — wie Keeton (1979) — auf den Zins und die Kredithöhe. Eine endogene Behandlung des Eigenkapitals nebst Zins und Kredithöhe unternimmt er mit den gleichen Ergebnissen des hier dargestellten Modells in Koskela (1976, S. 81ff. u. 1983). Für eine endogene Behandlung des Eigenkapitals siehe weiter unten Abschnitt 1.5.

$$\frac{d^2[(L+\bar{E})\theta]}{d(L+\bar{E})^2} = 2\theta' + (L+\bar{E})\theta'' = z'' < 0. \tag{1.13}$$

Ziel des Kreditnehmers ist die Maximierung des erwarteten Nutzens aus seinem Endvermögen W, das bei Gültigkeit der Haftungsbeschränkung durch folgende Gleichung definiert ist:

$$W = \begin{cases} (L+\bar{E})X\theta - L(1+r) + \bar{C} + (W_0 - \bar{E} - \bar{C})(1+d) \\ \qquad falls (L+\bar{E})X\theta + \bar{C} \geq L(1+r), \\ \\ (W_0 - \bar{E} - \bar{C})(1+d) \\ \qquad falls (L+\bar{E})X\theta + \bar{C} < L(1+r). \end{cases}$$

Die über die Endvermögensposition entscheidende kritische Rendite wird damit durch

$$\frac{L(1+r) - \bar{C}}{(L+\bar{E})\theta} = X^* \tag{1.14}$$

gegeben. Bei Risikoneutralität und einer subjektiven, nicht unbedingt mit dem Kreditgeber übereinstimmenden Wahrscheinlichkeitsdichte $h(X)$ lautet die Zielfunktion des Kreditnehmers:

$$\begin{aligned} E(U) &= \int_{X^*}^{X_{max}} [(L+\bar{E})X\theta - L(1+r) + \bar{C} + (W^0 - \bar{E} - \bar{C})(1+d)]h(X)\, d(X) + \\ &\quad \int_{X_{min}}^{X^*} (W_0 - \bar{E} - \bar{C})(1+d)h(X)\, d(X) \\ &= (L+\bar{E})\theta \int_{X^*}^{X_{max}} Xh(X)\, d(X) - \\ &\quad [L(1+r) - \bar{C}][1 - H(X^*)] + (W_0 - \bar{E} - \bar{C})(1+d). \end{aligned}$$

Nach partieller Integration und Berücksichtigung von (1.14) erhält man:

$$E(U) = (L+\bar{E})\theta(X_{max} - X^*) - (L+\bar{E})\theta \int_{X^*}^{X_{max}} H(X)\, d(X) + (W_0 - \bar{E} - \bar{C})(1+d). \tag{1.15}$$

Die Bedingung erster Ordnung für die Nutzenmaximierung lautet dann:

$$\begin{aligned} \frac{\partial E(U)}{\partial L} &= z' \left[X_{max} - X^* - \int_{X^*}^{X_{max}} H(X)\, d(X) \right] - \\ &\quad X_L^*(L+\bar{E})\theta[1 - H(X^*)] - (1+r) \stackrel{!}{=} 0, \end{aligned} \tag{1.16}$$

$$\text{mit} \quad X_L^* = \frac{\partial X^*}{\partial L} = \frac{(1+r)(L+\bar{E})\theta - z'[L(1+r) - \bar{C}]}{[(L+\bar{E})\theta]^2}.$$

Ist die Bedingung zweiter Ordnung für das Maximum $\frac{\partial^2 E(U)}{\partial L^2} < 0$ erfüllt, dann gibt Gleichung (1.16) bei gegebener Vermögensausstattung und -aufteilung die nutzenmaximalen Positionen des Kreditnehmers für verschiedene (L, r)-Kombinationen wieder; sie gibt damit die Nachfragefunktion in implizierter Form $D(L, r) = 0$ für gegebene $\bar{E}$, $\bar{C}$ an.
Ihr Verlauf läßt sich aus der Analyse der Indifferenzkurven ableiten. Für ein bestimmtes Nutzenniveau $\overline{E(U)}$ ist die Indifferenzkurve durch folgende Gleichung definiert:

$$\overline{E(U)} = (L+\bar{E})\theta \int_{X^*}^{X_{max}} Xh(X)\,d(X) - [L(1+r) - \bar{C}][1 - H(X^*)] + (W_0 - \bar{E} - \bar{C})(1+d).$$

Ihre Steigung in der (L, r)-Ebene wird angegeben durch:

$$\frac{dr}{dL} = - \frac{z'\left[X_{max} - X^* - \int_{X^*}^{X_{max}} H(X)\,d(X)\right] - X_L^*(L+\bar{E})\theta[1 - H(X^*)] - (1+r)}{-L[1 - H(X^*)]} \gtrless 0.$$

Die Krümmung der Indifferenzkurven wird durch die zweite Ableitung bestimmt:

$$\begin{aligned}\frac{d^2r}{dL^2} &= \frac{2\frac{\partial E(U)}{\partial L}\frac{\partial E(U)}{\partial r}\frac{\partial^2 E(U)}{\partial L \partial r} - \left[\frac{\partial E(U)}{\partial r}\right]^2 \frac{\partial^2 E(U)}{\partial L^2} - \left[\frac{\partial E(U)}{\partial L}\right]^2 \frac{\partial^2 E(U)}{\partial r^2}}{\left[\frac{\partial E(U)}{\partial r}\right]^3} \\ &= - \frac{\frac{\partial^2 E(U)}{\partial L^2} + 2\frac{\partial^2 E(U)}{\partial L \partial r}\frac{dr}{dL} + \frac{\partial^2 E(U)}{\partial r^2}\left[\frac{dr}{dL}\right]^2}{\frac{\partial E(U)}{\partial r}}.\end{aligned}$$

In der Umgebung der Nachfragefunktion (die Maxima der Indifferenzkurven) zeigt sich, daß die Indifferenzkurven einen konkaven Verlauf aufweisen: Wegen $\frac{dr}{dL} = 0, \frac{\partial E(U)}{\partial r} = -L[1 - H(X^*)] < 0$, und wegen der Bedingung zweiter Ordnung für ein Maximum $\frac{\partial E(U)^2}{\partial L^2} < 0$ ist nämlich $d^2r/dL^2 < 0$.

Da $\frac{\partial E(U)}{\partial r} = -L[1 - H(X^*)] < 0$ ist, ist für eine Schar von Indifferenzkurven der Nutzenindex bei gegebener Kredithöhe um so niedriger, je höher der Zinssatz ist.

Die Indifferenzkurven weisen somit den in Abbildung 3 dargestellten Verlauf auf. Der geometrische Ort der (L, r)-Kombinationen, die eine Steigung von Null aufweisen, bildet die Nachfragefunktion D.

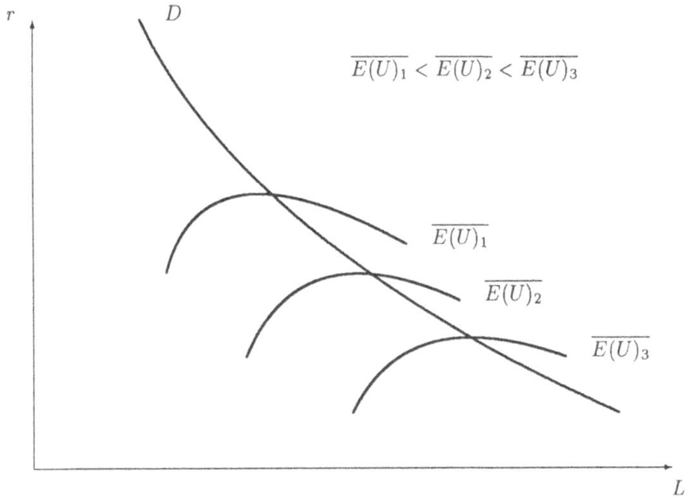

Abbildung 3: Indifferenzkurven der Kreditnehmer und Kreditnachfrage

(2) Das Kreditangebot

Für den Kreditgeber wird analog von einem nutzenmaximierenden Verhalten ausgegangen, das bei Risikoneutralität mit dem Ziel "Maximierung des erwarteten Gewinns" zusammenfällt[12]. Die Bank ist mit einem Bestand W_L an fremden Mitteln ausgestattet, der mit dem Einlagenzins d vergütet wird. Dieser Zins stellt zugleich die Opportunitätskosten der Bank dar. Der erwartete Bankgewinn aus einer Kreditvergabe wird durch die Differenz zwischen der erwarteten Rückzahlung eines Kredites und den Refinanzierungskosten bestimmt. Er ist bei Hereinnahme der Kreditsicherheit $\bar{C}$ definiert durch

$$
\begin{aligned}
G \;=\; & \int\limits_{X^*}^{X_{max}} L(1+r)f(X)\,d(X) + \int\limits_{X_{min}}^{X^*} \{(L+\bar{E})\theta X + \bar{C}\} f(X)\,dX + \\
& (W_L - L)(1+d) - W_L(1+d) = \\
& L(1+r)[1-F(X^*)] + (L+\bar{E})\theta \int\limits_{X_{min}}^{X^*} X f(X)\,d(X) + \\
& +\bar{C}F(X^*) - L(1+d). \qquad (1.17)
\end{aligned}
$$

[12] Die Angebotsfunktion für den variable-size-Fall, wie sie in den Modellen von Koskela und Keeton Anwendung findet und in dieser Arbeit durch die Berücksichtigung der Kreditsicherheiten leicht modifiziert dargestellt wird, geht auf Jaffee (1971, S. 57ff.) zurück.

Die Bedingung erster Ordnung für die Gewinnmaximierung ergibt sich als

$$\frac{\partial G}{\partial L} = (1+r)[1-F(X^*)] + z' \int_{X_{min}}^{X^*} X f(X)\, d(X) - (1+d) \stackrel{!}{=} 0. \tag{1.18}$$

Gleichung (1.18) gibt, sofern die Bedingung zweiter Ordnung erfüllt ist, wiederum die Kreditangebotsfunktion in impliziter Form bei gegebenen $\bar{E}, \bar{C}, d$ wieder.
Die Bedingung zweiter Ordnung für ein Maximum ist durch

$$\frac{\partial^2 G}{\partial L^2} = \frac{\partial X^*}{\partial L} f(X^*)[z'X^* - (1+r)] + z" \int_{X_{min}}^{X^*} X f(X)\, d(X) < 0$$

gegeben und stets erfüllt: Wegen der Annahme abnehmender Skalenerträge ist der zweite Term negativ; ebenfalls negativ ist der erste Term, da wegen

$$X^* = \frac{L(1+r) - \bar{C}}{(L+\bar{E})\theta} < \frac{L(1+r)}{(L+\bar{E})\theta} < \frac{1+r}{\theta} < \frac{1+r}{z'}$$

gilt:

$$z'X^* < 1+r \quad \text{und} \tag{1.19}$$

$$z'L < (L+\bar{E})\theta \quad \text{und damit} \tag{1.20}$$

$$\frac{\partial X^*}{\partial L} = \frac{(1+r)[(L+\bar{E})\theta - z'L] + z'\bar{C}}{[(L+\bar{E})\theta]^2} > 0. \tag{1.21}$$

Die Gewinnfunktion ist also eine streng konkave Funktion von L im Intervall $[X_{min}, X_{max}]$, wo zwangsläufig die Maximierungsbedingung gilt. Der Betrag, den ein Kreditgeber maximal verleihen wird, ist im variable-size- wie auch im fixed-size-Fall ungeachtet des Kreditzinses begrenzt. Dadurch ist eine notwendige Bedingung einer möglichen Rationierung gegeben.

Der Verlauf der Kreditangebotsfunktion in der (L, r)-Ebene kann anhand von Gleichung (1.18) untersucht werden:

$$\frac{dL}{dr} = -\frac{\frac{\partial^2 G}{\partial r^2}}{\frac{\partial^2 G}{\partial L^2}} = -\frac{[1-F(X^*)] + \frac{\partial X^*}{\partial r} f(X^*)[z'X^* - (1+r)]}{\frac{\partial^2 G}{\partial L^2}} \gtrless 0. \tag{1.22}$$

Die Angebotsfunktion kann verschiedene Steigungen in Abhängigkeit von der Verteilungs- bzw. Dichtefunktion annehmen und läßt sich analog wie oben interpretieren: Eine hohe Erfolgswahrscheinlichkeit $1-F[X^*]$ sichert im allgemeinen einen positiven Verlauf der Angebotskurve. Steigt das Verlustrisiko mit steigendem Zinssatz und Kreditvolumen an, wird der positive Term immer kleiner, so daß der Zähler ab einer bestimmten Kombination negativ wird. Mit dem negativen Nenner und den negativen Vorzeichen wird die Steigung negativ: Die Angebotskurve biegt ab einem bestimmten (Maximum-)Punkt $dL/dr = 0$ zurück.

Weitere Eigenschaften der Kreditangebotsfunktion lassen sich (1.18) und (1.19) entnehmen:

1. Für einen unter dem Einlagenzins liegenden Kreditzinssatz bleibt das Angebot aus, da der Gewinn aus der Kreditvergabe sinkt, da $\frac{\partial G}{\partial L} < 0$: Gleichung (1.18) kann nach partieller Integration auch in die Form

$$\frac{\partial G}{\partial L} = (r-d) + F(X^*)[z'X^* - (1+r)] - \int_{X_{min}}^{X^*} F(X)\,d(X)$$

gebracht werden. Nach (1.19) ist dieser Ausdruck für $r < d$ negativ.

2. Für einen Zinssatz $r = d$ ist die Gewinnoptimierungsbedingung (1.18) nur zu erfüllen, wenn $F[X^*] = 0$, d. h., wenn

$$X^* = \frac{L(1+r) - \bar{C}}{(L+\bar{E})\theta} \leq X_{min}, \quad \text{oder nach Auflösung nach } L \text{, wenn}$$

$$L \leq \frac{X_{min}\theta\bar{E} + \bar{C}}{1 + d - X_{min}\theta}.$$

3. Für $r > d$ erfolgt ein Angebot, solange die Erfolgswahrscheinlichkeit einen positiven Zähler in (1.22) sichert. Dieses Angebot ist wie gezeigt begrenzt.

4. Für sehr hohe Zinssätze $r \to \infty$ bleibt das Angebot aus, weil der Gewinn aus der Kreditvergabe wieder sinkt: Da für $r \to \infty$ gilt $F(X^*) = 1$ ist bei Berücksichtigung der partiellen Integration in (1.18)

$$\lim_{r\to\infty} \frac{\partial G}{\partial L} = -(1+d) - z' \int_{X_{min}}^{X^*} F(X)\,d(X) < 0^{13}.$$

Die Indifferenzkurven des Kreditgebers, die Isogewinnkurven, lassen sich analog zum Kreditnehmer ermitteln. Für einen bestimmten Gewinn werden sie durch folgende Gleichung definiert:

$$\bar{G} = L(1+r)[1 - F(X^*)] + (L+\bar{E})\theta \int_{X_{min}}^{X^*} Xf(X)\,d(X) + \bar{C}F(X^*) - L(1+d).$$

Die Steigung der Isogewinnkurven wird gegeben durch

$$\frac{dr}{dL} = -\frac{\frac{\partial G}{\partial L}}{\frac{\partial G}{\partial r}} = -\frac{(1+r)[1-F(X^*)] + z' \int_{X_{min}}^{X^*} Xf(X)\,d(X) - (1+d)}{L[1-F(X^*)]} \gtrless 0. \tag{1.23}$$

Die Isogewinnkurven weisen in den Punkten der Kreditangebotsfunktion eine Steigung von

[13] Die hier für den Fall abnehmender Skalenerträge abgeleiteten Eigenschaften der Kreditangebotsfunktion gelten auch für den von Jaffee (1971) untersuchten Fall konstanter Skalenerträge $z' = 1, z'' = 0$.

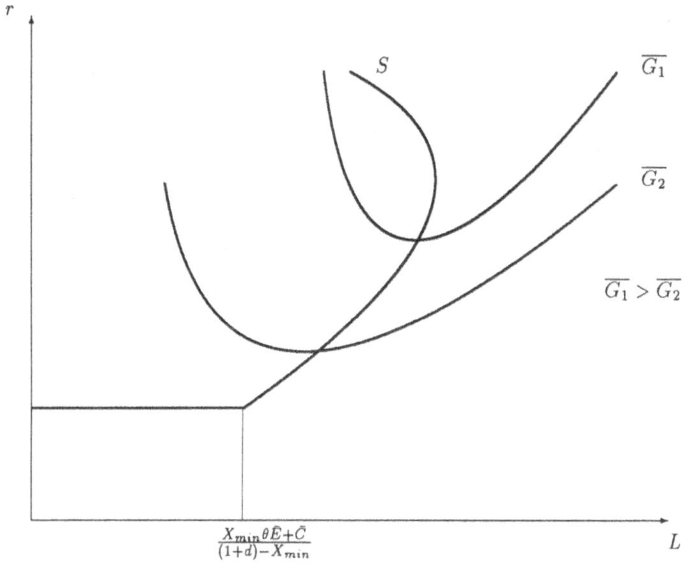

Abbildung 4: Isogewinnkurven und Kreditangebot

Null auf, da der Zähler in diesem Fall mit der Bedingung erster Ordnung für ein Maximum übereinstimmt.

Die Krümmung der Isogewinnkurven wird durch die zweite implizite Ableitung angegeben:

$$\frac{d^2r}{dL^2} = \frac{2\frac{\partial G}{\partial L}\frac{\partial G}{\partial r}\frac{\partial^2 G}{\partial L\partial r} - \left[\frac{\partial G}{\partial r}\right]^2\frac{\partial^2 G}{\partial L^2} - \left[\frac{\partial G}{\partial L}\right]^2\frac{\partial^2 G}{\partial r^2}}{\left[\frac{\partial G}{\partial r}\right]^3}$$

$$= -\frac{\frac{\partial^2 G)}{\partial L^2} + 2\frac{\partial^2 G}{\partial L\partial r}\frac{dr}{dL} + \frac{\partial^2 G}{\partial r^2}\left[\frac{dr}{dL}\right]^2}{\frac{\partial G}{\partial r}}.$$

In der Umgebung der Angebotsfunktion zeigt sich, daß der Isogewinn wegen $d^2r/dL^2 > 0$ einen konvexen Verlauf aufweist. Hier gilt nämlich $\frac{dr}{dL} = 0$, $\frac{\partial G}{\partial r} = L[1 - F(X^*)] > 0$, und wegen der Bedingung zweiter Ordnung für ein Maximum $\frac{\partial G^2}{\partial L^2} < 0$.

Der Gewinn ist ferner bei gegebenem Kreditbetrag um so höher, je höher der Zinssatz ist, da $\frac{\partial G}{\partial r} = L[1 - F(X^*)] > 0$.
Die Isogewinnkurven weisen den in Abbildung 4 dargestellten Verlauf auf. Der geometrische Ort der (L, r)-Kombinationen, die eine Steigung von Null aufweisen, bildet die Angebotsfunktion S.

Um das Gleichgewicht auf dem Kreditmarkt zu untersuchen, sind neben den zur Ableitung der Angebots- und Nachfragefunktion zugrundegelegten Zielsetzungen der Marktteilnehmer die Marktform und die entsprechenden Verhaltensweisen maßgeblich. Die Frage, welche Verhaltensweisen und welche Marktformen Kreditmärkte kennzeichnen, ist nicht immer leicht zu beantworten. Je nach Verhandlungsposition der Marktteilnehmer sind alle Verhaltensweisen von der Optionsfixierung bis zum Optionsempfang denkbar. Die in Wirklichkeit am häufigsten auch in Entwicklungsländern anzutreffenden Marktformen dürften, wie es auch für Gütermärkte zutrifft, das Polypol und Oligopol auf dem unvollkommenen Markt sein. Diesen Marktformen ist ähnlich wie dem Monopolfall eine autonome Strategie zuzuordnen, bei der die Kredithöhe und der Kreditzinssatz nur mit Blick auf die Nachfrageseite festgesetzt werden. Reaktionen des Konkurrenten auf die eigenen Aktionen werden dabei nicht erwartet[14]. In dieser Arbeit werden die genannten Marktformen wegen dieses Verhaltens vereinfachend unter dem Monopolfall behandelt.

Neben diesen Marktformen ist wegen der zunehmenden Deregulierung von Finanzmärkten der vollkommene Wettbewerb unter den Kreditanbietern mit unbeschränktem Zugang von Bedeutung, der durch eine Mengenanpassung an den vom Markt diktierten Zinssatz charakterisiert ist. Im folgenden wird das Gleichgewicht bei beiden Marktformen betrachtet.

1.4.2 Das Gleichgewicht auf Wettbewerbsmärkten

Auf Wettbewerbsmärkten mit freiem Zugang muß die Kreditangebotsfunktion eines Kreditgebers der Null-Gewinn-Bedingung genügen, da hier langfristig keine Gewinne zu erzielen sind. Für die Analyse ist die Null-Isogewinnkurve aus der Schar der Isogewinnkurven relevant. Setzt man in (1.17) für $G = 0$, so erhält man:

$$(1+r)[1-F(X^*)] = -\frac{(L+\bar{E})\theta}{L}\int_{X_{min}}^{X^*} Xf(X)\,d(X) - \frac{\bar{C}}{L}F(X^*) + (1+d). \tag{1.24}$$

Nach Einsetzen von (1.24) in (1.23) ergibt sich der Verlauf der Null-Isogewinnkurve durch

$$\left.\frac{dr}{dL}\right|_{G=0} = -\frac{[-(L+\bar{E})\theta + z'L]\int_{X_{min}}^{X^*} Xf(X)\,d(X) - \bar{C}F(X^*)}{L^2[1-F(X^*)]} \geq 0. \tag{1.25}$$

Die Steigung der Null-Isogewinnkurve ist für $r > d$ positiv, da der Zähler in (1.25) wegen der Beziehung $z'L < (L+\bar{E})\theta$ einen negativen Wert annimmt, so daß der gesamte Ausdruck (1.25) positiv ist.

Bei $r = d$ ist die Steigung Null. Die Nullgewinnbedingung ist wie gesehen nur zu erfüllen, wenn gilt: $F(X^*) = 0$. Der Zähler in (1.25) nimmt für diesen Fall den Wert Null an.

Will nun eine Bank auf Wettbewerbsmärkten nicht verdrängt werden, so muß sie entlang

[14] Zu einer Darstellung von Verhaltensweisen der Marktteilnehmer und Marktform siehe z. B. Ott (1984, S. 52ff.).

der Null-Isogewinnkurve operieren. Ein Kreditnachfrager wird bei gegebenem Nutzenindex seinen Nutzen unter Berücksichtigung der für den Kreditgeber geltenden Nullgewinnbedingung maximieren. Graphisch bedeutet dies: An dem Punkt, an dem seine Indifferenzkurve den Null-Isogewinnlokus $S(L;0)$ tangiert, ist dieses Maximum erreicht und das Gleichgewicht definiert (Abbildung 5).

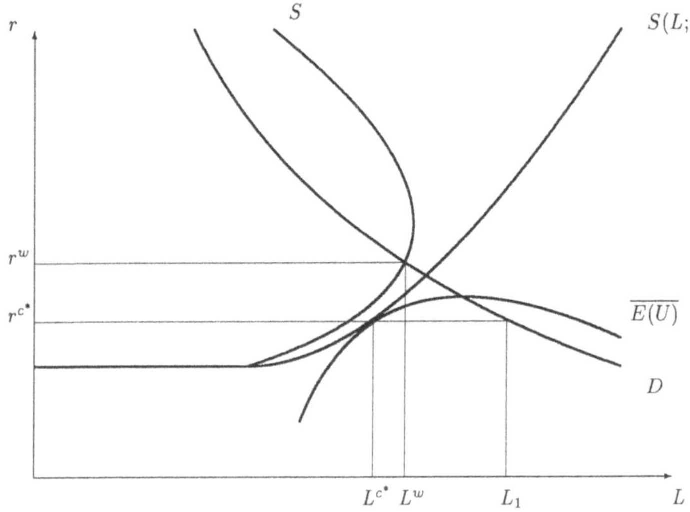

Abbildung 5: Kreditrationierung auf dem Wettbewerbsmarkt

Dieses Gleichgewicht (r^{c^*}, L^{c^*}) ist durch eine Rationierung vom Typ I in Höhe von $\triangle L$ gekennzeichnet: Bei einem Kreditzinssatz von r^* ist der erhaltene Kreditbetrag L^{c^*} kleiner als der bei diesem Zinssatz nachgefragte Kredit D.
Der durch die (L^w, r^w)-Kombination determinierte Vertrag stellt kein Gleichgewicht dar, da die (L^{c^*}, r^{c^*})-Kombination stets von beiden Marktteilnehmern vorgezogen wird: Der Kreditnachfrager kann seinen Nutzen bei Realisierung der letzteren Kombination erhöhen, ohne den Nutzen des Kreditgebers zu vermindern. Damit zeigt sich, daß das markträumende Walras-Gleichgewicht nicht Pareto-optimal ist und labil sein wird.
Analytisch lassen sich diese von Koskela (1979) graphisch abgeleiteten Wohlfahrtsüberlegungen anhand des Lagrange-Ansatzes formulieren: Die Pareto-Optimalität beinhaltet die Maximierung des Nutzens eines Marktteilnehmers unter der Nebenbedingung, den Nutzen des anderen zumindest unverändert zu halten. Die entsprechende Lagrange-Funktion lautet:

$$LG = E(U) + \lambda(G - \bar{G}).$$

Notwendige Bedingungen für ein Maximum sind dann:

$$\begin{aligned}
\frac{\partial LG}{\partial L} &= \frac{\partial E(U)}{\partial L} + \lambda\frac{\partial G}{\partial L} = 0,\\
\frac{\partial LG}{\partial r} &= \frac{\partial E(U)}{\partial r} + \lambda\frac{\partial G}{\partial r} = 0,\\
\frac{\partial LG}{\partial \lambda} &= G - \bar{G} = 0.
\end{aligned}$$

Aus den ersten beiden Gleichungen ergibt sich nach Auflösung nach λ:

$$\frac{\partial LG}{\partial L} = \frac{\partial E(U)}{\partial L} + \frac{\partial E(U)}{\partial r}\left[-\frac{\frac{\partial G}{\partial L}}{\frac{\partial G}{\partial r}}\right] = 0. \tag{1.26}$$

Die Ausdrücke $\frac{\partial E(U)}{\partial r}$ und $-\frac{\frac{\partial G}{\partial L}}{\frac{\partial G}{\partial r}}$ geben jeweils die Steigungen der Nachfragefunktion und der Isogewinnkurven an. Nach den obigen Ausführungen ist der erste Ausdruck negativ, der zweite positiv. Die Pareto-Optimalität in Gleichung (1.26) ist damit nur zu erfüllen, wenn $\frac{\partial E(U)}{\partial L} > 0$ ist. Die Kombination (r^w, L^w) ist aber durch $\frac{\partial E(U)}{\partial L} = 0$ gekennzeichnet und steht daher in Widerspruch zur Pareto-Optimalität.

1.4.3 Das Gleichgewicht auf Monopolmärkten

Die erste eingehende Analyse der Kreditrationierung auf einem Monopolmarkt stammt von Jaffee/Modigliani (1969) und Jaffee (1971). Dort wird Kreditrationierung für den fixed-size-Fall untersucht und mit einer exogen bedingten mangelnden Preisdifferenzierung begründet.

> "Usury ceiling, the pressure of legal restrictions and considerations of good will and social mores would make it inadvisable if not impossible for the monopolist banker to charge widely different rates to the different customers." (Jaffee, 1971, S. 48)

Das folgende Modell wendet die Vorgehensweise von Jaffee und Modigliani auf den variable-size-Fall an; bei der Ableitung der optimalen Angebotspolitik eines diskriminierenden Monopolisten wird nicht wie in ihren Beiträgen graphisch-verbal, sondern analytisch vorgegangen[15].

Monopolmärkte oder Märkte mit monopolistischer Konkurrenz, wie sie von Polypol oder Oligopol auf einem unvollkommenen Markt besetzt sind, sind durch eine autonome Strategie des Anbieters gekennzeichnet. Er setzt wahlweise Menge oder Preis nur mit Blick auf die Nachfrageseite fest, da er in seinem monopolistischen Preis-Absatz-Bereich keinem Wettbewerb ausgesetzt ist. Der sich monopolverhaltende Kreditgeber berücksichtigt so in seiner Entscheidung die Kreditnachfrage und wertet sie als seine Preis-Absatz-Funktion $D = D(r)$ aus. Der Kreditgeber wird i. d. R. den gewinnmaximierenden Kreditzinssatz fixieren und dem Kreditnachfrager die

[15] Auch Koskela (1979, S. 77f.) hat das Monopolmodell von Jaffee/Modigliani (1969) und Jaffee (1971) bei der Behandlung von Kreditmärkten als Märkte für heterogene Güter integriert und Rationierung auch für den variable-size-Fall abgeleitet. Er geht bei der Beweisführung anders als diese Arbeit vor: Seine Begründung basiert auf der Gegenüberstellung von Erträgen und Kosten einer Kreditvergabe.

Festsetzung der Kredithöhe überlassen.

Unter Beachtung der Bedingung $L = D$ läßt sich der Gewinn nach (1.17) ausdrücken:

$$D(1+r)[1-F(X^*)] + (D+\bar{E})\theta \int_{X_{min}}^{X^D} X f(X)\, d(X) + \bar{C}F(X^*) - D(1+d), \qquad (1.27)$$

wobei

$$X^D = \frac{D(1+r)-\bar{C}}{(D+\bar{E})\theta}.$$

Der gewinnmaximierende Zinssatz leitet sich aus der Bedingung

$$\begin{aligned}\frac{\partial G}{\partial r} &= D[1-F(X^D)] + D_r\{(1+r)[1-F(X^D)] - (1+d)\} + \\ &\quad \frac{\partial (D+\bar{E})\theta}{\partial r} \int_{X_{min}}^{X^D} X f(X)\, dX \overset{!}{=} 0 \end{aligned} \qquad (1.28)$$

ab, wobei $D_r = \frac{\partial D}{\partial r}$ ist.

Da unter Berücksichtigung von (1.12)

$$\frac{\partial (D+\bar{E})\theta}{\partial r} = \frac{\partial D}{\partial r}\theta + (D+\bar{E})\frac{\partial \theta}{\partial D}\frac{\partial D}{\partial r} = D_r z'$$

gilt, kann Gleichung (1.28) geschrieben werden als:

$$\frac{\partial G}{\partial r} = D[1-F(X^D)] + D_r\{(1+r)[1-F(X^D)] - (1+d)\} + D_r z' \int_{X_{min}}^{X^D} X f(X)\, dX \overset{!}{=} 0. \qquad (1.29)$$

Ein monopolistischer Kreditgeber wird einen Kreditnehmer rationieren, wenn der von ihm festgelegte gewinnoptimierende Zinssatz r^{m^*} unter dem markträumenden Zins r^m liegt. Dies kann aber keine optimale Kreditvergabeentscheidung sein, denn zu Zinsen unterhalb dieses markträumenden Zinses lassen sich Gewinne erzielen. Formal ausgedrückt heißt das: $\partial G/\partial r > 0, \forall r \leq r^m$.

Für den markträumenden Zins muß das Angebot entsprechend (1.18) gelten:

$$(1+r^m)[1-F(X^D)] + z' \int_{X_{min}}^{X^D} X f(X)\, d(X) - (1+d) = 0.$$

Setzt man diesen Zins in (1.29) ein, so erhält man:

$$\left.\frac{\partial G}{\partial r}\right|_{r=r^m} = D[1-F(X^D)] > 0^{16}.$$

[16] Die Ableitung dieser Bedingung für den fixed-size-Fall verläuft völlig analog. Siehe hierzu Nahr (1980, S. 216ff.).

Der sich monopolistisch verhaltende Kreditgeber wird, solange er keinen Restriktionen bei der Preisfestsetzung unterliegt, stets oberhalb des markträumenden Zinssatzes seinen gewinnmaximierenden Zins festlegen. Unter dieser Bedingung kann keine Rationierung vorliegen. Im Unterschied zum Wettbewerbsfall impliziert in einem Monopolmodell die Heterogenität des Kredits per se keine Kreditrationierung. Dieses Ergebnis wurde schon in den ersten Beiträgen zur Kreditrationierung erkannt, wenngleich unter einer anderen als der hier formulierten Kreditvergabeentscheidung. In den Beiträgen von Ryder (1962) und Hodgman (1962) reichte das Ausfallrisiko eines Kredites nicht aus, um Kreditrationierung zu begründen (siehe Kap. 2, Fußnote 7). Abbildung 6 zeigt für zwei Kreditnehmer die realisierten (L, r)-Kombinationen. Um die Darstellung übersichtlich zu halten, wird von gleichen Kreditnachfragefunktionen D ausgegangen: Die gewinnmaximierenden Positionen des Monopolisten sind jeweils erreicht, wenn eine Isogewinnkurve die Kreditnachfragefunktion tangiert. Sie sind durch (r_1^{m*}, L_1^{m*}) und (r_2^{m*}, L_2^{m*}) definiert.

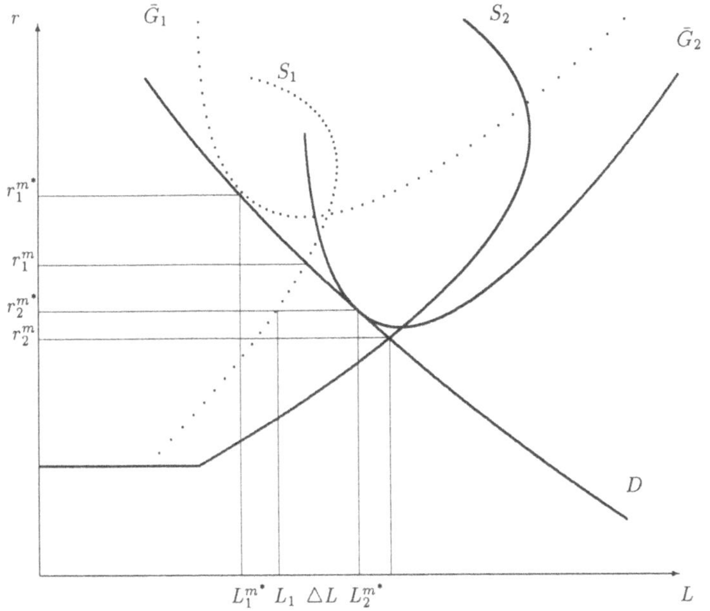

Abbildung 6: Kreditrationierung auf dem Monopolmarkt

Die bisher abgeleitete Lösung auf Monopolmärkten setzt voraus, daß der Kreditgeber zwischen allen Kreditnehmern oder Kreditnehmergruppen differenzieren kann. Für jeden Nachfrager ermittelt der Anbieter einen eigenen Angebotsplan, der eine gewinnmaximierende Ermittlung des Kreditbetrages und Kreditzinses erlaubt. Wenn die Bank aber bei der Festlegung ihrer Zinssätze zwischen den Nachfragern nicht differenzieren kann und gleiche Zinssätze für unter-

schiedliche Nachfrager erhebt, werden manche Nachfrager zu diesem Zinssatz höhere Kredite nachfragen, als die Bank zu vergeben bereit ist. Gelingt es also einem monopolistischen Anbieter nicht, zwischen den einzelnen Kreditnehmern eine Zinsdifferenzierung zu betreiben, wird er einige Nachfrager voll bedienen, andere wird er rationieren.
Legt die Bank in Abbildung 6 den einheitlichen Zinssatz $r_2^{m^*}$ für beide Nachfrager fest, erhält Nachfrager 2 den von ihm gewünschten Kredit; Nachfrager 1 wird in Höhe von $\triangle L$ rationiert, da die optimale Angebotspolitik zu diesem Zinssatz Kredite nur in Höhe von L erlaubt.

Eine mangelnde Preisdifferenzierung kann exogen bestimmt sein oder durch endogene Faktoren begründet werden. Zu den ersten Faktoren zählen vor allem gesetzliche Vorschriften bei der Zinsfestlegung, wie sie in vielen Entwicklungsländern bestehen. "Soziale Überlegungen" oder "considerations of good will" als weitere Faktoren zur Begründung der Kreditrationierung, wie in Jaffee (1971, S. 48) und Jaffee/Modigliani (1969, S. 860) angeführt, dürften jedoch in einer i. d. R. unpersönlichen Kreditbeziehung kaum eine Rolle spielen.
Zu den endogenen Faktoren sind die einem Kreditgeber bei der Differenzierung der einzelnen Kreditnachfrager und ihrer Risikoeigenschaften anfallenden Kosten ("information costs" oder "screening costs") zu zählen (vgl. Koskela, 1976, S. 112 u. Koskela, 1979, S. 79). Nach Umformung von (1.29) in

$$(1+r) = \frac{D}{D_r} + \frac{(1+d) - z' \int_{X_{min}}^{X^D} X f(X)\, d(X)}{[1 - F(X^D)]}$$

wird deutlich, daß der Kreditgeber seinen Zinssatz in Abhängigkeit vom Ausfallrisiko $F(X^D)$, vom kritischen Betrag X^D und vom marginalen Grenzertrag des Investitionsprojektes z' festlegt und damit Informationen über den stochastischen Investitionsertrag benötigt, die mit Kosten verbunden sind. Sind diese Kosten hoch oder gar prohibitiv, wird eine Separation der Kreditnachfrager in unterschiedliche Risikoklassen nicht möglich sein mit der Folge, daß einige Kreditnachfrager rationiert werden.
In dieser zum ersten Mal von Koskela (1976, S. 112ff.) eingeführten endogenen Erklärung der mangelnden Preisdifferenzierung eines Monopolisten wird ein Aspekt angesprochen, der bis dahin in der Rationierungstheorie keine Beachtung fand und zu einer entscheidenden Entwicklung derselben führen sollte. Die Rolle der Information wird in den Mittelpunkt der Analyse rücken. Im nächsten Kapitel wird darauf einzugehen sein.

1.5 Die Bedeutung von Kreditsicherheiten und Eigenkapital für die Kreditvergabe

Die vorangehende Darstellung hat die Höhe der Kreditsicherheiten und die Eigenkapitalbeteiligung bei der Projektfinanzierung als exogen unterstellt und Kreditrationierung als Folge der Existenz eines Ausfallrisikos abgeleitet. Durch die implizite Annahme $\frac{L(1+r)-\bar{C}}{(L+E)\theta} > 0$ wurde sichergestellt, daß das Ausfallrisiko $F(R^*)$ gegeben war. Mit dieser Vorgehensweise wurde ein möglicher Einfluß dieser beiden Variablen auf Zins und Kredithöhe und damit ein wichtiger Aspekt von Verhandlungsprozessen bei Kreditvergabeentscheidungen ausgeschaltet. Zeigt sich, daß Kreditbesicherung und Eigenkapitaleinbringung die Gewinnsituation und damit das Entscheidungsverhalten des Kreditgebers beeinflussen und simultan mit Kredithöhe und Kreditzins in das Kalkül einbezogen werden, dann ist die Annahme fixer Kreditsicherheiten und eines fixen Eigenkapitalanteils nicht begründbar, und Kreditrationierung muß unter Aufhebung dieser Annahmen untersucht werden.

Bei der Analyse können die hinterlegten Sicherheiten als stochastische Größen oder als sichere Zahlungen behandelt werden. Im ersten Fall handelt es sich i. d. R. um Kreditsicherheiten, die verwertet werden müssen, um den Kreditausfall ganz oder teilweise zu begleichen. Die Bewertung solcher Rechte an Vermögensgegenständen und ihre Verwertung ist beim Abschluß des Kreditvertrages meist unsicher. Kreditsicherheiten dieser Art sind also mit unsicheren Transaktionskosten verbunden, die eine stochastische Behandlung bedingen. Die Analyse wird hier mit einer deterministischen Betrachtung der Kreditsicherheiten durchgeführt. Sie stützt sich auf Smith (1972), betrachtet aber im Unterschied zu diesem nicht nur das Eigenkapital, sondern auch die Kreditsicherheit als Variable und behandelt den Fall abnehmender statt konstanter Skalenerträge. Die Analyse mit stochastischen Variablen geschieht mit den gleichen Ergebnissen völlig analog[17].

Die Zielfunktion des Kreditgebers läßt sich bei variablen Kreditsicherheiten und Eigenkapital schreiben:

$$\begin{aligned} G &= L(1+r)[1-F(X^*)] + (L+E)\theta \int_{X_{min}}^{X^*} X f(X)\, d(X) + CF(X^*) - L(1+d) \\ &= L(r-d) - (L+E)\theta \int_{X_{min}}^{X^*} F(X)\, d(X). \end{aligned} \tag{1.30}$$

Mit zunehmendem Einsatz beider Variablen steigt der Gewinnerwartungswert des Kreditgebers, denn

$$\begin{aligned} \frac{\partial G}{\partial E} &= -\theta \int_{X_{min}}^{X^*} F(X)\, d(X) - (L+E)\theta F(X^*) \frac{\partial X^*}{\partial E} \\ &= \theta \int_{X_{min}}^{X^*} X f(X)\, d(X) > 0 \end{aligned}$$

und

$$\frac{\partial G}{\partial C} = -(L+E)\theta F(X^*) \frac{\partial X^*}{\partial C} = F(X^*) > 0.$$

[17] Zu einer Analyse mit stochastischen Kreditsicherheiten siehe Azzi/Cox (1976) und Barro (1976).

Die Zunahme des Gewinnerwartungswertes kommt durch zwei Effekte zustande: Eine Erhöhung des Eigenkapitals und der Kreditsicherheiten ruft erstens aufgrund des höheren Investitionsvolumens und aufgrund des Zugriffs auf die hinterlegten Sicherheiten höhere Zahlungen an den Kreditgeber im Konkursfall hervor, und zweitens sinkt die Wahrscheinlichkeit des Ausfalls, da

$$\frac{\partial X^*}{\partial E} = \frac{-z'X^*}{(L+E)\theta} < 0 \quad \text{und} \tag{1.31}$$

$$\frac{\partial X^*}{\partial C} = \frac{-1}{(L+E)\theta} < 0. \tag{1.32}$$

Daraus folgt, daß nicht nur — wie bisher angenommen — Kredithöhe und Zinssatz, sondern auch die Höhe der Kreditsicherheiten und Eigenkapitaleinbringung die Kreditvergabeentscheidung beeinflussen werden. Der Kreditgeber wird sie in sein Kalkül einbeziehen und den Kreditvertrag so gestalten, daß sie Berücksichtigung finden. Zwei Möglichkeiten stehen ihm je nach seiner Verhandlungsmacht offen: Er kann eine Festschreibung der Eigenkapitalausstattung und der Kreditsicherheiten im Kreditvertrag verlangen und gegebenenfalls durchsetzen, oder er kann alternative Vertragsausgestaltungen mit verschiedenen (L, r)-Kombinationen anbieten und die Eigenkapital- und Kreditsicherheitsentscheidung dem Kreditnachfrager überlassen. Die so angebotenen Verträge üben einen Anreiz auf den Kreditnachfrager aus, denn durch die eigene Wahl des Eigenkapitals und der Kreditsicherheiten kann die effektive Verzinsung des aufgenommenen Fremdkapitals beeinflußt werden.

Schreibt der Kreditgeber den Eigenkapitalanteil und die Kreditsicherheiten in einer bestimmten Höhe $\bar{E}, \bar{C}$ fest, dann ist nach der Ausführung des vorausgehenden Abschnitts die Möglichkeit einer Pareto-optimalen Rationierung auf Wettbewerbsmärkten gegeben, solange ein Restrisiko bei der Kreditvergabe vorhanden ist, d. h. solange $\frac{L(1+r)-\bar{C}}{(L+\bar{E})\theta} > 0$.
Wenn der Kreditgeber den Eigenkapitalanteil oder die Kreditsicherheiten in einer Weise festsetzt, die das Ausfallrisiko sehr gering werden läßt, dann kann auch keine Rationierung vorliegen. In (1.14) ist für $C = L(1+r)$ oder für $E \to \infty$ $X^* \to 0$. In diesem Fall reduziert sich die Angebotsfunktion (1.18) auf die Bedingungen $r - d = 0$. Die Angebotsfunktion und die Null-Isogewinnkurve fallen zusammen und zeigen einen horizontalen Verlauf. Trifft eine Nachfrage auf diese Angebotsfunktion, kann keine Rationierung vorliegen. Das markträumende Gleichgewicht (d, L^w) ist auch Pareto-optimal, denn die Null-Isogewinnkurve tangiert die Indifferenzkurve der Kreditnachfrager. Abbildung 7 zeigt für diesen Fall das Gleichgewicht auf dem Kreditmarkt.

Diese Lösung setzt allerdings voraus, daß der Kreditnehmer den vom Kreditgeber festgelegten Eigenkapitalanteil und die Kreditsicherheit aufbringen kann und keinen Beschränkungen hinsichtlich dieser Variablen unterliegt[18].

[18] Dies ist ein Aspekt, der im Beitrag von Azzi/Cox (1976), in dem die Existenz der Kreditrationierung in Frage gestellt wird, nur marginale Erwähnung findet (vgl. Azzi/Cox, 1976, S. 917). In der Replik von Jaffee/Modigliani (1976) wird er dagegen besonders betont: "borrowers generally face constraints on the availability of collateral and

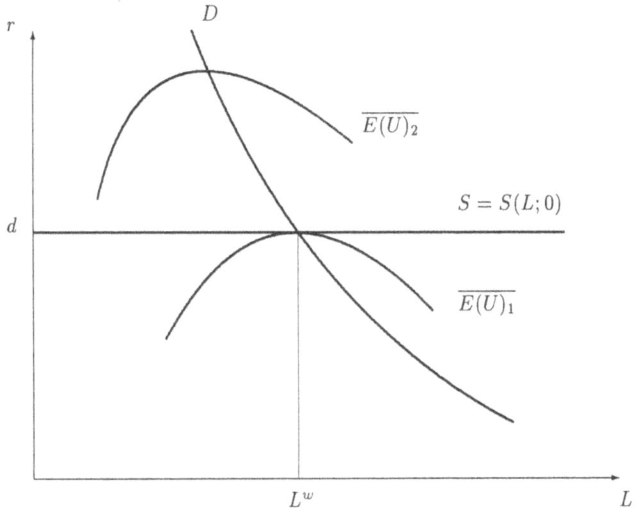

Abbildung 7: Gleichgewicht bei ausreichendem Vermögen des Kreditnehmers

Bietet der Kreditgeber als zweite Handlungsmöglichkeit Verträge mit verschiedenen (L, r)-Kombinationen an und überläßt er die Höhe des Eigenkapitalanteils und der Kreditsicherheit dem Kreditnehmer, dann kommt es auch hier zu den gleichen Ergebnissen: Solange der Kreditnehmer das Ausfallrisiko durch entsprechendes Eigenkapital und Kreditsicherheit nicht ausschaltet, ist eine Rationierung möglich. Hier kann er durch eine Erhöhung des eingesetzten Kapitals und/oder der hinterlegten Sicherheiten eine rationierende Lösung in ein unbeschränktes Kreditangebot umwandeln, da die Kreditangebotsfunktion durch diese Variablen positiv beeinflußt wird. Für sie gilt:

$$\frac{\frac{\partial G}{\partial L}}{\partial C} = f(X^*)\frac{\partial X^*}{\partial C}[z'X^* - (1+r)] > 0,$$

da der Ausdruck in den eckigen Klammern nach (1.19) negativ und $\frac{\partial X^*}{\partial C}$ nach (1.32) ebenfalls negativ ist. Durch eine höhere Bereitstellung von Kreditsicherheiten kann also der Kreditnehmer ein höheres Angebot herbeiführen.

Ähnliches wird gelten für eine höhere Beteiligung am Investitionsbetrag:

$$\frac{\frac{\partial G}{\partial E}}{\partial E} = \frac{\partial X^*}{\partial E} f(X^*)[z'X^* - (1+r)] + z'' \int_{X_{min}}^{X^*} X f(X)\, d(X).$$

equity, or can provide them only at a rising marginal costs. Thus, even when the borrower chooses the optimal amount of collateral or equity, there remains a residual risk of default and the possibility of credit rationing." (Jaffee/Modigliani, 1976, S. 919).

Das Vorzeichen dieser Gleichung ist im Fall abnehmender Skalenerträge analytisch nicht eindeutig bestimmt, denn der erste Term ist positiv, der zweite negativ. Allgemein gilt jedoch, daß der positive Term überwiegt, so daß auch eine höhere Bereitstellung von Eigenkapital zu einem höheren Angebot führen wird[19].

Die beim Angebot solcher Verträge mit Anreizwirkung zustandegekommenen Lösungen erscheinen unter Beachtung der *externen Effekte*, welche die Kreditsicherheiten und die Eigenkapitalbeteiligung auf den Gewinn des Kreditgebers verursachen, in einem anderen Licht: Kreditrationierung wird als eine Möglichkeit benutzt, um die durch Kreditsicherheiten und Eigenkapital hervorgerufenen Ineffizienzen zu korrigieren (vgl. Smith, 1972, S. 479). Bekanntlich ist ein markträumendes Gleichgewicht beim Vorhandensein von externen Effekten suboptimal. In der Wohlfahrtsökonomik werden grundsätzlich zwei Möglichkeiten zur Korrektur der von Externalitäten verursachten Effizienz-verluste in Betracht gezogen: Eine Internalisierung durch den Preismechanismus bzw. Ausgleichszahlungen, die auf Verhandlungen beruhen, oder die Einführung eines Quoten- oder Rationierungssystems. Gelingt eine vollständige Internalisierung durch Preise, d. h. durch einen entsprechenden Zinssatz und genügende Bereitstellung von Kreditsicherheiten und Eigenkapital nicht, wird das Quotensystem eingreifen.
Diese Betrachtungsweise, die Ineffizienz eines Walras-Gleichgewichts aufgrund eines Anreizproblems und die Kreditrationierung als eine mögliche Reaktion darauf zu sehen, wurde von Smith (1972) formuliert[20].

---

[19] Smith (1972) und Azzi/Cox (1976) kommen in ihren Modellen zu dem eindeutigen Ergebnis $\frac{\frac{\partial G}{\partial E}}{\partial E} > 0$, da sie von der Annahme konstanter Skalenerträge ausgehen. Im Fall konstanter Skalenerträge ist wegen $z'' = 0$ der Ausdruck eindeutig positiv.

[20] Die Entgegnung Baltenspergers (1976) auf Smiths Beitrag wird diesem nicht gerecht. Baltensperger kritisiert die von Smith bei Vernachlässigung des Eigenkapitalanteils in der Gewinnfunktion des Kreditgebers abgeleitete Pareto-Ineffizienz der Walras-Lösung und nimmt diese Kritik als Ausgangspunkt seiner Argumentation, um zu zeigen, daß bei Festschreibung des Eigenkapitalanteils die vom Markt erbrachte Lösung Pareto-optimal ist. Er läßt unerwähnt, daß die von Smith gewählte Konstruktion, den Gewinn des Kreditgebers in einem ersten Schritt nur in Abhängigkeit der Kredithöhe und des Zinssatzes zu formulieren, dazu dient, das Anreizproblem modellmäßig zu erfassen, und daß in einem zweiten Schritt dieses Anreizproblem als Argument für eine Rationierung oder eben für eine Festschreibung des Eigenkapitals zur Herbeiführung einer optimalen Allokation dient. Auf beide Lösungen weist Smith ausdrücklich hin und leitet exemplarisch die Pareto-Optimalität für den Rationierungsfall ab (siehe Smith (1972, S. 482) u. Smith [1976]). Zu Baltenspergers Entgegnung und zu einer Würdigung des Beitrages von Smith (1972) siehe auch Jaffee(1972) und Terberger (1987, S. 109ff.).

2 Kreditrationierung bei asymmetrischer Informationsverteilung

2.1 Vorbemerkungen

In den bisherigen Darstellungen wurde immer von der Annahme vollkommener Informationsverteilung zwischen den Marktteilnehmern ausgegangen. Die Informationen hinsichtlich der Identifizierung der Risiken eines Investitionsprojektes waren beiden Marktseiten gleichermaßen zugänglich. Der Kreditgeber konnte, basierend auf dem Risiko einer Investition, die Rückzahlungsfähigkeit einzelner Kreditnehmer ermitteln und ein individuelles Kreditangebot unterbreiten.
Diese Annahme wird im folgenden aufgegeben und Informationsasymmetrie zwischen den Marktpartnern eingeführt. Von asymmetrischer Informationsverteilung wird dann gesprochen, wenn sich die Information hinsichtlich der Projektrisiken zwischen Kreditgeber und Kreditnehmer unterscheidet. Dabei wird davon ausgegangen, daß der Kreditnehmer über das Investitionsprojekt besser informiert ist als der Kreditgeber. Eine Zuordnung der einzelnen Rückzahlungsfähigkeiten durch den Kreditgeber ist daher nicht mehr möglich. Kreditgeber werden dann bestrebt sein, die einzelnen Kreditnachfrager Risikoklassen zuzuordnen, für die sie eine durchschnittliche Rückzahlungsfähigkeit ermittelt haben.

Zur Erklärung der Kreditrationierung werden zwei Effekte berücksichtigt, die auf Märkten mit asymmetrischer Informationsverteilung auftreten können: der moral-hazard- und der adverse-selection-Effekt.
Der adverse-selection-Effekt läßt sich allgemein als ein Identifikationsproblem bezüglich der Qualität der auf einem Markt gehandelten Güter kennzeichnen und beschreibt einen Prozeß, bei dem die besseren Qualitäten aus dem Markt ausscheiden. In seinem berühmten "lemons"-Aufsatz hat Akerlof (1970) diesen Effekt am Beispiel eines Gebrauchtwagenmarktes erstmals untersucht. Dabei wird ein Markt für Güter mit unterschiedlicher Qualität und asymmetrischer Informationsverteilung bezüglich dieser Qualität betrachtet. Die Anbieter kennen die Qualität ihrer Güter, die Nachfrager kennen lediglich die am Markt bekannte Durchschnittsqualität. Auf diesem Markt wird sich ein Preis bilden, der von der durchschnittlichen Qualität bestimmt wird. Jeder Anbieter, dessen Produktqualität besser ist als die Durchschnittsqualität, wird sich vom Markt zurückziehen, denn er erzielt — gemessen an seiner individuellen Qualität — einen zu geringen Preis. Auf dem Markt verbleiben dann nur Güter mit vergleichsweise schlechter Qualität.
Von zentraler Bedeutung für die Funktionsweise von Märkten mit asymmetrischer Informationsverteilung ist die hier beschriebene Abhängigkeit der Qualität der gehandelten Güter von ihrem Preis. Wird der Preis als Qualitätsindikator betrachtet, dann übernimmt er so zusätzlich zu seiner Allokationsfunktion eine Informationsfunktion und kann häufig seine Markträumungsfunktion nicht mehr erfüllen; ein Marktgleichgewicht kann durch einen Nachfrageüberschuß gekennzeichnet sein (vgl. Stiglitz, 1979, S. 343).

Moral hazard läßt sich als ein Anreizproblem zwischen den Vertragsseiten und somit als ein principal-agent-Problem beschreiben. Hier besteht Informationsasymmetrie bezüglich der Aktionen, die ein Agent vertragswidrig nach dem Vertragsabschluß unternehmen kann[1]. Versucht nun der Prinzipal, das Verhalten des agent durch den ausgehandelten Preis zu kontrollieren, dann kann die zusätzliche Anreizfunktion des Preises die Markträumungsfunktion beeinträchtigen.

Adverse-selection- und moral-hazard-Effekte auf Kreditmärkte wurden erstmals in den Beiträgen von Jaffee/Russell (1976), Keeton (1979, S. 172ff.) und Stiglitz/Weiss (1981) analysiert. Während bei Jaffee und Russell der adverse-selection-Effekt in einem Konsummodell analysiert wird, ermöglicht die Modellformulierung von Keeton und Stiglitz/Weiss die moral-hazard- und adverse-selection-Effekte in einem Investitionsmodell zu untersuchen.
Adverse selection und moral hazard stellen sich auf Kreditmärkten wie folgt dar: Aufgrund der bestehenden Informationsasymmetrie zwischen Kreditgeber und Kreditnehmer hinsichtlich der Projektqualität, sprich des Projektrisikos, können die Kreditgeber "gute" und "schlechte" Risiken nicht identifizieren. Dem Zinssatz kommt eine Funktion als Qualitätsindikator zu. Das Risiko des Projektes steht dann in Abhängigkeit von der Zinshöhe. Eine Erhöhung des Kreditzinses kann dazu führen, daß ertragsniedrigere, aber risikoarme Investitionen aus dem Markt ausscheiden, da der Investitionsertrag zur Deckung der höheren Kapitalkosten nicht mehr ausreicht (adverse selection).
Stehen mehrere Investitionsprojekte mit unterschiedlichen Risiken zur Auswahl, dann kommt hier dem Zinssatz in der Beziehung Kreditgeber (principal)–Kreditnehmer (agent) eine Anreizfunktion zu, denn die Wahl des Projektes wird von der Zinshöhe abhängen. Eine Zinserhöhung kann dazu führen, daß Kreditnachfrager riskantere Projekte auswählen (moral hazard).
In beiden Fällen führt eine Zinserhöhung zu einer Veschlechterung des Bankenportefeuilles und einer Senkung des erwarteten Ertrages aus der Kreditvergabe. Kreditgeber werden deshalb ab einem bestimmten Zinssatz eine Zinserhöhung unterlassen, auch dann, wenn ein Nachfrageüberschuß besteht. In diesem Fall erhalten einige Kreditnehmer nach dem Zufallsprinzip den nachgefragten Kredit, andere werden abgelehnt (Rationierung vom Typ II)[2].

In den Modellen von Keeton (1979) und Stiglitz/Weiss (1981) wird als Preis des Kredites allein der Zinssatz betrachtet; Kreditsicherheiten bzw. Eigenkapitaleinbringung und variable

[1]Arrow (1963, 1968) hat am Beispiel eines Krankenversicherungssystems als einer der ersten den moral-hazard-Effekt beim Funktionieren von Märkten analysiert: Bekanntlich kann eine optimale Allokation bei Unsicherheit durch ein Versicherungssystem herbeigeführt werden. Sie wird jedoch verhindert, wenn moral-hazard-Verhalten (hier im Sinne einer Überbeanspruchung medizinischer Leistungen seitens der Versicherungsnehmer und/oder des Arztes) vorliegt.

[2]Die Grundidee des Stiglitz-Weiss-Modells wurde von anderen Autoren aufgegriffen, um adverse-selection- und moral-hazard-Effekte zu analysieren, wenn Informationsasymmetrie bezüglich anderer Variablen als des Risikos besteht. In den moral-hazard-Modellen von Watson (1984) und Clemenz (1986, S. 64ff.) besteht Informationsasymmetrie bezüglich der Anstrengung des Kreditnehmers. Eine Zinserhöhung hat hier einen negativen Anreizeffekt auf die Kreditnehmeranstrengung, da der erwartete Ertrag aus dem Investitionsprojekt sich vermindert. Im adverse-selection-Modell von Clemenz (1986, S. 60ff.) besteht Informationsasymmetrie hinsichtlich der Fähigkeit des Kreditnehmers: Wenn die Investoren über alternative Einkommensquellen verfügen, die von ihren Fähigkeiten positiv abhängig sind, dann kann eine Zinserhöhung dazu führen, daß fähige Kreditnehmer sich vom Markt zurückziehen.

Kreditbeträge als weitere Aktionsparameter werden nicht berücksichtigt. An diesen Punkten setzt die Kritik und Weiterentwicklung der Kreditrationierungstheorie an. Werden nämlich diese Parameter als Variablen angenommen, so eröffnet sich für den Kreditgeber die Möglichkeit, alternative Verträge mit verschiedenen Kombinationen von Zinssätzen, Kreditsicherheiten und Kreditgrößen für die verschiedenen Risiken anzubieten. Wird durch sogenannte anreizkompatible Verträge oder Trennverträge sichergestellt, daß Nachfrager mit einem bestimmten Kreditrisiko den für sie vorgesehenen Vertrag wählen, dann findet durch diese Wahl eine Selbstselektion statt: Der Kreditnachfrager signalisiert durch die Wahl seine Qualität und ermöglicht dem Kreditgeber eine Einordnung in eine Risikoklasse und ermöglicht ihm damit unterschiedliche Risiken zu separieren. Dadurch wird die Informationsasymmetrie verringert oder gar überwunden.

Bei der Verwendung von Kreditsicherheiten und Zinssatz als Selbstselektionsmechanismus haben Bester (1984, 1987a) bei risikoaversen Kreditnehmern, Bester (1985a), Besanko/Thakor (1987a), Chan/Thakor (1987) und Gale (1989) bei risikoneutralen Kreditnehmern und Transaktionskosten bei der Liquidation der Sicherheiten für einen Wettbewerbsmarkt gezeigt, daß ein Angebot verschiedener Verträge mit unterschiedlichen Kombinationen von Zins und Kreditsicherheiten (r, C) immer zu einer Trennung der verschiedenen Risiken führt[3]. Die Kreditgeber verwenden die Bereitschaft eines Kreditnehmers zur Stellung der Kreditsicherheiten als Signal für sein Risiko. "Gute Risiken" werden eher Verträge mit hohen Kreditsicherheiten und niedrigen Zinsen bevorzugen, "schlechte Risiken" dagegen eher höhere Zinsen und niedrigere Sicherheiten wählen, da die Wahrscheinlichkeit groß ist, die gestellten Sicherheiten zu verlieren.
Wenn die geforderten Sicherheiten gestellt werden können und die verschiedenen Risiken auseinandersortiert werden, dann ist die Informationsasymmetrie und damit die Kreditrationierung überwunden.

Für einen Monopolmarkt hat Hellwig (1988) bei risikoaversen Kreditnehmern gezeigt, daß eine optimale Angebotspolitik immer eine Sortierung der verschiedenen Risiken vorsieht. Dadurch wird prinzipiell die Möglichkeit einer Rationierung ausgeräumt[4].
Besanko/Thakor (1987a) gelangen bei risikoneutralen Kreditnehmern und Liquidationskosten der Kreditsicherheiten zu anderen Ergebnissen: Auf dem Monopolmarkt wird im Gleichgewicht

[3] Bei endogener Kreditsicherheit sind Modelle mit risikoaversen Kreditnehmern oder mit risikoneutralen Kreditnehmern bei Berücksichtigung der Transaktionskosten der Liquidation von Kreditsicherheiten in ihren Ergebnissen identisch. Diese Ergebnisse fußen, wie in den Abschnitten 2.3 und 2.4 gezeigt wird, u. a. darauf, daß die Grenzrate der Substitution zwischen Kreditsicherheit und Zins für die Bank niedriger ist als für den Kreditnehmer. Dies kann durch die Liquiditätskosten oder durch die Risikoaversion der Kreditnehmer bedingt sein.

[4] Hellwig leitet allerdings in seinem Modell die Möglichkeit der Rationierung in einem seltenen Fall ab. Da dem Monopolisten bei der Sortierung Kosten in Form entgangener Rente beim sicheren Kreditnehmer entstehen, ist eine Sortierung nicht mehr durchführbar, wenn diese Kosten den zusätzlichen Ertrag einer Zinserhöhung für die riskantere Gruppe übersteigen. Dies ist der Fall, wenn der Anteil von guten Risiken in einer Gruppe sehr hoch ist (vgl. Hellwig, 1988, S. 139). Die Bank wird dann eine Politik verfolgen, die sie auch bei vollkommener Informationsverteilung für diese guten Risiken verfolgt hätte. Diese Politik ist durch einen Vertrag ohne Kreditsicherheiten charakterisiert. Für die schlechten Risiken bietet sie ebenfalls den gleichen Vertrag, denn die Angebotspolitik stellt darauf ab, die Erträge des Kreditnehmers mit diesem Risiko abzuschöpfen, da der Anteil anderer Risiken vernachlässigbar ist (vgl. Hellwig, 1988, S. 155). Durch das Angebot dieses Poolingvertrages kann es zu Rationierung kommen.

ein einziger Vertrag angeboten und ist durch Markträumung gekennzeichnet.
Bei der Verwendung des Zinses und der Kredithöhe als Selbstselektionsmechanismus wird in den Beiträgen von Bester (1985b), Milde et al. (1985) und Milde/Riley (1988) für einen Wettbewerbsmarkt gezeigt, daß die Rationierung vom Typ II in eine Rationierung vom Typ I umgewandelt werden kann. Die Kredithöhe dient als Signal für das Risiko des Projektes: Risikoarme Kreditnehmer werden eher bereit sein, niedrige Zinsen bei weniger Mitteln zu akzeptieren; risikoreiche dagegen werden höhere Beträge auch mit höheren Zinsen bevorzugen, denn sie erzielen im Erfolgsfall mit jeder zusätzlich investierten Krediteinheit einen höheren Gewinn als die risikoärmeren Kreditnachfrager.

Die bisher genannten Modelle haben gemeinsam, daß sie alternativ Kredithöhe und Zinssatz bzw. Kreditsicherheit und Zinssatz als Aktionsparameter betrachten. Es bleibt damit in diesen Arbeiten offen, ob bei variabler Kredithöhe und der Stellung von Sicherheiten Rationierung auftreten kann. Für die Ausgestaltung der Kreditverträge bieten sich einem Kreditgeber neben dem Zins sowohl Kreditsicherheiten als auch Kredithöhe als Aktionsparameter an. Einzig drei Arbeiten haben bislang die drei Variablen als endogen betrachtet.
Im moral-hazard-Modell von Bester (1987b) verschwindet auf einem Wettbewerbsmarkt mit Risikoneutralität der Marktteilnehmer die Rationierung vom Typ II durch ein Angebot derartiger Verträge; Rationierung vom Typ I bleibt weiterhin möglich. Neben den Kreditsicherheiten wird also das Kreditvolumen auch als Signalinstrument verwendet.
Im Modell von Besanko/Thakor (1987b) — auch ein Wettbewerbsmodell mit Risikoneutralität der Marktteilnehmer — erfolgt eine Selektion der verschiedenen Risiken ausschließlich über die Kreditsicherheiten, falls das Vermögen der Kreditnehmer die Stellung der Sicherheiten erlaubt. Kredithöhe wird erst dann zur Signalisierung des Risikos verwendet, wenn die Eigenmittel der Kreditnehmer nicht ausreichen. In beiden Fällen kommt es aber zu keiner Rationierung.
In der Arbeit von Schmidt-Mohr (1992) wird bei risikoaversen Kreditnehmern sowohl der Monopol- als auch der Wettbewerbsmarkt untersucht. Auf Monopolmärkten werden Sicherheiten und Kredithöhe zur Trennung von Risiken verwendet; eine Rationierung findet nicht statt. Auf dem Wettbewerbsmarkt wird im Gegensatz zu den Ergebnissen von Bester (1987b) und Besanko/Thakor (1987b) in erster Linie die Kredithöhe als Trennungsinstrument verwendet.

Zwei Kritikpunkte lassen sich an den bestehenden Modellen anführen:

1. Unter Verwendung von Zins und Sicherheit als Sortierinstrument haben fast alle bisherigen Beiträge zur Kreditrationierung bei asymmetrischer Information ihre Analyse auf Wettbewerbsmärkte beschränkt. Lediglich die Arbeiten von Besanko/Thakor (1987a) bei Risikoneutralität und Hellwig (1988) bei Risikoaversion des Kreditgebers haben den Monopolmarkt untersucht. Hierbei erlangen die Ergebnisse von Besanko/Thakor (1987a) für Kreditmärkte mit asymmetrischer Information kaum Gültigkeit, denn durch ihre Spezifikation wird das, was diese Märkte kennzeichnet — der adverse-selection-Effekt —, per Annahme ausgeschlossen. In ihrem Modell ist der Erwartungswert der riskanteren Projekte geringer als der der sichereren Projekte. Eine Zinserhöhung bewirkt dann, daß die

riskanteren Kreditnehmer zuerst den Markt verlassen. Die Zuteilung von Krediten erfolgt daher ausschließlich über den Zins.
Die damit in den bisherigen Beiträgen bei Risikoneutralität nur für den Wettbewerbsmarkt abgeleiteten Ergebnisse lassen sich nicht allgemein auf Kreditmärkte übertragen. Dies ist für die Analyse von Kreditmärkten in den Entwicklungsländern von Relevanz, denn dort ist der Wettbewerb zwischen Geschäftsbanken oft sehr eingeschränkt.

2. Die Analyse der Rationierung auf Wettbewerbsmärkten bei Risikoneutralität des Kreditgebers unter simultaner Verwendung von Zins, Kreditsicherheit und Kredithöhe basiert auf sehr spezifischen, für Kreditmärkte nicht unbedingt zutreffenden Annahmen. So beruht die bedeutende Rolle, die den Kreditsicherheiten in dem Modell von Besanko/Thakor (1987b) zukommt, auf der Tatsache, daß die Transaktionskosten bei der Liquidation vernachlässigt werden. Es überrascht daher nicht, daß unter diesen Umständen ein Kreditgeber immer, auch bei vollkommener Information, Sicherheiten fordern wird. Ebenfalls wenig überraschend ist das abgeleitete Ergebnis des Gleichgewichtes ohne Rationierung: Indem unterstellt wird, daß höherer Erfolgswahrscheinlichkeit höhere Erträge zuzuordnen sind, wird wie bei Besanko/Thakor (1987a) der adverse-selection-Effekt per Annahme ausgeschlossen. In solch einem Modell nimmt der Gewinn einer Bank bei jeder Zinserhöhung zu, da in diesem Fall zuerst die schlechten Risiken mit niedrigen Erträgen aus dem Markt ausscheiden.
   Ferner ist diese Analyse der Rationierung insofern unvollständig, als nur Wettbewerbsmärkte betrachtet werden.

Dieses Kapitel setzt an diesen Punkten an. Ziel wird es sein, ausgehend von einem Grundmodell eine Analyse mit allgemeineren Modellen vorzunehmen, die eine Berücksichtigung des adverse-selection-Effektes (bzw. moral-hazard-Effektes) erlauben. So werden hier zwei Modelle formuliert, die bei Beibehaltung der Grundannahmen der Risikoneutralität und des "mean preserving spread" die Kreditrationierung bei endogenem Zins und endogener Kreditsicherheit bzw. bei endogenem Zins, endogener Kreditsicherheit und endogener Kredithöhe untersuchen. Die Analyse wird nicht nur auf Wettbewerbsmärkte beschränkt, sondern auch auf Monopolmärkte angewandt.

Wie im ersten Kapitel beginnt die Analyse mit der Aufstellung eines Grundmodells (Abschnitt 2.2). Hierzu wird der wichtigste und am häufigsten diskutierte Ansatz in der neueren Kreditrationierungstheorie — das Stiglitz-Weiss-Modell — dargestellt. Das Grundmodell dient dann als Referenzmodell für eine Erweiterung der Theorie der Kreditrationierung. Die restriktiven Annahmen des Modells werden in den darauffolgenden Abschnitten aufgehoben und die Ergebnisse auf ihre Gültigkeit hin überprüft.
In Abschnitt 2.3 wird das Grundmodell um die endogen zu bestimmenden Kreditsicherheiten erweitert. Die Analyse in diesem Abschnitt ist eng mit der Analyse von Besanko/Thakor (1987a) verwandt. Die hier vorgenommene Modellformulierung erlaubt aber im Gegensatz dazu, den adverse-selection-Effekt zu untersuchen. Das aufgestellte Modell zeigt, daß die Ergebnisse von

Besanko/Thakor (1987a) für den Monopolfall ihre Gültigkeit verlieren. Das Gleichgewicht ist wie beim Hellwig-Modell für risikoaverse Kreditnehmer durch eine Trennung der Risiken gekennzeichnet.

In Abschnitt 2.4 wird zusätzlich die Annahme fixer Investitionsbeträge aufgehoben und Kreditrationierung auch bei variabler Kredithöhe (variable-investment-Fall) analysiert. Auch hier wird im Gegensatz zu Besanko/Thakor (1987b) durch die Modellformulierung die Möglichkeit des Eintretens des adverse-selection-Effekts beibehalten. Es wird gezeigt, daß auf dem Wettbewerbsmarkt die Sicherheiten nicht wie bei Besanko/Thakor (1987b) eine bedeutende Rolle bei der Trennung von Kreditrisiken spielen und daß es zu Rationierung kommen kann. Kreditsicherheiten spielen u. U. keine Rolle bei der Trennung von verschiedenen Risiken. Diese erfolgt ausschließlich über die Kredithöhe.

2.2 Das Grundmodell

Wie erwähnt, entspricht das hier vorgestellte Grundmodell in seinen Annahmen, seiner Vorgehensweise und den Ergebnissen dem Modell von Stiglitz/Weiss (1981). Der Analyserahmen deckt sich weitgehend mit dem Analyserahmen des vorhergehenden Kapitels; der entscheidende Unterschied liegt jetzt in der asymmetrischen Informationsverteilung hinsichtlich des zweiten Moments des stochastischen Investitionsertrages. Konkret sieht der Annahmerahmen wie folgt aus: Zur Durchführung eines unteilbaren Investitionsvorhabens fragt eine Gruppe von Investoren einen fixen Kreditbetrag L (fixed-investment-Fall) mit einer Laufzeit von einer Periode und Kreditzinssatz r nach. Der Ertrag R aus dem Investitionsobjekt ist eine Zufallsvariable, definiert in dem Bereich $R_{min} \leq R \leq R_{max}$ und mit einem Risiko ϕ behaftet. Bei der Dichtefunktion $f(R, \phi)$ besteht eine Informationsasymmetrie hinsichtlich des Risikos des Projektes ϕ: Kreditgeber können zwar den Erwartungswert der Investitionserträge ermitteln und daher unterschiedliche Gruppen von Nachfragern jeweils mit dem gleichen Erwartungswert bilden, sie sind aber nicht in der Lage, innerhalb dieser Gruppe die individuellen Risiken, wie sie in den Varianzen zum Ausdruck kommen, zu unterscheiden (ex-ante-Informationsasymmetrie). Für eine dieser Gruppen gilt bei zwei Projekten dann:

$$\int_{R_{min}}^{R_{max}} Rf(R, \phi_1)\, dR = \int_{R_{min}}^{R_{max}} Rf(R, \phi_2)\, dR$$

oder nach partieller Integration

$$\int_{R_{min}}^{R_{max}} F(R, \phi_1)\, dR = \int_{R_{min}}^{R_{max}} F(R, \phi_2)\, dR. \tag{2.1}$$

Als Wahlkriterium für die Durchführung von Projekten mit unterschiedlichen Risiken wird das Dominanzprinzip herangezogen, und zwar in seiner allgemeinen Form der stochastischen Dominanz zweiter Ordnung. Eine Alternative $f(R, \phi_1)$ dominiert dann eine riskantere $f(R, \phi_2)$, wenn gilt:

$$\int_{R_{min}}^{y} F(R,\phi_1)\,dR \leq \int_{R_{min}}^{y} F(R,\phi_2)\,dR \quad \forall y \leq R_{max} \quad \text{und} \quad \phi_1 < \phi_2\text{[5]}. \tag{2.2}$$

Investitionsprojekte $f(R,\phi_2)$, bei denen die Eigenschaften (2.1) und (2.2) gelten, werden riskanter als $f(R,\phi_1)$ im Sinne des "mean preserving spread" bezeichnet[6].

Bei der Ausgestaltung des Kreditvertrages wird auch hier von einem Standardkreditvertrag ausgegangen: Der Investor verpflichtet sich im Falle des Investitionserfolges den fixen Betrag $L(1+r)$ nach Ablauf der Periode zurückzuzahlen; bei einem Mißerfolg erhält der Kreditgeber den Projektertrag R. Damit wird impliziert, daß die Haftung des Investors für die Zahlungsverpflichtungen aus der Kreditaufnahme auf den Investitionsertrag beschränkt ist und daß die Bank mit keiner ex-post-Informationsasymmetrie über die Investitionserträge konfrontiert ist und die Kontrolle über diese Erträge hat.
Bei einer Kreditvergabe fallen der Bank Kreditkosten an, die in der Zahlung des Einlagenzinses d bestehen. Kreditnehmer und Kreditgeber verhalten sich risikoneutral.

Der erwartete Gewinn oder Nutzen des Kreditnehmers $E(U)$ aus der Investition beträgt:

$$E(U) = \int_{L(1+r)}^{R_{max}} [R - L(1+r)]f(R,\phi)\,dR = R_{max} - \int_{L(1+r)}^{R_{max}} F(R,\phi)\,dR - L(1+r). \tag{2.3}$$

Er ist um so höher, je riskanter das Projekt ist. Dies leitet sich unmittelbar aus den mean-preserving-spread-Bedingungen ab: Aus den Gleichungen (2.1) und (2.2) folgt, daß

$$\int_{R_{min}}^{R_{max}} \frac{\partial F(R,\phi)}{\partial \phi}\,dR = 0 \quad \text{und} \quad \int_{R_{min}}^{L(1+r)} \frac{\partial F(R,\phi)}{\partial \phi}\,dR > 0$$

[5] In der Risikotheorie wird als Rationalitätspostulat bei der Wahlhandlung zwischen den riskanteren Alternativen a und b mit Dichtefunktionen $f(R)$ und $g(R)$ das Dominanzprinzip betrachtet. Bei der stochastischen Dominanz erster Ordnung werden die Wahrscheinlichkeiten, eine bestimmte Ausprägung der Zielvariablen R zu unterschreiten (die Verteilungsfunktion), verglichen. Die Alternative a dominiert dann die Alternative b, wenn gilt: $F(R) \leq G(R)$. Mit Hilfe des Dominanzprinzips erster Ordnung lassen sich jedoch keine Entscheidungen treffen, wenn sich die Risikoprofile schneiden. In diesem Fall muß ein allgemeineres Dominanzprinzip herangezogen werden, nämlich die stochastische Dominanz zweiter Ordnung. Dabei werden die Flächen unterhalb der Risikoprofile, sprich der Verteilungsfunktionen, verglichen. Die Alternative a dominiert dann die Alternative b, wenn für alle $c \in \Re$ gilt: $\int_{-\infty}^{c} F(R)dR \leq \int_{-\infty}^{c} G(R)dR$ (siehe z. B. Hirschleifer/Riley [1992]). Zu einem Überblick über diese (und weitere) Dominanzkonzepte siehe auch Levy (1992).

[6] Diese Bezeichnung beruht darauf, daß sich die beiden Dichtefunktionen $f(R,\phi_2)$ und $f(R,\phi_1)$ um eine Funktion $f(R,\phi_3)$ unterscheiden, $f(R,\phi_2) = f(R,\phi_1) + f(R,\phi_3)$, die die Eigenschaften $\int_{R_{min}}^{R_{max}} f(R,\phi_3)dR = \int_{R_{min}}^{R_{max}} Rf(R,\phi_3)dR = 0$ hat und als "mean preserving spread" bezeichnet wird, da sie den Erwartungswert beider Dichtefunktionen unverändert läßt: $\int_{R_{min}}^{R_{max}} Rf(R,\phi_2)dR = \int_{R_{min}}^{R_{max}} R[f(R,\phi_1) + f(R,\phi_3)]dR = \int_{R_{min}}^{R_{max}} Rf(R,\phi_1)dR$ (vgl. Rothschild/Stiglitz, 1970, S. 229 u. Diamond/Stiglitz, 1974, S. 338f.).

und damit

$$\begin{aligned}\frac{\partial E(U)}{\partial \phi} &= -\int_{L(1+r)}^{R_{max}} \frac{\partial F(R,\phi)}{\partial \phi}\, dR \\ &= -\int_{R_{min}}^{R_{max}} \frac{\partial F(R,\phi)}{\partial \phi}\, dR + \int_{R_{min}}^{L(1+r)} \frac{\partial F(R,\phi)}{\partial \phi}\, dR > 0. \qquad (2.4)\end{aligned}$$

Aus dem erwarteten Gewinn der Investoren läßt sich ein kritischer Wert ϕ^* ermitteln, ab dem die Investition durchgeführt wird. Die Investoren werden, anders formuliert, nur dann Kredite nachfragen und ihre Investitionen tätigen, wenn diese ausreichend risikobehaftet sind, wenn also gilt: $\phi > \phi^*$. Dieser kritische Wert erfüllt die Gleichung:

$$E(U) = R_{max} - \int_{L(1+r)}^{R_{max}} F(R,\phi^*)\, dR - L(1+r) = 0. \qquad (2.5)$$

Der kritische Wert ist keine exogene Größe, sondern wird durch den Zinssatz positiv beeinflußt. Wird Gleichung (2.5) implizit differenziert, erhält man:

$$\frac{d\phi^*}{dr} = -\frac{\frac{\partial E(U)}{\partial r}}{\frac{\partial E(U)}{\partial \phi^*}} = \frac{L[1 - F(L(1+r),\phi^*)]}{\frac{\partial E(U)}{\partial \phi^*}} > 0. \qquad (2.6)$$

Ein Anstieg des Zinssatzes bewirkt damit einen Anstieg dieses kritischen Wertes mit der Folge, daß nur Kredite zur Finanzierung von Investitionen nachgefragt werden, deren Risiko oberhalb des gestiegenen kritischen Wertes liegt.

Steht den Investoren ein einziges Investitionsprojekt zur Verfügung, werden sich die "guten" Risiken, deren Projekte mit niedrigem, nicht ausreichendem ϕ behaftet sind, vom Markt zurückziehen (adverse-selection-Effekt).

Stehen aber alternative Investitionen zur Auswahl, gehen die Kreditnachfrager dazu über, ab einem Zinssatz $r^\dagger$, bei welchem die Investoren indifferent zwischen zwei oder mehreren Projekten sind, risikoreichere Investitionen durchzuführen (moral-hazard-Effekt). Gemäß $\frac{\partial E(U)}{\partial r} = -L[1 - F(.)]$ sinkt bei einem Zinsanstieg der erwartete Ertrag aus einem riskanteren Projekt (höheres Ausfallrisiko $F(.)$) weniger als bei einem weniger riskanten.

Der erwartete Bankgewinn aus einer Kreditvergabe wird durch die Differenz zwischen der erwarteten Rückzahlung eines Kredites und den Refinanzierungskosten bestimmt. Er läßt sich — sieht man den Annahmen entsprechend von Kreditsicherheiten und Eigenkapitalbeteiligung ab — formal ausdrücken durch

$$G = \int_{R_{min}}^{L(1+r)} Rf(R,\phi)\, dR + \int_{L(1+r)}^{R_{max}} L(1+r)f(R,\phi)\, dR - L(1+d) =$$

$$L(r-d) - \int_{R_{min}}^{L(1+r)} F(R,\phi)\,dR. \tag{2.7}$$

Aus der Sicht der Banken hat eine Zinserhöhung zwar einen direkten positiven Effekt auf den erwarteten Gewinn, denn es gilt:

$$\frac{\partial G}{\partial r} = L[1 - F(L(1+r),\phi)] > 0. \tag{2.8}$$

Dem direkten positiven Effekt einer Zinserhöhung steht aber eine durch den adverse-selection- und/oder moral-hazard-Effekt bedingte Erhöhung des Durchschnittsrisikos des Kreditnehmerpools gegenüber, die sich negativ auf den Bankertrag auswirkt:

$$\frac{\partial G}{\partial \phi} = -\int_{R_{min}}^{L(1+r)} \frac{\partial F(R,\phi)}{\partial \phi}\,dR < 0. \tag{2.9}$$

Wird der positive Effekt einer Zinserhöhung durch die negativen Auslese- und Anreizeffekte überkompensiert, wird eine Bank eine Zinserhöhung unterlassen. Liegt der bankoptimale, ertragsmaximierende Zinssatz r^* unterhalb des markträumenden Zinssatzes r^w, dann wird sie bei einem Nachfrageüberschuß nicht mit einer Zinserhöhung, sondern mit einer mengenmäßigen Rationierung vom Typ II reagieren. Einige Kreditbewerber erhalten den gewünschten Kredit, andere, von diesen nicht unterscheidbar, werden abgelehnt.

Abbildung 8 zeigt die Gleichgewichtslösung mit Kreditrationierung und veranschaulicht die hier beschriebenen Zusammenhänge.

Im zweiten Quadrant ist der Bankertrag in Abhängigkeit des Zinses dargestellt. Aufgrund des negativen Auslese- und Anreizeffektes besteht keine Monotonie in dieser Beziehung; vielmehr wird der Bankertrag in einem Intervall eine strikt konkave Funktion von r sein. Der dritte Quadrant zeigt bei bestimmten Kreditmitteln die Beziehung zwischen dem Bankertrag und dem Kreditangebot. Mit Hilfe der 45-Linie läßt sich die Kreditangebotsfunktion in Abhängigkeit des Zinses im ersten Quadrant konstruieren. Die fallende Kreditnachfragefunktion in diesem Quadrant leitet sich direkt aus $\frac{\partial E(U)}{\partial r} = -L[1 - F(L(1+r),\phi)] < 0$ her. Das Gleichgewicht ist durch (L^*, r^*) gegeben und durch Rationierung vom Typ II gekennzeichnet. Es besteht ein Nachfrageüberschuß in Höhe von $\Delta L = D - L^*$.
Der durch die Informationsasymmetrie hervorgerufene adverse-selection- und moral-hazard-Effekt und die damit zusammenhängende nichtmonotone Beziehung zwischen Zins und Bankertrag sind per se keine Bedingung für Kreditrationierung. Zusätzlich muß die Bedingung erfüllt sein, daß das Walras-Gleichgewicht für die Kreditgeber suboptimal ist oder, graphisch ausgedrückt, rechts von r^* liegt. Ob tatsächlich Kreditrationierung vorliegt oder nicht, muß letztlich durch eine empirische Analyse beantwortet werden.

Anhand der Abbildung lassen sich auch exogene Datenänderungen analysieren. Eine Erhö-

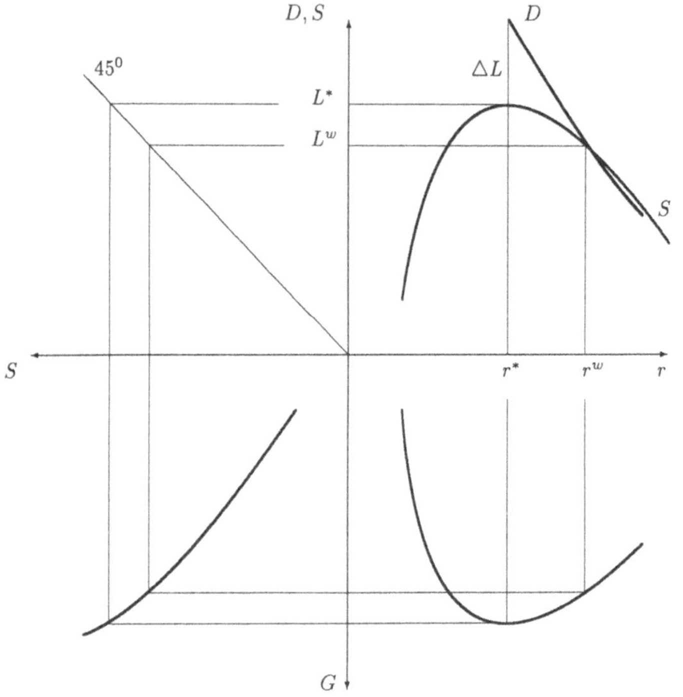

Abbildung 8: Typ-II-Kreditrationierung im Grundmodell

hung des Depositenangebots aufgrund einer Einlagenzinserhöhung verschiebt die Angebotskurve nach oben und verringert damit den Umfang der Kreditrationierung; sie läßt allerdings den Kreditzins unverändert. Für die empirische Überprüfung einer gleichgewichtigen Rationierung können daher Methoden wie die Kointegrations- und Granger-Kausalitätsanalyse herangezogen werden, die die Gleichgewichtsbeziehung zwischen Einlagen- und Kreditzins bzw. zwischen verfügbaren Mitteln und Kreditzinsen analysieren und die Gültigkeit dieser Hypothesen testen. Im nächsten Kapitel werden sie ausführlich behandelt.

Eine z. B. durch exogene Schocks bedingte Rezession mit der entsprechenden Erhöhung des Investitionsrisikos verringert nach (2.9) den erwarteten Bankertrag, hat aber keinen eindeutigen Effekt auf die Kreditzinsen. Dies läßt sich in Anlehnung an Jaffee/Stiglitz (1990, S. 860ff.) am einfachsten in einem moral-hazard-Modell mit zwei Projekten mit den Erträgen R_1 und R_2 und der Erfolgswahrscheinlichkeit p_1 und p_2, mit $p_1 > p_2$ zeigen. Der Kreditzins, ab dem die Investoren zwischen den zwei Projekten indifferent sind, errechnet sich nach der Gleichung:

$$p_1[R_1 - L(1 + r^\dagger] = p_2[R_2 - L(1 + r^\dagger].$$

Er beträgt:

$$1 + r^{\dagger} = \frac{p_1 R_1 - p_2 R_2}{L(p_1 - p_2)}. \tag{2.10}$$

Wie sich dieser Zins bei einer Veränderung des Investitionsrisikos ändert, hängt von der zyklischen Volatilität der Investitionserträge und -risiken ab. Eine überproportionale Verringerung der riskanteren Erträge R_2 bei einer Rezession läßt nach (2.10) den Zins steigen und umgekehrt. Ähnliches gilt für eine überproportionale Erhöhung des Risikos bei dem riskanteren Projekt p_2. Eine proportionale Verringerung der Erträge und/oder der Risiken läßt dagegen den Zins unverändert.

Gibt es mehrere Kreditgruppen, die sich wie angenommen durch die Projekterwartungswerte unterscheiden lassen, so existiert für jede Gruppe eine strikt konkave Bankertragskurve. Welche Gruppe von der Rationierung betroffen ist, hängt von den Refinanzierungskosten d und der Wettbewerbssituation auf dem Markt ab. Für jede Gruppe muß die erwartete Ertragsrate mindestens die Refinanzierungskosten d decken. Abbildung 9 zeigt die Rationierungslösung am Beispiel von drei Gruppen.

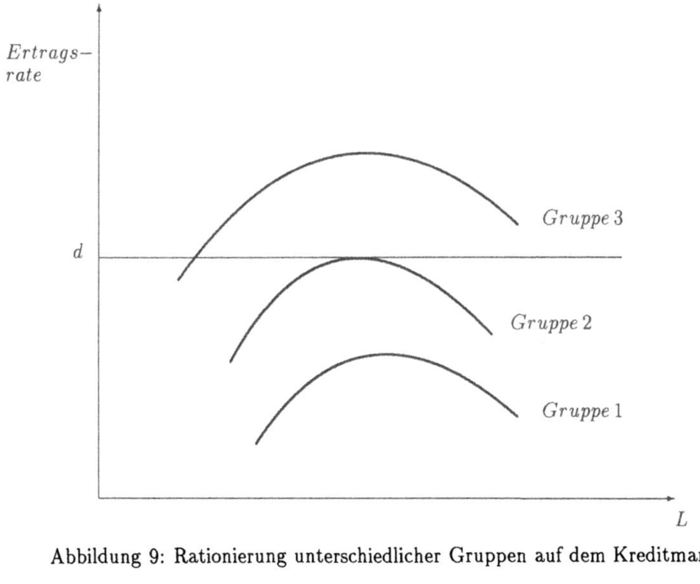

Abbildung 9: Rationierung unterschiedlicher Gruppen auf dem Kreditmarkt

Kreditbewerber der Gruppe 1 werden abgewiesen und im Sinne von redlining rationiert, da die erwartete Bankertragsrate bei keinem Zinssatz die erforderliche Rate d erreicht. Kreditbewerber der Gruppe 3 erhalten den gewünschten Kreditbetrag. Die marginale Gruppe der Kreditbewerber 2 trifft die Rationierung vom Typ II, denn einige Kreditbewerber erhalten den gewünschten Kredit, andere werden abgelehnt[7].

Das hier vorgestellte Referenzmodell von Stiglitz-Weiss ist durch eine extreme Informationsasymmetrie zwischen Kreditgeber und Kreditnehmer charakterisiert. Informationsübertragung auf Kreditmärkte war ausgeschlossen, und aus dieser Informationsineffizienz der Märkte wurde ein Gleichgewicht mit Rationierung abgeleitet. Dieses Gleichgewicht war gekennzeichnet durch das Angebot eines einzigen Standardvertrages und eine Mischung unterschiedlicher Kreditnehmer (ein sog. "Pooling"-Gleichgewicht).
Eine derart extreme Informationsineffizienz ist für Kreditmärkte geradezu untypisch. Informationen über Bankkunden können angefordert werden, die Bonität vieler Kreditnehmer ist oft allgemein bekannt, und Informationen über die zu finanzierenden Projekte lassen sich oft durch Analysen gewinnen oder liegen bereits vor.
Wird die Möglichkeit der Informationsübertragung auf Kreditmärkte zugelassen, stellt sich die Frage, ob für den Kreditgeber nicht die Möglichkeit besteht, statt eines einzigen Mischkontraktes verschiedene Verträge für unterschiedliche Kreditnehmer anzubieten, um so eine Separation unterschiedlicher Kreditnehmer zu erreichen (ein sog. Separations- oder Trenngleichgewicht), die möglicherweise zu einer Markträumung führt.

Zwei Möglichkeiten sind bei der Informationsübertragung denkbar:

1. Banken können durch den Einsatz von Informationstechnologien (Kreditwürdigkeitsprüfung und Rentabilitätsanalyse) die Informationsasymmetrie verringern oder im Idealfall beseitigen. Diese Möglichkeit der Informationsübertragung wurde erstmals von Aigner/Sprenkle (1968), danach u. a. von Milde (1974, 1976) und Devinney (1986) berücksichtigt. Die Endogenisierung der Informationsaktivität einer Bank erfolgt, indem das Ausfallrisiko einer Kreditvergabe, wie sie in der Dichtefunktion ihren Ausdruck findet, nicht exogen betrachtet wird, sondern eine Funktion des Informationsinputs formuliert wird. Die Verringerung des Kreditrisikos tritt wie bei Aigner/Sprenkle (1968) in Form einer Verringerung des erwarteten Verlustes oder wie bei Aigner/Sprenkle (1968), Milde (1976) und Devinney (1986) in Form einer Verringerung der Varianz der Dichtefunktion auf.
   Eine Verknüpfung der Informationsaktivität einer Bank mit der Varianz der Erträge ermöglicht es, die Konsequenzen einer solchen Informationsaktivität für die Rationierung im Grundmodell zu untersuchen. Gelingt durch die Informationsaktivität eine Sortierung der einzelnen Varianzen und damit eine Klassifikation der Kreditnachfrager nach Risikoklas-

[7] Baltensperger/Devinney (1985, S. 490) und insbesondere Riley (1987) argumentieren, daß mit zunehmender Anzahl von Kreditnehmergruppen die Relevanz der Kreditrationierung vom Typ II abnimmt, da sie nur für die marginale Gruppe zutrifft, und diese ist bei größerer Zahl der Kreditnehmerpools relativ klein. Diese Kritik verliert jedoch an Bedeutung, wenn man berücksichtigt, daß es Gruppen gibt, die von der marginalen Gruppe kaum zu unterscheiden sind und von einer mit Typ II vergleichbaren redlining-Rationierung betroffen sind (vgl. Stiglitz/Weiss, 1987). Bei einem Kontinuum von Kreditnehmergruppen wird es Gruppen geben, deren Ertragskurven sehr nahe an der marginalen Kurve liegen; Kreditbewerber, die vom redlining- oder von der Typ-II- Rationierung betroffen sind, sind dann kaum noch voneinander zu unterscheiden, so daß hier die gleiche Situation wie bei einer strikten Typ-II-Rationierung vorliegt (vgl. Stiglitz/Weiss, 1987, S. 229f. u. Jaffee/Stiglitz, 1990, S. 860).

sen, dann kann die Bank verschiedene Kreditverträge anbieten und so möglicherweise die Rationierung beseitigen.

2. Banken stehen neben dem Kreditzins weitere Aktionsparameter für die Ausgestaltung verschiedener Verträge zur Verfügung. Als weitere Variablen kommen Sicherheiten bzw. Eigenkapitalanteil und variable Kreditbeträge in Betracht. Informationsasymmetrie kann dadurch verringert werden, daß den Kreditnachfragern alternative Verträge mit verschiedenen Kombinationen von Zinssätzen, Kreditsicherheiten und Kreditgrößen angeboten werden und sichergestellt wird, daß Nachfrager unterschiedlicher Kreditrisiken den jeweils für sie vorgesehenen Vertrag wählen. Durch diese Wahl findet eine Selbstselektion statt: Der Kreditnachfrager signalisiert durch seine Wahl seine Qualität und Risikoklasse und ermöglicht so dem Kreditgeber, unterschiedliche Risiken zu trennen.

Leicht nachzuvollziehen ist, daß die erste aufgeführte Möglichkeit nicht immer zu einer Beseitigung der Rationierung führt, denn eine fehlerfreie Separation der Kreditnehmer aufgrund der mit der Informationsaktivität anfallenden, von der Bank zu tragenden Informationskosten kann nicht immer gelingen, und daher bleibt die Möglichkeit einer Rationierung bestehen[8].
Einer differenzierten Analyse bedarf jedoch die zweite Möglichkeit. Inwieweit Kreditsicherheiten und variable Kreditbeträge als Selbstselektionsmechanismus verwendet werden können und zu einer Überwindung der Rationierung führen, soll Gegenstand der nächsten beiden Abschnitte sein[9].

---

[8] Devinney (1986) hat unter der Annahme abnehmender Grenzerträge des Inputfaktors "Information" dieses Resultat formal dargestellt.

[9] Bei Stiglitz/Weiss (1981) wird auch die Verwendung von endogen bestimmten Kreditsicherheiten analysiert, allerdings bei exogen fixiertem Zinssatz (und risikoaversem Kreditgeber). Auch hier steht der Bank nur eine Variable für ihre Angebotspolitik zur Verfügung. Ähnlich wie beim Bankinstrument Zinssatz gibt es einen optimalen Kreditsicherheitsbetrag, ab dem sich eine weitere Erhöhung der Kreditsicherheiten wegen eines adverse-selection-Effektes mindernd auf den Bankertrag auswirkt. Dies läßt sich völlig analog zum Grundmodell mit dem Zins als Variable zeigen (siehe hierzu auch Wette [1983]):
Bei Berücksichtigung der Kreditsicherheiten C schreiben sich die Gewinnfunktionen der Marktteilnehmer als:

$$G = L(r-d) - \int_{R_{min}}^{L(1+r)-C} F(R,\phi)\,dR, \tag{2.11}$$

$$E(U) = R_{max} - \int_{L(1+r)-C}^{R_{max}} F(R,\phi)\,dR - L(1+r). \tag{2.12}$$

Der kritische Wert ϕ^*, ab dem die Investoren ihre Projekte durchführen werden, wird durch die Kreditsicherheiten positiv beeinflußt. Wird Gleichung (2.12) implizit differenziert, erhält man:

$$\frac{d\phi^*}{dC} = -\frac{\frac{\partial E(U)}{\partial C}}{\frac{\partial E(U)}{\partial \phi^*}} = \frac{F[L(1+r)-C,\phi^*]}{\frac{\partial E(U)}{\partial \phi^*}} > 0.$$

Ein Anstieg der geforderten Sicherheiten bewirkt einen Anstieg dieses kritischen Wertes und damit einen adverse-selection- bzw. moral-hazard-Effekt.
Aus der Sicht der Banken hat eine Erhöhung der Sicherheitsanforderung zwar einen direkten positiven Effekt auf den erwarteten Gewinn, denn

$$\frac{\partial G}{\partial C} = F(L(1+r) - C,\phi)] > 0,$$

2.3 Die Bedeutung von Kreditsicherheiten für die Kreditvergabe bei fixem Investitionsbetrag

2.3.1 Der Modellrahmen

Betrachtet werden wieder eine Gruppe von Investoren, die zur Durchführung eines Investitionsvorhabens einen fixen Kreditbetrag L mit einer Laufzeit von einer Periode nachfragen. Der Ertrag R aus dem Investitionsobjekt ist eine Zufallsvariable mit Risiko ϕ behaftet. Das individuelle Risiko innerhalb dieser Gruppe ist der Bank ex ante unbekannt. Kreditzins r und die Stellung von Sicherheiten C stehen der Bank zur Verfügung, um die verschiedenen Risiken innerhalb dieser Gruppen zu trennen. Inwieweit sie sich dieser beiden Instrumente als Sortiermechanismus bedienen kann und ob das Gleichgewicht bei diesem Sortieren durch Rationierung gekennzeichnet ist, soll in diesem Abschnitt gezeigt werden. Die Analyse ist mit Besanko/Thakor (1987a) verwandt, schließt aber den adverse-selection-Effekt nicht aus. Um die Analyse algebraisch handhabbar zu halten, wird sie wie üblich in der Literatur mit diskreten Variablen vorgenommen. Es wird nur von zwei unterschiedlichen $i = 1, 2$ Investitionsrisiken ϕ_i innerhalb einer Gruppe und von zwei möglichen Ausprägungen der Investitionserträge ausgegangen. Mit einer Wahrscheinlichkeit von p_i werfen die Investitionen im Erfolgsfall einen Ertrag von R_i ab, bei Mißerfolg einen Ertrag von Null. Das Projekt vom Typ 2 ist riskanter im Sinne des mean-preserving-spread als das Projekt vom Typ 1, d. h., es gilt: $p_2 < p_1$ und $R_2 p_2 = R_1 p_1$. Das so definierte Risikomaß impliziert bei der Zweipunkteverteilung eine ex-post-Informationsasymmetrie bezüglich der Ertragsrealisierung im Erfolgsfall. Wären nämlich die realisierten Erträge ex post beobachtbar, könnte eine Bank aus diesem Ertrag den Risikotyp erschließen und die Kreditkonditionen so vom Risikotyp abhängig machen. Die ex-ante-Informationasymmetrie mit der entsprechenden Rationierungslösung wäre dann überwunden[10]. Die Kreditnehmer sind mit einem Anfangsvermögen W^0 ausgestattet. Ein bestimmter Teil E wird als Eigenkapital mit dem Kreditbetrag in ein Investitionsprojekt vom Typ 1 oder vom Typ 2 mit den Erträgen R_1, R_2 investiert. Das restliche Vermögen wird als sichere Anlage zum Zinssatz d investiert.

Adverse-selection-Effekte lassen sich dann analysieren, wenn angenommen wird, daß die Investitionsentscheidung hinsichtlich eines bestimmten Projektes vor der Nachfrage feststeht. Diese

---

dem direkten positiven Effekt steht aber eine durch den adverse-selection- und/oder moral-hazard-Effekt bedingte Erhöhung des Durchschnittsrisikos des Kreditnehmerpools gegenüber, die sich negativ auf den Bankertrag auswirkt:

$$\frac{\partial G}{\partial \phi} = - \int_{R_{min}}^{L(1+r)-C} \frac{\partial F(R,\phi)}{\partial \phi} dR < 0.$$

[10] In dieser Annahme liegt der erwähnte Ausschluß des adverse-selection-Effektes bei Besanko/Thakor (1987a) begründet. Sie gehen in ihrem Modell nicht von einer ex-post-Asymmetrie hinsichtlich der Investitionserträge aus (siehe Besanko/Thakor, 1987a, Fußnote 2, S. 671). Das Risikomaß mean-preserving-spread ist daher nicht mehr anwendbar. Die Verwendung des Konzeptes Dominanz erster Ordnung als Risikomaß impliziert in ihrem Modell mit gleichen Investitionserträgen beider Projekte, daß der Erwartungswert des weniger riskanten Projektes größer ist als der des riskanteren. Folglich bewirkt eine Zinserhöhung, daß die riskanteren Projekte zuerst unprofitabler werden und aus dem Markt ausscheiden. Eine Mengenrationierung kann nicht stattfinden, denn die Zuteilung von Krediten erfolgt ähnlich wie bei vollkommenen Märkten über eine Preisrationierung.

Entscheidung kann nach einer Kreditnachfrage nicht geändert werden, so daß der Investor im Falle einer Nichtbedienung aus dem Markt ausscheidet. Moral-hazard-Effekte wiederum lassen sich analysieren, wenn ein Investor den Kreditbetrag nach der Kreditvergabe in Projekt 1 oder 2 investieren kann.

Die Bank besitzt keine Informationen darüber, ob ein Kreditnehmer in ein Projekt vom Typ 1 oder in ein Projekt vom Typ 2 mit den bekannten Erfolgswahrscheinlichkeiten p_1, p_2 investiert. Sie kann auch nicht die im Erfolgsfall realisierten Erträge beobachten und daraus den Risikotyp erschließen. Die Bank weiß aber, daß ein Teil der Kreditnachfrager q das niedrige Risiko mit höherer Erfolgswahrscheinlichkeit ($p = p_1$) darstellt, der Anteil (1-q) das höhere Risiko ($p = p_2$). Neben der fixen Kredithöhe L und dem Kreditzinssatz r kann die Bank die Kreditsicherheiten C zum Gegenstand des Kreditvertrages machen. Ein Kreditvertrag kann neben den Zahlungsverpflichtungen im Erfolgsfall $L(1+r_i)$ auch Zahlungsverpflichtungen bei Mißerfolg C_i festlegen. Die Stellung dieser Kreditsicherheiten verursacht Kosten, da sie i. d. R. verwertet werden müssen. Die Bewertung dieser Kreditsicherheiten beträgt beim Kreditgeber kC mit $0 < k < 1$.

Um Zahlungsunwilligkeit der Kreditnehmer im Modell auszuschließen, wird angenommen, daß die Bank beobachten kann, ob ein Projekt erfolgreich war oder nicht, und im Erfolgsfall ihre Ansprüche durchsetzen kann. Bei Mißerfolg kann sie auf ein Mindestendvermögen W zurückgreifen. Die Bank muß auch festlegen, mit welcher Wahrscheinlichkeit Π_i sie einen Kredit (r_i, C_i) vergeben wird.

Bei den für beide Gruppen vorgesehenen Verträgen (Π_1, r_1, C_1) und (Π_2, r_2, C_2) beträgt ihr erwarteter Durchschnittsgewinn pro vergebenem Kredit

$$\begin{aligned} G = q\Pi_1[p_1 L(1+r_1) + (1-p_1)kC_1 - L(1+d)] + \\ (1-q)\Pi_2[p_2 L(1+r_2) + (1-p_2)kC_2 - L(1+d)]. \end{aligned} \tag{2.13}$$

Eine optimale Kreditangebotspolitik besteht darin, für jede Kreditgruppe die Vertragsvariablen (Π_i, r_i, C_i) so festzulegen, daß im Monopolfall der eigene erwartete Gewinn, im Wettbewerbsfall der erwartete Gewinn der Kreditnehmer maximiert wird. Dabei muß die Bank folgende Bedingungen berücksichtigen:

1. Ein Kreditnehmer wird ein Kreditangebot nur annehmen, wenn sein erwarteter Gewinn bei Durchführung der Investition $E(U)_i = p_i[R_i - L(1+r_i)] - (1-p_i)C_i + (W_0 - E)(1+d)$ mindestens den Ertrag aus der Alternativanlage $W_0(1+d)$ beträgt (Rationalitätsbedingung). Es muß bei einer Kreditvergabe damit gelten:

$$\Pi_i\{p_i[R_i - L(1+r_i)] - (1-p_i)C_i - E(1+d)\} \geq 0. \tag{2.14}$$

2. Ein Kreditnehmer wird ein Kreditangebot nur annehmen, wenn die von ihm geforderten Sicherheiten sein Endvermögen nicht übersteigen, formal wenn

$$0 \leq C_i \leq W. \tag{2.15}$$

3. Ein Kreditnehmer vom Typ 1 wird einen für ihn vorgesehenen Vertrag (Π_1, r_1, C_1) nur dann wählen, wenn sein Gewinn aus diesem Vertrag mindestens so groß ist wie sein Gewinn aus dem für den Kreditnehmer vom Typ 2 vorgesehenen Vertrag (Π_2, r_2, C_2) (Anreizverträglichkeitsbedingung). Entsprechendes gilt für Kreditnehmer vom Typ 2. Es muß damit gelten:

$$\Pi_1\{p_1[R_1 - L(1+r_1)] - (1-p_1)C_1 - E(1+d)\} \geq \\ \Pi_2\{p_1[R_1 - L(1+r_2)] - (1-p_1)C_2 - E(1+d)\}, \tag{2.16}$$

$$\Pi_2\{p_2[R_2 - L(1+r_2)] - (1-p_2)C_2 - E(1+d)\} \geq \\ \Pi_1\{p_2(R_2 - L(1+r_1)] - (1-p_2)C_1 - E(1+d)\}. \tag{2.17}$$

4. Auf einem Wettbewerbsmarkt muß zusätzlich die Nullgewinnbedingung gelten

$$p_i L(1+r_i) + (1-p_i)kC_i - L(1+d) = 0^{11}. \tag{2.18}$$

2.3.2 Das Gleichgewicht auf Monopol- und Wettbewerbsmärkten

Ehe das Gleichgewicht auf dem Monopol- und Wettbewerbsmarkt mit asymmetrischer Information im einzelnen beschrieben wird, ist es für das Verständnis der abgeschlossenen Verträge hilfreich, die Interessen der Bank und der einzelnen Kreditnehmer darzustellen. Für einen bestimmten Gewinn der Marktteilnehmer lassen sich die Präferenzen anhand der jeweiligen Grenzraten der Substitution zwischen Kreditzins und Kreditsicherheit beschreiben. Sie beträgt für den Kreditnehmer

$$\left.\frac{dr}{dC}\right|_{E(U)_i=const.} = -\frac{1-p_i}{Lp_i}, \tag{2.19}$$

für den Kreditgeber

$$\left.\frac{dr}{dC}\right|_{G_i=const.} = -\frac{(1-p_i)k}{Lp_i}. \tag{2.20}$$

Ein Vergleich der Grenzraten der Substitution der Kreditnehmer und der Bank zeigt:

1. Die Grenzrate der Substitution der sicheren Kreditnachfrager (Typ 1 mit $p_1 > p_2$) ist niedriger als die der riskanteren Gruppe. Die sicheren Nachfrager werden im Austausch für eine Zinssenkung eine größere Erhöhung der Sicherheitsanforderungen akzeptieren als riskantere Kreditnachfrager.

[11] Die für jeden Kreditvertrag so formulierte Nullgewinnbedingung beinhaltet, daß es im Gleichgewicht neben dem angebotenen Vertrag keine weiteren Verträge geben kann, die einen anderen Gewinn erwirtschaften (Nash-Gleichgewicht). Hinter diesem Gleichgewichtskonzept steht die Annahme, daß die Konkurrenz nicht auf die eigenen Aktionen reagiert, so daß der Anbieter ein Kreditangebot aufrechterhalten kann, auch wenn andere Verträge am Markt existieren. Die Verwendung des Nash-Gleichgewichtskonzeptes auf Märkten mit asymmetrischer Informationsverteilung ist nicht unproblematisch, denn die Existenz dieses Gleichgewichtes ist nicht immer sichergestellt. Sie hängt von der relativen Zusammensetzung des Pools ab; bei einem relativ großen Anteil der risikoarmen Kreditnachfrager existiert kein stabiles Marktgleichgewicht . Vgl. Rothschild/Stiglitz (1976) u. Wilson (1977).

2. Die Grenzrate der Substitution der Bank ist bei einer Kreditvergabe niedriger als die Grenzrate der Substitution der Kreditnehmer. Da die Stellung von Sicherheiten Kosten in Höhe von $(1-k)C$ verursacht, ist ein Kreditnehmer bereit, bei einer Senkung der Sicherheitsanforderungen eine stärkere Zinserhöhung zu akzeptieren als sie die Bank verlangen würde[12].

Wäre die Bank in der Lage, für eine bestimmte Senkung der Sicherheitsanforderungen einen entsprechend höheren Zins nach (2.20) zu verlangen, wäre ihr Gewinn nicht tangiert, der Kreditnachfrager aber bessergestellt. Bei vollkommener Informationsverteilung wird die Bank daher keine Sicherheiten anfordern, sondern das Investitionsrisiko durch den Zins abgelten.
Formal gelangt man zu diesem Ergebnis für den Monolpolfall, wenn der Bankgewinn für jeden identifizierbaren Kreditnehmertyp unter den Nebenbedingungen (2.14) und (2.15) maximiert wird; für den Wettbewerbsmarkt, wenn der Gewinn der Kreditnehmer unter der Nullgewinnbedingung (2.18) und der Nebenbedingung (2.15) maximiert wird.
Die Maximierung der Lagrange-Funktion durch Anwendung der Kuhn-Tucker-Bedingungen ergibt für den Monopolmarkt (siehe Anhang A.1):

$$\begin{aligned} r_i^{m*} &= \frac{R_i}{L} - \frac{E(1+d)}{Lp_i} - 1, \quad i = 1,2 \\ C_i^{m*} &= 0, \quad i = 1,2 \\ \Pi_i^{m*} &= \begin{cases} 1, & \textit{wenn} \quad p_iR_i - (E+L)(1+d) \geq 0 \\ 0, & \textit{sonst}, \quad i = 1,2 \end{cases} \end{aligned}$$

und für den Wettbewerbsmarkt (siehe Anhang A.2):

$$\begin{aligned} r_i^{c*} &= \frac{(1+d)}{p_i} - 1, \quad i = 1,2 \\ C_i^{c*} &= 0, \quad i = 1,2 \\ \Pi_i^{c*} &= \begin{cases} 1, & \textit{wenn} \quad p_iR_i - (E+L)(1+d) \geq 0 \\ 0, & \textit{sonst}, \quad i = 1,2. \end{cases} \end{aligned}$$

[12]Die hier bei Risikoneutralität und Liquidationskosten der Kreditsicherheiten abzuleitenden Ergebnisse basieren auf diesem Unterschied der Grenzraten der Substitution zwischen den Kreditnehmern bzw. zwischen Kreditnehmer und Bank. Wie oben erwähnt, ist dieser Unterschied auch bei Risikoaversion der Kreditnehmer gegeben, so daß die hier abgeleiteten Lösungen auch für risikoaverse Kreditnehmer gelten. Bei Risikoaversion schreibt sich der Nutzen der Kreditnehmer aus dem Investitionsertrag als $E(U)_i = p_iU[(W^0 - E)(1+d) + R_i - L(1+r)] + (1-p_i)U[(W^0 - E)(1+d) - C_i)]$, mit $U' > 0, U'' < 0$. Die Grenzrate der Substitution beträgt dann

$$\left.\frac{dr}{dC}\right|_{E(U)_i=const.} = -\frac{(1-p_i)U'[(W^0 - E)(1+d) - C_i]}{Lp_iU'[(W^0 - E)(1+d) + R_i - L(1+r)]}.$$

Da bei einer Kreditvergabe $C_i \leq L(1+r)$ ist, gilt dann $U'[(W^0-E)(1+d)-C_i] > U'[(W^0-E)(1+d)+R_i-L(1+r)]$. Damit ist die Grenzrate der Substitution der Kreditnehmer größer als die Grenzrate der Substitution der Bank $-\frac{(1-p_i)}{Lp_i}$.

Unter vollkommener Informationsverteilung wird also die Bank sowohl auf dem Monopol- als auch auf dem Wettbewerbsmarkt keine Sicherheiten fordern. Da die Bedingung $p_iR_i - (E + L)(1+d) \geq 0$ mit der Rationalitätsbedingung immer erfüllt ist, findet keine Rationierung statt[13]. Auf dem Monopolmarkt kann sie die Differenz zwischen dem erwarteten Ertrag p_iR_i und den sozialen Kosten $(E+L)(1+d)$, den erwarteten Surplus, durch Festlegung eines Zinses in Höhe von $r_i^{m*} = \frac{R_i}{L} - \frac{E(1+d)}{Lp_i} - 1$ effizient abschöpfen. Dabei ist die Zahlungsverpflichtung für den riskanteren Kreditnehmer höher als für den sichereren, denn bei gleichen Erwartungswerten p_iR_i und höherem Risiko des Projektes vom Typ 2 ($p_2 < p_1$) ist $r_2^{m*} = \frac{p_2R_2 - E(1+d)}{Lp_2} > r_1^{m*} = \frac{p_1R_1 - E(1+d)}{Lp_1}$. Auf dem Wettbewerbsmarkt bestimmen die Konkurrenzbedingungen die Zinsfestsetzung in Höhe von $r_i^{c*} = \frac{1+d}{p_i} - 1$. Auch hier zahlt der riskantere Kreditnehmer einen höheren Zins als der sicherere Kreditnehmer.
Die unterschiedliche Höhe der Zinssätze auf den zwei Märkten spiegelt die Tatsache wider, daß auf dem Monopolmarkt der Surplus den Monopolisten, auf dem Wettbewerbsmarkt den Kreditnachfragern zufällt (vgl. Besanko/Thakor, 1987a, S. 676).

Die hier beschriebene optimale Angebotspolitik bei vollkommener Informationsverteilung läßt sich bei asymmetrischer Information nicht mehr durchführen, denn bei der sowohl für den Monopol- als auch für den Wettbewerbsmarkt geltenden Optimalitätsbedingung $r_2^* > r_1^*$ ist die Anreizverträglichkeit (2.17) verletzt. Riskantere Kreditnehmer werden den für den anderen Kreditnehmer konzipierten Vertrag mit niedrigeren Zinsen immer vorziehen.
Bei asymmetrischer Information wird sich die Bank dann der Kreditsicherheiten als Sortierinstrument bedienen, wenn sich ihre optimale Angebotspolitik nicht mehr allein durch die Zinsfestsetzung durchführen läßt. Sie wird in diesem Fall die unterschiedlichen Präferenzen der Kreditnehmer, die in der Grenzrate der Substitution zwischen Zins und Kreditsicherheiten zum Ausdruck kommen, als Grundlage dieses Sortierens betrachten: Diese sicheren Nachfrager werden im Austausch für eine Zinssenkung eine größere Erhöhung der Sicherheitsanforderungen akzeptieren als riskantere Kreditnachfrager.
Im Monopolfall wird die Bank bei asymmetrischer Informationsverteilung ihren Durchschnittsgewinn (2.13) unter den Nebenbedingungen (2.14)–(2.17) maximieren. Im Wettbewerbsfall wird sie den Durchschnittsgewinn der Kreditnehmer unter (2.15)–(2.18) maximieren.

Konkret ist die optimale Angebotspolitik des Monopolisten gekennzeichnet durch (siehe Anhang A.3):

[13] Die Rationalitätsbedingung schreibt sich für den Wettbewerbsmarkt mit $C_i^{c*} = 0$ als $p_i[R_i - L(1 + r_i^{c*})] - E(1 + d) \geq 0$. Da hier gilt: $(1 + r_i^{c*} = \frac{1+d}{p_i})$, kann die Bedingung auch als $p_iR_i - (E + L)(1 + d) \geq 0$ geschrieben werden. Mit der Rationalitätsbedingung ist also auch die letzte Bedingung unmittelbar erfüllt.
Für den Monopolmarkt gilt für die Rationalitätsbedingung $p_i[R_i - L(1 + r_i^{m*})] - E(1 + d) = 0$. Die Bedingung $p_iR_i - (E+L)(1+d) \geq 0$ ist dann mit der Rationalitätsbedingung automatisch erfüllt, solange $p_i(1+r_i^{m*}) \geq 1+d$ ist, d. h., solange der Monopolpreis über dem Wettbewerbspreis liegt, was bei monopolistischer Preisbildung immer der Fall sein wird. Es gilt nämlich $r_i^{m*} - r_i^{c*} = \frac{p_iR_i - (E+L)(1+d)}{p_iL} > 0$.

$$
\begin{aligned}
\widehat{C_1}^{m^*} &= \frac{p_1 p_2 (R_2 - R_1)}{p_1 - p_2} - E(1+d) \\
\widehat{r_1}^{m^*} &= \frac{R_1}{L} - \frac{E(1+d)}{Lp_1} - \frac{\widehat{C_1}^{m^*}(1-p_1)}{Lp_1} - 1 \\
\widehat{\Pi_1}^{m^*} &= \begin{cases} 1 & \textit{solange} \;\; \widehat{C_1}^{m^*} \leq W \\ 0 & \textit{sonst} \end{cases} \\
\widehat{r_2}^{m^*} &= \frac{R_2}{L} - \frac{E(1+d)}{Lp_2} - 1 \\
\widehat{C_2}^{m^*} &= 0 \\
\widehat{\Pi_2}^{m^*} &= 1.
\end{aligned}
$$

Auf dem Monopolmarkt sieht eine optimale Angebotspolitik immer separierende Verträge mit Kreditsicherheiten und Zins als Variablen vor. Hinter dieser Politik stehen wie erwähnt die unterschiedlichen Präferenzen der Kreditnehmer. Solange ihr erwarteter Gewinn nicht tangiert wird, sind die Kreditnehmer indifferent zwischen einem Vertrag $(r_i, 0)$ oder einem zweiten Vertrag mit niedrigeren Zinsen, aber mit Sicherheiten (r_i, C_i). Während aber Kreditnehmer mit geringerem Ausfallrisiko auch für kleine Zinssenkungen bereit sind, Kreditsicherheiten zu stellen, ist bei riskanteren Kreditnehmern dies erst bei stärkerer Zinssenkung der Fall. Dadurch eröffnet sich der Bank einerseits die Möglichkeit, eine kleine Zinsreduktion und eine Erhöhung der Sicherheiten vorzunehmen, die für sie und die sichereren Nachfrager vorteilhaft sind, ohne die Anreizverträglichkeit für den riskanteren Typ zu verletzen. Andererseits ermöglicht die Stellung von Kreditsicherheiten, einen höheren Zins für den riskanteren Typ festzusetzen und damit eine Zinsdifferenzierung zu betreiben, die den Gewinn des Kreditgebers maximiert.

Rationierung tritt auf einem Monopolmarkt mit asymmetrischer Information auf, wenn bei positivem Surplus $(p_1 R_1 - C_1(1-p_1)(1-k) - (E+L)(1+d))$ die geforderten Sicherheiten nicht gestellt werden können. Werden nämlich von den weniger riskanten Kreditnehmern Sicherheiten gefordert, verlangt die Bank einen niedrigeren Zins, als der Kreditnehmer maximal bereit wäre zu zahlen $(R_1 - \frac{Ed}{p_1} - \frac{C_1(1-p_1)}{p_1} < R_1 - \frac{Ed}{p_1})$. Dennoch erhält er keinen Kredit, da die Bank im Ausgleich für diesen niedrigen Zins Sicherheiten fordert, die er nicht stellen kann.

Im Falle einer Rationierung des sichereren Nachfragers vom Typ 1 ist das vom Markt erbrachte Gleichgewicht ineffizient, da der erwartete soziale Surplus nicht realisiert werden kann. Bei vollkommener Informationsverteilung beträgt der erwartete Gewinn eines Monopolisten $G^{m^*} = q[p_1 R_1 - (E+L)(1+d)] + (1-q)[p_2 R_2 - (E+L)(1+d)]$; bei unvollkommener Information mit Rationierung der sichereren Nachfrager dagegen nur $\widehat{G}^{m^*} = (1-q)[p_2 R_2 - (E+L)(1+d)]$. Ebenso Pareto-suboptimal ist das Gleichgewicht, wenn die Kreditnachfrager den gewünschten Kredit bei asymmetrischer Information erhalten. Während bei den Kreditnachfragern die Nutzenposition im Vergleich zur vollkommenen Information unverändert bleibt, verschlechtert sich die Position des Kreditgebers. Sein erwarteter Gewinn beträgt bei einer Sortierung der Kreditnehmer anhand der Kreditsicherheiten $\widehat{G}^{m^*} = q[p_1R_1 - (E+L)(1+d) - C_1(1-p_1)(1-k)] + (1-q)[p_2R_2 - (E+L)(1+d)] < G^{m^*}$.

Auf dem Wettbewerbsmarkt ist die optimale Angebotspolitik gekennzeichnet durch (siehe Anhang A.4):

$$\begin{aligned}
\widehat{C_1}^{c^*} &= \frac{(p_1-p_2)L(1+d)}{p_1(1-p_2)-p_2(1-p_1)k} \\
\widehat{r_1}^{c^*} &= \frac{(1+d)}{p_1} - \frac{\widehat{C_1}^{c^*}k(1-p_1)}{Lp_1} - 1 \\
\widehat{\Pi_1}^{c^*} &= \begin{cases} 1, & \textit{solange } \widehat{C_1}^{c^*} \leq W \\ 0, & \textit{sonst} \end{cases} \\
\widehat{r_2}^{c^*} &= \frac{1+d}{p_2} - 1 \\
\widehat{C_2}^{c^*} &= 0 \\
\widehat{\Pi_2}^{c^*} &= 1.
\end{aligned}$$

Auf einem Wettbewerbsmarkt werden wie beim Monopol immer die Kreditsicherheiten als Sortierinstrument eingesetzt[14,15]. Hinter diesem Sortieren stehen die beschriebenen Präferenzen der Kreditnehmer. Sicherere Kreditnachfrager vom Typ 1 zahlen einen niedrigeren Zins als Typ 2, stellen jedoch Sicherheiten. Rationierung der sichereren Nachfrager kann nur auftreten, wenn diese Sicherheiten nicht gestellt werden können.

Diese Lösung bedeutet im Vergleich zur vollkommenen Information sowohl im Fall einer Kreditvergabe als auch im Fall einer Rationierung eine Pareto-Ineffizienz.
Im Falle einer Kreditvergabe erhalten die riskanteren Kreditnachfrager bei asymmetrischer Information den gleichen Vertrag wie bei vollkommener Information, und damit ist ihr Nutzen in beiden Fällen gleich. Die sichereren Kreditnachfrager erleiden aber bei asymmetrischer Information einen Wohlfahrtsverlust. Der Nutzengewinn dieser Nachfrager wäre im Fall vollkommener Information $E(U)_1^{c^*} = p_1R_1 - (E+L)(1+d)$, ist aber bei unvollkommener Information $\widehat{E(U)}_1^{c^*} = p_1R_1 - (E+L)(1+d) - (1-p_1)(1-k)C_1$. Sie sind somit um einen Betrag $(1-p_1)(1-k)C_1$ schlechter gestellt, der mit der Höhe der Kreditsicherheiten C_1 wächst.
Im Falle einer Rationierung des sichereren Nachfragers aufgrund prohibitiver Sicherheitsanforderungen kann dieser den erwarteten Gewinn nicht realisieren.

[14] Rothschild/Stiglitz (1976) haben gezeigt, daß das hier verwendete Konzept des Nash-Gleichgewichts unter asymmetrischer Information, sofern es existiert, kein Pooling-Gleichgewicht sein kann. Im Wettbewerb werden daher — so wie auch hier abgeleitet — immer separierende Verträge angeboten.

[15] Die hier vorgestellten Ergebnisse für den Wettbewerbsmarkt wurden auch von Gale (1989) abgeleitet, der die gleiche Modellstruktur verwendet, um die Effizienz von Staatsinterventionen auf dem Kreditmarkt zu analysieren.

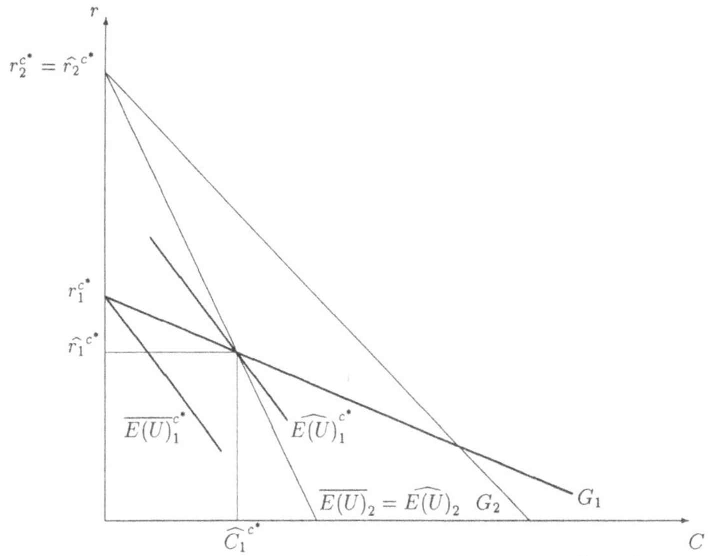

Abbildung 10: Gleichgewicht auf dem Wettbewerbsmarkt bei symmetrischer und asymmetrischer Information

In Abbildung 10 sind am Beispiel eines Wettbewerbsmarktes die entsprechenden Gleichgewichtslösungen mit den entsprechenden Indifferenzkurven $E(U)$ dargestellt. Die Punkte $r_1^{c^*}$ und $r_2^{c^*}$ stellen das Gleichgewicht bei vollkommener Informationsverteilung dar. Die Indifferenzkurven der sichereren Nachfrager $E(U)_1$ verlaufen aufgrund der niedrigeren Grenzrate flacher als die der riskanteren. Die Isogewinnkurven der Banken G verlaufen aus dem gleichen Grund flacher als die Indifferenzkurven der Kreditnachfrager.
Bei asymmetrischer Informationsverteilung kommt die durch die Stellung von Kreditsicherheiten bedingte schlechtere Position des Kreditnehmers durch eine Rechtsverschiebung der Indifferenzkurve zum Ausdruck. Die entsprechenden Gleichgewichte sind dann durch $\widehat{r}_i^{c^*}, \widehat{C}_i^{c^*}$ definiert.

Ein Vergleich der Angebotspolitik eines Monopolisten und eines im Wettbewerb stehenden Anbieters zeigt, daß beide die Kreditsicherheiten als Sortierinstrument verwenden. Auf beiden Märkten lassen sich dadurch die unterschiedlichen Zielsetzungen der Anbieter optimal erreichen. Im Monopolfall zielt die Angebotspolitik auf die Abschöpfung der Monopolrente. Anhand einer deglomerativen Zinsdifferenzierung, die durch die Verwendung von Sicherheiten ermöglicht wird, kann die Bank diese Rente effizienter abschöpfen.
Im Wettbewerb erzwingt die Ausrichtung der Angebotspolitik auf die Deckung der Kreditkosten die Verwendung der Kreditsicherheiten als Sortierinstrument. Riskantere Kreditnehmer müssen zur Deckung ihrer durch das höhere Risiko bedingten höheren Kreditkosten höhere Zinsen ent-

richten und müssen von der Inanspruchnahme eines mit niedrigerem Zins versehenen Vertrages ausgeschlossen werden. Dies kann erreicht werden, indem dieser Vertrag mit der Stellung von Kreditsicherheiten versehen wird.

2.4 Die Bedeutung von Kreditsicherheiten für die Kreditvergabe bei variabler Kredithöhe

2.4.1 Der Modellrahmen

Bislang wurde in einem Modell mit fixem Investitionsbetrag die Verwendung der Kreditsicherheiten als Sortierinstrument verschiedener Risiken und die Möglichkeit einer Überwindung der Kreditrationierung untersucht. Bei Investitionen mit variabler Kredithöhe bietet sich einem Kreditgeber für die Ausgestaltung der Kreditverträge neben dem Zins und den Kreditsicherheiten auch die Kredithöhe als Aktionsparameter an, um die verschiedenen Risiken innerhalb einer Gruppe von nicht unterscheidbaren Kreditnehmern zu trennen. Inwieweit er sich dieser Instrumente als Sortiermechanismus bedienen kann und ob das Gleichgewicht bei diesem Sortieren durch Rationierung gekennzeichnet ist, soll in diesem Abschnitt gezeigt werden.

Zur Analyse der Kreditrationierung mit endogenem Zins, Investitionsvolumen und Kreditsicherheiten wird hier ein Modell aufgestellt, das der oben angeführten Kritik — der Vernachlässigung der Liquidationskosten und dem Ausschluß des adverse-selection-Effektes — Rechnung trägt.
Es wird wieder eine Gruppe von Investoren betrachtet, die zur Durchführung eines Investitionsvorhabens einen variablen Kreditbetrag L_i mit einer Laufzeit von einer Periode nachfragen. Der Ertrag R_i aus dem Investitionsobjekt ist eine Zufallsvariable, vom Investitionsbetrag abhängig $R_i = \theta_i(L_i)$ und mit Risiko ϕ_i behaftet. Bezüglich der Produktionsfunktion $\theta_i(.)$ wird von positiven aber abnehmenden Grenzerträgen ausgegangen, $\theta_i' > 0$ und $\theta_i'' < 0$. Es wird wie im vorherigen Abschnitt von zwei unterschiedlichen $i = 1, 2$ Investitionsrisiken ϕ_i innerhalb einer Gruppe und von zwei möglichen Ausprägungen der Investitionserträge ausgegangen. Mit einer Wahrscheinlichkeit von p_i werfen die Investitionen im Erfolgsfall einen Ertrag von $R_i = \theta_i(L_i)$ ab, bei Mißerfolg einen Ertrag von Null. Das Projekt vom Typ 2 ist riskanter im Sinne des mean-preserving-spread als das Projekt vom Typ 1. Für jeden beliebigen Investitionsbetrag L gilt: $p_2 < p_1$ und $\theta_2(L)p_2 = \theta_1(L)p_1$. Dies setzt $\theta_2(L) > \theta_1(L)$ und wegen der strengen Konkavität der Produktionsfunktionen $\theta_2'(L) > \theta_1'(L)$ voraus.

Das individuelle Risiko innerhalb dieser Gruppe ist der Bank ex ante unbekannt. Die Bank besitzt keine Informationen darüber, ob ein Kreditnehmer in ein Projekt vom Typ 1 oder in ein Projekt vom Typ 2 mit den bekannten Erfolgswahrscheinlichkeiten p_1, p_2 investiert. Die Bank weiß aber, daß ein Teil der Kreditnachfrager q das niedrige Risiko mit höherer Erfolgswahrscheinlichkeit ($p = p_1$) und der Anteil (1-q) das höhere Risiko ($p = p_2$) darstellen.
Die Kreditnehmer investieren einen Teil E ihres Anfangsvermögens W^0 zusammen mit dem Kreditbetrag in ein Investitionsprojekt vom Typ 1 oder vom Typ 2 mit den Erträgen R_1, R_2.

Das restliche Vermögen $W^0 - E$ wird zum Zinssatz d sicher angelegt.
Ein Kreditvertrag kann für jeden Kreditnehmer neben den Zahlungsverpflichtungen im Erfolgsfall $L_i(1+r_i)$ auch Zahlungsverpflichtungen bei Mißerfolg C_i festlegen, die mit kC $(0 \leq k \leq 1)$ bewertet werden.
Um Zahlungsunwilligkeit der Kreditnehmer im Modell auszuschließen, wird auch hier angenommen, daß die Bank beobachten kann, ob ein Projekt erfolgreich war oder nicht, und im Erfolgsfall ihre Ansprüche durchsetzen kann. Bei Mißerfolg kann sie auf ein Mindestendvermögen W zurückgreifen.
Die Bank muß ferner festlegen, mit welcher Wahrscheinlichkeit Π_i ein Kredit (L_i, r_i, C_i) vergeben wird. Bei den für beide Gruppen vorgesehenen Verträgen (Π_1, L_1, r_1, C_1) und (Π_2, L_2, r_2, C_2) beträgt ihr erwarteter Durchschnittsgewinn

$$\begin{aligned} G = q\Pi_1\{p_1[L_1(1+r_1)] + (1-p_1)kC_1 - L_1(1+d)\} + \\ (1-q)\Pi_2\{p_2[(L_2(1+r_2)] + (1-p_2)kC_2 - L_2(1+d)\}. \end{aligned} \tag{2.21}$$

Eine optimale Kreditangebotspolitik besteht darin, für jede Kreditgruppe die Vertragsvariablen (Π_i, L_i, r_i, C_i) so festzulegen, daß im Monopolfall der eigene erwartete Gewinn, im Wettbewerbsfall der erwartete Gewinn der Kreditnehmer maximiert wird. Analog zum Fall des fixen Kreditbetrages muß die Bank folgende Bedingungen berücksichtigen:

1. Die Rationalitätsbedingung:

$$\Pi_i\{p_i[\theta_i(L_i) - L_i(1+r_i)] - (1-p_i)C_i - E(1+d)\} \geq 0. \tag{2.22}$$

2. Die Bedingungen für die Erfüllung der Sicherheitsanforderungen:

$$0 \leq C_i \leq W. \tag{2.23}$$

3. Die Anreizverträglichkeitsbedingungen:

$$\begin{aligned} \Pi_1\{p_1[\theta_1(L_1) - L_1(1+r_1)] - (1-p_1)C_1 - E(1+d)\} \geq \\ \Pi_2\{p_1[\theta_1(L_2) - L_2(1+r_2)] - (1-p_1)C_2 - E(1+d)\}, \end{aligned} \tag{2.24}$$

$$\begin{aligned} \Pi_2\{p_2[\theta_2(L_2) - L_2(1+r_2)] - (1-p_2)C_2 - E(1+d)\} \geq \\ \Pi_1\{p_2[\theta_2(L_1) - L_1(1+r_1)] - (1-p_2)C_1 - E(1+d)\}. \end{aligned} \tag{2.25}$$

4. Auf einem Wettbewerbsmarkt muß zusätzlich die Nullgewinnbedingung gelten

$$p_iL_i(1+r_i) + (1-p_i)kC_i - L_i(1+d) = 0. \tag{2.26}$$

2.4.2 Das Gleichgewicht auf Monopol- und Wettbewerbsmärkten

Die Präferenzen der Marktteilnehmer lassen sich durch die Grenzraten der Substitution zwischen Kreditzins und Kreditsicherheit bzw. zwischen Kreditzins und Kredithöhe beschreiben. Sie betragen für die verschiedenen (L, r)-Kombinationen für die Kreditnehmer

$$\left.\frac{dr}{dC}\right|_{E(U)_i=const.} = -\frac{1-p_i}{p_i L}, \tag{2.27}$$

$$\left.\frac{dr}{dL}\right|_{E(U)_i=const.} = \frac{\theta_i' - (1+r)}{L}. \tag{2.28}$$

Für die Kreditgeber ergeben sich für die Grenzraten der Substitution

$$\left.\frac{dr}{dC}\right|_{G_i=const.} = -\frac{(1-p_i)k}{p_i L}, \tag{2.29}$$

$$\left.\frac{dr}{dL}\right|_{G_i=const.} = -\frac{p_i(1+r)-(1+d)}{p_i L}. \tag{2.30}$$

Aus einem Vergleich der Grenzraten der Substitution zwischen den Kreditnehmern sowie zwischen Kreditnehmer und Kreditgeber lassen sich die Folgerungen ziehen:

1. Die Grenzraten der Substitution zwischen r und C sowie zwischen r und L sind für die sichereren Kreditnachfrager (Typ 1 mit $p_1 > p_2$ und $\theta_1' < \theta_2'$) niedriger als für die riskantere Gruppe. Diese sichereren Nachfrager werden eher bereit sein, im Austausch für eine Zinssenkung eine größere Erhöhung der Sicherheitsanforderungen zu akzeptieren als riskantere Kreditnachfrager. Umgekehrt werden die riskanteren Kreditnachfrager eher bereit sein, für eine Erhöhung des Kreditvolumens eine stärkere Zinserhöhung zu akzeptieren als sicherere Nachfrager.

2. Die Grenzrate der Substitution zwischen r und C ist für die Bank bei einer Kreditvergabe niedriger als die entsprechende Grenzrate der Substitution der Kreditnehmer. Ein Kreditnehmer ist bereit, bei einer Senkung der Sicherheitsanforderungen eine stärkere Zinserhöhung zu akzeptieren, als sie die Bank verlangen würde, da die Stellung von Sicherheiten Kosten in Höhe von $(1-k)C$ verursacht.
   Die Grenzraten der Substitution zwischen r und L stimmen ferner bei Kreditnehmer und Bank dann überein, wenn gilt: $p_i\theta_i' = (1+d)$, d. h., wenn der erwartete Grenzertrag der Investition im Projekt i den Opportunitätskosten der Investition entspricht. Solange der Grenzertrag der Investition höher ist als die Opportunitätskosten, ist die Grenzrate der Substitution bei der Bank niedriger als beim Kreditnachfrager; ein Kreditnehmer wäre dann bei einer Ausdehnung des Kreditbetrages bereit, einen höheren als den von der Bank verlangten Zins zu bezahlen.

Wie beim fixen Kreditbetrag wird die Bank bei vollkommener Information keine Sicherheiten anfordern, sondern das Investitionsrisiko durch den Zins abgelten, da sie in der Lage ist, für eine bestimmte Senkung der Sicherheitsanforderungen einen entsprechend höheren Zins nach (2.29)

zu verlangen. Ferner wird sie, solange der erwartete Grenzertrag die Opportunitätskosten der Investition übersteigt, ein Angebot unterbreiten, da sie in diesem Fall höhere Zinsen verlangen kann.
Die optimale Kreditangebotspolitik eines Monopolisten ist dann gekennzeichnet durch (siehe Anhang B.1):

$$\begin{aligned}
p_i\theta_i'(L_i^{m^*}) &= (1+d) \\
r_i^{m^*} &= \frac{\theta_i(L_i^{m^*})}{L_i^{m^*}} - \frac{E(1+d)}{p_i L_i^{m^*}} - 1 \quad i = 1,2 \\
C_i^{m^*} &= 0, \quad i = 1,2 \\
\Pi_i^{m^*} &= \begin{cases} 1, & wenn \quad p_i\theta_i - (E+L_i)(1+d) \geq 0 \\ 0, & sonst, \quad i = 1,2, \end{cases}
\end{aligned}$$

für den Wettbewerbsmarkt durch (siehe Anhang B.2):

$$\begin{aligned}
p_i\theta_i'(L_i^{c^*}) &= (1+d) \\
r_i^{c^*} &= \theta_i' - 1 = \frac{(1+d)}{p_i} - 1, \quad i = 1,2 \\
C_i^{c^*} &= 0, \quad i = 1,2, \\
\Pi_i^{c^*} &= \begin{cases} 1, & wenn \quad p_i\theta_i - (E+L_i)(1+d) \geq 0 \\ 0, & sonst, \quad i = 1,2. \end{cases}
\end{aligned}$$

Unter vollkommener Informationsverteilung wird also die Bank sowohl auf dem Monopol- als auch auf dem Wettbewerbsmarkt keine Sicherheiten fordern. Eine Bank kann auf dem Monopolmarkt den erwarteten Wohlstandsgewinn für jede Gruppe von Unternehmern $p_i\theta_i - (E+L_i)(1+d)$ durch Festlegung eines Zinses in Höhe von $r_i^{m^*} = \frac{\theta_i(L_i)}{L_i} - \frac{E(1+d)}{L_i p_i} - 1$ effizient abschöpfen.
Dabei ist die Zahlungsverpflichtung für den riskanteren Kreditnehmer bei einem gleichen Kreditvolumen höher als für den sichereren, denn bei gleichen Erwartungswerten $p_i\theta_i$ und höherem Risiko des Projektes vom Typ 2 ($p_2 < p_1$) ist $r_2^{m^*} = \frac{p_2\theta_2 - E(1+d)}{p_2 L} - 1 > r_1^{m^*} = \frac{p_1\theta_1 - E(1+d)}{p_1 L} - 1$.

Auf dem Wettbewerbsmarkt ist der Zins in Höhe von $r_i^{c^*} = \frac{(1+d)}{p_i} - 1 = \theta_i'(L) - 1$ durch die Konkurrenzbedingungen bestimmt. Auch hier zahlt der riskantere Kreditnehmer einen höheren Zins als der sicherere.
Beide Typen von Kreditnehmern erhalten sowohl auf einem Wettbewerbsmarkt als auch auf einem Monopolmarkt den gleichen Kreditbetrag $p_i\theta_i'(L_i) = 1 + d$, zahlen jedoch auf dem Monopolmarkt einen höheren Zins $r_i^{m^*} = \frac{\theta_i(L_i)}{L_i} - \frac{E(1+d)}{L_i p_i} - 1 > r_i^{c^*} = \theta_i' - 1$. Die unterschiedliche Höhe der Zinssätze auf den zwei Märkten spiegelt die Tatsache wider, daß auf dem Monopolmarkt der Surplus den Monopolisten, auf dem Wettbewerbsmarkt den Kreditnachfragern zufällt.

Da die Bedingung $p_i\theta_i - (E + L_i)d \geq 0$ mit der Rationalitätsbedingung immer erfüllt ist, findet keine Rationierung statt.

Die hier beschriebene optimale Angebotspolitik bei vollkommener Informationsverteilung läßt sich bei asymmetrischer Information — wie beim fixen Kreditbetrag — nicht mehr durchführen, denn bei der sowohl für den Monopol- als auch für den Wettbewerbsmarkt geltenden Optimalitätsbedingung $r_2^* > r_1^*$ ist die Anreizverträglichkeit (2.25) verletzt. Riskantere Kreditnehmer werden den für den anderen Kreditnehmer konzipierten Vertrag mit niedrigeren Zinsen immer vorziehen.
Bei asymmetrischer Information wird sich die Bank dann der Kreditsicherheiten und des Kreditvolumens als Sortierinstrumente bedienen, wenn ihre optimale Angebotspolitik sich nicht mehr allein durch die Zinsfestsetzung durchführen läßt. Grundlage dieses Sortierens werden die unterschiedlichen Präferenzen der Kreditnehmer sein, die in den Grenzraten der Substitution zwischen Zins und Kreditsicherheiten bzw. Zins und Kreditvolumen zum Ausdruck kommen. Die sichereren Nachfrager werden eher bereit sein, im Austausch für eine Zinssenkung eine stärkere Erhöhung der Sicherheitsanforderungen zu akzeptieren als riskantere Kreditnachfrager. Riskantere Nachfrager werden dagegen eher bereit sein, für eine Ausdehnung des Kreditvolumens größere Zinssteigerungen zu akzeptieren als die sichereren Nachfrager.

Bei asymmetrischer Informationsverteilung wird die Bank im Monopolfall ihren Durchschnittsgewinn (2.21) unter den Nebenbedingungen (2.22)–(2.25) maximieren. Im Wettbewerbsfall wird sie den Durchschnittsgewinn der Kreditnehmer unter (2.23)–(2.26) maximieren.

Die optimale Angebotspolitik auf einem Monopolmarkt ist bei asymmetrischer Information gekennzeichnet durch (siehe Anhang B.3):

$$\begin{aligned}
p_1\theta_1'(\widehat{L_1}^{m^*}) &> 1+d \\
\widehat{C_1}^{m^*} &= p_1\theta_1(\widehat{L_1}^{m^*}) - E(1+d) > 0 \\
\widehat{r_1}^{m^*} &= \frac{\theta_1(\widehat{L_1}^{m^*})}{\widehat{L_1}^{m^*}} - \frac{E(1+d) + \widehat{C_1}^{m^*}(1-p_1)}{p_1\widehat{L_1}^{m^*}} - 1 \\
\widehat{\Pi_1}^{m^*} &= \begin{cases} 1 & \textit{solange} \quad \widehat{C_1}^{m^*} \leq W \\ 0 & \textit{sonst} \end{cases} \\
p_2\theta_2'(\widehat{L_2}^{m^*}) &= (1+d) \\
\widehat{r_2}^{m^*} &= \frac{\theta_2(\widehat{L_2}^{m^*})}{\widehat{L_2}^{m^*}} - \frac{E(1+d)}{p_2\widehat{L_2}^{m^*}} - 1 \\
\widehat{C_2}^{m^*} &= 0 \\
\widehat{\Pi_2}^{m^*} &= 1.
\end{aligned}$$

Auf einem Monopolmarkt sieht eine optimale Angebotspolitik immer separierende Verträge mit unterschiedlichen Kreditsicherheiten, Zins und Kreditvolumen als Variablen vor. Diese Politik ist mit der Festlegung von $\widehat{r_1}^{m^*}$ und $\widehat{r_2}^{m^*}$ darauf gerichtet, die Monopolrente abzuschöpfen. Der sicherere Nachfrager erhält weniger Kreditmittel als im Fall der vollkommenen Information; der riskantere Nachfrager dagegen erhält das gleiche Volumen und damit auch einen höheren Kredit als der sicherere. Dies läßt sich auch aus den Optimalitätsbedingungen unmittelbar ablesen, denn es gilt: $p_1\theta_1'(\widehat{L_1}^{m^*}) > 1 + d$ und $p_2\theta_2'(\widehat{L_2}^{m^*}) = p_1\theta_1'(\widehat{L_2}^{m^*}) = 1 + d$, und damit $\widehat{L_1}^{m^*} < \widehat{L_2}^{m^*}$. Neben den Kreditsicherheiten wird also der Kreditbetrag demnach immer als ein Sortierinstrument der Risikoklassen verwendet.

Hinter dieser Politik stehen die unterschiedlichen Präferenzen der Kreditnehmer hinsichtlich der Stellung von Kreditsicherheiten und hinsichtlich des Umfangs des zu erhaltenden Kreditbetrages. Während Kreditnehmer mit geringerem Ausfallrisiko auch für kleine Zinssenkungen bereit sind, Kreditsicherheiten zu stellen und ihre Nachfrage einzuschränken, ist dies bei riskanteren Kreditnehmern erst bei stärkerer Zinssenkung der Fall. Dies eröffnet der Bank die Möglichkeit, eine kleine Zinsreduktion verbunden mit einer Senkung des Kreditvolumens und einer Erhöhung der Sicherheiten vorzunehmen, die für sie und die sichereren Nachfrager vorteilhaft ist, ohne die Anreizverträglichkeit für den riskanteren Typ zu verletzen. Da die Grenzrate der Substitution zwischen C und r des Kreditgebers niedriger ist als die des Kreditnehmers, hat eine Kombination von (C, r), die den Kreditnehmer indifferent läßt, einen negativen Effekt auf den Gewinn der Bank. Um dies (teilweise) zu kompensieren, operiert die Bank mit Kreditvolumen- und Zinskombinationen, die zwar den Kreditnehmer indifferent lassen, aber einen positiven Effekt auf den eigenen Gewinn haben; sie operiert dann mit Kombinationen, bei der ihre Grenzrate der Substitution zwischen L und r niedriger ist als die entsprechende Grenzrate für den Kreditnehmer. Dies sind nach (2.28) und (2.30) (L, r)-Kombinationen, bei denen gilt: $p_1\theta_1'(\widehat{L_1}^{m^*}) > (1 + d)$. Die Stellung von Kreditsicherheiten, verbunden mit dem geringeren Kreditvolumen, ermöglicht so für den riskanteren Typ, einen höheren Zins festzusetzen und damit eine Zinsdifferenzierung zu betreiben, die den Gewinn des Kreditgebers maximiert.

Rationierung tritt bei positivem Surplus $p_1\theta_1(L_1) - C_1(1-p_1)(1-k) - (E+L_1)(1+d) > 0$ nur auf, wenn die optimale Angebotspolitik die Stellung von Sicherheiten vorsieht und diese nicht gestellt werden können. Auch wenn die Bank in diesem Fall einen niedrigeren Zins verlangt, als der Kreditnehmer maximal bereit wäre zu zahlen $(\theta_1 - \frac{Ed}{p_1} - \frac{C_1(1-p_1)}{p_1} - 1 < \theta_1 - \frac{Ed}{p_1} - 1)$, erhält er keinen Kredit, da die Bank im Ausgleich für diesen niedrigen Zins Sicherheiten fordert, die er nicht stellen kann. Stellen die Sicherheiten keine Restriktion dar, dann tritt keine Mengenrationierung auf.

Eine Rationierung des sichereren Nachfragers vom Typ 1 ist ineffizient, da der erwartete Wohlstandsgewinn nicht realisiert werden kann. Bei vollkommener Information beträgt der erwartete Gewinn eines Monopolisten

$$G^{m^*} = q[p_1\theta_1(L_1) - (E + L_1)(1 + d)] + \\ (1 - q)[p_2\theta_2(L_2) - (E + L_2)(1 + d)];$$

bei unvollkommener Information mit Rationierung der sichereren Nachfrager beträgt er dagegen nur $(1 - q)[p_2\theta_2(L_2) - [E + L_2)(1 + d)]$.
Ebenso Pareto-suboptimal ist der Fall, wenn die Kreditnachfrager den gewünschten Kredit bei asymmetrischer Information erhalten. Während bei den Kreditnachfragern die Nutzenposition im Vergleich zur vollkommenen Information unverändert bleibt, verschlechtert sich die Position des Kreditgebers. Sein erwarteter Gewinn beträgt bei einer Sortierung der Kreditnehmer anhand der Kreditsicherheiten und des Kreditvolumens

$$\widehat{G}^{m^*} = q[p_1\theta_1(L_1) - (E + L_1)(1 + d) - C_1(1 - p_1)(1 - k)] + \\ (1 - q)[p_2\theta_2(L_2) - (E + L_2)(1 + d)] < G^{m^*}.$$

Die Angebotspolitik eines im Wettbewerb stehenden Anbieters ist bei asymmetrischer Information gekennzeichnet durch (siehe Anhang B.4):

$$\begin{aligned}
p_1\theta_1'(\widehat{L_1}^{c^*}) &> (1 + d) \\
p_1\theta_1'(\widehat{L_1}^{c^*}) &> p_1(1 + r_1^{c^*}) \\
\widehat{C_1}^{c^*} &= \begin{cases} \frac{p_2[p_1\theta_2(\widehat{L_1}^{c^*}) - L_1^{c^*}(1+d)] - p_1[p_2\theta_2(\widehat{L_2}^{c^*}) - \widehat{L_2}^{c^*}(1+d)]}{p_1(1-p_2) - p_2 k(1-p_1)}, & solange \\ p_2[p_1\theta_2(\widehat{L_1}^{c^*}) - \widehat{L_1}^{c^*}(1 + d)] > p_1[p_2\theta_2(\widehat{L_2}^{c^*}) - \widehat{L_2}^{c^*}(1 + d)] & \\ 0 \quad sonst & \end{cases} \\
\widehat{r_1}^{c^*} &= \frac{1 + d}{p_1} - \frac{(1 - p_1)k\widehat{C_1}^{c^*}}{p_1\widehat{L_1}^{c^*}} - 1 \\
\widehat{\Pi_1}^{m^*} &= \begin{cases} 1 & solange \quad \widehat{C_1}^{c^*} \leq W \\ 0 & sonst, \end{cases} \\
p_2\theta_2'(\widehat{L_2}^{c^*}) &= (1 + d) \\
\widehat{r_2}^{c^*} &= \frac{1 + d}{p_2} - 1 \\
\widehat{C_2}^{c^*} &= 0, \\
\widehat{\Pi_2}^{c^*} &= 1.
\end{aligned}$$

Im Gegensatz zum Monopolmarkt bei asymmetrischer Information sieht eine optimale Angebotspolitik auf einem Wettbewerbsmarkt nicht immer die Stellung von Kreditsicherheiten vor. Dies ist von den Produktionstechnologien und den jeweiligen Risiken der Investitionen abhängig.

Die Sortierung der verschiedenen Risikoklassen erfolgt in erster Linie durch die Höhe des Kreditvolumens. Eine Analyse der Präferenzen der Marktteilnehmer macht deutlich, weshalb der Kreditvertrag keine Sicherheiten vorsehen kann. Da die Grenzrate der Substitution zwischen Kreditsicherheiten und Zins bei einem Kreditgeber niedriger ist als bei einem Kreditnehmer, hat eine Variation von C und r, die den Kreditnehmer indifferent läßt, eine negative Auswirkung auf den Gewinn des Kreditgebers. Ob dieser Effekt wie im Monopolfall durch eine entsprechende Variation von L und r kompensiert werden kann, hängt auf einem Wettbewerbsmarkt von den jeweiligen exogen vorgegebenen Investitionseigenschaften ab. Im Unterschied zum Monopolisten ist der auf einem Wettbewerbsmarkt handelnde Anbieter hinsichtlich der Preisfestsetzung gebunden. Aus diesem Grund spielen Kreditsicherheiten auf einem Konkurrenzmarkt eine untergeordnete Rolle. Dies ist ein Resultat, das im Gegensatz zu den Ergebnissen hinsichtlich der Rolle der Kreditsicherheiten in den Beiträgen von Besanko/Thakor (1987b) und Bester (1987b) steht.

Unabhängig davon, ob Sicherheiten bestellt werden oder nicht, ist die optimale Politik durch eine Rationierung vom Typ I gekennzeichnet: Der sicherere Kreditnehmer erhält bei unvollkommener Information wie beim Monopolfall einen geringeren Kredit als bei vollkommener Information, ist aber im Gegensatz zum Monopolfall bereit, für ein höheres Kreditvolumen einen höheren Zins zu entrichten, da die Grenzproduktivität seiner Investition $\theta'(\widehat{L_1}^{c^*})$ den Zinsfaktor $(1 + r)$ übersteigt.

Anhang A: Optimale Angebotspolitik bei fixem Kreditbetrag

A.1 Kreditangebot auf dem Monopolmarkt unter vollkommener Informationsverteilung

Für die Maximierung des Bankgewinns für jeden identifizierbaren Kreditnehmer unter den Nebenbedingungen (2.14) und (2.15) schreibt sich die Lagrange-Funktion als:

$$\begin{aligned} LG = {} & \Pi_i[p_i L(1+r_i) + (1-p_i)kC_i - L(1+d)] + \\ & \lambda_1\{\Pi_i\{p_i[R_i - L(1+r_i)] - (1-p_i)C_i - E(1+d)\}\} + \lambda_2(C_i - W). \end{aligned}$$

Die Kuhn-Tucker-Bedingungen lauten dann[16]:

$$\frac{\partial LG}{\partial r_i} = \Pi_i p_i L(1-\lambda_1) \leq 0 \quad \text{(A.1)}$$

$$\frac{\partial LG}{\partial C_i} = \Pi_i(1-p_i)(k-\lambda_1) + \lambda_2 \leq 0 \quad \text{(A.2)}$$

$$\frac{\partial LG}{\partial \lambda_1} = \Pi_i\{p_i[R_i - L(1+r_i)] - (1-p_i)C_i - E(1+d)\} \geq 0 \quad \text{(A.3)}$$

$$\frac{\partial LG}{\partial \lambda_2} = C_i - W \leq 0 \quad \text{(A.4)}$$

$$\begin{aligned} \frac{\partial LG}{\partial \Pi_i} = {} & p_i R_i + p_i L(1+r_i)(1-\lambda_1) + \\ & (1-p_i)C_i(k-\lambda_1) - (L+E\lambda_1)(1+d) \leq 0 \end{aligned} \quad \text{(A.5)}$$

$$r_i \frac{\partial LG}{\partial r_i} = 0 \quad \text{(A.6)}$$

$$C_i \frac{\partial LG}{\partial C_i} = 0 \quad \text{(A.7)}$$

$$\lambda_1 \frac{\partial LG}{\partial \lambda_1} = 0 \quad \text{(A.8)}$$

$$\lambda_2 \frac{\partial LG}{\partial \lambda_2} = 0 \quad \text{(A.9)}$$

[16]Die Methode der Lagrangeschen Multiplikatoren zur Lösung von Optimierungsproblemen mit Gleichungen als Restriktionen wurde durch die Karush-Kuhn-Tucker-Bedingungen verallgemeinert, so daß sie auch auf Optimierungsprobleme mit Ungleichungsrestriktionen und nicht negative Variablen angewendet werden kann. Für die Maximierung einer Zielfunktion $f(x) = f(x_1, x_2, \ldots, x_n)$ unter den Nebenbedingungen $g_i(x_1, x_2, \ldots, x_n) - b_i \leq 0 \quad (i = 1, \ldots, m)$ und $x_j \geq 0 \quad (j = 1, \ldots, n)$ lauten die Bedingungen für ein Maximum

$$\begin{aligned} \frac{\partial L}{\partial x_j} & \leq 0 \\ x_j \frac{\partial L}{\partial x_j} & = 0 \\ g_i(x) - b_i & \leq 0 \\ \lambda_i[g_i(x) - b_i] & = 0 \\ \lambda_i & \geq 0, \end{aligned}$$

wobei L die Lagrange-Funktion und λ_i die Lagrange-Multiplikatoren darstellen. Siehe z. B. Mills (1984, S. 113ff.).

$$\Pi_i \frac{\partial LG}{\partial \Pi_i} = 0 \tag{A.10}$$

$$\lambda_1, \lambda_2 \geq 0. \tag{A.11}$$

Für jedes Angebot mit $C_i \leq W$ und $\lambda_2 = 0$ sind die Bedingungen (A.4) und (A.9) erfüllt. Ferner sind für $\Pi_i = 1$ und $r_i > 0$ die Bedingungen (A.1) und (A.6) für $\lambda_1 = 1$ erfüllt. Damit ist Bedingung (A.2) als strikte Ungleichung erfüllt, was in Bedingung (A.7) $C_i^{m^*} = 0$ impliziert. Für $C_i = 0$ sind die Bedingungen (A.5) und (A.10) für $p_i R_i - (L+E)(1+d) < 0$ und $\Pi_i = 0$ erfüllt. Damit ist für jede $p_i R_i - (L+E)(1+d) \geq 0$, $\Pi_i^{m^*} = 1$.
Da $\lambda_1 > 0$ ist, sind die Bedingungen (A.3) und (A.8) erfüllt, wenn für $\Pi_i^{m^*} = 1$ gilt $r_i^{m^*} = \frac{R_i}{L} - \frac{E(1+d)}{Lp_i} - 1$.

A.2 Kreditangebot auf dem Wettbewerbsmarkt unter vollkommener Informationsverteilung

Für die Maximierung von (2.14) unter Beachtung der Nullgewinnbedingung (2.18) und der Nebenbedingung (2.15) schreibt sich die Lagrange-Funktion nach Einsetzen von (2.18) in (2.14) als:

$$LG = \Pi_i[p_i R_i - (1-p_i)C_i(1-k) - (E+L)(1+d)] + \lambda(C_i - W).$$

Die Kuhn-Tucker-Maximierungsbedingungen lauten dann

$$\frac{\partial LG}{\partial C_i} = -\Pi_i(1-p_i)(1-k) + \lambda \leq 0 \tag{A.12}$$

$$\frac{\partial LG}{\partial \lambda} = C_i - W \leq 0 \tag{A.13}$$

$$\frac{\partial LG}{\partial \Pi_i} = p_i R_i - (1-p_i)C_i(1-k) - (E+L)(1+d) \leq 0 \tag{A.14}$$

$$C_i \frac{\partial LG}{\partial C_i} = 0 \tag{A.15}$$

$$\lambda \frac{\partial LG}{\partial \lambda} = 0 \tag{A.16}$$

$$\Pi_i \frac{\partial LG}{\partial \Pi_i} = 0 \tag{A.17}$$

$$\lambda \geq 0. \tag{A.18}$$

Für jedes Angebot ($\Pi_i = 1$) mit $C_i \leq W$ und $\lambda = 0$ sind die Bedingungen (A.13) und (A.16) erfüllt. Bedingung (A.12) ist dann als strikte Ungleichung erfüllt und damit Bedingung (A.15) nur für $C_i^{c^*} = 0$ erfüllt.
Für $C_i^{c^*} = 0$ sind die Gleichungen (A.14) und (A.17) für $p_i R_i - (E+L)(1+d) < 0$ und $\Pi_i = 0$ erfüllt.
Aus der Nullgewinnbedingung leitet sich schließlich für $C_i^{c^*} = 0$, $r_i^{c^*} = \frac{1+d}{p_i} - 1$ ab.

A.3 Kreditangebot auf dem Monopolmarkt bei asymmetrischer Informationsverteilung

Bei der Maximierung von (2.13) unter den Nebenbedingungen (2.14)–(2.17) wird die Nebenbedingung (2.16) als nicht bindend angenommen und ihr Lagrange-Multiplikator gleich Null gesetzt. Die Annahme wird für die so ermittelte Lösung anschließend überprüft. Der Multiplikator für $C_i \leq W$ wird ebenfalls gleich Null gesetzt. Die Lagrange-Funktion schreibt sich in diesem Fall als:

$$\begin{aligned} LG = {} & q\Pi_1[p_1L(1+r_1)+(1-p_1)kC_1 - L(1+d)]+ \\ & (1-q)\Pi_2[p_2L(1+r_2)+(1-p_2)kC_2 - L(1+d)]+ \\ & \lambda_1[\Pi_2\{p_2[R_2 - L(1+r_2)] - (1-p_2)C_2 - E(1+d)\} - \\ & \quad \Pi_1\{p_2[R_2 - L(1+r_1)] - (1-p_2)C_1] - E(1+d)\}]+ \\ & \lambda_2\,[\Pi_1\{p_1[R_1 - L(1+r_1)] - (1-p_1)C_1 - E(1+d)\}]+ \\ & \lambda_3\,[\Pi_2\{p_2[R_2 - L(1+r_2)] - (1-p_2)C_2 - E(1+d)\}]\,. \end{aligned}$$

Die Kuhn-Tucker-Bedingungen lauten dann:

$$\frac{\partial LG}{\partial r_1} = \Pi_1 L(qp_1 + \lambda_1 p_2 - \lambda_2 p_1) \leq 0 \tag{A.19}$$

$$\frac{\partial LG}{\partial r_2} = \Pi_2 p_2 L[(1-q) - (\lambda_1 + \lambda_3)] \leq 0 \tag{A.20}$$

$$\frac{\partial LG}{\partial C_2} = \Pi_2(1-p_2)[(1-q)k - (\lambda_1+\lambda_3)] \leq 0 \tag{A.21}$$

$$\frac{\partial LG}{\partial C_1} = \Pi_1[q(1-p_1)k + \lambda_1(1-p_2) - \lambda_2(1-p_1)] \leq 0 \tag{A.22}$$

$$\begin{aligned} \frac{\partial LG}{\partial \lambda_1} = {} & \Pi_2\{p_2[R_2 - L(1+r_2)] - (1-p_2)C_2] - E(1+d)\} - \\ & \Pi_1\{p_2[R_2 - L(1+r_1)] - (1-p_2)C_1] - E(1+d)\} \geq 0 \end{aligned} \tag{A.23}$$

$$\frac{\partial LG}{\partial \lambda_2} = \Pi_1\{p_1[R_1 - L(1+r_1)] - (1-p_1)C_1 - E(1+d)\} \geq 0 \tag{A.24}$$

$$\frac{\partial LG}{\partial \lambda_3} = \Pi_2\{p_2[R_2 - L(1+r_2)] - (1-p_2)C_2 - E(1+d)\} \geq 0 \tag{A.25}$$

$$\begin{aligned} \frac{\partial LG}{\partial \Pi_2} = {} & (1-q)[p_2L(1+r_2)+(1-p_2)kC_2 - L(1+d)]+ \\ & (\lambda_1+\lambda_3)\{p_2[R_2 - L(1+r_2)] - (1-p_2)C_2 - E(1+d)\} \leq 0 \end{aligned} \tag{A.26}$$

$$\begin{aligned} \frac{\partial LG}{\partial \Pi_1} = {} & q[p_1L(1+r_1)+(1-p_1)kC_1 - L(1+d)] - \\ & \lambda_1\{p_2[R_2 - L(1+r_1)] - (1-p_2)C_1 - E(1+d)\}+ \\ & \lambda_2\{p_1[R_1 - L(1+r_1)] - (1-p_1)C_1 - E(1+d)\} \leq 0 \end{aligned} \tag{A.27}$$

$$r_1\frac{\partial LG}{\partial r_1} = 0 \tag{A.28}$$

$$\begin{aligned}
r_2\frac{\partial LG}{\partial r_2} &= 0 && \text{(A.29)}\\
C_2\frac{\partial LG}{\partial C_2} &= 0 && \text{(A.30)}\\
C_1\frac{\partial LG}{\partial C_1} &= 0 && \text{(A.31)}\\
\lambda_1\frac{\partial LG}{\partial \lambda_1} &= 0 && \text{(A.32)}\\
\lambda_2\frac{\partial LG}{\partial \lambda_2} &= 0 && \text{(A.33)}\\
\lambda_3\frac{\partial LG}{\partial \lambda_3} &= 0 && \text{(A.34)}\\
\Pi_2\frac{\partial LG}{\partial \Pi_2} &= 0 && \text{(A.35)}\\
\Pi_1\frac{\partial LG}{\partial \Pi_1} &= 0 && \text{(A.36)}\\
\lambda_1, \lambda_2, \lambda_3 &\geq 0. && \text{(A.37)}
\end{aligned}$$

Für jedes Angebot mit $r_2 > 0$ gilt dann aus den Bedingungen (A.20) und (A.29) $\lambda_1 + \lambda_3 = (1-q)$. Damit gilt Bedingung (A.21) als strikte Ungleichung, was bei Bedingung (A.30) $\widehat{C_2}^{m^*} = 0$ impliziert.
Ferner ist Bedingung (A.26) für $p_2R_2 - (E+L)(1+d) < 0$ als strikte Ungleichung erfüllt, was $\widehat{\Pi_2}^{m^*} = 0$ in (A.35) impliziert.

Aus (A.19) und (A.28) folgt für jedes $r_1 > 0$, daß

$$\lambda_2 - \frac{p_2}{p_1}\lambda_1 = q. \qquad \text{(A.38)}$$

Andererseits gilt in (A.22), für $\frac{\partial LG}{\partial C_1} = 0$, daß

$$\lambda_2 - \frac{\lambda_1(1-p_2)}{1-p_1} = qk. \qquad \text{(A.39)}$$

Aus (A.38) und (A.39) ergeben sich dann:
$\lambda_1 = \frac{q(1-k)(1-p_1)p_1}{p_1-p_2} > 0$ und $\lambda_2 = q[1 + \frac{p_2(1-k)(1-p_1)}{p_1-p_2}] > 0$.
Damit ist (A.31) für $\widehat{C_1}^{m^*} > 0$ nicht verletzt. Aus (A.24) folgt dann für $\lambda_2 > 0$, daß

$$\widehat{r_1}^{m^*} = \frac{R_1}{L} - \frac{(1-p_1)\widehat{C_1}^{m^*} + E(1+d)}{Lp_1} - 1. \qquad \text{(A.40)}$$

Da $\lambda_3 = (1-q) - \lambda_1 \neq 0$, ergibt sich für (A.25), daß $\widehat{r_2}^{m^*} = \frac{R_2}{L} - \frac{E(1+d)}{Lp_2} - 1$.
Für $\lambda_1 \neq 0$ ergibt sich dann aus (A.23) auch

$$\widehat{r_1}^{m^*} = \frac{R_2}{L} - \frac{(1-p_2)\widehat{C_1}^{m^*} + E(1+d)}{Lp_2} - 1. \qquad \text{(A.41)}$$

Aus den Gleichungen (A.40) und (A.41) folgt, daß $\widehat{C_1}^{m^*} = \frac{p_1 p_2 (R_2 - R_1)}{p_1 - p_2} - E(1+d)$.
Aus (A.27) und (A.36) folgt schließlich für jedes $p_1 R_1 - C_1(1-p_1)(1-k) - (E+L)(1+d) < 0$, daß $\Pi_1^{m^*} = 0$.

Zu überprüfen ist noch die nicht als bindend angenommene Nebenbedingung (2.16). Für sie muß dann für die abgeleitete Lösung gelten:

$$\widehat{\Pi_2}^{m^*} \{p_1[R_1 - L(1 + \widehat{r_2}^{m^*})] - E(1+d)\} < 0.$$

Da $p_2 L(1 + \widehat{r_2}^{m^*}) = p_2 R_2 - E(1+d) = p_1 R_1 - E(1+d)$, läßt sich die Nebenbedingung nach Einsetzen von $p_1 R_1$ als $L(1 + \widehat{r_2}^{m^*})(p_2 - p_1)$ schreiben und ist mit $p_2 < p_1$ erfüllt.

A.4 Kreditangebot auf dem Wettbewerbsmarkt bei asymmetrischer Informationsverteilung

Für die Maximierung des Gewinnerwartungswertes der Kreditnehmer unter den Nebenbedingungen (2.15)–(2.18) wird die Restriktion (2.16) als nicht bindend betrachtet und nach der Lösungsableitung die Gültigkeit dieser Annahme überprüft. Die Lagrange-Funktion schreibt sich nach Einsetzen der Nullgewinnbedingung (2.18) in (2.14) als

$$\begin{aligned} LG = {} & q\Pi_1[p_1 R_1 - (1-p_1)(1-k)C_1 - (E+L)(1+d)] + \\ & (1-q)\Pi_2[p_2 R_2 + (1-p_2)(1-k)C_2 - (E+L)(1+d)] + \\ & \lambda\{\Pi_2[p_2 R_2 - (1-p_2)(1-k)C_2 - (E+L)(1+d)] - \\ & \Pi_1\{p_2 R_2 - \frac{p_2}{p_1}[L(1+d) - (1-p_1)kC_1] - (1-p_2)C_1 - E(1+d)\}\}. \end{aligned}$$

Die Kuhn-Tucker-Bedingungen lauten dann:

$$\frac{\partial LG}{\partial C_1} = -q\Pi_1(1-p_1)(1-k) - \lambda\Pi_1[\frac{p_2}{p_1}(1-p_1)k - (1-p_2)] \leq 0 \quad (A.42)$$

$$\frac{\partial LG}{\partial C_2} = -\Pi_2(1-p_2)(1-k)[(1-q) + \lambda] \leq 0 \quad (A.43)$$

$$\begin{aligned} \frac{\partial LG}{\partial \lambda} = {} & \Pi_2[p_2 R_2 - (1-p_2)(1-k)C_2 - (E+L)(1+d)] \geq \\ & \Pi_1\{p_2 R_2 - \frac{p_2}{p_1}[L(1+d) - (1-p_1)kC_1] - (1-p_2)C_1 - E(1+d)\} \end{aligned} \quad (A.44)$$

$$\frac{\partial LG}{\partial \Pi_2} = [(1-q) + \lambda][p_2 R_2 - (1-p_2)(1-k)C_2 - (E+L)(1+d)] \leq 0 \quad (A.45)$$

$$\begin{aligned} \frac{\partial LG}{\partial \Pi_1} = {} & q[p_1 R_1 - (1-p_1)(1-k)C_1 - (E+L)(1+d)] - \\ & \lambda\{p_2 R_2 - \frac{p_2}{p_1}[L(1+d) - (1-p_1)kC_1] - (1-p_2)C_1 - E(1+d)\} \leq 0 \end{aligned} \quad (A.46)$$

$$C_1\frac{\partial LG}{\partial C_1} = 0 \tag{A.47}$$
$$C_2\frac{\partial LG}{\partial C_2} = 0 \tag{A.48}$$
$$\lambda\frac{\partial LG}{\partial \lambda} = 0 \tag{A.49}$$
$$\Pi_2\frac{\partial LG}{\partial \Pi_2} = 0 \tag{A.50}$$
$$\Pi_1\frac{\partial LG}{\partial \Pi_1} = 0 \tag{A.51}$$
$$\lambda \geq 0. \tag{A.52}$$

Aus (A.42) folgt, daß $\lambda = \frac{qp_1(1-k)(1-p_1)}{p_1(1-p_2)-p_2(1-p_1)k} > 0$. Daraus folgt, daß (A.43) nicht bindend ist und damit aus (A.48) $C_2^{c^*} = 0$. Für $p_2R_2 - (E+L)(1+d) < 0$ folgt für diesen Wert von λ, daß die Bedingung (A.45) nicht bindend ist und damit aus (A.50) $\widehat{\Pi_2}^{c^*} = 0$ bzw. für jedes $p_2R_2 - (E+L)(1+d) \geq 0$ gilt $\widehat{\Pi_2}^{c^*} = 1$. Aus der Nullgewinnbedingung leitet sich dann $\widehat{r_2}^{c^*} = \frac{1+d}{p_2} - 1$ ab.

Die Bedingung (A.46) kann nach Einsetzen von λ und unter Berücksichtigung der mean-preserving-spread-Bedingung $p_2R_2 = p_1R_1$ als

$$q[p_1R_1 - (E+L)(1+d)] - \frac{qp_1(1-k)(1-p_1)}{p_1(1-p_2)-p_2(1-p_1)k}[p_1R_1 - \frac{p_2}{p_1}L(1+d) - E(1+d)] \leq 0$$

geschrieben werden. Nach Addition und Subtraktion von $L(1+d)$ in den eckigen Klammern des zweiten Terms läßt sich dieser letzte Ausdruck auch schreiben als

$$[q - \frac{qp_1(1-k)(1-p_1)}{p_1(1-p_2)-(p_2(1-p_1)k}][p_1R_1 - (E+L)(1+d)] +$$
$$L(1+d)[\frac{qp_1(1-k)(1-p_1)}{p_1(1-p_2)-(p_2(1-p_1)k}][\frac{p_1-p_2}{p_1}].$$

Für $p_1R_1 - (E+L)(1+d) \geq 0$ ist der Ausdruck eindeutig positiv, da $\frac{qp_1(1-k)(1-p_1)}{p_1(1-p_2)-(p_2(1-p_1)k} < q$ und $p_2 < p_1$. Dies impliziert $\widehat{\Pi_1}^{c^*} = 1$.
Für $\lambda > 0$, $\widehat{C_2}^{c^*} = 0$, $\widehat{\Pi_1}^{c^*} = \widehat{\Pi_2}^{c^*} = 1$ folgt aus (A.44) und (A.49), daß $\widehat{C_1}^{c^*} = \frac{(p_1-p_2)L(1+d)}{p_1(1-p_2)-p_2(1-p_1)k}$.
Aus der Nullgewinnbedingung leitet sich schließlich $\widehat{r_1}^{c^*} = \frac{1+d}{p_1} - \frac{(1-p_1)k\widehat{C_1}^{c^*}}{Lp_1} - 1$ ab.

Zu überprüfen ist noch, ob für diese Lösung die als nicht bindend angenommene Anreizbedingung (2.16)

$$p_1[R_1 - L(1+\widehat{r_1}^{c^*})] - (1-p_1)\widehat{C_1}^{c^*} > p_1[R_1 - L(1+\widehat{r_2}^{c^*})] \tag{A.53}$$

gilt.

Nach der abgeleiteten Lösung gilt für die Anreizbedingung (2.17)

$$p_2[R_2 - L(1+\widehat{r}_2^{c^*})] = p_2[R_2 - L(1+\widehat{r}_1^{c^*})] - (1-p_2)\widehat{C_1}^{c^*}. \tag{A.54}$$

Durch Addition und Subtraktion des Terms $p_1[R_1 - L(1+\widehat{r}_1^{c^*})] - (1-p_1)\widehat{C_1}^{*}$ und unter Berücksichtigung von $p_1R_1 = p_2R_2$ schreibt sich dann diese Bedingung als

$$\begin{aligned} &p_1[R_1 - L(1+\widehat{r}_1^{c^*})] - (1-p_1)\widehat{C_1}^{c^*} = \\ &\quad p_2[R_2 - L(1+\widehat{r}_2^{c^*})] - (p_1 - p_2)[L(1+\widehat{r}_1^{c^*}) - \widehat{C_1}^{c^*}]. \end{aligned} \tag{A.55}$$

Ferner gilt

$$\begin{aligned} p_2[R_2 - L(1+\widehat{r}_2^{c^*})] = {} & p_2[R_2 - L(1+\widehat{r}_2^{c^*})] - \\ & p_1[R_1 - L(1+\widehat{r}_2^{c^*})] + p_1[R_1 - L(1+\widehat{r}_2^{c^*})] \end{aligned}$$

oder nach leichter Umformung

$$p_2[R_2 - L(1+\widehat{r}_2^{c^*})] - (p_1 - p_2)L(1+\widehat{r}_2^{c^*}) = p_1[R_1 - L(1+\widehat{r}_2^{c^*})]. \tag{A.56}$$

Unter Berücksichtigung von (A.55) und (A.56) schreibt sich dann (A.53) als

$$(p_1 - p_2)[L(\widehat{r}_2^{c^*} - \widehat{r}_1^{c^*}) + \widehat{C_1}^{c^*}] > 0.$$

Da $p_1 > p_2$, ist diese Bedingung für die abgeleiteten Werte mit $r_2^{c^*} > r_1^{c^*}$ erfüllt.

Anhang B: Optimale Angebotspolitik bei variablem Kreditbetrag

B.1 Kreditangebot auf dem Monopolmarkt unter vollkommener Informationsverteilung

Für die Maximierung des Bankgewinns für jeden Kreditnehmer unter den Nebenbedingungen (2.22) und (2.23) schreibt sich die Lagrange-Funktion als:

$$\begin{aligned} LG &= \Pi_i[p_i L_i(1+r_i)_i + (1-p_i)kC_i - L_i(1+d)] + \\ &\quad \lambda_1\{\Pi_i[p_i[\theta_i(L_i) - L_i(1+r_i)] - (1-p_i)C_i - E(1+d)]\} + \lambda_2(C_i - W). \end{aligned}$$

Die Kuhn-Tucker-Bedingungen für diese Maximierung lauten dann:

$$\frac{\partial LG}{\partial r_i} = \Pi_i p_i L_i(1-\lambda_1) \le 0 \tag{B.1}$$

$$\frac{\partial LG}{\partial C_i} = \Pi_i(1-p_i)(k-\lambda_1) + \lambda_2 \le 0 \tag{B.2}$$

$$\frac{\partial LG}{\partial L_i} = \Pi_i[p_i(1+r_i)(1-\lambda_1) + (\lambda_1 p_i \theta_i' - (1+d)] \le 0 \tag{B.3}$$

$$\frac{\partial LG}{\partial \lambda_1} = \Pi_i\{p_i[\theta_i(L_i) - L_i(1+r_i)] - (1-p_i)C_i - E(1+d)\} \ge 0 \tag{B.4}$$

$$\frac{\partial LG}{\partial \lambda_2} = C_i - W \le 0 \tag{B.5}$$

$$\begin{aligned} \frac{\partial LG}{\partial \Pi_i} &= p_i L_i(1+r_i) + (1-p_i)kC_i - L_i(1+d)] + \\ &\quad \lambda_1\{p_i[\theta_i(L_i) - L_i(1+r_i)] - (1-p_i)C_i - E(1+d)\} \le 0 \end{aligned} \tag{B.6}$$

$$r_i \frac{\partial LG}{\partial r_i} = 0 \tag{B.7}$$

$$C_i \frac{\partial LG}{\partial C_i} = 0 \tag{B.8}$$

$$L_i \frac{\partial LG}{\partial L_i} = 0 \tag{B.9}$$

$$\lambda_1 \frac{\partial LG}{\partial \lambda_1} = 0 \tag{B.10}$$

$$\lambda_2 \frac{\partial LG}{\partial \lambda_2} = 0 \tag{B.11}$$

$$\Pi_i \frac{\partial LG}{\partial \Pi_i} = 0 \tag{B.12}$$

$$\lambda_1, \lambda_2 \ge 0. \tag{B.13}$$

Für jedes Angebot mit $C_i \le W$ sind für $\lambda_2 = 0$ die Bedingungen (B.5) und (B.11) erfüllt. Ferner sind für $\Pi_i = 1$ und $r_i > 0$ die Bedingungen (B.1) und (B.7) für $\lambda_1 = 1$ erfüllt. Damit ist (B.2) als strikte Ungleichung erfüllt, was für Gleichung (B.8) $C_i^{m^*} = 0$ impliziert.
Die Gleichungen (B.6) und (B.12) sind für $C_i^{m^*} = 0$, $p_i\theta_i(L_i) - (E + L_i)(1+d) < 0$ und $\Pi_i^{m^*} = 0$ erfüllt. Damit gilt für $p_i\theta_i(L_i) - (E + L_i)(1+d) \ge 0$, daß $\Pi_i^{m^*} = 1$. Für $\lambda_1 = 1$, $C_i^{m^*} =$

0, $\Pi_1^{m^*} = 1$ folgt aus Bedingung (B.3) $p_i\theta_i'(L_i^{m^*}) = (1+d)$ und aus (B.4) $r_i^{m^*} = \frac{\theta_i}{L_i^{m^*}} - \frac{E(1+d)}{p_i L_i^{m^*}} - 1$.

B.2 Kreditangebot auf dem Wettbewerbsmarkt unter vollkommener Informationsverteilung

Für die Maximierung von (2.22) unter Beachtung der Nullgewinnbedingung (2.26) und der Nebenbedingung (2.23) schreibt sich die Lagrange-Funktion nach Einsetzen von (2.26) in (2.22) als:

$$LG = \Pi_i[p_i\theta_i(L_i) - (1-p_i)C_i(1-k) - (E+L_i)(1+d)] + \lambda(C_i - W)$$

Die Kuhn-Tucker-Maximierungsbedingungen lauten dann

$$\frac{\partial LG}{\partial C_i} = -\Pi_i(1-p_i)(1-k) + \lambda \leq 0 \quad \text{(B.14)}$$

$$\frac{\partial LG}{\partial L_i} = \Pi_i[p_i\theta_i'(L_i) - (1+d)] \leq 0 \quad \text{(B.15)}$$

$$\frac{\partial LG}{\partial \lambda} = C_i - W \leq 0 \quad \text{(B.16)}$$

$$\frac{\partial LG}{\partial \Pi_i} = p_i\theta_i(L_i) - (1-p_i)C_i(1-k) - (E+L_i)(1+d) \leq 0 \quad \text{(B.17)}$$

$$C_i\frac{\partial LG}{\partial C_i} = 0 \quad \text{(B.18)}$$

$$L_i\frac{\partial LG}{\partial L_i} = 0 \quad \text{(B.19)}$$

$$\lambda\frac{\partial LG}{\partial \lambda} = 0 \quad \text{(B.20)}$$

$$\Pi_i\frac{\partial LG}{\partial \Pi_i} = 0 \quad \text{(B.21)}$$

$$\lambda \geq 0. \quad \text{(B.22)}$$

Für jedes Angebot ($\Pi_i = 1$) mit $C_i \leq W$ und $\lambda = 0$ sind die Bedingungen (B.16) und (B.20) erfüllt. Ferner ist die Bedingung (B.14) als strikte Ungleichung erfüllt. Dies impliziert $C_i^{c^*} = 0$. Die Gleichungen (B.17) und (B.21) sind damit für $p_i\theta_i - (E+L_i)(1+d) < 0$ und $\Pi_i^{c^*} = 0$ erfüllt bzw. für $p_i\theta_i - (E+L_i)(1+d) \geq 0$, $\Pi_i^{c^*} = 1$. Aus (B.15) leitet sich dann $p_i\theta_i'(L_i^{c^*}) = (1+d)$ ab. Aus der Nullgewinnbedingung ergibt sich schließlich $r_i^{c^*} = \frac{(1+d)}{p_i} - 1 = \theta_i' - 1$.

B.3 Kreditangebot auf dem Monopolmarkt bei asymmetrischer Information

Bei der Maximierung von (2.21) unter den Nebenbedingungen (2.22)–(2.25) wird die Nebenbedingung (2.24) als nicht bindend angenommen und ihr Lagrange-Multiplikator gleich Null gesetzt. Die Annahme wird dann für die so ermittelte Lösung anschließend überprüft. Die Lagrange-Funktion schreibt sich in diesem Fall als:

$$LG = q\Pi_1[p_1L_1(1+r_1) + (1-p_1)kC_1 - L_1(1+d)] +$$

$$
\begin{aligned}
&(1-q)\Pi_2[p_2L_2(1+r_2)+(1-p_2)kC_2-L_2(1+d)]\\
&+\lambda_1[\Pi_2\{p_2[\theta_2(L_2)-L_2(1+r_2)]-(1-p_2)C_2-E(1+d)\}-\\
&\quad \Pi_1\{p_2[\theta_2(L_1)-L_1(1+r_1)]-(1-p_2)C_1]-E(1+d)\}]+\\
&\lambda_2\,[\Pi_1\{p_1[\theta_1(L_1)-L_1(1+r_1)]-(1-p_1)C_1-E(1+d)\}]+\\
&\lambda_3\,[\Pi_2\{p_2[\theta_2(L_2)-L_2(1+r_2)]-(1-p_2)C_2-E(1+d)\}].
\end{aligned}
$$

Die Kuhn-Tucker-Bedingungen lauten dann:

$$\frac{\partial LG}{\partial r_1} = \Pi_1L_1(qp_1+\lambda_1p_2-\lambda_2p_1)\leq 0 \tag{B.23}$$

$$\frac{\partial LG}{\partial r_2} = \Pi_2p_2L_2[(1-q)-(\lambda_1+\lambda_3)]\leq 0 \tag{B.24}$$

$$\frac{\partial LG}{\partial C_2} = \Pi_2(1-p_2)[(1-q)k-(\lambda_1+\lambda_3)]\leq 0 \tag{B.25}$$

$$\frac{\partial LG}{\partial C_1} = \Pi_1[q(1-p_1)k+\lambda_1(1-p_2)-\lambda_2(1-p_1)]\leq 0 \tag{B.26}$$

$$
\begin{aligned}
\frac{\partial LG}{\partial \lambda_1} = {} & \Pi_2\{p_2[\theta_2(L_2)-L_2(1+r_2)]-(1-p_2)C_2]-E(1+d)\}-\\
& \Pi_1\{p_2[\theta_2(L_1)-L_1(1+r_1)]-(1-p_2)C_1]-E(1+d)\}\geq 0
\end{aligned}
\tag{B.27}
$$

$$\frac{\partial LG}{\partial \lambda_2} = \Pi_1\{p_1[\theta_1(L_1)-L_1(1+r_1)]-(1-p_1)C_1-E(1+d)\}\geq 0 \tag{B.28}$$

$$\frac{\partial LG}{\partial \lambda_3} = \Pi_2\{p_2[\theta_2(L_2)-L_2(1+r_2)]-(1-p_2)C_2-E(1+d)\}\geq 0 \tag{B.29}$$

$$
\begin{aligned}
\frac{\partial LG}{\partial \Pi_2} = {} & (1-q)[p_2L_2(1+r_2)+(1-p_2)kC_2-L_2(1+d)]+\\
& (\lambda_1+\lambda_3)\{p_2[\theta_2(L_2)-L_2(1+r_2)]-(1-p_2)C_2-E(1+d)\}\leq 0
\end{aligned}
\tag{B.30}
$$

$$
\begin{aligned}
\frac{\partial LG}{\partial \Pi_1} = {} & q[p_1L_1(1+r_1)+(1-p_1)kC_1-L_1(1+d)]-\\
& \lambda_1\{p_2[\theta_2(L_1)-L_1(1+r_1)]-(1-p_2)C_1-E(1+d)\}+\\
& \lambda_2\{p_1(\theta_1(L_1)-L_1(1+r_1)]-(1-p_1)C_1-E(1+d)\}\leq 0
\end{aligned}
\tag{B.31}
$$

$$
\begin{aligned}
\frac{\partial LG}{\partial L_2} = {} & \Pi_2\{(1-q)[p_2(1+r_2)-(1+d)]+\\
& (\lambda_1+\lambda_3)(p_2[\theta_2'(L_2)-(1+r_2)])\}\leq 0
\end{aligned}
\tag{B.32}
$$

$$
\begin{aligned}
\frac{\partial LG}{\partial L_1} = {} & \Pi_1\{q[p_1(1+r_1)-(1+d)]-\lambda_1p_2[\theta_2'(L_1)-(1+r_1)]\\
& +\lambda_2p_1[\theta_1'(L_1)-(1+r_1)]\}\leq 0
\end{aligned}
\tag{B.33}
$$

$$r_1\frac{\partial LG}{\partial r_1} = 0 \tag{B.34}$$

$$r_2\frac{\partial LG}{\partial r_2} = 0 \tag{B.35}$$

$$C_2 \frac{\partial LG}{\partial C_2} = 0 \tag{B.36}$$
$$C_1 \frac{\partial LG}{\partial C_1} = 0 \tag{B.37}$$
$$\lambda_1 \frac{\partial LG}{\partial \lambda_1} = 0 \tag{B.38}$$
$$\lambda_2 \frac{\partial LG}{\partial \lambda_2} = 0 \tag{B.39}$$
$$\lambda_3 \frac{\partial LG}{\partial \lambda_3} = 0 \tag{B.40}$$
$$\Pi_2 \frac{\partial LG}{\partial \Pi_2} = 0 \tag{B.41}$$
$$\Pi_1 \frac{\partial LG}{\partial \Pi_1} = 0 \tag{B.42}$$
$$L_2 \frac{\partial LG}{\partial L_2} = 0 \tag{B.43}$$
$$L_1 \frac{\partial LG}{\partial L_1} = 0 \tag{B.44}$$
$$\lambda_1, \lambda_2, \lambda_3 \geq 0. \tag{B.45}$$

Für jedes Angebot mit $r_2 > 0$ gilt dann aus den Bedingungen (B.24) und (B.35) $\lambda_1 + \lambda_3 = (1-q)$. Damit gilt Bedingung (B.25) als strikte Ungleichung, was für Bedingung (B.36) $\widehat{C_2}^{m^*} = 0$ impliziert. Aus den Bedingungen (B.32) und (B.43) folgt für jedes $L_2 > 0$, daß $p_2\theta_2'(\widehat{L_2}^{m^*}) = (1+d)$.
Ferner ist Bedingung (B.30) für $p_2\theta_2(L_2) - (E + L_2)(1+d) < 0$ als strikte Ungleichung erfüllt, was $\widehat{\Pi_2}^{m^*} = 0$ in (B.41) impliziert.

Aus (B.23) und (B.34) folgt für jedes $r_1 > 0$, daß

$$\lambda_2 - \frac{p_2}{p_1}\lambda_1 = q. \tag{B.46}$$

Andererseits gilt in (B.26) für $\frac{\partial LG}{\partial C_1} = 0$, daß

$$\lambda_2 - \frac{\lambda_1(1-p_2)}{1-p_1} = qk. \tag{B.47}$$

Aus (B.46) und (B.47) ergeben sich dann $\lambda_1 = \frac{q(1-k)(1-p_1)p_1}{p_1-p_2} > 0$ und
$\lambda_2 = q[1 + \frac{p_2(1-k)(1-p_1)}{p_1-p_2}] > 0$.
Damit ist (B.37) für $\widehat{C_1}^{m^*} > 0$ nicht verletzt. Aus (B.28) folgt dann für $\lambda_2 > 0$, daß

$$\widehat{r_1}^{m^*} = \frac{\theta_1(\widehat{L_1}^{m^*})}{\widehat{L_1}^{m^*}} - \frac{(1-p_1)\widehat{C_1}^{m^*} + E(1+d)}{p_1\widehat{L_1}^{m^*}} - 1. \tag{B.48}$$

Da $\lambda_3 = (1-q) - \lambda_1 \neq 0$, ergibt sich für (B.29), daß $\widehat{r_2}^{m^*} = \frac{\theta_2(\widehat{L_2}^{m^*})}{\widehat{L_2}^{m^*}} - \frac{E(1+d)}{p_2\widehat{L_2}^{m^*}} - 1$.

Für $\lambda_1 \neq 0$ ergibt sich dann auch aus (B.27)

$$\widehat{r_1}^{m^*} = \frac{\theta_2(\widehat{L_1}^{m^*})}{\widehat{L_1}^{m^*}} - \frac{(1-p_2)\widehat{C_1}^{m^*} + E(1+d)}{p_2\widehat{L_1}^{m^*}} - 1. \tag{B.49}$$

Aus den Gleichungen (B.48) und (B.49) folgt, daß

$$\widehat{C_1}^{m^*} = \frac{p_1 p_2[\theta_2(\widehat{L_1}^{m^*}) - \theta_1(\widehat{L_1}^{m^*})]}{p_1 - p_2} - E(1+d),$$

oder nach Berücksichtigung von $\theta_2(L_1) = \frac{p_1\theta_1(L_1)}{p_2}$, daß

$$\widehat{C_1}^{m^*} = p_1\theta_1(\widehat{L_1}^{m^*}) - E(1+d).$$

Aus (B.31) und (B.42) folgt schließlich für jedes $p_1\theta_1(L_1) - C_1(1-p_1)(1-k) - (E+L_1)(1+d) < 0$, daß $\widehat{\Pi_1}^{m^*} = 0$.

Bedingung (B.33) schreibt sich nach Einsetzen von λ_2 als $q[p_1\theta_1'(\widehat{L_1}^{m^*}) - (1+d)] - \lambda_1 p_2[\theta_2'(\widehat{L_1}^{m^*}) - \theta_1'(\widehat{L_1}^{m^*})] \leq 0$. Für $L_1 > 0$ muß dieser Ausdruck Null sein, um gleichzeitig die Bedingung (B.44) zu erfüllen. Da der zweite Term dieses Ausdrucks negativ ist, folgt dann $p_1\theta_1'(\widehat{L_1}^{m^*}) - (1+d) > 0$.

Zu überprüfen ist noch die nicht als bindend angenommene Nebenbedingung (2.24). Für sie muß dann für die abgeleitete Lösung gelten:
$0 > \widehat{\Pi_2}^{m^*}\{p_1[\theta_1(\widehat{L_2}^{m^*}) - \widehat{L_2}^{m^*}(1+\widehat{r_2})^{m^*}] - E(1+d)\}$.
Da $p_2\widehat{L_2}^{m^*}(1+\widehat{r_2}^{m^*}) = p_2\theta_2(\widehat{L_2}^{m^*}) - E(1+d) = p_1\theta_1(\widehat{L_2}^{m^*}) - E(1+d)$, läßt sich die Nebenbedingung nach Einsetzen von $p_1\theta_1(\widehat{L_2}^{m^*})$ als $\widehat{L_2}^{m^*}(1+\widehat{r_2}^{m^*})(p_2 - p_1) < 0$ schreiben.

B.4 Kreditangebot auf dem Wettbewerbsmarkt bei asymmetrischer Informationsverteilung

Für die Maximierung des Gewinnerwartungswertes der Kreditnehmer unter den Nebenbedingungen (2.23)–(2.26) wird die Restriktion (2.24) als nicht bindend betrachtet und nach der Lösungsableitung die Gültigkeit dieser Annahme überprüft. Die Lagrange-Funktion schreibt sich nach Einsetzen der Nullgewinnbedingung in (2.22) als

$$\begin{aligned} LG = {} & q\Pi_1[p_1\theta_1(L_1) - (1-p_1)(1-k)C_1 - (E+L_1)(1+d)] + \\ & (1-q)\Pi_2[p_2\theta_2(L_2) + (1-p_2)(1-k)C_2 - (E+L_2)(1+d)] \\ & + \lambda\{\Pi_2[p_2\theta_2(L_2) - (1-p_2)(1-k)C_2 - (E+L_2)(1+d)] - \\ & \quad \Pi_1\{p_2\theta_2(L_1) - \frac{p_2}{p_1}[L_1(1+d) - (1-p_1)kC_1] - (1-p_2)C_1 - E(1+d)\}\}. \end{aligned}$$

Die Kuhn-Tucker-Bedingungen lauten dann:

$$\frac{\partial LG}{\partial C_1} = -q\Pi_1(1-p_1)(1-k) - \lambda\Pi_1[\frac{p_2}{p_1}(1-p_1)k - (1-p_2)] \leq 0 \quad \text{(B.50)}$$

$$\frac{\partial LG}{\partial C_2} = -\Pi_2(1-p_2)(1-k)[(1-q)+\lambda] \leq 0 \quad \text{(B.51)}$$

$$\frac{\partial LG}{\partial \lambda} = \Pi_2[p_2\theta_2(L_2) - (1-p_2)(1-k)C_2 - (E+L_2)(1+d)] \geq \Pi_1\{p_2\theta_2(L_1) - \frac{p_2}{p_1}[L_1(1+d) - (1-p_1)kC_1] - (1-p_2)C_1 - E(1+d)\}\} \quad \text{(B.52)}$$

$$\frac{\partial LG}{\partial \Pi_2} = [(1-q)+\lambda][p_2\theta_2(L_2) - (1-p_2)(1-k)C_2 - (E+L_2)(1+d)] \leq 0 \quad \text{(B.53)}$$

$$\frac{\partial LG}{\partial \Pi_1} = q[p_1\theta_1(L_1) - (1-p_1)(1-k)C_1 - (E+L_1)(1+d)] - \lambda\{p_2\theta_2(L_1) - \frac{p_2}{p_1}[L_1(1+d) - (1-p_1)kC_1] - (1-p_2)C_1 - E(1+d)\}\} \quad \text{(B.54)}$$

$$\frac{\partial LG}{\partial L_2} = [(1-q)+\lambda][p_2\theta_2'(L_2) - (1+d)] \quad \text{(B.55)}$$

$$\frac{\partial LG}{\partial L_1} = q[p_1\theta_1'(L_1) - (1+d)] - \lambda[p_2\theta_2'(L_1) - \frac{p_2}{p_1}(1+d)] \quad \text{(B.56)}$$

$$C_1\frac{\partial LG}{\partial C_1} = 0 \quad \text{(B.57)}$$

$$C_2\frac{\partial LG}{\partial C_2} = 0 \quad \text{(B.58)}$$

$$\lambda\frac{\partial LG}{\partial \lambda} = 0 \quad \text{(B.59)}$$

$$\Pi_2\frac{\partial LG}{\partial \Pi_2} = 0 \quad \text{(B.60)}$$

$$\Pi_1\frac{\partial LG}{\partial \Pi_1} = 0 \quad \text{(B.61)}$$

$$L_1\frac{\partial LG}{\partial L_1} = 0 \quad \text{(B.62)}$$

$$L_2\frac{\partial LG}{\partial L_2} = 0 \quad \text{(B.63)}$$

$$\lambda \geq 0. \quad \text{(B.64)}$$

Aus (B.50) folgt, daß $\lambda = \frac{qp_1(1-k)(1-p_1)}{p_1(1-p_2)-(p_2(1-p_1)k} > 0$. Bedingung (B.51) ist dann als strikte Ungleichung erfüllt und damit aus (B.58) $\widehat{C_2}^{c^*} = 0$. Für $p_2\theta_2(L_2) - (E+L_2)(1+d) < 0$ folgt für diesen Wert von λ, daß die Bedingung (B.53) nicht bindend ist und damit aus (B.60) $\Pi_2 = 0$ bzw. für jedes $p_2\theta_2(L_2) - (E+L)(1+d) \geq 0$ gilt $\widehat{\Pi_2}^{c^*} = 1$.

Aus Bedingungen (B.55) und (B.63) folgt ferner für jedes $L_2 > 0$, daß $\theta_2'(\widehat{L_2}^{c^*}) = \frac{1+d}{p_2}$. Aus der Nullgewinnbedingung folgt $\widehat{r_2}^{c^*} = \frac{1+d}{p_2} - 1 = \theta_2'(\widehat{L_2}^{c^*}) - 1$.

Bedingung (B.54) schreibt sich nach Einsetzen von λ und Berücksichtigung der mean-preserving-spread-Bedingung analog zu den obigen Umformungen bei fixem Kreditbetrag als

$$[q - \frac{qp_1(1-k)(1-p_1)}{p_1(1-p_2)-(p_2(1-p_1)k}][p_1\theta(L_1) - (E+L_1)(1+d)]+ \\ L_1(1+d)[\frac{qp_1(1-k)(1-p_1)}{p_1(1-p_2)-(p_2(1-p_1)k}][\frac{p_1-p_2}{p_1}].$$

Für $p_1\theta(\widehat{L_1}^{c^*}) - (E+\widehat{L_1}^{c^*})(1+d) \geq 0$ ist der Ausdruck eindeutig positiv, da $\frac{qp_1(1-k)(1-p_1)}{p_1(1-p_2)-(p_2(1-p_1)k} < q$ und $p_2 < p_1$. Dies impliziert $\widehat{\Pi_1}^{c^*} = 1$.

Für $\lambda > 0$, $\widehat{C_2}^{c^*} = 0$, $\widehat{\Pi_1}^{c^*} = \widehat{\Pi_2}^{c^*} = 1$ folgt aus (B.52) und (B.59)

$$\widehat{C_1}^{c^*} = \frac{p_2[p_1\theta_2(\widehat{L_1}^{c^*}) - \widehat{L_1}^{c^*}(1+d)] - p_1[p_2\theta_2(\widehat{L_2}^{c^*}) - \widehat{L_2}^{c^*}(1+d)]}{p_1(1-p_2) - p_2(1-p_1)k}. \tag{B.65}$$

Aus der Nullgewinnbedingung folgt $\widehat{r_1}^{c^*} = \frac{1+d}{p_1} - \frac{(1-p_1)k\widehat{C_1}^{c^*}}{p_1\widehat{L_1}^{c^*}} - 1$.
Da $p_1p_2\theta_2'(\widehat{L_1}^{c^*}) - p_2(1+d) > 0$ ist[17], folgt aus Bedingung (B.56) und (B.62) für jedes $L_1 > 0$, daß $p_1\theta_1'(\widehat{L_1}^{c^*}) - (1+d) > 0$ oder nach Berücksichtigung der Nullgewinnbedingung $p_1\theta_1'(\widehat{L_1}^{c^*}) > p_1(1+r_1) + \frac{(1-p_1)kC_1}{\widehat{L_1}^{c^*}}$. Daraus folgt $p_1\theta_1'(\widehat{L_1}^{c^*}) > p_1(1+r_1)$.

Zu überprüfen ist noch, ob für diese Lösung die als nicht bindend angenommene Anreizbedingung (2.24)

$$p_1[\theta_1(\widehat{L_1}^{c^*}) - L_1(1+\widehat{r_1}^{c^*})] - (1-p_1)\widehat{C_1}^{c^*} > p_1[\theta_1(\widehat{L_2}^{c^*}) - \widehat{L_2}^{c^*}(1+\widehat{r_2}^{c^*})] \tag{B.66}$$

gilt.

Diese Bedingung läßt sich völlig analog zu den Ausführungen beim fixen Kreditbetrag schreiben als $(p_1-p_2)[\widehat{L_2}^{c^*}(1+\widehat{r_2}^{c^*}) - \widehat{L_1}^{c^*}(1+\widehat{r_1}^{c^*}) + \widehat{C_1}^{c^*}] > 0$. Da $p_1 > p_2$, ist diese Bedingung für die abgeleiteten Werte mit $\widehat{L_2}^{c^*} < \widehat{L_1}^{c^*}$ und $\widehat{r_2}^{c^*} > \widehat{r_1}^{c^*}$ erfüllt.

[17] Wenn der Kreditgeber die Kreditsicherheiten bei den Kreditnehmern vom Typ 1 als Sortierinstrument einsetzt, dann gilt: $\frac{\partial \widehat{C_1}^{c^*}}{\partial L_1} > 0$. Dies leitet sich unmittelbar aus den Grenzraten der Substitutionen (2.29) und (2.30) ab. Die Ableitung nach L_1 in (B.65) $\frac{\partial \widehat{C_1}^{c^*}}{\partial L_1}$ erfordert damit $p_1p_2\theta_2'(L_1) - p_2(1+d) > 0$.

Teil II

Empirie der Kreditrationierung

3 Schätz- und Testansätze für die Theorie der Kreditrationierung und ihre Relevanz für die Entwicklungsländer

3.1 Vorbemerkungen

Im vorhergehenden Teil wurden theoretische Modelle dargestellt, die die Rationierung der Investitionskredite bei symmetrischer und asymmetrischer Informationsverteilung erklären. In diesem Teil soll nach einer Bestandsaufnahme der Schätzmethoden die empirische Gültigkeit der Rationierungshypothese für die Entwicklungsländer anhand des Fallbeispiels Marokko analysiert werden.

Kreditrationierung als überschüssige Differenz zwischen Kreditnachfrage und -angebot ist nicht direkt beobachtbar, da weder Nachfrage noch Angebot ausgemacht werden können. Die empirische Umsetzung der Theorie der Kreditrationierung bedarf daher der Formulierung von Modellen mit latenten Variablen, die in der Lage sind, Angebot und Nachfrage mit den in der Theorie betrachteten Variablen abzubilden und sie aus den beobachteten gehandelten Krediten entsprechend zu schätzen.
Für die empirische Überprüfung der Rationierung ist es aber als zweite Alternative auch möglich, auf diese Umsetzung von Modellen zu verzichten und einzelne Hypothesen zu überprüfen, die sich aus der Theorie ableiten lassen:

1. Die Starrheit der Kreditzinsen bezüglich der Finanzierungskosten der Bank und der Depositen im Gleichgewicht bzw. eine träge Anpassung der Kreditzinsen an das neue Gleichgewicht, die für eine dynamische Kreditrationierung verantwortlich ist.

2. Die schnelle Anpassung der Zinsen für gesicherte Kredite. Wie gezeigt, räumt die Stellung von Sicherheiten die Möglichkeit einer Rationierung aus, so daß für gesicherte Kredite keine Starrheiten zu erwarten sind.

3. Die Relevanz der Kreditrationierung bei unterschiedlichen Kreditnehmerpools. In Abschnitt 2.2 wurde argumentiert, daß Kreditrationierung bei zunehmender Anzahl von Pools entgegen der Riley-These nicht nur für eine marginale Risikoklasse relevant bleibt. Gemäß dieser Hypothese ist die Zinsstarrheit für die marginale Gruppe — d. h. für diejenigen mit den höchsten Risikoprämien und damit höchsten Zinsen — nicht unbedingt stärker ausgeprägt als für die übrigen Gruppen.

4. Die fehlende Zinsstarrheit bei Kreditnehmern, deren Kreditverträge weitere Kreditzusagen (sog. "commitment loans" wie roll-over-Kredite, back-up-Linien) vorsehen. Die Zinsstarrheit ist bei diesen Krediten nicht so stark ausgeprägt wie bei den übrigen Krediten, da sie von der Rationierung nicht betroffen sind (vgl. Berger/Udell, 1992, S. 1064).

Seit Anfang der sechziger Jahre sind verschiedene statistische Ansätze entwickelt und angewandt worden, die das Vorliegen oder auch das Ausmaß der Kreditrationierung zu bestimmen versuchen und sich einer dieser beiden Vorgehensweisen zuordnen lassen[1]. Während für die ökonometrische Umsetzung der Theorie anhand eines ökonometrischen Rationierungsmodells aggregierte Querschnitts- oder Zeitreihendaten benötigt werden, setzt die Überprüfung der aufgeführten Hypothesen quantitative Paneldaten voraus, die einen detaillierten Aufschluß über die einzelnen Vertragsvereinbarungen einzelner Kredite geben können. Solche Daten liegen i. d. R. nicht vor, so daß sich die empirische Überprüfung auf einzelne Hypothesen beschränkt. Mit Ausnahme der Studie von Berger/Udell (1992), in der neben der allgemeinen Zinsstarrheit auch Zinsstarrheiten für unterschiedliche Kreditverträge (gesicherte–ungesicherte Kredite, commitment–noncommitment, hohe–niedrige Zinsen) und damit alle diese Hypothesen überprüft werden, verwenden alle Studien aggregierte Daten. Bei der ökonometrischen Schätzung werden Modelle der linearen Regression, Logit- bzw. Probitmodelle, Rationierungs-, Kointegrations- und vektorautoregressive Modelle verwendet.

Die ersten empirischen Analysen der sechziger Jahre zur Kreditrationierung verwenden Querschnittsdaten und bedienen sich der linearen Regression als Schätzmethode. Untersuchungsgegenstand der Arbeiten von Bach/Huizenga (1961a) und Silber/Polakoff (1970) ist die sog. diskriminierende Angebotspolitik der Banken gegenüber Klein- und Großunternehmen. Hierin wird das Angebotsverhalten gegenüber der Größe nach klassifizierten Kreditnehmergruppen in verschiedenen Regimen der Geldpolitik analysiert. Eine Diskriminierung liegt dann vor, wenn die Effekte einer restriktiven Geldpolitik, wie sie aus einem Vergleich des Angebotsverhaltens der Banken hervorgehen, eine bestimmte Gruppe betreffen. Diese Diskriminierung wird dann als Rationierung gedeutet.

In Hester (1967) werden zum ersten Mal Hypothesen, wie sie sich aus der Theorie ableiten lassen, anhand von Querschnittsdaten überprüft. Seine Vorgehensweise besteht darin, für zwei Perioden unterschiedlicher Refinanzierungs- bzw. Opportunitätskosten lineare Regressionsfunktionen für die Kreditvariablen Zins, Kreditbetrag, Laufzeit und Sicherheiten in Abhängigkeit von den Einlagen der Banken und der Aktiva der Nachfrager aufzustellen und Veränderungen in den

[1] In dieser Arbeit werden Ansätze betrachtet, die auf eine direkte Überprüfung der dargestellten Theorie bzw. der Hypothesen aus dieser Theorie abzielen. Daneben sind auch Ansätze entwickelt worden, die über die Analyse des Investitionsverhaltens von Unternehmen indirekt auf Kreditrationierung schließen. Die Vorgehensweise besteht darin, die Investitionsfunktion der Unternehmen in Abhängigkeit von der Vorteilhaftigkeit der Investition und der eigenen Finanzmittel zu formulieren und die Koeffizienten — oft für einzelne nach Größen klassifizierte Unternehmensgruppen — entsprechend zu schätzen. Dabei wird die Vorteilhaftigkeit nach der Tobinschen q, nach der Akzelerator- oder der neoklassischen Theorie der Nachfrage modelliert. Im Falle einer Kreditrationierung ist entgegen der Modigliani-Miller-These von der Irrelevanz finanzieller Faktoren wie Dividendenzahlungen, Kapitalstruktur, cash flow usw. ein hoher Einfluß der Eigenmittel auf die Investitionsentscheidung zu erwarten, da die Kreditrationierung eine Verteuerung der Finanzierungskosten mit sich bringt. Je höher dieser Einfluß für eine bestimmte Unternehmensklasse ist, desto höher ist die Finanzrestriktion, der sie ausgesetzt ist. Fazzari et al. (1988), Whited (1992) schätzen die Effekte der eigenen Finanzmittel für das Investitionsverhalten für die USA; Devereux/Schiantarelli (1990) für Großbritannien, Hoshi et al. (1991) für Japan, Schaller (1993) für Kanada und Elston/Albach (1995) für die BRD. Ein Überblick findet sich in Barran (1994, S. 9ff.).
Für die Entwicklungsländer sind für Kolumbien die Arbeiten von Tybout (1983, 1984), für Pakistan die Arbeit von Nabi (1989), für Brasilien, Kolumbien, Indien, Korea und die Türkei die Arbeit von Dailami/Giugale (1991), für Indonesien die Arbeit von Harris et al. (1994), für Ecuador die Arbeit von Jaramillo et al. (1996) erschienen. Alle diese Arbeiten schätzen einen signifikanten Effekt der Liquiditätsvariablen auf die Investition und schließen auf Kreditrationierung.

geschätzten Koeffizienten zu analysieren. Positive Veränderungen bei den Einlagenkoeffizienten in der Zinsfunktion und insignifikante Veränderungen dieser Koeffizienten in der Funktion für Kreditbetrag, Laufzeit und Kreditsicherheit deuten auf eine Anpassung der Zinsen an die steigenden Finanzierungskosten und auf eine Verwerfung der Rationierungshypothese hin.

Eine andere Möglichkeit, aus der Theorie der Kreditrationierung abgeleitete Hypothesen zu testen, bieten Daten, die aus Befragungen von Unternehmen und/oder Banken stammen und i. d. R. qualitativer Natur sind. In dem US-amerikanischen *Quarterly Survey of Change in Bank Lending Practices* beispielsweise sollen Banken ihre aktuelle Kreditvergabepolitik (u. a. nach Zinsen, Kreditsicherheit, Bonitätskennziffern) im Vergleich zur Vorperiode nach den Kategorien "leichter" oder "strenger" kennzeichnen. In den ersten empirischen Arbeiten zur Kreditrationierung werden diese Daten mittels der deskriptiven Statistik aufgearbeitet. Harris (1974a, 1974b) nimmt die Differenz zwischen den Antworten, die eine straffere Politik und denen, die eine lockerere Politik für die Kreditvariablen Zins, Sicherheiten und Bonitätskriterium angeben, als Kennziffern für die Kreditrationierung. Eine positive Zahl zeigt eine straffere Politik, die als Rationierung gedeutet wird. Relative Veränderungen anhand von durchschnittlichen Abweichungen von Null und die Korrelationskoeffizienten zwischen diesen Kennziffern geben Aufschluß über die Bedeutung der einzelnen Variablen für die Rationierung und ihre Persistenz. Qualitative Daten lassen sich, wenn die Quantifizierung der Abhängigkeitsbeziehung im Vordergrund steht, auch mit Hilfe mikroökonometrischer Schätzmethoden aufarbeiten und analysieren. Liegen Daten über die Kreditvergabe bzw. den Krediterhalt in Form einer binären Variablen vor und will man deren Abhängigkeit von einem Vektor exogener Variablen quantifizieren, können Probit- bzw. Logitschätzungen vorgenommen werden. Solch eine Vorgehensweise wurde von Winker (1996) gewählt, um die Rationierung der Investitionskredite in der BRD zu untersuchen. Hierbei wurde mit Daten aus Unternehmensbefragungen die Abhängigkeit der binären Variablen "fehlendes Kapital" von der Firmengröße, dem Auslastungsgrad sowie von der gegenwärtigen und zukünftigen Geschäftslage geschätzt. Die endogene Variable nimmt die Ausprägungen 0 oder 1 an, je nachdem, ob die Firmen diese Variable für Investitionen als relevant betrachten oder nicht. Die Variablen "aktuelle Geschäftslage" (mit den Ausprägungen 1 für gut, 2 für befriedigend und 3 für schlecht) und "zukünftige Geschäftslage" (mit den Ausprägungen 1 für günstiger, 2 für gleichbleibend und 3 für schlechter) sollen das Kreditrisiko erfassen und ihre Koeffizienten Kreditrationierung anzeigen. Eine schlechte Einschätzung der gegenwärtigen Geschäftslage bzw. eine nur vom Unternehmen und nicht von der Bank erwartete Verbesserung der zukünftigen Geschäftslage erhöhen die Wahrscheinlichkeit des Auftretens einer Finanzrestriktion, die sich in dem signifikanten, mit einem positiven Vorzeichen versehenen Koeffizienten zeigen soll.

Eine besondere Bedeutung für die empirische Analyse der Kreditrationierung haben die Zeitreihendaten. Die Wirtschaftsstatistiken der Zentralbanken stellen die wichtigste Datenquelle für empirische Analysen von Kreditmärkten dar und liegen überwiegend in Form von aggregierten Zeitreihen vor. Die einfachste Methode, eine Hypothese aus der Rationierungstheorie

anhand von Zeitreihen zu überprüfen, ist die Anwendung der linearen Regression. Dabei kann man — ähnlich wie bei Querschnittsdaten — Anpassungen des Kreditzinssatzes an die Finanzierungskosten der Banken schätzen. Eine träge Anpassung, so wie sie sich aus den geschätzten Parametern ablesen läßt, deutet auf Zinsstarrheit und damit auf die Existenz von Rationierung hin. Dieser Ansatz ist von Goldfeld (1966), Jaffee (1971) und Slovin/Sushka (1983) angewandt worden, um die Rationierungshypothese auf dem US-amerikanischen Kreditmarkt zu überprüfen; Fase (1995) wendet den Ansatz auf den niederländischen Kreditmarkt an.
Eine andere Vorgehensweise, mit der linearen Regression einen Test für die Rationierungshypothese durchzuführen, besteht darin, die unbeobachtete Rationierung durch eine Proxy-Variable abzubilden und ihre Abhängigkeit vom Zinssatz in einem linearen Modell zu untersuchen. Jaffee/Modigliani (1969) und Jaffee (1971) verwenden als Proxy-Variable den Anteil von Krediten an erstklassige Kreditnehmer und untersuchen ihre Abhängigkeit von einer Reihe exogener Variablen, u. a. den Kreditzins, um dynamische Rationierung aufzudecken. Ein negativer Koeffizient dieser Variablen deutet auf die Existenz von rationierten riskanten Nachfragern hin, da bei Rationierung jede Zinsvariation eine Verringerung des Anteils risikofreier Kredite zur Folge hat.

Eine zweite Möglichkeit, anhand von Zeitreihen die theoretisch analysierten Beziehungen zwischen Kreditzins und Finanzierungskosten der Bank zu überprüfen, besteht in der Anwendung von Vektorautoregressions- und Kointegrationsanalysen. Die seit den achtziger Jahren anhaltende Entwicklung in der Zeitreihenanalyse hat eine Vielzahl von Testverfahren hervorgebracht, derer sich auch die neueren Untersuchungen zum Kreditmarkt bedienen.
Die Kointegration stellt einen Ansatz dar, der die langfristige stabile Gleichgewichtsbeziehung zwischen Zeitreihen und die kurzfristige dynamische Anpassung an dieses Gleichgewicht (den " Fehlerkorrekturmechanismus") aufzudecken versucht. Durch die Analyse der Kointegrationsbeziehungen zwischen Kreditzins und Finanzierungskosten und Kreditmitteln der Banken kann festgestellt werden, ob im Gleichgewicht eine Abhängigkeit zwischen diesen Variablen besteht oder — wie von der Kreditrationierungstheorie vorausgesagt — nicht. Scholnick (1991) und Winker (1995, 1996) wenden respektive diesen Ansatz auf die Kreditmärkte von Malaysia und der BRD an.
Mittels vektorautoregressiver Modelle können langfristige Kausalitätsbeziehungen ohne eine a priori festgelegte Kausalitätsrichtung zwischen Zeitreihen analysiert werden. Konklusionen aus der Theorie, wie z. B. daß eine Veränderung der Bankmittel im Gleichgewicht eine Erhöhung der Kreditmenge, aber keine Auswirkungen auf den Kreditzins verursacht, bedeutet in einem vektorautoregressiven Modell, daß die Kreditmenge als endogene Variable von der exogenen Variablen Bankmittel signifikant, nicht aber vom Zins abhängt und daß zwischen Bankmittel und Kreditzins keine signifikante Abhängigkeit ausgemacht werden kann. Der Vektorautoregression-Ansatz wird von Sofianos et al. (1990) auf den USA-Kreditmarkt u. a. zur Analyse der Rationierungshypothese angewandt.

Die dritte Möglichkeit, die empirische Gültigkeit der Theorie der Kreditrationierung anhand

von Zeitreihen zu überprüfen, bieten die ökonometrischen "Ungleichgewichtsmodelle" oder — so wie sie in dieser Arbeit bezeichnet werden — Rationierungsmodelle an. Sie erlauben die Modellierung von Kreditmärkten auf der Grundlage der Theorie, und als einziger Ansatz ermöglichen sie eine Schätzung der strukturellen Parameter der Verhaltensgleichungen sowie eine Quantifizierung der Kreditrationierung. In den ökonometrischen Rationierungsmodellen wird versucht, mit Hilfe der Minimumregel, wonach die gehandelte Menge dem Minimum von Angebot und Nachfrage entspricht, aus den Beobachtungen der gehandelten Mengen die Parameter der zwei nicht beobachtbaren Teilzeiträume, auch Regime genannt, zu schätzen. Die grundlegenden Modelle bestehen lediglich aus den beiden Verhaltensgleichungen Angebot und Nachfrage sowie der Definitionsgleichung der Minimumregel und lassen sich durch das Maximumlikelihood-Verfahren, wie von Maddala/Nelson (1974) und Ginsburgh/Tishler/Zang (1980) aufgezeigt, schätzen. Neben der Quantifizierung der Kreditrationierung können die einzelnen Beobachtungen auch anhand von Wahrscheinlichkeiten einzelnen Regimen des Nachfrage- bzw. des Angebotsüberschusses zugeordnet werden.
Zieht man zu diesen Gleichungen eine vom Nachfrage- bzw. Angebotsüberhang abhängige Preisanpassungsgleichung hinzu, läßt sich die dynamische Kreditrationierung ermitteln. Die Rationierungshypothese kann anhand eines Tests der Nullhypothese bezüglich der Anpassungsparameter überprüft werden. Modelle dieser Art lassen sich sowohl mit dem Ansatz der linearen Regression für Mehrgleichungsmodelle als auch mit der Maximumlikelihood-Methode schätzen. Die entsprechenden Schätzer wurden von Fair/Jaffee (1972) und Amemiya (1974) abgeleitet.
Neben der im Kreditrisiko begründeten Rationierung kann in den Entwicklungsländern Rationierung durch einen zu niedrig festgesetzten Zins oder durch eine zu niedrig festgesetzte Zinsobergrenze bedingt sein. Modelle, die neben den Verhaltensgleichungen und der Minimumregel auch eine Zinsobergrenze berücksichtigen, lassen sich auch durch die Maximumlikelihood-Methode schätzen. Schätzer für Modelle mit kontrollierten Preisen wurden von Maddala (1983b), Chanda/Maddala (1983) und Gourieroux/Monfort (1983) abgeleitet.

Die Frage, welche Ansätze für eine Analyse des marokkanischen Kreditmarktes bzw. der Marktwirtschaften in den Entwicklungsländern mit vergleichbarer Datenlage geeignet sind, kann nur nach einer Bestandsaufnahme dieser Schätzansätze beantwortet werden. Teil II der Arbeit beginnt daher mit ihrer Darstellung und zeigt ihre Relevanz für die Entwicklungsländer auf (Kap. 3).
In Abschnitt 3.2 wird die Anwendung der linearen Regression für die Überprüfung der Rationierungshypothese behandelt. Hier werden Modellierungen betrachtet, die Querschnitts- oder Zeitreihendaten zugrundelegen. Auf eine Modellierung, wie sie von Berger/Udell (1992) vorgenommen wird, die alle abgeleiteten Hypothesen zu überprüfen sucht und detaillierte Paneldaten über die einzelnen Kreditverträge voraussetzt, wird hier nicht eingegangen, da solche Daten für die Kreditmarktstatistiken nicht repräsentativ sind.
In Abschnitt 3.3 werden Ansätze dargestellt, die eine empirische Analyse der Rationierung mittels qualitativer Befragungsdaten vornehmen.
In Abschnitt 3.4 wird der Ansatz der Kointegration für den Kreditmarkt behandelt; in 3.5 die

vektorautoregressive Modellierung. Bei der Darstellung der Kointegration wird versucht, aus der in den letzten Jahren entwickelten, kaum überschaubaren Anzahl von Ansätzen ein Überblick über die Testverfahren zu geben. Dabei werden diese Verfahren eingehend untersucht, da hier die Schätzergebnisse vorsichtig zu interpretieren sind und die Wahrscheinlichkeit, daraus falsche Schlußfolgerungen zu ziehen, groß ist.

Ebenfalls eingehend werden die Rationierungsmodelle in Abschnitt 3.6 behandelt. Sie spielen für diese Arbeit eine zentrale Rolle. Es wird sich zeigen, daß hauptsächlich wegen der Datenlage und der institutionellen Gegebenheiten wenige Ansätze gegenwärtig auf die Entwicklungsländer anwendbar sind. Die Rationierungsmodelle bieten hier als einziger Ansatz Schätzmöglichkeiten an. Unter diesen Modellen eignen sich insbesondere Modelle mit kontrollierten Preisen zur Abbildung der Kreditmärkte in den Entwicklungsländern. Es wird sich hier zeigen, daß anhand der bestehenden Schätzer für die Modelle mit kontrollierten Preisen Märkte mit unbeobachteten Zinsen und unbekannter Regimezuordnung, wie der marokkanische Kreditmarkt, nicht geschätzt werden können. In der Arbeit wird ein neuer Schätzer für diese Märkte abgeleitet, der dann im nächsten Kapitel auf den marokkanischen Kreditmarkt angewandt wird.

Bei der Darstellung der Rationierungsmodelle wird davon ausgegangen, daß der aggregierte Kreditmarkt für Investitionskredite aus homogenen Teilmärkten besteht, so daß die Minimumregel auch bei aggregierten Daten Gültigkeit hat[2].

3.2 Empirische Modellierungen für die lineare Regressionsanalyse

3.2.1 Analyse mit Querschnittsdaten

Die ersten empirischen Analysen der Kreditrationierung wurden mit Querschnittsdaten durchgeführt und bedienen sich des einfachen Ansatzes der gewöhnlichen linearen Regression (OLS-Methode). Vorläufer dieser Analysen war die unter der Rubrik *The differential effects of tight money* in den sechziger Jahren geführte Diskussion über den sog. diskriminatorischen Effekt einer in Folge restriktiver Geldpolitik eingeschränkten Kreditvergabe der Kreditinstitute gegenüber Kleinunternehmen, deren empirische Überprüfung zum ersten Mal Aufschluß über die Kreditrationierung geben könnte. Hierbei wurde versucht, mit Querschnittsdaten für die einzelnen Variablen der Bankkredite (Kreditbetrag, Kreditzins, Laufzeit und Betrag der bestellten Sicherheiten) das Angebotsverhalten der Banken gegenüber Klassen von Kreditnehmern in einer Periode restriktiver Geldpolitik zu untersuchen.

In der Arbeit von Bach/Huizenga (1961a) werden auf der Basis von Daten aus Erhebungen

[2]Bei einer Aggregation der Nachfrage D und des Angebots S über mehrere heterogene Teilmärkte, auf denen eine Überschußnachfrage und ein Überschußangebot koexistieren, führt die einzelwirtschaftlich gültige Minimumregel für die Transaktionsmenge Q, $Q = min(D, S)$ zu einem Aggregat der Form $Q \leq min(D, S)$, so daß hier die Minimumregel eine Fehlspezifikation darstellt. Muellbauer (1978) hat als erster die Bedeutung der Aggregationsfehler im Rahmen der Rationierungstheorie für den Arbeitsmarkt hervorgehoben und die tatsächliche Transaktionsmenge abgeleitet. Hajivassiliou (1983) u. a. hat eine Möglichkeit für die Schätzung solcher Modelle aufgezeigt. Die praktische Relevanz der Aggregationsfehler bei der Schätzung ist nach Quandt (1986) gering. Quandt (1986) hat durch eine Monte-Carlo-Studie gezeigt, daß insbesondere bei einer geringen Anzahl von Teilmärkten, wie dies in den Entwicklungsländern die Regel sein wird, oder bei kleinen Stichproben die ML-Schätzung eines wegen der Minimumregel fehlspezifizierten Modells gute Resultate liefert.

des *Federal Reserve* in den Jahren 1955 und 1957 eine Klassifizierung der Kreditnehmer nach ihren Aktiva in sieben Kategorien und eine Klassifizierung der Banken nach ihrem (verminderten) Liquiditätsstatus — gemessen durch das Verhältnis freier Liquiditätsreserven/Einlagen — in drei Kategorien vorgenommen und relative Veränderungen der Kreditvolumina und -zinsen nach Kreditnehmer- und Kreditgebergruppen erfaßt. Stärker steigende Zinsen und/oder eine stärker verminderte Kreditvergabe für eine Gruppe wird als Diskriminierung betrachtet. Das empirische Resultat "appears ... clearly to reject the hypothesis that tight money led banks to discriminate especially against small borrowers." (Bach/Huizenga, 1961a, S. 66).
Diese Vorgehensweise kann nur sehr bedingt die Kreditrationierung widerspiegeln, da erstens die Veränderungen im Kreditvolumen und -zins von der a priori, mehr oder weniger willkürlich vorgenommenen Klassifizierung der Banken abhängig sind. Zweitens, um aus dieser Veränderung auf Kreditrationierung zu schließen, bedarf es ad-hoc-Annahmen über das Nachfrageverhalten (z. B. wie in Bach/Huizenga (1961a) konstanter Nachfrage). Steigt beispielsweise die Nachfrage in den verschiedenen Gruppen während der Untersuchungsperiode unterschiedlich stark an, lassen sich aus den Veränderungen im Kreditvolumen keine Aussagen über die Rationierung bestimmter Kreditnehmergruppen treffen. Gleiches gilt, wenn die in einer Gruppe nicht bedienten Kreditnachfrager bei anderen, liquideren Banken möglicherweise bedient werden[3]. Drittens können die Veränderungen des Kreditvolumens durch eine Veränderung des Zinssatzes bedingt sein und somit keine Mengenrationierung bedeuten.

Um diese Schwächen teilweise zu beheben, wird in dem Beitrag von Silber/Polakoff (1970) auf eine Klassifizierung der Banken verzichtet und die gesamten an verschiedene nach dem Vermögen gruppierte Kreditnehmer vergebenen Kredite als die zu erklärende Beobachtungsvariable betrachtet. Im Gegensatz zu Bach und Huizenga werden die Ergebnisse nicht deskriptiv, sondern durch die OLS-Methode gesucht. Die zu erklärende Variable wird in Abhängigkeit vom Zinssatz, den Bankeinlagen, der durchschnittlichen Laufzeit und dem Betrag der hinterlegten Sicherheiten formuliert, und die Koeffizienten werden jeweils für die Perioden 1955 und 1957 sowie für die jeweilige Kreditgruppe geschätzt. Unter der Annahme, daß eine Veränderung der Koeffizienten der Zinsen, der Laufzeit und der Sicherheiten auf Veränderungen der Kreditwürdigkeit zurückzuführen sind, zeigt dann ein Vergleich des Verhältnisses der Koeffizienten der Bankeinlagen für die unterschiedlichen Gruppen in den beiden Perioden das Ausmaß der Diskriminierung zwischen den Gruppen an. Sinken wie bei der Silber-Polakoff-Analyse die Koeffizienten der Bankeinlagen bei den als klein eingestuften Kreditnehmergruppen in der restriktiveren Periode stark und zeigt damit das Verhältnis der Koeffizienten für die beiden Perioden höhere Werte an, dann wird Diskriminierung für die kleineren Unternehmen gefolgert.
Wenn auch auf die willkürliche Einteilung der Banken, welche die Ergebnisse beeinflußt, verzichtet wird, kann der Ansatz nur bedingt in Verbindung mit der Theorie der Kreditrationierung gebracht werden und eignet sich kaum dazu, Rationierung zu überprüfen, denn Diskriminierung

[3]Die Bach-Huizenga-Analyse wurde gerade wegen der Klassifizierung der Banken und der Annahme einer konstanten relativen Nachfrage bei den verschiedenen Kreditnehmergruppen kritisiert. Siehe hierzu Carson (1961), Tussing (1963) und die Repliken von Bach/Huizenga (1961b, 1963).

wird nicht als eine in einem Kreditrisiko begründete Kreditverweigerung betrachtet. Abgesehen davon, daß das Nachfrageverhalten völlig unberücksichtigt bleibt und dadurch zu einer Interpretation der Ergebnisse weiterhin die ad-hoc-Annahme über die Nachfrage benötigt wird[4], wird Diskriminierung bei dieser Vorgehensweise als eine ungleiche, vom Kreditrisiko unabhängige Behandlung der Nachfrager verstanden, vom ökonomischen Standpunkt nicht erklärbar und damit wenig im Sinne von Kreditrationierung, die ja im Kreditrisiko einer Investition begründet ist. Will man versuchen, die Kreditrationierung mit diesem Ansatz zu erfassen, muß die Diskriminierung als Folge der Kreditwürdigkeit angesehen werden und Veränderungen nicht nur im Depositenkoeffizient, sondern auch in den übrigen Koeffizienten betrachtet werden[5].

Die Arbeit von Hester (1967) setzt u. a. genau dies als Zielsetzung und versucht auch mit den gleichen Querschnittsdaten für die gleichen Perioden die folgenden Hypothesen zu überprüfen:

> "5. *Ceteris paribus*, when rates of interest on competing assets are higher, borrowers of any particular size — (a) pay a higher rate of interest on their loans. (b) receive loans with shorter maturities. (c) receive smaller loans. (d) are more frequently required to provide security.
> 6. *Ceteris paribus*, when rates of interest on competing assets are higher, the deposit coefficient (elasticity) of — (a) the loan rate of interest is more positive. (b) the maturity of the loan is more negative. (c) the amount of the loan is more negative. (d) the likelihood of security is more positive." (Hester, 1967, S. 156f.)

Damit formuliert Hester mit dieser Fragestellung zum erstenmal explizit die Überprüfung von Hypothesen aus der Theorie der Kreditrationierung und kann als erste empirische Arbeit zur Kreditrationierung angesehen werden. Mit der Aufstellung dieser Hypothesen wird die zur Markträumung führende Walrasianische Preisreaktion gegen eine zur Kreditrationierung führende Mengenreaktion geprüft: Die Teile (a) der Hypothesen sind konsistent mit den Anpassungen in der klassisch-neoklassischen Theorie, während die Teile (b), (c) und (d) Rationierung reflektieren (vgl. Hester, 1967, S. 157).
Um die Hypothesen zu überprüfen, werden Regressionsfunktionen für die zu prüfenden Variablen

[4]Unter statistischen Gesichtspunkten führt diese Vernachlässigung der Nachfrage und die Anwendung der OLS auf ein Eingleichungsmodell zu inkonsistenter Schätzung, da hier ein unvollständiges Modell mit einer Gleichung und mehreren interdependenten Variablen (Kreditvolumen, Zinssatz) geschätzt wird. Auf diese Schwäche weisen Silber und Polakoff selbst hin, gehen aber von einer gültigen Schätzung aus: " Since ordinary least squares (OLS) was used as the estimating procedure, all the estimated coefficients in the equations are inconsistent in the strict statistical sense. However, in light of the small differences other investigators have found between OLS and (say) two-stage least squares (TSLS) estimates, it is unlikely that our results would be substantially altered had TSLS been used."(Silber/Polakoff, 1970, S. 90).

[5]Gupta (1972) stellt in einem theoretischen Modell den Zusammenhang zwischen der postulierten Diskriminierung von Kleinunternehmern und Kreditwürdigkeit her. Danach hängt das Kreditrisiko einer Investition positiv von ihrem erwarteten Ertrag und negativ von der Leverage des Unternehmens ab. Ausgehend von der Annahme einer höheren Profitabilität und einer beobachteten kleineren Leverage bei größeren Unternehmern ist das Kreditrisiko der kleineren Unternehmen hoch, was zu einer Diskriminierung dieser Unternehmen führt. Auch wenn die aufgestellte Annahme der höheren Profitabilität größerer Unternehmen nicht unumstritten ist, zeigen die jüngsten empirischen Arbeiten zur Unternehmensfinanzierung (siehe weiter oben Fußnote 1 dieses Kapitels), daß Rationierung vor allem kleine Unternehmen trifft. Eine 1994 im Auftrag des Deutschen Bundesministeriums für Bildung, Wissenschaft, Forschung und Technologie vom Zentrum für Europäische Wirtschaftsforschung durchgeführte Umfrage zeigt, daß der Zugang zu Fremdkapital für kleinere Firmen in der BRD eingeschränkt ist (siehe Harhoff/Licht et al. [1996]).

Zins, Kreditbetrag, Laufzeit und Sicherheiten jeweils für 1955 und das durch höhere Opportunitätskosten gekennzeichnete Jahr 1957 aufgestellt. Sie werden in Abhängigkeit von der Aktiva der Nachfrager und der Einlagen der Banken betrachtet und jeweils geschätzt. Hesters Ergebnisse zeigen für die Periode steigender Opportunitätskosten eine Erhöhung der Einlagenelastizität in der Zinsfunktion — die bei einer Logarithmierung der Variablen durch die Koeffizienten unmittelbar wiedergegeben wird — und eine unveränderliche bzw. insignifikante Veränderung dieser Elastizität in den Kreditbetrags-, Laufzeit- und Kreditsicherheitenfunktionen und damit eine Annahme der Hypothese der Preisanpassung bzw. Ablehnung der aufgestellten Hypothese der Kreditrationierung.

Mit dieser Spezifikation wird unmittelbar eine der Kernaussagen der im ersten Teil vorgestellten Theorie der Kreditrationierung, die Invariabilität der Zinsen im Gleichgewicht bezüglich der Einlagen, auf ihre Gültigkeit hin geprüft. Mit dieser Vorgehensweise gelingt es Hester, Kreditrationierung in einer bestimmten Periode präzise zu erfassen und zu schätzen. Seine Vorgehensweise, eine Regressionsfunktion für den Kreditzinssatz aufzustellen und die Variabilität der Koeffizienten bezüglich der unabhängigen Variablen, sprich die Zinsrigidität, zu überprüfen, wird in späteren Arbeiten in modifizierter Form mit Zeitreihen oft angewendet. Der Ansatz bleibt jedoch mit dem Problem behaftet, das Ausmaß der Rationierung nicht bestimmen zu können. Zinsrigidität und Veränderung in den Variablen Laufzeit, Sicherheiten und Kreditbetrag des Kreditangebotes sind zwar notwendige, aber keine hinreichenden Bedingungen für Kreditrationierung. Nach dem Kreditrationierungsbegriff muß überprüft werden, ob die Nachfrage dieses Angebot übersteigt, was die Schätzung der Nachfrage voraussetzt. Hier zeigen sich die Grenzen der Analysen mit quantitativen Querschnittsdaten: Die Schätzung einer Nachfragefunktion mit Querschnittsdaten bedarf detaillierter Daten über die nachfragebestimmenden Variablen (Finanzlage, Aktivitätsvariable — z. B. Auftragseingang oder Auslastungsgrad — etc.), die oft gar nicht vorliegen. So ist gegenwärtig jede Analyse mit Querschnittsdaten zumindest für die Entwicklungsländer eine unvollständige Analyse der Kreditrationierung, die die Silber-Polakoff-Feststellung "We cannot estimate demand equations because the cross-section data is simply not available." (Silber/Polakoff, 1970, S. 88) noch heute hinnehmen muß. Für die Entwicklungsländer wird mit Querschnittsdaten nicht einmal die Schätzung der Angebotsfunktion möglich sein, da i. d. R. — so wie bei dem hier untersuchten Fallbeispiel — detaillierte Daten über einzelne Bankenkredite, auf die die Querschnittsanalyse zurückgreift, so wie sie z. B. im *Federal Reserve System Survey* zu finden sind, nicht einmal ansatzweise vorliegen. Für die Entwicklungsländer kommen mit der OLS-Methode z. Z. ausschließlich die Analysen mit Zeitreihen in Betracht.

3.2.2 Analyse mit Zeitreihendaten

Zur empirischen Analyse der Kreditrationierung anhand der linearen Regression mit Zeitreihen sind zwei Möglichkeiten denkbar. Man kann in Anlehnung an Hesters Vorgehensweise eine Regressionsfunktion für den Kreditzinssatz aufstellen und eine der Kernaussagen der Theorie — die Invariabilität des Kreditzinses bzw. die träge Anpassung bei dynamischer Rationierung —

überprüfen. Man kann aber auch mit Hilfe von Proxy-Variablen, d. h. Substituten für die nicht beobachtbare Rationierung, eine Regressionsgleichung für die Rationierungsvariable aufstellen.

Bei der Verwendung von Proxy-Variablen stellt sich die Frage nach der Wahl einer geeigneten, d. h. einer mit der Rationierung stark korrelierenden Variable, die als endogene Variable zu verwenden ist. Viele ökonomische Variablen, die mit Krediten (wie Investitionstätigkeit, BIP, Verhältnis Kredite zu Depositen etc.) korrelieren können, spiegeln nicht unbedingt die Rationierung wider; sie können auch durch Veränderungen in der allgemeinen Wirtschaftsentwicklung einer Volkswirtschaft bedingt sein. Da die Rationierung im Kreditrisiko begründet ist, haben Jaffee/Modigliani (1969) vorgeschlagen, den Anteil der an risikofreie Kreditnachfrager vergebenen Kredite als Proxy zu verwenden. Diese Proxy-Variable wird in Abhängigkeit vom Zins, vom Ertrag der alternativen Anlagen der Bank sowie von der Bankliquidität spezifiziert. Da die Kreditrationierung auf die Zinsstarrheit zurückzuführen ist, bedeutet jede mögliche positive Variation des Kreditzinses eine Verringerung der Rationierung. Geht man davon aus, daß die risikofreien Kreditnachfrager von Rationierung nicht betroffen sind, dann kommt die Verringerung der dynamischen Rationierung den risikoreichen Nachfragern zugute, was eine Senkung des Anteils der Kredite an risikofreie Nachfrager zur Folge hat. Ergibt sich daher bei der Schätzung eine negative Korrelation zwischen dem Kreditzins und der Proxy-Variablen, ist dies ein Indiz für Rationierung.
Für den US-Kreditmarkt schätzen Jaffee/Modigliani (1969) für die Periode 1952.2–1965.4 und Jaffee (1971, S. 83ff.) für die Periode 1952.1–1969.4 die so beschriebene Regressionsgleichung für die Proxy-Variable. Die Opportunitätskosten werden durch die Rendite des *treasury bill*, die Liquidität durch das Verhältnis Kredite zu Einlagen abgebildet. Die Einführung der liquiditätsrelevanten Einlagenzertifikate im Jahre 1962 wird in Form eines Dummy berücksichtigt. In beiden Schätzungen ergaben sich eine negative Korrelation und damit eine Bestätigung der Kreditrationierungshypothese in den sechziger Jahren in den USA.

Als zweite Möglichkeit, anhand der linearen Regression die empirische Analyse durchzuführen, ist in Anlehnung an Hesters Vorgehensweise eine Regressionsfunktion für den Kreditzinssatz aufzustellen und die Variabilität der Koeffizienten der Opportunitätskosten und so die Zinsstarrheit als Rationierungsindikator zu überprüfen. Nach den Ausführungen in Abschnitt 1.3 bestand ein positiver Zusammenhang zwischen der dynamischen Rationierung und der verzögerten Anpassung der Kreditzinssätze an ihr Gleichgewicht. Formuliert man die Zinsfunktion in Abhängigkeit der Kreditkosten der Banken, abgebildet beispielsweise durch einen Geldmarktsatz, dann zeigen die geschätzten Geldmarktkoeffizienten im Falle einer dynamischen Rationierung niedrige Werte und damit eine verzögerte Anpassung der Kreditzinsen an Geldmarktänderungen.

Die bisher erschienenen Analysen der Zinsfunktion mit Zeitreihen zielen auf die Untersuchung dieser dynamischen Kreditrationierung. Goldfeld (1966), Jaffee (1971, S. 104ff.) und Slovin/Sushka (1983) haben solche Analysen für den US-amerikanischen Kreditmarkt unternommen, Fase (1995) für den niederländischen Kreditmarkt.

In diesen Arbeiten wird der Kreditzins als Angebotsvariable wie bei der Verwendung der Proxy-Variablen in Abhängigkeit vom Ertrag alternativer Anlagen der Bank, von den Refinanzierungskosten sowie von der Bankliquidität spezifiziert.

Bei Goldfeld (1966, S. 62ff.) werden der Ertrag alternativer Anlagen durch die Rendite zehnjähriger Anleihen, die Liquiditätsposition durch das Verhältnis der Kredite zu den Einlagen, die Refinanzierungskosten durch die *treasury bill rate* approximiert. Seine Schätzung zeigt eine langsame Anpassung des Kreditzinses an den Geldmarktzins: Eine Erhöhung der *treasury bill rate* um einen Prozentpunkt verursacht in der untersuchten Periode 1950.3–1962.2 lediglich eine Erhöhung von einem Zehntel des Kreditzinses.

Bei Jaffee (1971, S. 104ff.) werden die Variablen durch die Rendite der *Aaa*-Industrieobligationen, durch das Verhältnis der Kredite zu den Einlagen, wobei hier die Einführung von Einlagenzertifikaten im Jahre 1962 in Form eines Dummy berücksichtigt wird, und durch den Diskontsatz abgebildet. Für die untersuchte Periode 1952.2–1969.4 zeigt sich auch eine langsame Anpassung des Kreditzinses an den Geldmarktzins: Eine Erhöhung des Diskontsatzes um einen Prozentpunkt verursacht eine Erhöhung von etwa einem Drittel des Kreditzinses.

Bei Slovin/Sushka (1983) werden für die Periode 1952.3–1980.4 unter Beachtung der Liquiditätsrestriktion der Banken alternative Spezifikationen aufgestellt:

1. Wird die Liquiditätsrestriktion der Banken als nicht bindend betrachtet, dann besteht nach Slovin und Sushka eine Dichotomie zwischen dem Aktiv- und Passivgeschäft einer Bank, so daß die Variablen der Passivseite keinen Einfluß auf den Kreditzins haben. Falls infolge der Kreditgewährung Sichteinlagen entstehen (die sog. "sekundären Sichteinlagen" [Menrad, 1966]), muß den dadurch gestiegenen Mindestreserven Rechnung getragen werden. Die Funktion für den Kreditzins wird damit nur in Abhängigkeit vom Geldmarktzins, vom Zins für alternative Anlagen und bei sekundären Einlagen auch vom Mindestreservesatz für diese Einlage formuliert. Die ersten beiden Variablen werden durch den Zins für *commercial paper*, den Diskontsatz, die *London-Interbank-Offered-Rate* (LIBOR) und durch den Hypothekarzins approximiert.

2. Wird dagegen die Liquiditätsrestriktion als bindend betrachtet, dann verschwindet diese Dichotomie, und die Zinsfunktion muß auch in Abhängigkeit von Variablen der Mittelbeschaffung formuliert werden. Slovin/Sushka (1983) betrachten in diesem Fall alternativ das Verhältnis der Kredite zu den Einlagen, der Kredite zu Sichteinlagen, der Kredite zu Termineinlagen und die Zinsen für Einlagenzertifikate.
   Mit der Begründung, die "commercial banks may not immediately adjust the loan rate to alteration to market yields" (Slovin/Sushka, 1983, S. 1589), werden in der Schätzung auch verzögerte Werte der unabhängigen Variablen berücksichtigt.

Anders als Goldfeld (1966) und Jaffee (1971, S. 104ff.) leiten Slovin/Sushka (1983) aus den Schätzungen ab, daß wegen der Insignifikanz der Koeffizienten der Einlagenvariablen das Einlagenvolumen keinen Einfluß auf den Kreditzinssatz ausübt und damit die Banken keiner Liquiditätsrestriktion unterliegen; wegen der hohen Koeffizientenwerte der Geldmarktzinsen folgern sie ferner, daß "movements in open markets interest rates are fully and quickly transmitted to commercial loan customers, a result contray to the classic credit rationing hypothesis" (Slovin/Sushka, 1983, S. 1592).
Diese Ergebnisse erlauben jedoch eine andere Interpretation, die eine Annahme der Rationierungshypothese nahelegt:
Ein fehlender Einfluß des Einlagenvolumens auf die Kreditzinsen muß nicht durch eine fehlende Liquiditätsrestriktion, sondern kann, wie im Kap. 2 gezeigt wurde, durch das Kreditrisiko bedingt sein.
Die Interpretation hinsichtlich der Zinsanpassung bzw. der Kreditrationierung steht im Widerspruch zu der oben zitierten Begründung, verzögerte Variablen in der Spezifikation zu berücksichtigen ("commercial banks may not immediately adjust the loan rate to alteration to market yields"). Die Ergebnisse der Schätzung in Slovin/Sushka (1983) erlauben wegen der Spezifikation des Kreditzinses in Abhängigkeit von der laufenden Periode und von dem um eine und zwei Perioden verzögerten Wert des Geldmarktzinses nämlich eine ganz andere Interpretation, die diesen Widerspruch aufhebt: Eine Anpassung des Kreditzinses an Veränderungen des Geldmarktzinses benötigt mindestens zwei Quartalsperioden (vgl. Berger/Udell, 1992, S. 1048f.).

Fase (1995) schätzt für den niederländischen Kreditmarkt in einem Zweigleichungssystem mit endogenen Krediten und Zinsen die Zinsanpassungsfunktion in der Periode 1970.I–1990.IV. Er formuliert die Zinsfunktion wie üblich in Abhängkeit der Refinanzierungskosten und der Liquidität der Banken. Die Kosten werden durch den Geldmarkt-, Euro-Gulden- und Diskontsatz abgebildet; die Liquidität durch den Anteil der Sicht- an den Gesamteinlagen. Seine Formulierung weist die Besonderheit auf, daß der Zins nicht immer vom Geldmarktsatz und der Liquidität der Banken spezifiziert wird. In Perioden knapper Liquidität hängt der Kreditzins nur vom Diskont- und Euromarktsatz ab. Fase (1995) verbindet die beiden Gleichungen mit einer multiplikativen 0-1-Variable.
Wie bei Goldfeld (1966) und Jaffee (1971) zeigen seine Schätzungen eine langsame Anpassung des Kreditzinses an den Diskontsatz, was auf eine dynamische Rationierung hinweist.

Die Verwendung der Zinsstarrheit als Indikator für die Kreditrationierung und die Anwendung der Methoden der linearen Regression hat den Vorteil, mit einfachen Modellen und Methoden einen Test durchführen zu können. Diese Vorgehensweise ist allerdings nicht unproblematisch, denn Zinsstarrheit kann nicht nur als Folge einer Rationierung auftreten, sondern verschiedene Ursachen haben. Eine davon, die besondere Relevanz für die Entwicklungsländer erlangt, resultiert aus einem drohenden Bankrott der Kreditnehmer, wenn Banken weitere Mittel zu alten Konditionen nachschießen (sog. "concessionary lending" Sharpe [1991])[6]. Außerdem kann die Zinsstarrheit dort, wo Zinsen wie in vielen Entwicklungsländern festgeschrieben werden, kein Rationierungsindikator sein, da sie exogen bedingt ist.

3.3 Analyse mit qualitativen Mikrodaten

Eine andere Möglichkeit, Rationierung empirisch zu untersuchen, bieten Daten, die aus Befragungen bei Banken und/oder Unternehmen erhoben werden. Firmendaten liefern Informationen über den Zugang zu Fremdkapital für die Investitionsfinanzierung und ermöglichen einen Rückschluß auf Finanzierungsrestriktionen. Bankendaten liefern Informationen über die einzelnen Kreditvariablen — eventuell auch über die allgemeine Kreditpolitik einer Bank, wie sie sich in den angewandten Bewertungskriterien zur Bonitätsprüfung widerspiegeln (die sog. "credit standards") — und ermöglichen eine Analyse der Variation des Zinssatzes gegenüber anderen Vertragsvariablen wie Laufzeit und Sicherheiten (die "noninterest terms") und gegebenenfalls gegenüber den credit standards. Die erhobenen Daten können im Sinne der deskriptiven Statistik durch einfache Durchschnitts-, Streuungs- und Korrelationsparameter oder durch mikroökonometrische Ansätze zur Analyse von qualitativen Variablen aufgearbeitet werden. Harris (1974a, 1974b) und Thies (1989) wenden die erste Vorgehensweise für die Analyse des US-amerikanischen Kreditmarktes mit Daten aus Bankenbefragungen an; Winker (1996) die Logit- und Probitschätzung für seine Analyse der Kreditrationierung in der BRD mit Daten aus Firmenbefragungen.

Harris (1974a) verwendet Quartalsdaten für die Periode 1964.3–1970.2, Harris (1974b) für die Periode 1967.2–1970.3 und Thies (1989) für die Periode 1967.1–1981.1 aus dem *Quarterly Survey of Changes in Bank Lending Practices*, die das *Federal Reserve System* seit 1964 bei etwa 130 Banken erhebt und deskriptiv aufarbeitet. In diesem Survey werden Banken aufgefordert, u. a. ihre aktuelle Kreditvergabepolitik, wie sie sich im Zinssatz, in der Laufzeit, in den credit standards und in den Kreditsicherheiten widerspiegelt, im Vergleich zu ihrer Kreditvergabe im vorausgehenden Trimester nach den fünf Kriterien "essentially unchanged", "moderately firmer", "much firmer", "moderately easier" und "much easier" zu beschreiben. Die Antworten für die vier Variablen werden dann in die jeweiligen Kategorien gepoolt.
Um bei der Analyse der Kreditrationierung teilweise subjektive Bewertungen auszuschalten, werden in den empirischen Arbeiten die Kategorien "moderately" und "much" jeweils zusammengefaßt. Die Differenz zwischen der Zahl der Antworten, die eine straffere Politik, und denen, die eine lockerere Politik für die Variable angeben, wird als Kennziffer für die Veränderung der Kreditvergabepolitik in der jeweiligen Periode angesehen. Eine positive Zahl für die jeweiligen Variablen Laufzeit, Kreditsicherheiten und credit standards, zeigt eine straffere Kreditvergabe und kann als Rationierung in dieser Periode gedeutet werden und vice versa. Die Ermittlung der jeweiligen Abweichung dieser Differenzen bezüglich einer unveränderten Politik (Differenz

[6] In vielen Entwicklungsländern dürfen Kredite an sog. vorrangige Sektoren oft nicht gekündigt werden (vgl. Weltbank, 1989, S. 95). Überfällige Kredite müssen durch Umschuldungen kapitalisiert werden.

von Null) zeigt die relative Bedeutung der Veränderung in diesen Variablen an. Die Berechnung der Korrelationskoeffizienten zwischen den vier Variablen aus den Kennziffern gibt ferner Aufschluß über die Natur der Rationierung: Eine positive Korrelation zwischen dem Kreditzins und den anderen Variablen deutet auf eine persistente Kreditrationierung hin; umgekehrt ist eine negative Korrelation Zeichen für eine vorübergehende Rationierung.
Die beiden Studien von Harris zeigen, daß von wenigen Ausnahmen abgesehen der US-Kreditmarkt während der sechziger Jahre durch Rationierung gekennzeichnet war. Diese Ergebnisse decken sich mit den Ergebnissen der auch für die sechziger Jahre vorgenommenen Analysen von Goldfeld (1966), Jaffee/Modigliani (1969) und Jaffee (1971).
In den siebziger Jahren ist nach den mit der gleichen Vorgehensweise abgeleiteten Ergebnissen von Thies ein Verschwinden dieser Rationierung ab Mitte der Dekade festzustellen[7].

Die Analyse der Befragungsdaten anhand der deskriptiven Statistik, wie sie von Harris oder Thies unternommen wird, bietet auch den Vorteil, daß sehr einfache Berechnungen erforderlich sind. Als empirischer Beleg für eine Kreditrationierung können Harris' Kennziffern nicht betrachtet werden. Sie können eine Rationierung nur grob indizieren. Veränderungen bei den Kreditvariablen, wie eine Verkürzung der Laufzeit, höhere Zinsen und höhere Kreditsicherheiten, können allein keine Rationierung anzeigen, da sie nicht unbedingt zu einem Nachfrageüberschuß führen müssen. Bei dieser Analyse muß die Überschußnachfrage, die die Rationierung kennzeichnet, mit der Verwendung von "noninterest terms" bei einer Kreditvergabe gleichgesetzt werden. Kreditrationierung wird damit sehr unpräzise "as a change in nonprice contract terms." (Harris, 1974, S. 228) definiert. Wie im theoretischen Teil der Arbeit am Beispiel der Kreditsicherheiten gezeigt, sind die noninterest terms keine notwendige Bedingung für eine als Nachfrageüberschuß ohne entsprechende Erhöhung des Angebots verstandene Rationierung; ihrer Bestellung kann bei entsprechendem Vermögen des Kreditnachfragers durchaus entsprochen werden. Der Ansatz bleibt wie die bisher beschriebenen Ansätze mit dem Problem behaftet, nur das Angebot zu berücksichtigen.

Eine andere Möglichkeit, die Befragungsdaten für Rationierungsuntersuchungen aufzuarbeiten, bieten die mikroökonometrischen Ansätze für die Analyse qualitativ abhängiger Variablen, wenn Daten vorliegen, die Kreditgewährung in diskreter Form — etwa durch 1-0 Variablen für Krediterhaltung und Kreditablehnung — beschreiben. In diesem Fall lassen sich die Determinanten einer Rationierung der Investitionskredite nach individuellen Charakteristika (Aktiva, Auftragslage, Größe, Sektorzugehörigkeit etc.) analysieren[8]. Beispiel dafür ist der im Rahmen

[7]Thies (1989) analysiert anhand einer linearen Regression die Determinanten dieser Verringerung der Kreditrationierung. Nach seiner Studie ist die Abschaffung der Zinsregulierung in den USA (die *Regulation Q*) der wesentliche Faktor dieser Veränderung.

[8]Der Ansatz läßt sich analog für eine Untersuchung der Rationierung der Kredite für Privatpersonen anwenden. In diesem Fall wird versucht, die Rationierung in Abhängigkeit vom Einkommen und Vermögen, Geschlecht, Alter, Familienstand, usw. zu analysieren. Siehe hierzu z. B. die Untersuchung Maddalas (1983a, S. 24) für Hypothekarkredite. Im Rahmen der entwicklungspolitischen Forschung hat Zeller (1994) diesen Ansatz zur Untersuchung der Determinanten der Kreditnachfrage und Kreditrationierung für Kredite an Privatpersonen und Personengruppen auf dem Agrarmarkt Madagaskars während der Periode 10.1990–09.1992 angewendet. Die Rationierung wird in

des Forschungsprojektes *Wachstum und Innovationen* vom *Ifo Institut* und von der *Universität Konstanz* in Form von Paneldaten aufgebaute Datensatz, den Winker (1996) verwendet, um Rationierung für Unternehmenskredite in der BRD im Zeitraum 1980–1992 zu untersuchen. In diesem Datensatz werden etwa 1590 Firmen jährlich u. a. nach möglichen Innovationshemmnissen, darunter "fehlendes Eigenkapital" und "fehlendes Fremdkapital" befragt. Die Verwendung der Variablen "fehlendes Fremdkapital" — die jeweils den Wert 0 oder 1 erhält, je nachdem ob dieses Hemmnis als relevant betrachtet wird oder nicht — als endogene Variable in einer Kreditnachfragefunktion ermöglicht die Anwendung von Probit- bzw. Logitschätzungen für den deutschen Kreditmarkt[9]. Als unabhängige Variablen der Kreditnachfrage werden von Winker die im Datensatz enthaltenen Angaben über Firmengröße in Form der Anzahl der Beschäftigten, über den Auslastungsgrad und über die Einschätzung der gegenwärtigen und zukünftigen Geschäftslage betrachtet.

Den beiden letzten Variablen kommt in der Schätzung eine besondere Bedeutung zu, denn sie sollen das Kreditrisiko erfassen, aus dem Rationierung hervorgeht. Schätzt ein Unternehmen seine gegenwärtige Lage als "schlecht", seine nur ihm, nicht aber der Bank bekannte zukünftige Lage als "eher günstig" ein (in der Schätzung mit der Ausprägung 3 und 1), dann erhöht sich die Wahrscheinlichkeit des Auftretens einer Finanzrestriktion, die sich in dem signifikanten, mit einem positiven Vorzeichen versehenen Koeffizienten zeigen soll. Die wie oft bei Paneldaten nicht beobachtbare Heterogenität zwischen den verschiedenen Firmen bzw. Sektoren wird durch die Einbeziehung von Jahres- und Sektordummies sowie durch Mittelwerte der Einflußvariablen über die jeweiligen Sektoren und Jahre berücksichtigt[10,11]. Winkers Schätzungen zeigen, daß Kreditrationierung auf dem bundesdeutschen Kreditmarkt relevant ist (vgl. Winker, 1996, S. 102). Neben der Sektorenzugehörigkeit wird die Rationierungsvariable von der Größe der Firma maßgeblich bestimmt.

Die Analyse von Befragungsdaten durch mikroökonometrische Modelle ist, wie aus diesen Ausführungen hervorgeht, in erster Linie auf die Determinanten einer Kreditvergabe und weniger auf das Ausmaß der Rationierung gerichtet. Will man die Relevanz der Rationierung auf dem Kreditmarkt untersuchen, dann ist der Ansatz weniger geeignet, sie aufzudecken. Man kann ihn daher als komplementäre Analyse einer Rationierungsuntersuchung betrachten, die nach einer Feststellung der Rationierung deren Merkmalsabhängigkeit aufdecken kann. Ferner bleibt die Analyse teilweise — und das gilt allgemein für Untersuchungen mit Befragungsdaten — mit dem Problem der Subjektivität bei den Daten behaftet:

---

seiner Schätzung hauptsächlich durch das Vermögen und den Leverage der Kreditnachfrager bestimmt.

[9] Winker (1996) führt diese Schätzung sowohl für die Variablen "fehlendes Eigenkapital" und "fehlendes Fremdkapital" als auch für eine durch eine ODER-Verknüpfung gebildete Variable "fehlendes Gesamtkapital" durch. Die Ergebnisse der drei Schätzungen bleiben im wesentlichen unverändert (siehe Winker, 1996, Tab. 2.7, S. 95).

[10] Bei einer Spezifikation seines Modells, in der die Firmengröße statt mit Anzahl der Beschäftigten mit 3 Größenklassendummies berücksichtigt wird, wird die Heterogenität auch in Form von stochastischen Effekten in einem Probitmodell berücksichtigt. Diese Effekte weisen eine sehr geringe Signifikanz in seiner Schätzung aus, so daß er in allen übrigen Schätzungen die stochastischen Effekte nicht berücksichtigt (siehe Winker, 1996, S. 91).

[11] Zur Schätzung von Modellen für qualitativ abhängige Variablen mit Paneldaten und Berücksichtigung der Heterogenität siehe Maddala (1987) und Ronning (1991, S. 189ff.)

1. Werden Firmen wie im von Winker verwendeten Datensatz nach Kredit- bzw. Eigenkapitalrestriktionen befragt, so ist eine klare Zuordnung nicht immer möglich, denn zwischen beiden Restriktionsformen bestehen Abhängigkeiten. Wie von Winker (1996, S. 78) bemerkt, wird eine Firma möglicherweise oft keinen Kredit erhalten, weil das Verhältnis Eigenkapital zu Fremdkapital niedrig ist. Umgekehrt wird eine Firma, deren Bonität nicht ausreicht, um den gewünschten Kredit zu erhalten, auch nur schwer zusätzliches Eigenkapital an sich ziehen. Ob diese Fälle "seitens der befragten Firmen eher als Eigen- oder Fremdkapitalrationierung ausgewiesen werden, kann nicht eindeutig geklärt werden." (Winker, 1996, S. 78).

2. Werden Banken nach ihrer Kreditpolitik befragt, wird eine Tendenz bestehen Antworten, anzugeben, die einen strafferen Kreditvergabemodus anzeigen, als er tatsächlich praktiziert wird. Dies ist auch der Fall bei den von Harris (1974a, 1974b) und Thies (1989) verwendeten Daten des *Quarterly Survey of Changes in Bank Lending Practices*:

   > "First, there may be a bias toward a response of firmer policy in some of the reporting. This is particularly clear for the categories of compensating balances, standards of credit worthiness ... Second, the responses to the question on the interest rate charged are not always consistent with the changes in the commercial loan rate." (Jaffee, 1971, S. 81f.)

   > "It appears that commercial bank loan officers are inclined to overstate tightening and understate loosening of credit." (Thies, 1989, S. 5)

Trotz dieser Mängel bietet der Ansatz die Möglichkeit, zusätzliche Informationen über die Rationierung zu erhalten. Für die Entwicklungsländer liegt die Schwierigkeit einer solchen Schätzung weniger in den konzeptionellen Problemen des Ansatzes als in der Verfügbarkeit von Daten. Amtliche oder institutionelle Firmen- oder Bankendaten aus Befragungen dürften nicht vorliegen. Will man eine Schätzung anhand von Individualdaten durchführen, müssen eigene Daten erhoben werden, so wie sie bei der erwähnten Arbeit Zellers im Rahmen eines Forschungsprojektes der Gesellschaft für Technische Zusammenarbeit eigens erhoben wurden.

3.4 Kointegrationsanalyse der Kreditrationierung

3.4.1 Grundbegriffe der Kointegrationsanalyse

Eine andere Möglichkeit, die Beziehung zwischen Finanzierungskosten der Banken und Kreditzins anhand von Zeitreihen zu untersuchen, bietet die Kointegrationsanalyse. Sie stellt einen Ansatz zur Untersuchung der Gleichgewichtsbeziehung zwischen nichtstationären Zeitreihen sowie zur Analyse der Anpassungsdynamik an dieses Gleichgewicht dar. Unter stationären Variablen versteht man Variablen, die eine zeitinvariante Wahrscheinlichkeitsverteilung (zeitinvarianten Erwartungswert und Varianz) aufweisen. Sind die Reihen nicht stationär, aber ihre ersten Differenzen, dann bezeichnet man die Reihen als differenzstationär oder als integriert vom Grade 1, kurz I(1). Besteht eine stationäre Linearkombination zwischen zwei oder mehre-

ren I(1)-Reihen, dann heißen diese Reihen kointegriert[12].
Folgt z. B. die Zeitreihe x_t einem Prozeß der Form $x_t = x_{t-1} + u_t$, wobei u_t ein "white-noise"-Prozeß mit $u_t \sim (0, \sigma_u^2)$ ist[13], dann wirken die in den einzelnen Perioden auftretenden Störungen über alle folgenden Perioden und bestimmen so die Entwicklung von x_t. Dies wird deutlicher, wenn der Prozeß nach sukzessiver Substitution als $x_0 + \sum_{i=1}^{t} u_i$ umgeschrieben wird. x_t ist in diesem Fall nicht stationär, sondern folgt einem "random walk". Die ersten Differenzen $\Delta x_t = u_t$ sind wegen der white-noise-Eigenschaft von u_t aber stationär. x_t ist damit I(1).
Besteht eine stationäre Linearkombination μ_t zwischen den I(1)-Prozessen x_t, y_t z. B. der Form $y_t = \alpha + \beta x_t + \mu_t$ mit $\mu_t \sim (0, \sigma_\mu^2)$, dann sind die Zeitreihen kointegriert, da μ_t stationär ist.

Die Kointegrationsbeziehung beinhaltet erstens eine langfristige stabile Beziehung (ein stabiles langfristiges Gleichgewicht) zwischen x_t und y_t, da die Abweichung von diesem Gleichgewicht, so wie sie in den μ_t zum Ausdruck kommt, im Zeitablauf sich immer wieder aufhebt. Zweitens beinhaltet die Kointegrationsbeziehung auch einen Korrekturmechanismus im Falle einer Abweichung von diesem Gleichgewicht, das sich durch ein sog. Fehlerkorrekturmodell beschreiben läßt[14]. Durch das Fehlerkorrekturmodell läßt sich mit anderen Worten die kurzfristige Dynamik zwischen den Variablen und damit die Anpassung beschreiben.

Relevant für die Analyse der Kreditrationierung ist die Kointegration der Kredit- und Refinanzierungskosten. Zeigt sich bei diesen Variablen keine Kointegration, dann besteht auch, wie von der Theorie der Kreditrationierung formuliert, keine langfristige Beziehung zwischen den Variablen, und Rationierung als Gleichgewicht ist dann die Folge. Läßt sich dagegen bei Kointegration dieser Variablen ein Korrekturmechanismus formulieren, dann kann Rationierung nur als dynamische Rationierung auftreten, deren Dynamik sich anhand dieses Modells analysieren läßt.

Zur Kointegrationsanalyse der Zeitreihen r_t, d_t (dem Kreditzins und den Finanzierungskosten der Banken) ist nach dieser Darstellung eine mehrstufige Modellierung notwendig:

1. Die Überprüfung der Zeitreihen auf Nichtstationarität und Integrationsgrad ("unit-root"-Analyse),

2. die Überprüfung der Kointegrationsbeziehung zwischen den Variablen und

3. im Falle einer festgestellten Kointegration die Aufstellung eines Fehlerkorrekturmodells,

[12] Eine Einführung in die Theorie der integrierten und kointegrierten Zeitreihen geben Campbell/Perron (1991), Banerjee/Hendry (1992) und Banerjee et al. (1993). Speziell für die integrierten Reihen siehe Diebold/Nerlove (1990), Stock (1994a); für die Kointegrationsanalyse (und Vektorautoregression) Watson (1994). Für einen geschichtlichen Abriß der Theorie siehe Hendry (1986).

[13] Eine Störvariable u_t wird als white noise ("weißes Rauschen") bezeichnet, wenn u_t eine unabhängige und identisch verteilte Zufallsvariable mit Erwartungswert $E(u_t) = 0$ und zeitinvarianten Varianzen und Kovarianzen $E(u_t^2) = \sigma_u^2$ und $E(u_t u_\tau) = 0$ für $t \neq \tau$ ist.

[14] Diese Implikation wird in der Kointegrationstheorie als Granger-Repräsentationstheorem bezeichnet, wonach eine Kointegrationsbeziehung eine vektorautoregressive-, moving-average- und eine Fehlerkorrekturdarstellung impliziert (vgl. Engle/Granger, 1987, S. 255f.).

das die Ermittlung der Anpassungsgeschwindigkeit der Kreditzinsen an die Opportunitätskosten erlaubt.

3.4.2 Unit-root-Analyse

Modelliert man die Reihen in Form eines autoregressiven Prozesses, lassen sich die Hypothese der Nichtstationarität und die Integration der Reihen anhand von unit-root-Tests überprüfen. In Form eines autoregressiven Prozesses erster Ordnung AR(1) schreibt sich eine Zeitreihe allgemein als

$$r_t = \alpha_t + \rho r_{t-1} + u_t, \quad u_t \sim (0, \sigma_u^2), \tag{3.1}$$

wobei je nach Annahme über den datenerzeugenden Prozeß $\alpha_t = 0$, $\alpha_t = \alpha$ oder $\alpha_t = \alpha_0 + \alpha_1 t$ ist[15]. Die Hypothese der Nichtstationarität und Integration erster Ordnung kann überprüft werden, wenn die Hypothese der Einheitswurzel $H_0 : \rho = 1$ bzw. $H_0 : \rho = 1, \alpha_1 = 0$ in Anwesenheit eines Trends in (3.1) getestet wird. In diesm Fall definiert die Gleichung ein random walk, das durch Differenzbildung stationär wird[16].

Die Anwendung der OLS-Schätzung auf Gleichung (3.1) und die Überprüfung der Nullhypothese anhand der "t"- oder "F"-Statistik wird als Dickey-Fuller-(DF-)Test bezeichnet. Zu beachten ist hier, daß unter der Nullhypothese nicht die üblichen kritischen Werte der t- und F-Statistik angewendet werden können, da die Parameter aufgrund der stochastischen Abhängigkeit der Regressoren von der Störvariablen nicht normalverteilt sind. In der Praxis werden stattdessen die durch Monte-Carlo-Simulationen gewonnenen kritischen Werte von Fuller (1996, S. 642) für die t-, und Dickey/Fuller (1981, S. 1063) für die F-Statistik verwendet[17].

---

[15] Die Modellierung einer Zeitreihe in Form eines AR(1) Prozesses zur Überprüfung der Nichtstationarität ist nicht unproblematisch, wenngleich sie auch die meist erforschte und angewendete Modellierung ist. Sie bedingt eine asymmetrische Behandlung der Zeitreihen bei der Null- und der Alternativhypothese: Unter der Nullhypothese ($\rho = 1$) weisen z. B. für ein Modell mit Drift $r_t = \alpha + \rho r_{t-1} + u_t = r_0 + \alpha t + \sum_{i=1}^{T} u_i$ die Daten einen Trend auf, wobei α den Trend angibt. Unter der alternativen Hypothese ($\rho < 1$) sind die Daten stationär um das Niveau $E(r_t) = \alpha/(1-\rho)$, wobei jetzt α das Niveau bestimmt (vgl. Banerjee et al., 1993, S. 100f. u. Schmidt/Phillips, 1992, S. 258). Bhargava (1986) hat eine alternative Modellierung für den Einheitswurzeltest als Lösung vorgeschlagen. Sie basiert auf der Formulierung $r_t = \alpha + x_t, \quad x_t = \rho x_{t-1} + u_t$. Zu Schätzmethoden für derartige Modelle siehe Bhargava (1986), Schmidt/Phillips (1992), Schmidt/Lee (1991) und Lee/Schmidt (1994).

[16] Bei der Analyse der Stationarität einer Zeitreihe werden in diesem Überblick Testmethoden vorgestellt, die Nichtstationarität als Nullhypothese formulieren. Alternativ kann die Stationarität einer Zeitreihe durch Tests gegen die Einheitswurzel (Tests mit Stationarität als Nullhypothese) geprüft werden. Solche Tests basieren auf einer moving-average-Darstellung der Zeitreihe der Form

$$r_t = x_t + u_t \quad u_t \sim (0, \sigma_u^2), \quad x_t = x_{t-1} + v_t \quad v_t \sim (0, \sigma_v^2). \tag{3.2}$$

Der Test gegen die Einheitswurzel ist ein Test für die Hypothese $H_0 : \sigma_v^2 = 0$, da in diesem Fall $x_t = x_0$ ist und damit $r_t = x_0 + u_t$. Für diese Tests siehe Kwiatkowski et al. (1992), Stock (1994b). Für den Fall, daß zusätzlich ein AR-Prozeß in r_t berücksichtigt wird, so daß (3.2) die Form $r_t = x_t + \sum_{i=1}^{p} \varphi_i r_{t-i}$ annimmt, siehe Leybourne/McCabe (1994).
Alternativ kann ein Test gegen die Einheitswurzel auf die Differenzen $\Delta r_t = u_t - \rho^\dagger u_{t-1}, \quad H_0 : \rho^\dagger = 1$ angewendet werden; für solche Tests siehe Tanaka (1990), Saikkonen/Luukkonen (1993) und Arellano/Pantula (1995). Ein Überblick findet sich bei Stock (1994a, S. 2796ff.) und Fuller (1996, S. 629ff.).

[17] Die Annahme der Nullhypothese in Gleichung (3.1) anhand der t-Statistik mit den von Fuller und Dickey abgeleiteten kritischen Werten unterstellt, daß die Daten einem random walk ohne Drift folgen. Ist der wahre datenerzeugende Prozeß ein random walk mit Drift, müssen die kritischen Werte von Schmidt (1990, Tabellen

Alternativ zum t-Test kann der von Evans/Savin (1981) vorgeschlagene Lagrange-multiplier-Test (LM-Test) angewendet werden, der genau wie der t-Test durchgeführt wird, allerdings mit der Varianz der Residuen, die aus dem restringierten Modell ($\rho = 1$) resultiert. Die entsprechenden kritischen Werte des LM-Tests sind in Schmidt (1990, Tabellen 10–17) zu finden.
Für die Abweichung der OLS-Schätzer von dem wahren Wert unter der Nullhypothese bei T Beobachtungen, $T(\hat{\rho} - 1)$, sind auch eine Verteilung und damit die kritischen Werte ableitbar, so daß auch alternativ ein unit-root-Test anhand dieser Statistik mit den in Fuller (1996, S. 641) angegebenen kritischen Werten durchgeführt werden kann.

Problematisch bei der Anwendung des einfachen DF-Tests ist bei kleinen Stichproben die geringe Testgüte, die zu einem Fehler zweiter Art (fälschliche Annahme der Einheitswurzelhypothese) führen kann. Die geringe Testgüte wird z. B. in den Monte-Carlo-Studien von Dickey et al. (1986), DeJong et al. (1992a), Schmidt/Phillips (1992) dokumentiert.
Zwei weitere Ansätze, welche die Testgüte von Einheitswurzeltests zu verbessern suchen, sind der Durbin-Hausman-Test von Choi (1992) und der variance-ratio-Test von Cochrane (1988) und Lo/MacKinlay (1988).
Der Grundgedanke des Durbin-Hausman-Tests ist die Gegenüberstellung von zwei Schätzern $\hat{\rho}$ und $\widehat{\rho_{IV}}$ mit der Eigenschaft, daß ein Schätzer $\hat{\rho}$ unter der Nullhypothese und der Alternative konsistent ist, der andere $\hat{\rho}_{IV}$ nur unter der Nullhypothese. Choi (1991) zeigt, daß der OLS-Schätzer für (3.1) unter der Null- und der Alternativhypothese konsistent ist und der Instrumentalschätzer mit r_t als Instrument nur unter der Nullhypothese konsistent ist. Die verwendete Teststatistik ist dann

$$DHS = \frac{(\hat{\rho_{OLS}} - \hat{\rho}_{IV})^2}{\widehat{var}(\hat{\rho}_{OLS})}.$$

Überschreitet die DHS-Statistik nicht die in Choi (1992, Tabellen 1–3) angegebenen kritischen Werte, wird die Hypothese der Einheitswurzel abgelehnt[18].

Der variance-ratio-Test von Cochrane (1988) und Lo/MacKinlay (1988) besteht in der Berechnung des Verhältnisses von der Varianz der k-Differenzen $var(y_t - y_{t-k})$ zur k-fachen Varianz der ersten Differenzen $kvar(y_t - y_{t-1})$ der Stichprobe. Beide Größen betragen bei einem random walk $k\sigma_u^2$, so daß die Statistik in diesem Fall mit Wahrscheinlichkeit gegen 1 konvergiert. Lo/MacKinlay (1988) haben unter der Annahme normalverteilter Störterme in (3.1) die Verteilung des Tests abgeleitet. Die Statistik

$$\frac{var(y_t - y_{t-k})}{kvar(y_t - y_{t-1})} - 1$$

ist normalverteilt mit Erwartungswert 0 und Varianz $[2(2k-1)(k-1)]/3kT$.

1-8) verwendet werden.

[18]Die von Choi vorgeschlagene Teststatistik ist nicht deckungsgleich mit dem üblichen Durbin-Hausman-(Spezifikations)Test $\frac{(\hat{\rho}_{OLS} - \hat{\rho}_{IV})^2}{var(\hat{\rho}_{OLS}) - var(\hat{\rho}_{IV})}$. Der Choi-Test ist eine Statistik vom Durbin-Hausman-Typ in dem Sinne, daß zwei Schätzer gegenübergestellt werden.

Der Durbin-Hausman- und der variance-ratio-Test sind, wie auch der DF-Test, einfach durchzuführen; sie bleiben aber nach Choi (1992, Tab. 4) und Lo/MacKinlay (1989, Tab. 5a) im Hinblick auf die Testgüte vergleichbar mit dem DF-Test.

Die im allgemeinen für kleine Stichproben geringe Testgüte der unit-root-Tests sinkt nach den Monte-Carlo-Studien mit der Anzahl der Regressoren. Stärker als von der Anzahl der Beobachtungen ist die Testgüte von der Zeitspanne bei der Datenerhebung abhängig. Shiller/Perron (1985) und Perron (1991) haben gezeigt, daß je höher diese Spanne, desto höher auch die Testgüte ist, so daß die Jahresdaten am meisten geeignet sind, Einheitswurzeltests durchzuführen.
Sind ferner in der OLS-Schätzung die Residuen autokorreliert, dann ist die Wahrscheinlichkeit einer falschen Entscheidung groß. So beträgt nach der Monte-Carlo-Studie von Schwert (1989, Tab. 2) im Falle einer nicht berücksichtigten Autokorrelation in Form eines MA(1)-Prozesses für beispielsweise $T = 100$ Beobachtungen die Wahrscheinlichkeit für einen Fehler erster Art (fälschliche Ablehnung der Einheitswurzelhypothese) zum Niveau 0.05 bei dem DF-Test 99.7%. Nach der Monte-Carlo-Studie von DeJong et al. (1992b, S. 329f.) ist die Testgüte des Tests bei einem AR(1)-Störterm praktisch Null.

Zeigt sich Autokorrelation in den Residuen[19], da der datenerzeugende Prozeß einem AR(p)-Prozeß der Form

$$r_t = \sum_{i=1}^{p} \rho_i r_{t-i} + u_t$$

folgt, dann kann ein unit-root-Test auf das transformierte Modell

$$\Delta r_t = (\rho - 1) r_{t-1} + \sum_{j=1}^{p} \gamma_j \Delta r_{t-j} + \mu_t \tag{3.3}$$

mit $\mu_t \sim (0, \sigma_\mu^2)$ angewendet werden. Der Einheitswurzeltest basiert, analog zum einfachen DF-Test, auf der Überprüfung der Hypothese $H_0 : \rho = 1$ anhand der $t-$Statistik nach einer OLS-Schätzung und wird als augmented-Dickey-Fuller-Test (ADF-Test) bezeichnet. Die Teststatistik hat die gleiche Verteilung und damit die gleichen kritischen Werte wie für den einfachen DF-Test (vgl. Fuller, 1996, S. 555ff.).
Für die Gleichung (3.3) ist es auch möglich, den Einheitswurzeltest anhand der von Solo (1984) vorgeschlagenen LM-Statistik durchzuführen. Die Statistik muß in diesem Fall mit den Residu-

[19] Wie erwähnt sind die Test-Statistiken, auch der Durbin-Watson-Test, bei autoregressiven Modellen verzerrt. Daher müssen zur Überprüfung der Autokorrelation andere Test-Statistiken herangezogen werden. Die Box-Pierce bzw. die Box-Ljung-Statistik stellen zwei einfach durchzuführende Statistiken zur Überprüfung der Autokorrelation in einer Zeitreihe dar. Sie basieren auf den Statistiken $Q = T \sum_{\tau=1}^{p} r_\tau^2$, bzw. $Q' = T(T+2) \sum_{=1}^{p} (T-\tau)^{-1} r_\tau^2$, wobei r_τ die Stichprobenkorrelation zum Lag τ ist

$$r_\tau = \frac{\sum_{t=\tau+1}^{T} (r_t - \bar{x})(r_{t-\tau} - \bar{x}/[T - (\tau - 1)}{\sum_{t=1}^{T} (r_t - \bar{x})^2/(T-1)}.$$

Problematisch bei diesen Statistiken ist die Wahl der Laglänge p, die den Ausgang der Statistik verzerren kann (vgl. Harvey, 1994, S. 216f.); siehe auch Maddala (1992, S. 540ff.).

en aus einer OLS-Schätzung unter der Nullhypothese vorgenommen werden (vgl. Solo, 1984, S. 918).

Der ADF-Test behält seine Gültigkeit auch, wenn die Autokorrelation in den Residuen nicht nur einem moving-average-Prozeß, sondern allgemein einem autoregressiven moving-average-Prozeß der Ordnung (p,q), ARMA(p,q) folgt. Dieses Ergebnis geht auf Said/Dickey (1984) zurück. Mit

$$u_t = \sum_{i=1}^{p} \alpha_i u_{t-i} + \mu_t + \sum_{j=1}^{q} \beta_j \mu_{t-j} \quad \mu_t \sim (0, \sigma_\mu^2)$$

kann Gleichung (3.1) auch in der Form (3.3) geschrieben werden und der ADF-Test von Dickey-Fuller angewendet werden (vgl. Said/Dickey, 1984, S. 605f.).

Alternativ zum ADF-Test können zur Überprüfung der Einheitswurzel in Anwesenheit von Autokorrelation Tests angewendet werden, die keine white-noise-Eigenschaft des Störterms annehmen (verteilungsfreie oder nichtparametrische Tests). Eine oft angewandte Methode sind die von Phillips (1987) und Phillips/Perron (1988) vorgeschlagenen Z-Tests, die eine nichtparametrische Korrektur der einfachen Dickey-Fuller-Statistik vornehmen. Sie basieren auf der Statistik

$$Z_\rho = T(\hat{\rho}-1) - \frac{1}{2}(\sigma^2 - \sigma_u^2)\left[T^{-2}\sum_{t=2}^{T}(r_{t-1} - \bar{r}_{-1})^2\right]^{-1} \tag{3.4}$$

$$Z_t = \frac{\sigma_u}{\sigma} t(\hat{\rho}) - \frac{1}{2}(\sigma^2 - \sigma_u^2)\left\{\sigma\left[T^{-2}\sum_{t=2}^{T}(r_{t-1} - \bar{r}_{-1})^2\right]^{\frac{1}{2}}\right\}^{-1}, \tag{3.5}$$

wobei $\bar{r}_{-1} = T^{-1}\sum r_{t-1}$ den Stichprobendurchschnitt, $\sigma_u^2 = var(u)$ die Varianz der OLS-Residuen, die konsistent durch $T^{-1}\sum_{t=1}^{T} \hat{u}_t{}^2$ geschätzt werden kann, und σ^2 die T-fache Varianz des Residuendurchschnitts $Tvar(\bar{u})$ mit $\bar{u} = T^{-1}\sum_{t=1}^{T} u_t$ darstellen[20]. Die letzte Varianz ist durch die sog. long-run-Kovarianzmatrix $2\pi s(0)$ bestimmt, wobei $s(0)$ das Spektrum der Residuen zur Frequenz Null darstellt (vgl. Anderson, 1994, S. 459)[21]. Sie kann beispielsweise konsistent durch den auf dem Bartlett-Fenster basierenden Newey-West-Schätzer berechnet

[20] Die in (3.4) und (3.5) angegebene Statistik weicht geringfügig von der von Phillips (1987) und Phillips/Perron (1988) angegebenen Statistik ab. Statt $\bar{r}_{-1}$ wird dort $\bar{r}$, mit $r_0 = 0$, verwendet. Der Vorteil der in (3.4) und (3.5) formulierten Statistik ist ihre Allgemeingültigkeit, unabhängig davon, ob $\alpha_t = 0, \alpha_t = \alpha$ oder $\alpha_t = \alpha_0 + \alpha_1 t$ (vgl. Hamilton, 1994, Fußnote 9, S. 511).

[21] Das (theoretische) Spektrum eines Prozesses x_t mit Erwartungswert $E(x_t) = \mu$ definiert alle Autokovarianzen des Prozesses $\gamma_j = E(x_t - \mu)(x_{t-j} - \mu)$ für eine bestimmte Frequenz w und wird formal durch die Fouriertransformation der Kovarianzen angegeben:

$$s_x(w) = (2\pi)^{-1}\sum_{j=-\infty}^{\infty}\gamma_j e^{-iwj} = (2\pi)^{-1}\left[\gamma_0 + 2\sum_{j=1}^{\infty}\gamma_j cos(wj)\right].$$

Das für eine bestimmte Stichprobe T definierte empirische Spektrum der Zeitreihe wird als Periodogramm bewerden

$$\hat{\sigma}^2 = T^{-1}\sum_{t=1}^{T}\hat{u}_t^2 + 2T^{-1}\sum_{\tau=1}^{l}1-\tau(l+1)^{-1}\sum_{t=\tau+1}^{T}\hat{u}_t\hat{u}_{t-\tau},$$

mit l als eine gewählte Laglänge. Im Falle der Unabhängigkeit der Residuen stimmen beide Varianzen überein, denn hier ist $var(\bar{u_t}) = Var(u)/T = \sigma_u^2/T$ und damit $\sigma^2 = Tvar(\bar{u}) = \sigma^2{}_u$, und die Z-Statistik geht in den Dickey-Fuller-Test über.

Neben dem ADF- und dem Z-Test sind in Anwesenheit von Autokorrelation auch die von Hall (1989) und von Pantula/Hall (1991) vorgeschlagenen Instrumentalvariablen-Tests anwendbar.

Folgen die Residuen einem MA(q)-Prozeß, wird beim Hall-Test die Variable r_{t-1} durch r_{t-k} mit $k \geq 2$ ersetzt, um die in (3.1) wegen der Korrelation zwischen r_{t-1} und u_t fehlerhafte Schätzung zu vermeiden. Durch die Anwendung des üblichen Dickey-Fuller-Tests kann die Stationarität der Zeitreihe überprüft werden.

Folgen die Residuen allgemein einem ARMA(p,q)-Prozeß, werden beim Pantula-Hall-Test r_{t-1} und $\Delta r_{t-1}\cdots\Delta r_{t-p}$ in (3.1) durch r_{t-k} und $\Delta_{t-k}\cdots\Delta r_{t-k-p+1}$ mit $k \geq q$ ersetzt und der ADF-Test angewandt.

---

zeichnet und wird angegeben durch

$$I(w) = (2\pi)^{-1}\left[\hat{\gamma}_0 + 2\sum_{j=1}^{T-1}\hat{\gamma}_j cos(wj)\right].$$

Entsprechendes gilt für das Spektrum eines $(k \times 1)$-Vektors $\mathbf{x_t}$ mit Erwartungswert $\mathbf{u}$. Die Kovarianzen sind nun durch die $(k \times k)$-Matrix $\Gamma_j = E[(\mathbf{x_t} - \mathbf{u})(\mathbf{x_{t-j}} - \mathbf{u})']$ gegeben; das Spektrum durch

$$s_{\mathbf{x}} = (2\pi)^{-1}\sum_{j=-\infty}^{\infty}\Gamma_j e^{-iwj} = (2\pi)^{-1}\left[\Gamma_0 + \sum_{j=1}^{\infty}(\Gamma_j e^{-iwj} + \Gamma_j' e^{-iwj})\right].$$

Das Spektrum s des Prozesses läßt sich konsistent durch eine Glättung des entsprechenden Periodogramms schätzen. Zur Frequenz Null nimmt die Schätzung die Form an:

$$\widehat{s(0)} = (2\pi)^{-1}\left[\hat{\Gamma}_0 + \sum_{j=1}^{T-1}\kappa(z)(\hat{\Gamma}_j + \hat{\Gamma}_j')\right], \qquad (3.6)$$

mit κ als Gewichtung, die auch als Kern bezeichnet wird. Als Glättung können alternativ der Bartlett-, Parzen- und quadratische Kern angewendet werden. Sie sind für $z = j/(l+1)$ mit l als eine bestimmte, oft ad hoc gesetzte Laglänge jeweils definiert durch:

$$\kappa(z) = \begin{cases} 1-z & \text{für } z < 1 \\ 0 & \text{sonst.} \end{cases}$$

$$\kappa(z) = \begin{cases} 1-6z^2+6z^3 & \text{für } 0 \leq z \leq 1/2 \\ 2(1-z)^3 & \text{für } 1/2 \leq z \leq 1 \\ 0 & \text{sonst.} \end{cases}$$

$$\kappa(z) = \frac{3}{(6\pi z/5)^2}\left[\frac{sin(6\pi z/5)}{6\pi z/5} - cos(6\pi z/5)\right].$$

Für eine Darstellung der Fourier- und Spektralanalyse siehe z. B. Anderson (1994, Kap. 9) u. Fuller (1996, Kap. 3 u. 4).

Im Hinblick auf die Zuverlässigkeit des Z-Tests, des Instrumentalvariablen-Tests und des Tests der ADF-Form gilt auch wie beim einfachen DF-Test, daß die Testgüte sehr niedrig und die empirische Größe verzerrt ist.
Beim Z-Test ist die Verzerrung um so höher, je größer der MA- bzw. der AR-Parameter in den Residuen ist. Die Monte-Carlo-Studien von Schwert (1989) und DeJong et al. (1992b) belegen, daß bei negativer Autokorrelation der Test eine deutlich höhere empirische Größe als das nominale Niveau zeigt und sich dem Wert 1 annähert, wenn der Korrelationsparameter höhere Werte annimmt, so daß die wahre Nullhypothese einer Einheitswurzel oft irrtümlich abgelehnt wird.
Umgekehrt zeigt der Test bei positiver Korrelation im Vergleich zum nominalen Testniveau eine sehr geringe empirische Größe (siehe Schwert, 1989, Tab. 1–4 u. DeJong et al., 1992b, Tab. 4).
Ähnlich verhält es sich mit der Testgüte. Sie ist im allgemeinen sehr niedrig und praktisch Null für große Werte der autoregressiven Parameter ρ (siehe DeJong et al., 1992b, Tabellen 1 u. 2).

Der ADF-Test ist bezüglich der Testgröße sowohl für MA- als auch für AR-Residuen weniger verzerrt als der Z-Test: Dem ADF-Test gelingt es unter Hinzufügung weiterer verzögerter Regressoren in Gleichung (3.3), das nominale Niveau annähernd einzuhalten (siehe Ng/Perron, 1995, Tabellen 1 u. 2). Dies gilt im Falle einer MA-Autokorrelation sowohl für ein Modell ohne Trend als auch für eines mit Trend (siehe Schwert, 1989, Tabellen 1–4).
Mit der zunehmenden Anzahl von Regressoren geht allerdings ein Verlust an Güte einher. Wie schnell diese Güte sinkt, wenn die Nullhypothese der Einheitswurzel wirklich falsch ist, belegen Agiakloglou/Newbold (1992) und Harris (1992).
Im Falle von ARMA-Residuen wird das Testniveau überschritten (siehe Pantula/Hall, 1991, Tabellen 4 u. 6).

Der Hall-Instrumentalvariablen-Test ist bei einer negativen Korrelation der Residuen ebenso wie der Z-Test verzerrt (vgl. Hall, 1989, S. 54), so daß hier der erweiterte Dickey-Fuller- bzw. Said-Dickey-Test vorzuziehen sind.
Der Pantula-Hall-Instrumentalvariablenschätzer verhält sich analog zum ADF-Test. Auch hier gelingt in einem Modell ohne Drift und Trend die Einhaltung des nominalen Testniveaus, vorausgesetzt, daß bei der Wahl des Instruments k groß genug ist, um die Bedingung $k \geq q$ sicherzustellen (siehe Pantula/Hall, 1991, Tab. 2). In einem Modell mit Drift und/oder Trend wird, wie auch beim ADF-Test, das nominale Niveau überschritten (siehe Pantula/Hall, 1991, Tabellen 4 u. 6).
Die Testgüte für $k \geq q$ ist mit der ADF-Testgüte vergleichbar und im allgemeinen sehr niedrig (siehe Pantula/Hall, 1991, Tabellen 3, 5 u. 7).

Wie aus dieser Ausführung hervorgeht, ist die Festlegung der Modellordnung entscheidend für den Ausgang der ADF- und Instrumentalvariablen-Tests. Eine oft in empirischen Untersuchungen angewandte, auf Schwert (1989) zurückgehende deterministische Regel bestimmt die Zahl der Lags beim ADF-Test in Abhängigkeit von der Anzahl der Beobachtungen und einer ad hoc gewählten Konstante c nach der Formel $p = int[c(T/100)^{1/4}]$. Für höhere Werte von

c ($c = 12$) gelingt es, das Testniveau einzuhalten, aber, wie oben erwähnt, auf Kosten der Testgüte. Eine Kompromißlösung für diesen Verlust stellt der Wert $c = 4$ dar, der — abgesehen von hoher negativer Autokorrelation — i. d. R. das nominale Testniveau einhält (siehe Schwert, 1989, Tabellen 1–4).

Ng/Perron (1995) empfehlen die Festlegung der Laglänge p beim ADF-Test nach der Signifikanz der einzelnen Regressoren (Lags) bzw. Gruppen von Regressoren für ein bestimmtes, a priori festgelegtes $p = p_{max}$ anhand der t-Statistik bzw. anhand der F-Statistik. Um den trade-off zwischen Testgüte und -größe zu reduzieren, ist diese Vorgehensweise ("general-to-specific strategy") nach den Monte-Carlo-Studien von Ng/Perron (1995, Tabellen 7 u. 9) und Hall (1994, Tabellen 1 u. 2) bei AR-Residuen im Hinblick auf die Verzerrung des Testniveaus mit den Akaike-, Bayesschen-, Schwartz- und Hannan-Quinn-Informationskriterien zur Modellselektion vergleichbar, erweist sich jedoch bei MA-Residuen gegenüber den Informationskriterien als überlegen (siehe Ng/Perron, 1995, Tabellen 6 u. 8).

Für die Instrumentalvariablen-Schätzung ist die Anzahl der Regressoren nicht nur von p, sondern über k von q abhängig. Es ist daher notwendig, beide Ordnungen zu bestimmen. Hall (1992) hat eine etwas rechenaufwendige Methode zur Bestimmung der Ordnug (p, q) vorgeschlagen, die jedoch, abgesehen von einer einzigen Parameterkonstellation in seiner Monte-Carlo-Studie ($T = 250, \theta = 0.65, \phi \geq 0.1$), die Einhaltung des Testniveaus verfehlt (siehe Hall, 1992, Tab. 3) und daher nicht weiter verfolgt wird. Aus diesem Grund empfiehlt es sich, den ADF-Test dem Instrumentalvariablen-Test vorzuziehen, der bei vergleichbarer — im allgemeinen niedriger — Testgüte das Testniveau nach der beschriebenen Festlegung von p leichter einhält.

3.4.3 Kointegrationstests

Hat sich bei der Analyse der Stationarität der Variablen nach der beschriebenen Vorgehensweise die I(1)-Eigenschaft der Zeitreihen r_t und d_t ergeben, kann ein Kointegrationstest für die Variablen durchgeführt werden. Sind die zwei Reihen kointegriert, dann besteht wie oben definiert eine Linearkombination μ z. B. der Form

$$r_t = \alpha + \beta d_t + \mu_t, \tag{3.7}$$

die stationär ist[22]. Der Kointegrationstest läuft damit auf eine Überprüfung der Stationarität der OLS-Residuen hinaus. Dies kann nach der OLS-Schätzung analog durch die Anwendung

[22]Bei der Darstellung der Kointegrationsanalyse in einer Einzelgleichung wird von einer a priori festgelegten Kausalbeziehung zwischen den Variablen d_t (exogene Variable) und r_t (endogene Variable) ausgegangen. Die möglichen Interdependenzbeziehungen zwischen den Variablen werden ausgeblendet. Will man die langfristigen Beziehungen zwischen den Variablen unter Berücksichtigung dieser Interdependenzen analysieren, dann ist die Kointegrationsanalyse anhand der OLS-Schätzwerte nicht mehr anwendbar. Diese Interdependenzen können durch die Maximum-Likelihood-Prozedur von Johansen (1988,1991) und Johansen/Juselius (1990) untersucht werden. Die Johansen-Prozedur ermöglicht durch eine full-information-maximum-likelihood-Schätzung (FIML-Schätzung) der Fehlerkorrekturdarstellung der Kointegrationsbeziehung, die Anzahl aller unabhängigen Kointegrationsbeziehungen in einem Gleichungssystem, dem sog. Kointegrationsrang, und die Kointegrationsparameter zu bestimmen. Einen alternativen Ansatz, die Kointegration in einem interdependenten System zu analysieren, hat jüngst Bierens (1997) vorgeschlagen. Wie die Johansen-Prozedur, basiert auch die Bierens-Prozedur auf der Lösung eines Eigenwertproblems, kommt aber ohne Annahmen über den datenerzeugenden Prozeß aus.

der oben beschriebenen Z- DF- bzw. ADF-Tests auf die Residuen μ erfolgen. Bei der Anwendung der DF-, ADF- und Z-Tests auf die Residuen der Kointegrationsgleichung ist zu beachten, daß unter der Nullhypothese diese Residuen aus einer Scheinregression stammen und daher die für diesen Test abgeleiteten kritischen Werte in Fuller (1996) nicht mehr gelten[23]. Kritische Werte für die DF- und ADF-Tests für Kointegration sind aus Monte-Carlo-Simulationen von Engle/Yoo (1987, S. 157), Banerjee et al. (1993, S. 209), Phillips/Ouliaris (1990, Tab. II, S. 190) und MacKinnon (1991) gewonnen worden. Für die Z-Statistik sind diese Werte für große Stichproben ($T = 500$) in Phillips/Ouliaris (1990, S. 189f.) tabelliert[24]. Für kleinere Stichproben ($50 \leq T \leq 250$) hat Haug (1992) die entsprechenden kritischen Werte für die Z_ρ-Statistik abgeleitet.

Neben diesen Tests sind noch der von Sargan/Bhargava (1983) vorgeschlagene cointegrating-regression-Durbin-Watson-Test (CRDW-Test), die P-Tests von Phillips/Ouliaris (1990) und der superfluous-regressors-Test von Park (1990) anwendbar, die ebenfalls die Hypothese einer fehlenden Kointegration als Nullhypothese formulieren.

Der CRDW-Test basiert auf der Berechnung der üblichen Durbin-Watson-Statistik für die Kointegrationsgleichung und damit auf der Überprüfung der Autokorrelation erster Ordnung in den Residuen $\mu_t = \rho\mu_{t_1} + \varepsilon_t$. Anders als beim üblichen Durbin-Watson-Test wird die Nullhypothese als Korreliertheitshypothese formuliert. Wird die Korreliertheitshypothese $H_0 : \rho = 1$ angenommen, dann folgen die Residuen einem random walk, und die Reihen sind nicht kointegriert. Die kritischen Werte für die Teststatistik sind begrenzt verfügbar, da die Verteilung der Statistik neben der Anzahl der Regressoren und des Stichprobenumfangs auch vom datenerzeugenden Prozeß abhängig ist. Sie sind z. B. in Banerjee et al. (1993, S. 209) zu finden. Diese Werte sind allerdings nicht korrekt, wenn die bei den Residuen vorhandene Autokorrelation höherer Ordnung vorliegt, so daß die Anwendung des Tests beschränkt ist (vgl. Banerjee et al., 1993, S. 207).

Die P-Tests von Phillips/Ouliaris (1990) beruhen auf der Singularität der long-run-Kovarianzmatrix der ersten Differenzen der Variablen im Falle einer Kointegrationsbeziehung. Sind die zwei I(1)-Variablen r_t und d_t kointegriert, dann gilt für die (positiv semidefinite) Kovarianz-

[23] Unter einer Scheinregression ("spurious regression") versteht man die Regression nichtstationärer oder unabhängiger I(1) Prozesse untereinander. Granger/Newbold (1974) und insbesondere Phillips (1986) haben gezeigt, daß bei der Scheinregression das Bestimmtheitsmaß R^2 und die Regressionsparameter die Abwesenheit der Beziehung zwischen den Variablen nicht widerspiegeln und gegen Null tendieren, sondern Zufallsvariablen mit nichtdegenerierter Verteilung sind, die mitunter höhere Werte aufweisen und fälschlicherweise eine signifikante Abhängigkeit anzeigen.

[24] Die von Phillips/Ouliaris (1990) abgeleiteten Werte für den Fall ohne Trend und Drift, mit Drift, mit Drift und Trend in der Kointegrationsgleichung sind unter der Annahme $E(\Delta d_t) = 0$ abgeleitet worden (siehe Phillips/Ouliaris, 1990, S. 167). Weist dagegen die Variable d_t einen Trend auf, $E(\Delta d_t) = \alpha$, enthält die Kointegrationsgleichung (3.7) aber nur einen Drift, ist dieser Fall nach Hansen (1992) ebenso wie der mit Trend in der Kointegrationsgleichung zu behandeln. Die Statistik ist allerdings nicht mit den kritischen Werten für die Anzahl der Regressoren n, sondern mit $n - 1$ zu führen. In dem — so wie hier behandelten — Spezialfall $n = 1$ sind diese Werte nicht in Phillips/Ouliaris (1990), sondern in Hansen (1992, S. 104) zu finden.

matrix Ω_u der Residuen $u_{1t} = \Delta r_t$ und $u_{2t} = \Delta d_t$, $|\Omega_u| = 0$ (vgl. Phillips, 1986, S. 321). Ω_u ist wie oben ausgeführt durch das 2π-fache des Spektrums zur Frequenz Null mit den Elementen

$$\Omega_u = \sum_{j=-\infty}^{\infty} \begin{bmatrix} E(u_{1t}u_{1,t-j}) & E(u_{1t}u_{2,t-j}) \\ E(u_{2t}u_{1,t-j}) & E(u_{2t}u_{2,t-j}) \end{bmatrix} = \begin{bmatrix} \omega_{11} & \omega_{12} \\ \omega_{21} & \omega_{22} \end{bmatrix}$$

definiert. Die Matrix $\hat{\Omega}_u$ läßt sich, nach einer Regression von r_t auf r_{t-1} bzw. d_t auf d_{t-1}, um $\hat{u}_{1t}, \hat{u}_{2t}$ zu erhalten, wie oben beschrieben schätzen.
Wie für jede positiv semidefinite Matrix existiert eine Matrix B, so daß $\Omega_u = B'B$ gilt. Die Matrix B kann anhand einer dreieckigen Zerlegung gefunden werden

$$B = \begin{bmatrix} (\omega_{11} - \omega_{12}\omega_{22}^{-1}\omega_{21})^{1/2} & 0 \\ \omega_{22}^{-1/2}\omega_{21} & (\omega_{22})^{1/2} \end{bmatrix}.$$

Für $\omega_{22} > 0$ ist die Kovarianzmatrix dann singulär, wenn $\omega_{11.2} = \omega_{11} - \omega_{12}\omega_{22}^{-1}\omega_{21} = 0$. Diese Bedingung ist nur erfüllt, wenn eine Kointegrationsbeziehung zwischen den Variablen besteht. Dies ist leichter einsehbar, wenn $\omega_{11.2}$ als bedingte Varianz von $E(u_1u_1'|u_2)$ geschrieben wird: $\omega_{11.2} = \omega_{11}(1 - \varrho^2)$, wobei $\varrho^2 = \omega_{12}\omega_{22}^{-1}\omega_{21}/\omega_{11}$ der quadrierte Korrelationskoeffizient ist. Bei einer Kointegrationsbeziehung ist dieser Korrelationskoeffizient gleich eins und damit $\omega_{11.2} = 0$, $|\Omega_u| = 0$.
Ein Test auf eine fehlende Kointegration kann daher auf die Überprüfung der Hypothese H_0 : $\omega_{11.2} \neq 0$ oder auf die Überprüfung des Rangs der Kovarianzmatrix abzielen. Phillips/Ouliaris (1990) schlagen dafür folgende normierte Teststatistiken vor:

$$\begin{aligned} P_u &= \frac{T\hat{\omega}_{11.2}}{T^{-1}\sum_1^T \hat{\mu}_t^2} \\ P_z &= T spur\left(\frac{\hat{\Omega}_u}{T^{-1}\sum_1^T \mathbf{z}_t\mathbf{z}_t'}\right), \end{aligned}$$

mit $\mathbf{z}_t' = (r_t, d_t)$ und $\hat{\mu}_t$ die geschätzten Residuen aus der Kointegrationsgleichung (3.7). Die kritischen Werte sind in Phillips/Ouliaris (1990, Tabellen III u. IV) zu finden.

Der superfluous-regressors-Test von Park (1990) basiert auf folgender Formulierung der Kointegrationsgleichung

$$r_t = \alpha + \beta d_t + \gamma_1' s_{1t} + \gamma_2' s_{2t} + \mu_t. \tag{3.8}$$

Hierbei bezeichnet s_{1t} einen Vektor deterministischer Trends, z. B. der Form $(t, t^2, \ldots)$. s_{2t} stellt einen Vektor von I(1)-Variablen dar, die z. B. durch den Zufallszahlengenerator eines geeigneten statistischen Programms erzeugt werden können. Die Hypothese einer fehlenden Kointegration wird überprüft, indem der F-Test für die gemeinsame Hypothese $H_0 : \gamma_1' = \gamma_2' = 0$ auf Gleichung (3.8) angewendet wird. Die Verteilung der Statistik folgt nicht der üblichen F-Statistik; sie ist von dem datenerzeugenden Prozeß und der Anzahl der berücksichtigten überflüssigen Regressoren s abhängig (vgl. Park, 1990, S. 124). Kritische Werte für die durch die Anzahl der

Beobachtungen T normierte Statistik F/T sind in Park et al. (1988) und Park/Choi (1988) zu finden.
Hintergrund dieser Statistik sind die von Phillips (1986, S. 318) abgeleiteten Eigenschaften einer Scheinregression: Sind die zwei Variablen r und d kointegriert und bilden daher keine Scheinregression, dann zeigen die t- und F-Statistik eine stabile Grenzverteilung und reflektieren die Signifikanz der Variablen. Wenn der Störterm in der Kointegrationsgleichung bei einer Kointegrationsbeziehung eine white-noise-Variable ist, dann muß jeder weiter aufgenommene Regressor insignifikant sein und dessen Insignifikanz durch diese Statistiken widergespiegelt werden.

Die Kointegrationstests anhand einer statischen linearen Kombination, wie sie in Gleichung (3.7) formuliert ist, haben allerdings den Nachteil, daß sie für endliche Stichproben verzerrt sind und zu fehlerhaften Entscheidungen führen können. Diese Verzerrungen werden z. B. in den Monte-Carlo-Studien von Banerjee et al. (1986) und Haug (1993) dokumentiert. Das Ausmaß der Verzerrung ist proportional zu $1 - R^2$ und schwindet nur langsam mit steigendem Stichprobenumfang (vgl. Banerjee et al., 1993, S. 262). Neben diesen Verzerrungen zeigt Haug (1996) in seiner Monte-Carlo-Studie ferner, daß — ähnlich wie beim Einheitswurzeltest — die ADF-, Z-, P- und superfluous-regressors-Tests für kleine Stichproben ($T = 100$) eine niedrige Güte aufweisen, so daß die Wahrscheinlichkeit für einen Fehler zweiter Art groß ist. Die Testgüte verbessert sich im Gegensatz zu Verzerrungen schnell mit steigendem Stichprobenumfang (vgl. Haug, 1996, S. 113). Anders als beim Einheitswurzeltest steigt die Testgüte zumindest für den ADF-Test mit steigender Frequenz der Datenerhebung. Wie sich die Testgüte im ADF-Test in Abhängigkeit von der Zeitspanne der Datenerhebung erhöht, belegt die Monte-Carlo-Studie von Hooker (1993).

Die Verzerrungen bei der statischen Kointegrationsgleichung resultieren aus einer Korrelation in den Störtermen, die durch einen Ausschluß weiterer Variablen, in diesem Fall der dynamischen Beziehungen zwischen den Variablen, bedingt wird. Man kann, wie oft bei Autokorrelation, diese Verzerrungen durch Differenzbildung durch Hinzufügung verzögerter endogener Variablen und/oder neuer laufender und verzögerter exogener Variablen reduzieren. Banerjee et al. (1986, S. 263f.) zeigen durch Monte-Carlo-Simulationen, daß durch die Formulierung

$$\Delta r_t = \alpha \Delta d_t - \beta (r - d)_{t-1} + d_{t-1} + u_t \tag{3.9}$$

die Verzerrungen unbedeutsam werden. Ähnliches gilt für die Formulierung von Kremers et al. (1992)

$$\Delta r_t = \alpha \Delta d_t + \gamma (r_{t-1} - \beta d_{t-1}) + u_t. \tag{3.10}$$

Modelle, die die Korrelation explizit in der Kointegrationsbeziehung berücksichtigen und theoretisch abhandeln, gehen von der allgemeinen Formulierung

$$r_t = \alpha + \beta d_t + u_{1t} \tag{3.11}$$

$$\Delta d_t = u_{2t} \tag{3.12}$$

aus, wobei dem Residuenvektor $\mathbf{u_t} = (u_{1t}, u_{2t})'$ ein MA-Prozeß folgt, $\mathbf{u_t} = \sum_{j=0}^{\infty} A\varepsilon_{\mathbf{t-j}}$. Hier bezeichnet A die (in diesem Fall 2×2-) Matrix der MA-Parameter und $\varepsilon_{\mathbf{t}}$ einen white-noise-Vektor.

Die Formulierung erlaubt, sowohl die Autokorrelation in den Störtermen als auch die Korrelation zwischen dem Regressor und den Störtermen (die Endogenität des Regressors) in der Kointegrationsbeziehung zu berücksichtigen. Sie kommen jeweils in den von Null verschiedenen Elementen der Varianz-Kovarianzmatrizen $E(\mathbf{u_t u_t'})$ zum Ausdruck. Die OLS-Schätzung einer Regressionsgleichung mit integrierten Variablen, autokorrelierten Störtermen und Korrelation zwischen Regressor und Störterm liefert, so wie von Phillips/Durlauf (1986, S. 481ff.) und Park/Phillips (1988, S. 472ff.) gezeigt, asymptotisch unverzerrte Regressionskoeffizienten, aber falsche Standardfehler der Parameter, so daß die üblichen OLS-Statistiken nicht anwendbar sind. Bei begrenztem Stichprobenumfang sind allerdings die geschätzten Regressionsparameter verzerrt (sog. "second order bias"), und das Ausmaß dieser Verzerrungen kann beträchtlich sein (vgl. Phillips/Hansen, 1990, S. 105). Für eine effiziente Schätzung der Parameter mit ihrer korrekten Varianz-Kovarianzmatrix in (3.11) und (3.12) bieten sich drei Möglichkeiten an:

1. Man kann die Korrelation zwischen Störterm und Regressor durch Variablenaddition aufheben und die Autokorrelation in den Residuen nichtparametrisch berücksichtigen. Diese semiparametrische Behandlung der Kointegrationsgleichung wird von Saikkonen (1991) und Stock/Watson (1993) analysiert.

2. Man kann —ähnlich wie bei Banerjee et al. (1986) und Kremers et al. (1992)— sowohl die Korrelation zwischen Störterm und Regressor als auch die Autokorrelation in den Residuen durch Hinzufügung von Variablen korrigieren. Diese parametrische Behandlung der Kointegrationsgleichung schlagen Phillips/Loretan (1991) vor.

3. Man kann als dritte Alternative eine nichtparametrische Korrektur sowohl der Autokorrelation als auch der Korrelation zwischen Regressor und Störterm, so wie Phillips/Hansen (1990), vornehmen.

Neben der Berücksichtigung der Dynamik zwischen den Variablen erlauben diese Ansätze eine Inferenz über den Kointegrationsparameter β, die bei einer statischen Formulierung in der Form von (3.7) nicht möglich ist, da, wie Stock (1987) gezeigt hat, der Kointegrationsparameter nicht normalverteilt ist, so daß die übliche t–Statistik für die statische Kointegrationsgleichung nicht anwendbar ist.

Bei der Formulierung von Saikkonen (1991) und Stock/Watson (1993) wird die Korrelation zwischen Regressor und Störterm durch Hinzufügung von verzögerten und vorauseilenden

Differenzen von d_t in (3.11) parametrisch berücksichtigt. Hintergrund dieser Transformation ist die Stationarität in u_1 und u_2, die eine Aufstellung einer linearen Approximation der Form $u_1 = \sum_{\tau=-p}^{p} \gamma_\tau u_{2t-\tau}$ erlaubt (vgl. Stock/Watson, 1993, S. 785; Hamilton, 1994, S. 608). Die beste lineare Approximation, für die der mittlere quadratische Fehler minimal wird, ist die orthogonale Projektion von u_1 auf u_2, die dadurch gekennzeichnet ist, daß der Approximationsfehler

$$\mu_t = u_1 - \sum_{\tau=-p}^{p} \gamma_\tau u_{2t-\tau} \tag{3.13}$$

mit allen Regressoren $u_{2t-\tau}$ unkorreliert ist. Für diesen Fehler gilt dann $\mu_t = \sum_{i=0}^{p} \psi_i \varepsilon_{t-i}$, $\varepsilon_t \sim (0, \sigma_\varepsilon^2)$[25]. Die Kointegrationsgleichung (3.11) mit (3.12) kann dann nach Einsetzen von u_1 nach (3.13) geschrieben werden als:

$$r_t = \alpha + \beta d_t + \sum_{\tau=-p}^{p} \gamma_\tau \Delta d_{t-\tau} + \mu_t. \tag{3.14}$$

Durch diese Transformation wird die Korrelation zwischen den Regressoren und Störtermen aufgehoben, was mittels einer OLS-Schätzung zwar zur erwartungstreuen Schätzung der Regressionskoeffizienten führt, aber wegen der Autokorrelation der Residuen weiterhin eine inkonsistente Varianz-Kovarianzmatrix liefert.

Gleichung (3.14) kann mittels der verallgemeinerten Kleinst-Quadrate-Methode (GLS-Methode) konsistent geschätzt werden. Bei einer zweistufigen Prozedur muß, um die Varianz-Kovarianzmatrix der Störvariablen zu erhalten, die Korrelationsstruktur anhand einer Vorab-OLS-Schätzung geschätzt werden, die dann in einer zweiten Regression für die GLS-Schätzung verwendet wird. Die Überprüfung der Kointegration geschieht anhand der üblichen Wald-Statistik für die Hypothese $H_0 : \beta = 1$ (vgl. Stock/Watson, 1993, S. 792f.). Die Wald-Statistik nimmt dann die Form $\frac{(\hat{\beta}_{GLS}-1)^2}{v\hat{a}r(\hat{\beta}_{GLS})^2}$ an und ist $\chi^2(1)$ verteilt.

Alternativ kann mit dem OLS-Parameter der Hypothesentest anhand der üblichen Wald-Statistik für die OLS-Parameter $\hat{\beta}_{OLS}$ mit einer die Autokorrelation berücksichtigenden Varianz-Kovarianzmatrix durchgeführt werden (siehe Phillips/Park, 1988). Sie ist durch $s_\mu(X'X)^{-1}$ definiert mit s_μ als Spektrum der Residuen μ_t zur Frequenz Null und mit X als Beobachtungsmatrix in (3.14). Praktisch einfacher ist es, die von der statistischen Software mitgelieferte Wald-Statistik zu korrigieren mittels

$$\frac{(\hat{\beta}_{OLS}-1)^2}{v\hat{a}r(\hat{\beta}_{OLS})} \frac{\hat{\sigma}_{OLS}^2}{s_\mu^2}$$

für die χ^2-Statistik bzw.

$$\frac{\hat{\beta}_{OLS}-1}{\sqrt{v\hat{a}r(\hat{\beta}_{OLS})}} \frac{\hat{\sigma}_{OLS}}{s_\mu}$$

[25] Für eine Darstellung der Theorie der linearen Approximation (lineare Prognose) siehe z. B. Schlittgen/Streitberg (1997, S. 517ff.) und Hamilton (1994, S. 74ff.).

für die t–Statistik.

Eine zweite Möglichkeit, die Korrelationen in den statischen Gleichungen aufzuheben, besteht darin, nicht nur die Endogenität der Regressoren zu beseitigen, sondern auch die verbleibende Korrelation in den Residuen μ_t in (3.14) durch eine weitere parametrische Korrektur aufzuheben. Phillips/Loretan (1991, S. 424) nehmen diese Korrektur in Form von

$$\mu_t = \sum_{\tau=1}^{p} \delta_\tau r_{t-\tau} - \alpha - \beta d_{t-\tau} + \varepsilon_t \tag{3.15}$$

vor, wobei ε eine white-noise-Variable ist. Nach Substitution in Gleichung (3.14) erhält man:

$$r_t = \alpha + \beta d_t + \sum_{\tau=1}^{p} \delta_\tau (r_{t-\tau} - \beta d_{t-\tau}) + \sum_{\tau=-p}^{p} \gamma_\tau \triangle d_{t-\tau} + \varepsilon_t. \tag{3.16}$$

Die nichtlineare Kleinst-Quadrate-Methode liefert eine asymptotisch effiziente und unverzerrte Schätzung der Kointegrationsparameter β mit entprechendem korrektem Standardfehler.

Als dritte Alternative, um den Korrelationen in der statischen Formulierung der Kointegrationsgleichung

$$r_t = \alpha + \beta d_t + u_{1t} \tag{3.17}$$

$$\triangle d_t = u_{2t}, \tag{3.18}$$

Rechnung zu tragen, schlagen Phillips/Hansen (1990) den *fully modified* OLS-Schätzer vor, durch den eine nichtparametrische Korrektur der Regressionskoeffizienten und der Kovarianzmatrix vorgenommen wird[26].

Basis der Korrektur ist die (2×2)-long-run-Kovarianzmatrix Ω des Vektors $\mathbf{u_t} = (u_{1t}, u_{2t})'$, die durch das 2π-fache des Spektrums zur Frequenz Null definiert ist:

$$\Omega = 2\pi s_{\mathbf{u}}(0) = \sum_{j=-\infty}^{\infty} \Gamma_j.$$

Ihre Elemente werden gegeben durch

$$\sum_{j=-\infty}^{\infty} \begin{bmatrix} E(u_{1t}u_{1,t-j}) & E(u_{1t}u_{2,t-j}) \\ E(u_{2t}u_{1,t-j}) & E(u_{2t}u_{2,t-j}) \end{bmatrix} = \begin{bmatrix} \omega_{11} & \omega_{12} \\ \omega_{21} & \omega_{22} \end{bmatrix}$$

[26] Park (1992) hat mit der *canonical cointegrating regression* einen ähnlichen Kointegrationstest entwickelt, bei dem nicht nur wie in Phillips/Hansen (1990) die endogene Variable transformiert und danach die Regressionskoeffizienten korrigiert werden, sondern sowohl die endogenen als auch die exogenen Variablen transformiert werden, um danach direkt OLS-effiziente Koeffizienten zu erhalten. Beide Vorgehensweisen sind eng miteinander verwandt und asymptotisch äquivalent. Hier wird sich die Darstellung auf die Phillips-Hansen-Methode beschränken.

und lassen sich durch eine entsprechende Glättung des Periodogramms schätzen:

$$\begin{aligned}\hat{\Omega} &= \hat{\Gamma}_0 + \sum_{j=1}^{T-1} \kappa(z)(\hat{\Gamma}_j + \hat{\Gamma}'_j) \\ &= \begin{bmatrix} \hat{\omega}_{11} & \hat{\omega}_{12} \\ \hat{\omega}_{21} & \hat{\omega}_{22} \end{bmatrix}, \end{aligned} \tag{3.19}$$

mit

$$\hat{\Gamma}_j = T^{-1} \sum_{t=j+1}^{T} \mathbf{u_t u'_{t-j}} = \begin{bmatrix} \hat{\gamma}_{11} & \hat{\gamma}_{12} \\ \hat{\gamma}_{21} & \hat{\gamma}_{22} \end{bmatrix}. \tag{3.20}$$

Zieht man den Korrekturterm $\hat{\omega}_{12}\hat{\omega}_{22}^{-1}\Delta d_t$ von beiden Seiten der Gleichung (3.17) ab, so erhält man:

$$r_t^+ = \alpha + \beta d_t + u_t^+,$$

mit

$$\begin{aligned} r_t^+ &= r_t - \hat{\omega}_{12}\hat{\omega}_{22}^{-1}\Delta d_t \\ u_t^+ &= u_{1t} - \hat{\omega}_{12}\hat{\omega}_{22}^{-1}\Delta d_t. \end{aligned}$$

Durch diese Transformation wird die Endogenität zwischen Regressor und Störterm beseitigt, denn für die neue long-run-Kovarianzmatrix Ω^+ der neuen Störterme $\mathbf{u}^+ = (u^+, u_2)$ gilt jetzt:

$$\begin{bmatrix} \omega_{11} - \omega_{12}\omega_{22}^{-1}\omega_{21} & 0 \\ 0 & \omega_{22} \end{bmatrix}. \tag{3.21}$$

Dies läßt sich einfach zeigen, wenn die Störterme $\mathbf{u}^+$ in Form einer linearen Kombination $A\mathbf{u}$ geschrieben werden:

$$\begin{bmatrix} u^+ \\ u_2 \end{bmatrix} = \begin{bmatrix} 1 & -\omega_{12}\omega_{22}^{-1} \\ 0 & 1 \end{bmatrix} \begin{bmatrix} u_1 \\ u_2 \end{bmatrix}.$$

Für die neue Kovarianzmatrix gilt dann $\Omega^+ = A\Omega A'$, was zu (3.21) führt.

Die bei kleinen Stichproben bestehenden Korrelationen, die für die second-order bias verantwortlich sind, werden durch das empirische Spektrum $\gamma^+ = \sum_{j=0}^{\infty} E(u_{2t}u_{t-j}^+)$ erfaßt. Es kann direkt aus (3.19) und (3.20) geschätzt werden, denn es gilt:

$$\begin{aligned} \gamma^+ &= \sum_{j=0}^{\infty} E(u_{2t}u_{t-j}^+) \\ &= \sum_{j=0}^{\infty} E[u_{2t}(u_{1,t-j} \quad u_{2,t-j}] \begin{bmatrix} 1 \\ -\omega_{12}\omega_{22}^{-1} \end{bmatrix} \\ &= [\gamma_{21} \quad \gamma_{22}] \begin{bmatrix} 1 \\ -\omega_{12}\omega_{22}^{-1} \end{bmatrix}. \end{aligned}$$

Die Bereinigung dieser bias in der OLS-Schätzung führt zum *fully modified* OLS-Schätzer:

$$\begin{bmatrix} \alpha^+ \\ \beta^+ \end{bmatrix} = \begin{bmatrix} T & \sum d_t \\ \sum d_t & \sum d_t^2 \end{bmatrix}^{-1} \begin{bmatrix} \sum r_t^+ \\ \sum d_t r_t^+ - T\hat{\gamma}^+ \end{bmatrix}.$$

Die Kointegrationshypothese $H_0 : \beta = 1$ kann anhand der Waldstatistik mit der korrigierten Varianz der Parameter var^+ geführt werden. Sie wird angegeben durch:

$$var^+ = (\hat{\omega}_{11} - \hat{\omega}_{21}^2 \hat{\omega}_{22}^{-1}) \begin{bmatrix} T & \sum d_t \\ \sum d_t & \sum d_t^2 \end{bmatrix}^{-1}.$$

Im Hinblick auf die Zuverlässigkeit der die Korrelationen berücksichtigenden Tests ist der Phillips-Hansen-Test bei begrenzten Stichproben verzerrt (siehe Phillips/Hansen, 1990, S. 116ff.). Wie beim $Z-$Test sind die Verzerrungen im Falle einer negativen Korrelation der Residuen am größten (siehe Phillips/Loretan, 1991, S. 428f.). Im allgemeinen liefert der Stock-Watson-Saikkonen-Test bessere Ergebnisse[27], wenn auch der Test im Falle einer Korrelation höherer Ordnung und ungenügender Lags und Leads in den Kointegrationsgleichungen Verzerrungen aufweist (vgl. Stock/Watson, 1993, S. 798). Das gleiche gilt für den Phillips-Loretan-Test (vgl. Phillips/Loretan, 1991, S. 429).

Aus diesen Ausführungen wird deutlich, daß bei Kointegrationstests wie bei unit-root-Tests Vorsicht geboten ist. Wie es Stock und Watson (1993, S. 798) ausdrücken, "no single estimator is a panacea". Es empfiehlt sich daher sowohl bei einer unit-root- als auch bei einer Kointegrationsanalyse, mehrere Tests anzuwenden, bevor die unit-root- und die Kointegrationshypothese endgültig angenommen oder abgelehnt werden.

3.4.4 Das Fehlerkorrekturmodell

Zeigt der Kointegrationstest eine stabile Beziehung zwischen den Variablen, kann ein Fehlerkorrekturmechanismus (ECM) geschätzt werden, der für die Korrektur der Gleichgewichtsabweichungen verantwortlich ist und die kurzfristige Dynamik des Modells aufzeigt. Nach dem Granger Repräsentationstheorem haben kointegrierte Zeitreihen eine Fehlerkorrekturdarstellung, die jede Änderung der endogenen Variablen durch eine Änderung der exogenen Variablen und durch eine Korrektur einer in der Vorperiode aufgetretenen Gleichgewichtsabweichung oder eines "Fehlers", wie sie in den Störtermen ihren Niederschlag finden, beschreiben. Sie nimmt die Form

$$\triangle r_t = \gamma \triangle d_t - \delta u_{t-1} + \varepsilon_t \tag{3.22}$$

mit $\varepsilon \sim (0, \sigma_\varepsilon^2)$ an (vgl. Engle/Granger, 1987, S. 256). Hierbei beschreibt der Koeffizient γ den Effekt eines exogenen Schocks in d auf r, der Koeffizient δ die Anpassung an das langfristige Gleichgewicht. Aus beiden Koeffizienten läßt sich ein durchschnittlicher Anpassungslag

---

[27] Siehe hierzu die Monte-Carlo-Ergebnisse für die bias in den Tabellen 1–3 in Stock/Watson (1993, S. 796f.).

an das Gleichgewicht als Verhältnis des in einer Periode nicht berücksichtigten Anteils eines Schocks $(1 - \gamma)$ zu dem Anpassungskoeffizienten an das langfristige Gleichgewicht definieren (vgl. Scholnick, 1991, S. 17). Die Gleichung (3.22) kann nach Granger/Engle (1987, S. 262f.) mittels der OLS-Methode konsistent geschätzt werden, wenn die in einer ersten Stufe aus den Kointegrationstests in (3.11) gewonnenen Residuen für den Regressor u verwendet werden.

Die Kointegrationsanalyse ist zur Überprüfung der Rationierung auf den Kreditmärkten Malaysias von Scholnick (1991) und für die BRD von Winker (1995, 1996) angewendet worden. Scholnick (1991) untersucht mittels der DF-, ADF- und CRDW-Kointegrationstests die Beziehungen zwischen dem Zinssatz für kurzfristige Kredite und den Bankkosten auf dem malaysischen Kreditmarkt in der Post-Liberalisierungsperiode 1983–1988. Die Kosten werden durch den Zins für Tagesgeld oder durch den Zins für Termineinlagen mit dreimonatiger Laufzeit abgebildet. Die zentrale Hypothese der Theorie der Kreditrationierung bei asymmetrischer Information, die Unabhängigkeit der Kreditzinsen vom Einlagenzins, wird bestätigt, da kein Kointegrationsvektor für diese Variablen gefunden wird. Bei der Verwendung des Geldmarktzinses als Kostenvariable liefert der Kointegrationstest keine eindeutigen Aussagen. Bei der zweistufigen Schätzung des Fehlerkorrekturmodells für den Geldmarkt- und Kreditzins erwies sich allerdings der Koeffizient für ECM (ε in Gleichung (3.22)) als signifikant, jedoch zeigte er eine sehr ausgeprägte Zinsträgheit, was auf die dynamische Kreditrationierung hinweist: Eine exogene Änderung im Geldmarktsatz zeigt einen Anpassungslag von etwa 20 Monaten[28].

Bei Winker (1995, 1996) zeigen sich die Ergebnisse für den bundesdeutschen Kreditmarkt in der Periode 1975–1989 sensibel einerseits hinsichtlich der gewählten Abbildung des Kreditzinses und andererseits hinsichtlich der Schätzmethode. Winker quantifiziert in den beiden Untersuchungen den Einlagenzins mit dem Zins für Termineinlagen mit einer Laufzeit von 1 bis 3 Monaten; für den Geldmarktsatz wählt er den Zinssatz für Tagesgeld. Für den Kreditzins wählt er unterschiedliche Approximationen. In Winker (1995) wird der Kreditzinssatz durch die Umlaufrendite für Bankschuldverschreibungen abgebildet. Die ADF- und Z-Kointegrationstests zeigen in diesem Fall keine langfristige Beziehung zwischen Einlagen- und Kreditzins sowie zwischen Geldmarkt- und Kreditzins. Dieses Ergebnis steht im Einklang mit der Theorie der Kreditrationierung bei asymmetrischer Information. Die simultane Schätzung mit dem Phillips-Loretan-Ansatz zeigt dagegen eine stabile Beziehung der Variablen und damit eine Verwerfung der Hypothese der Rationierung als Gleichgewicht. Die Kreditzinsen zeigen eine verzögerte Anpassung an den Geldmarktsatz, was eine dynamische Kreditrationierung impliziert.

---

[28] Die Theorie der Kreditrationierung macht keine unmittelbaren Aussagen über die Beziehungen zwischen Geldmarkt- und Kreditzins. Die Beziehungen zwischen Geld- und Depositenzins einerseits und Geld- und Kreditzins andererseits bleiben so unberücksichtigt. Scholnick (1991) versucht im Rahmen eines sog. kombinierten Modells, diese Beziehungen zu erklären. Nach diesem Modell wird langfristig der Kreditzins nur durch den Geldmarktsatz (die Grenzkosten der Liquiditätsversorgung) bestimmt. Das Ausfallrisiko des Kredites kann daher nur kurzfristige Folgen haben, und damit wird Kreditrationierung nicht als gleichgewichtiges, sondern als transitorisches Phänomen betrachtet (vgl. Scholnick, 1991, S. 7). Sein Ansatz bleibt insofern unbefriedigend, als er diese Beziehungen per Annahme einführt.

In Winker (1996) wird als Kreditzins der Zinssatz für Kontokorrentkredite gewählt. Sowohl der Kointegrationstest mit den OLS-Schätzwerten für die Residuen als auch der Phillips-Loretan-Ansatz verwerfen die Hypothese der gleichgewichtigen Kreditrationierung, da eine Kointegrationsbeziehung zwischen den Variablen gefunden wird. Das Fehlerkorrekturmodell zeigt einen Anpassungslag der Kredit- an die Geldmarktzinsen von etwa 6 Monaten, was auch hier dynamische Kreditrationierung impliziert.

3.5 Grangers Kausalitätsanalyse der Kreditrationierung

Bei der Kointegrationsanalyse anhand einer Einzelgleichung ist von einer a priori festgelegten Kausalität zwischen den Variablen ausgegangen worden. Anhand einer Untersuchung der Kausalität(srichtung) zwischen den Variablen lassen sich jedoch auch Aussagen der Theorie der Kreditrationierung überprüfen. Die Hypothese, daß eine Veränderung der Bankmittel im Gleichgewicht zwar zu einer Erhöhung der Kreditmenge führt, aber keine Auswirkungen auf den Kreditzins hat, bedeutet in der Terminologie der Kausalitätsanalyse, daß die Bankmittel die Kreditmenge, nicht aber den Kreditzins verursachen und daß der Kreditzins die Kreditmenge nicht verursacht. Nach Grangers Kausalitätskonzept wird eine Variable x als verursachend für andere y bezeichnet, wenn aus den vergangenen Werten von x eine bessere Prognose für y möglich wird (vgl. Granger, 1969). Zu betonen ist hier, daß nach diesem Begriff die Kausalitätstests also nicht immer die Überprüfung der theoretischen Ursache-Wirkung beinhalten, sondern die Überprüfung, ob die Variable x die Variable y vorhersagen kann. Dies ist nicht immer deckungsgleich und kann daher zur Überprüfung ökonomischer Theorien ungeeignet sein[29]. Voraussetzung für eine Deckungsgleichheit beider Kausalitätsbegriffe ist die strikte Exogenität von x (vgl. Hamilton, S. 307f.).

Die Analyse der Kausalität läßt sich durch eine paarweise vektorautoregressive Modellierung der Variablen Kreditzins r, Kreditmenge Q und einer für die Bankmittel relevanten Variablen, wie die Depositen D oder die Geldmenge M, vornehmen. Für die Variablen (r, M) ist die entsprechende Modellierung

$$r_t = \alpha_1 + \sum_{\tau=1}^{p} \beta_{1\tau} r_{t-\tau} + \sum_{\tau=1}^{p} \gamma_{1\tau} M_{t-\tau} + \mu_{t1} \tag{3.23}$$

$$M_t = \alpha_2 + \sum_{\tau=1}^{p} \beta_{2\tau} M_{t-\tau} + \sum_{\tau=1}^{p} \gamma_{2\tau} r_{t-\tau} + \mu_{t2}. \tag{3.24}$$

Das vektorautoregressive Modell läßt sich unter der Annahme der Stationarität der Variablen und der Störterme konsistent durch die OLS-Methode schätzen. Im Falle der Nichtstationarität der Variablen ist eine Variablentransformation durch Differenzbildung notwendig,

[29] Das folgende Aktienbeispiel von Hamilton (1994, S. 306f.) verdeutlicht diesen Unterschied: Der Kurs einer Aktie wird nach der Theorie von ihrer Dividende bestimmt (Kurs als Barwert zukünftiger Dividenden). Würde man die Kausalitätsbeziehungen nach dem Granger-Kausalitätskonzept prüfen, würde sich eine umgekehrte Kausalitätsrichtung zeigen: nicht die Dividenden würden den Kurs "verursachen", sondern umgekehrt der Kurs die Dividenden. Der Kurs ist daher für die Prognose zukünftiger Dividenden eine geeignete Variable.

um die Stationarität zu gewährleisten. Zur Überprüfung, ob die Variable M den Kreditzins r (nicht) Granger-verursacht, wird aus den OLS-Residuen der unrestringierten Gleichung und denen der restringierten Gleichung ($\gamma_{1\tau} = 0$) der übliche F-Test angewendet und mit den Fraktilen $F(p, T - 2p - 1)$ der F-Verteilung für ein bestimmtes Signifikanzniveau verglichen[30]. Zeigt der Test keine Signifikanz, dann verursacht die Geldmenge nicht den Kreditzins, was im Einklang mit der Theorie steht. Analog würde man mit der Variable r bezüglich M vorgehen, um die umgekehrte Kausalität zu überprüfen. Für die anderen Variablenpaare (Q, r) und (M, Q) ist die gleiche Prozedur vorzunehmen. Zeigt sich hier, daß r nicht Q verursacht bzw. Q neben r auch von M verursacht wird, dann bestätigt dies die Hypothese der Theorie der Kreditrationierung.

Sofianos et al. (1990) haben diese Vorgehensweise für die Analyse des US-amerikanischen Kreditmarktes in der Periode 1973–1987 für alternative Quantifizierungen der Variablen Kreditzins, Geld- und Kreditmenge angewendet. Ihre Ergebnisse mit der Geldmenge in der M1-Abgrenzung (Tab. 2, Modell A in ihrer Bezeichnung) deuten auf eine Rationierung auf diesem Markt hin, da daraus der Kreditzins als nicht verursachend, die Geldmenge dagegen als verursachend für die Kreditmenge resultiert.
Zwischen der Geldmenge M1 und dem Kreditzins zeigen sich Wechselbeziehungen, so daß bei der Überprüfung der zweiten Hypothese der Theorie der Kreditrationierung — eine Veränderung der Kreditmittel hat keinen Einfluß auf den Kreditzins — die strikte Exogenitätsbedingung verletzt wird und Grangers Kausalitätsanalyse eher die Prognose und weniger die theoretische Ursache-Wirkung aufdeckt.
Um die Exogenität der Variablen für die Bankmittel sicherzustellen, quantifizieren Sofianos et al. (1990) in einem alternativen Modell (Modell C in Tab. 2) die Geldmenge mit den freien Liquiditätsreserven ("nonborrowed reserves") der Banken[31]. Hier zeigt sich die Bestätigung beider Hypothesen der Rationierungstheorie, daß die Bankmittel keinen Einfluß auf die Zinsen haben und die Kredite durch die Bankmittel unmittelbar bestimmt werden und daher (neben einer Zinsrationierung) auch eine Mengenrationierung stattfindet.

Wie bei der Kointegrationsanalyse von Zeitreihen ist eine Kausalitätsanalyse einfach durchzuführen, aber auch hier sind die Ergebnisse mit Vorsicht zu interpretieren.
Erstens gilt die zugrundegelegte Wald-Statistik nach Sims et al. (1990) und Toda/Phillips (1993) nur asymptotisch. Für kleine Stichproben, wie sie i. d. R. für die Analyse von Kreditmärkten in

[30]Neben dem F-Test sind eine Reihe anderer Tests für die Überprüfung der Kausalität vorgeschlagen worden, u. a. der von Sims (1972), Pierce/Haugh (1977), Geweke (1982, 1984) und Geweke et al. (1983). Die komparative Monte-Carlo-Studie von Geweke et al. (1983) zeigt, daß der F-Test bessere Ergebnisse liefert, so daß die in dieser Arbeit vorgenommene Darstellung sich auf diesen Test beschränkt.

[31]Untersuchungsgegenstand bei Sofianos et al. (1990) ist in erster Linie der Transmissionsmechanismus der Geldpolitik. Sie disaggregieren daher die Kredite, je nachdem, ob sie im Rahmen vereinbarter Kreditlinien vergeben werden oder nicht ("commitment loans" und "noncommitment loans"), um die verschiedenen Transmissionswege (jeweils Zinsen- und Kreditverfügbarkeit) aufzuzeigen. Für die Theorie der Kreditrationierung sind nur Kredite der zweiten Art relevant, worauf sich auch die hier dargestellten Ergebnisse beziehen. Kredite, die auf bestimmten vorab getroffenen Verpflichtungen beruhen, sind per definitionem — wie auch die Ergebnisse Sofianos et al. (1990) zeigen — von einer Rationierung nicht betroffen.

Entwicklungsländern vorliegen, ist zu erwarten, daß die Statistik keine guten Resultate liefert. Bei der Analyse der Kausalitäten zwischen den Kreditmarktvariablen ist zweitens eine strikte Exogenität der Geldmenge nur schwer zu gewährleisten, so daß wie erwähnt der Granger-Kausalitätstest zwar für Prognosezwecke, nicht aber für eine Ursache-Wirkung-Analyse geeignet ist.
Drittens kann eine Analyse der Kausalität in einem bivariaten Fall fälschlicherweise Kausalität anzeigen, wenn relevante Variablen in der Regression nicht berücksichtigt werden und die aufgenommene Variable mit diesen Variablen korreliert ist (vgl. Hamilton, 1994, S. 308f.).

Abgesehen von den angeführten Schwächen der Schätzmethoden für Modellierung, die die Beziehung zwischen Zinssatz und Geldmarktsatz analysieren, wie in der linearen Regression, der Kointegrations- und Kausalitätsanalyse, sind diese Modelle für die meisten Entwicklungsländer, wie z. B. für Marokko, nicht geeignet, um die dargestellte Theorie der Kreditrationierung zu überprüfen, da trotz der teilweisen Liberalisierung ihrer Kreditmärkte weiterhin Zinsbeschränkungen bestehen.
Nach der Theorie ist die Zinsstarrheit bzw. -trägheit im Kreditrisiko und nicht, wie in vielen Entwicklungsländern der Fall, exogen begründet. Da die Kreditzinsen exogen bestimmt werden, ist eine fehlende Koppelung der Kredit- und Geldmarktzinsen nicht unbedingt ein Ausdruck einer im Kreditrisiko begründeten trägen Anpassung der Kreditzinsen an die Kosten, die für die Rationierung verantwortlich ist. Umgekehrt ist eine Koppelung beider Zinsen kein Garant für die Ablehnung der Gleichgewichtsrationierung.

3.6 Analyse mit ökonometrischen Rationierungsmodellen

3.6.1 Rationierungsmodelle mit exogenen Preisen

3.6.1.1 Das Modell mit stochastischer Regimezuordnung Anhand der bislang dargestellten empirischen Ansätze ließ sich die Kreditrationierung nicht quantifizieren. Eine entsprechende ökonometrische Angebots- und Nachfragemodellierung und die Analyse des Gleichgewichts bzw. der Anpassungen an das Gleichgewicht und somit eine Überprüfung der im ersten Teil dargestellten Theorie blieb aus. Wie eingangs des Kapitels erwähnt, liegt die Schwäche dieser Ansätze darin begründet, daß auf Kreditmärkten zwei endogene Variablen, Kreditangebot und -nachfrage, vorliegen, die nicht beobachtbar sind und mit diesen Ansätzen nicht modelliert werden können. Nur die tatsächlich gehandelten Kredite konnten erfaßt werden.
Seit der grundlegenden Arbeit von Fair/Jaffee (1972) sind verschiedene Schätzmethoden für die Partialanalyse entwickelt worden, die mit Hilfe der Minimumregel Nachfrage und Angebot auf Märkten, eventuell mit Rationierung, schätzen können. Nach dieser Regel wird die realisierte Transaktion auf Märkten bei freiwilligem Tausch von der "kurzen Seite" des Marktes, d. h. dem Minimum von Angebot und Nachfrage, bestimmt. Solche Ansätze werden im englischen und deutschen Sprachgebrauch als "ökonometrische Ungleichgewichtsmodelle" ("econometrics

of disequilibrium") bezeichnet[32]. Das in diesen ökonometrischen Ansätzen definierte "Gleichgewicht" wird nicht wie allgemein in der Wirtschaftstheorie und auch hier im ersten Teil der Arbeit im Sinne eines Ruhezustands verstanden, sondern mit Markträumung gleichgesetzt, so daß Rationierung eine Ungleichgewichtssituation kennzeichnet. Der Terminus ist daher etwas unzutreffend und steht im Widerspruch zu dem in der vorliegenden Arbeit verwendeten Begriff. Aus diesem Grund werden die ökonometrischen Modelle als *short-side*-Modelle oder ähnlich der französischen Bezeichnung "Econométrie des modèles d'équilibre avec rationnement" als ökonometrische Rationierungsmodelle bezeichnet.

Die grundlegenden ökonometrischen Rationierungsmodelle suchen mit Hilfe der Minimumregel Angebot und Nachfrage zu bestimmen und betrachten dabei die Preise als exogene Größe. Die stochastische Spezifikation des Modells kann in den Grundmodellen entweder durch die Verhaltensgleichungen oder durch die Minimumregel gegeben werden. Im ersten Fall erfolgt die Regimezuordnung stochastisch, im zweiten Fall deterministisch.
In diesem Unterabschnitt wird die Maximum-Likelihood-Schätzmethode (ML-Methode) für das grundlegende Rationierungsmodell mit stochastischer Regimezuordnung dargestellt; im nächsten dann mit deterministischer Regimezuordnung.

Das grundlegende Rationierungsmodell mit stochastischer Regimezuordnung (*Modell A*) besteht aus den Gleichungen:

$$D_t = \beta_1' X_{1t} + u_{1t} \tag{3.25}$$

$$S_t = \beta_2' X_{2t} + u_{2t} \tag{3.26}$$

$$Q_t = min(D_t, S_t)^{33}. \tag{3.27}$$

Hierbei bezeichnen D_t, S_t jeweils die nicht beobachtete Nachfrage und das nicht beobachtete Angebot an Krediten, Q_t die tatsächlich beobachtete Transaktionsmenge, $X_{.t}$ den Vektor exogener Variablen, der u. a. den Zinssatz enthält, $\beta_.$ den Koeffizientenvektor und u_{1t}, u_{2t} die temporär unkorrelierten, gemeinsam normalverteilten Störterme mit Erwartungswert Null und Kovarianzmatrix $\Sigma = \begin{bmatrix} \sigma_1^2 & \sigma_{12} \\ \sigma_{12} & \sigma_2^2 \end{bmatrix}$.

---

[32] Einen Überblick über ökonometrische Ungleichgewichtsmodelle bieten Quandt (1982), Maddala (1983a, Kap. 10; 1986) und Gourieroux/Laffont/Monfort (1984). Eingehend werden Ungleichgewichtsmodelle in Bowden (1978a) und Quandt (1988) behandelt.

[33] *Modell A* kann geschrieben werden in Form von

$$Q_t = (1 - \delta_t)[\beta_1' X_{1t} + u_{1t}] + \delta_t[\beta_2' X_{2t} + u_{2t}].$$

Dabei ist δ_t eine (1,0)-Variable, die die Regime angibt:

$$\delta_t = \begin{cases} 0 & \text{falls } \beta_1' X_{1t} + u_{1t} < \beta_2' X_{2t} + u_{2t} \\ 1 & \text{falls } \beta_1' X_{1t} + u_{1t} \geq \beta_2' X_{2t} + u_{2t}. \end{cases}$$

Die Bezeichnung "stochastische Regimezuordnung" im Modell beruht darauf, daß diese Variable stochastisch definiert ist.

Eine Möglichkeit, Modell (3.25)-(3.27) zu schätzen, wurde zum ersten Mal von Maddala/Nelson (1974) mit der Anwendung der ML-Methode aufgezeigt. Die folgende Darstellung des Schätzverfahrens stützt sich auf deren Artikel sowie auf Quandt (1988, S. 28ff.).
Die Likelihoodfunktion bestimmt sich aus der Dichte der beobachteten Variablen $h(Q_t)$, die sich nach dem Satz der totalen Wahrscheinlichkeit schreiben läßt:

$$h(Q_t) = f(Q_t|D_t < S_t)pr(D_t < S_t) + f(Q_t|D_t \geq S_t)pr(D_t \geq S_t). \tag{3.28}$$

Die bedingten Dichten für die Nachfrage- und Angebotsfunktionen $f(.)$ lassen sich formulieren als

$$f(Q_t|D_t < S_t) = \int_{Q_t}^{\infty} g(Q_t, S_t|D_t < S_t)\, dS_t = \frac{\int_{Q_t}^{\infty} g(Q_t, S_t)\, dS_t}{pr(D_t < S_t)}, \tag{3.29}$$

$$f(Q_t|D_t \geq S_t) = \int_{Q_t}^{\infty} g(D_t, Q_t|D_t \geq S_t)\, dD_t = \frac{\int_{Q_t}^{\infty} g(D_t, Q_t)\, dD_t}{pr(D_t \geq S_t)}. \tag{3.30}$$

Die Substitution von (3.29) und (3.30) in (3.28) ergibt:

$$h(Q_t) = \int_{Q_t}^{\infty} g(Q_t, S_t)\, dS_t + \int_{Q_t}^{\infty} g(D_t, Q_t)\, dD_t. \tag{3.31}$$

Die gemeinsamen Dichten $g(.)$ sind wegen der Annahme der gemeinsamen Normalverteilung der Störterme normalverteilt. Gleichung (3.31) läßt sich daher schreiben:

$$\begin{aligned} h(Q_t) = {} & \frac{1}{\sqrt{2\pi}\sigma_1} exp\left\{-\frac{1}{2}\frac{(Q_t - \beta_1' X_{1t})^2}{\sigma_1^2}\right\} \\ & \times \int_{Q_t}^{\infty} \frac{1}{\sqrt{2\pi}\sigma_2\sqrt{1-\varrho^2}} exp\left\{-\frac{1}{2}\frac{(S_t - \beta_2' X_{2t} - \varrho(\sigma_2/\sigma_1)(Q_t - \beta_1' X_1 t))^2}{\sigma_2^2(1-\varrho^2)}\right\} dS_t \\ & + \frac{1}{\sqrt{2\pi}\sigma_2} exp\left\{-\frac{1}{2}\frac{(Q_t - \beta_2' X_{2t})^2}{\sigma_2^2}\right\} \\ & \times \int_{Q_t}^{\infty} \frac{1}{\sqrt{2\pi}\sigma_1\sqrt{1-\varrho^2}} exp\left\{-\frac{1}{2}\frac{(D_t - \beta_1' X_{1t} - \varrho(\sigma_1/\sigma_2)(Q_t - \beta_2' X_2 t))^2}{\sigma_1^2(1-\varrho^2)}\right\} dD_t, \end{aligned} \tag{3.32}$$

wobei $\varrho = \sigma_{12}/\sigma_1\sigma_2$ den Korrelationskoeffizienten zwischen (D_t, S_t) darstellt.
Gleichung (3.32) kann auch geschrieben werden als:

$$
\begin{aligned}
h(Q_t) &= \frac{1}{\sqrt{2\pi}\sigma_1} exp\left\{-\frac{1}{2}\frac{(Q_t-\beta_1'X_{1t})^2}{\sigma_1^2}\right\} \times \left[1-\Phi\left(\frac{Q_t-\beta_2'X_{2t}-\varrho(\sigma_2/\sigma_1)(Q_t-\beta_1'X_1t)}{\sigma_2\sqrt{1-\varrho^2}}\right)\right] \\
&+ \frac{1}{\sqrt{2\pi}\sigma_2} exp\left\{-\frac{1}{2}\frac{(Q_t-\beta_2'X_{2t})^2}{\sigma_2^2}\right\} \times \left[1-\Phi\left(\frac{Q_t-\beta_1'X_{1t}-\varrho(\sigma_1/\sigma_2)(Q_t-\beta_2'X_2t)}{\sigma_1\sqrt{1-\varrho^2}}\right)\right]
\end{aligned} \tag{3.33}
$$

wobei $\Phi(.)$ die kumulative Standardnormalverteilung bezeichnet.
Wegen der stochastischen Unabhängigkeit der Variablen (u_1, u_2 sind temporär unkorreliert) läßt sich die Likelihoodfunktion aus dem Produkt der Dichtefunktionen über sämtliche Perioden T gewinnen:

$$L = \prod_{t=1}^{T} h(Q_t). \tag{3.34}$$

Die Maximierung der Likelihoodfunktion (3.34) liefert unter den oben genannten Bedingungen, wie von Hartley/Mallela (1977) bewiesen, konsistente Parameter, sofern ein Maximum innerhalb eines Parameterraumes mit $\sigma_i > 0, i = 1,2$ und $|\varrho| < 1$ gefunden wird. Dies ist jedoch nicht immer gesichert:

Ist die Kovarianz der Störterme von Null verschieden, dann kann es vorkommen, daß der Maximierungsalgorithmus Werte ansteuert, die außerhalb des Parameterraumes liegen. Dies ist der Fall, wenn bei der Maximierung die Korrelationsparameter $\varrho = \sigma_{12}/\sigma_1\sigma_2$ gegen die Werte $\varrho = 1$ bzw. $\varrho = -1$ konvergieren. Ist die erste Ableitung der Likelihoodfunktion bezüglich ϱ bei $\varrho = 1$ positiv bzw. negativ bei $\varrho = -1$, dann steuert der Maximierungsalgorithmus den Wert von $\varrho \geq 1$ bzw. $\varrho \leq -1$ an, bei denen die Funktion (3.33) undefiniert ist (vgl. Goldfeld/Quandt, 1978, S. 345f.). Der Maximierungsvorgang bricht dann zusammen.

Um die mit der Korrelation verbundene Schwierigkeit zu umgehen, wird in den praktischen Umsetzungen des Modells die Annahme der kontemporären Unkorreliertheit eingeführt. Alle bisher erschienenen empirischen Marktanalysen anhand des Modells liegen dieser (ungetesteten) Annahme zugrunde[34]. Auch in dieser Arbeit wird für die Schätzung der Kreditnachfrage und des -angebots für den marokkanischen Kreditmarkt diese Annahme zugrundegelegt. Die Dichtefunktion (3.33) vereinfacht sich in diesem Fall zu

[34]Folgende empirische Analysen können dazu aufgeführt werden: Maddala/Nelson (1974) illustrieren ihren Beitrag mit einer Schätzung der Variablenkoeffizienten für den US-amerikanischen Wohnungsbaumarkt; Portes/Winter (1980) schätzen Nachfrage von und Angebot an Konsumgütern in den früher zentral verwalteten Volkswirtschaften der ehemaligen DDR, Ungarns, Polens und der ehemaligen Tschechoslowakei; Stenius (1986, S. 89ff.) verwendet die Spezifikation zu einer vergleichenden Analyse des finnischen Rentenmarktes. Für die Analyse der Rationierung von Investitionskrediten sind — wie weiter unten ausführlich dargestellt wird — bisher die Arbeiten von Laffont/Garcia (1977), Artus (1984), King (1986) und Winker (1996) erschienen.

$$
\begin{aligned}
h(Q_t) &= \frac{1}{\sqrt{2\pi}\sigma_1} exp\left\{-\frac{1}{2}\frac{(Q_t-\beta_1'X_{1t})^2}{\sigma_1^2}\right\} \times \left[1-\Phi\left(\frac{Q_t-\beta_2'X_{2t}}{\sigma_2}\right)\right] \\
&+ \frac{1}{\sqrt{2\pi}\sigma_2} exp\left\{-\frac{1}{2}\frac{(Q_t-\beta_2'X_{2t})^2}{\sigma_2^2}\right\} \times \left[1-\Phi\left(\frac{Q_t-\beta_1'X_{1t}}{\sigma_1}\right)\right].
\end{aligned}
\tag{3.35}
$$

Strebt ferner die Varianz gegen Null, dann strebt die Likelihoodfunktion (3.34) gegen unendlich und ist damit unbeschränkt. Steuert der Maximierungsalgorithmus daher solche Werte an, dann bricht wegen dieser Undefiniertheit der Likelihoodfunktion der Maximierungsvorgang zusammen (vgl. Quandt, 1988, S. 38ff.).
Die durch die Nullvarianz bedingte Unbeschränktheit der Likelihoodfunktion tritt in der Praxis selten auf (vgl. Quandt, 1988, S. 40), so daß das Maximierungsproblem, wenn auch nicht leicht, i. d. R. zufriedenstellend gelöst wird[35].

Das dargestellte Modell ermöglicht neben der Quantifizierung der Nachfrage und des Angebots, die Wahrscheinlichkeiten unterschiedlicher Regime der Überschußnachfrage bzw. des Überschußangebots zu bestimmen. Solche Wahrscheinlichkeiten können als ein Test für die Rationierungshypothese betrachtet werden. Bei gegebenen Schätzwerten der Parameter ist die Wahrscheinlichkeit, daß eine Beobachtung Q_t einem Regime des Nachfrageüberschusses zuzuordnen ist

$$Pr(D_t > S_t) = Pr(\beta_1'X_{1t} - \beta_2'X_{2t} > u_{2t} - u_{1t}). \tag{3.36}$$

Da u_{1t}, u_{2t} normalverteilt sind und Nullkovarianzen besitzen, ist $u_{2t} - u_{1t}$ auch normalverteilt mit Varianz $\sigma^2 = \sigma_1^2 + \sigma_2^2$. Damit kann (3.36) wie folgt berechnet werden:

$$Pr(D_t > S_t) = \Phi\left(\frac{\beta_1'X_{1t} - \beta_2'X_{2t}}{\sigma}\right). \tag{3.37}$$

Bei Markträumung ist $\beta_1'X_{1t} = \beta_2'X_{2t}$ und damit die berechnete Wahrscheinlichkeit 0.5. Daraus folgt, daß die Wahrscheinlichkeit $Pr(D_t > S_t) > 0.5$ ist, wenn gilt: $D_t > S_t$.

Kiefer (1980) und Gersovitz (1980) schlagen statt der Berechnung der unbedingten Wahr-

---

[35] Treten Schwierigkeiten beim Maximierungsvorgang auf, dann müssen alternative Schätzmethoden für das *Modell A* versucht werden. Als alternative Schätzverfahren kommen in Betracht: (1) die Anwendung des EM-Algorithmus (siehe Hartley (1977) u. Quandt[1988, S. 55ff.]), (2) die nichtlineare Kleinst-Quadrate-Methode (siehe Nasim/Satchell (1982), Stalder (1984); Quandt (1988, S. 45ff.) für einen Überblick) und (3) die Pseudo-Maximum-Likelihood-Schätzer von Gourieroux/Monfort/Trognon (1984) (siehe Laroque/Salanié (1994) für einen Überblick und einen Monte-Carlo-Simulationsvergleich ihrer Eigenschaften).
Wegen der schweren Handhabbarkeit der auf der Normalverteilung basierenden Likelihoodfunktion ist es auch denkbar, mit relativ einfach integrierbaren, der Normalverteilung ähnlichen Dichtefunktionen wie der Sargan-Dichte oder der logistischen Dichte zu arbeiten. Für die Sargan-Dichte haben Goldfeld/Quandt (1981, S. 154) in einer Monte-Carlo-Studie gezeigt, daß die Schätzer aus einer Sargan-Likelihoodfunktion schwer von den Schätzern aus der Normal-Likelihoodfunktion zu unterscheiden sind. Stenius (1986, S. 113f.) erhält in ihrer Fallanalyse des finnischen Rentenmarktes ganz andere Schätzer für eine normale und eine logistische Likelihoodfunktion.

scheinlichkeit in der Formulierung (3.36) vor, die Wahrscheinlichkeit in Abhängigkeit von der beobachteten Transaktionsmenge zu berechnen. Die bedingte Wahrscheinlichkeit schreibt sich:

$$Pr(D_t > S_t | Q_t) = \frac{f(Q_t | D_t > S_t) Pr(D_t > S_t)}{h(Q_t)}. \tag{3.38}$$

Gleichung (3.38) kann nach Berücksichtigung von (3.30) umformuliert werden in:

$$Pr(D_t > S_t | Q_t) = \frac{\int_{Q_t}^{\infty} g(D_t, Q_t)\, dD_t}{h(Q_t)}. \tag{3.39}$$

Die Wahrscheinlichkeit (3.39) läßt sich nach der Parameterschätzung direkt aus (3.32) als Verhältnis des zweiten Terms der Dichtefunktion zur Dichtefunktion leicht berechnen.

Beide Wahrscheinlichkeiten liefern ähnliche Werte, wenn die Varianzen σ_2^2 und σ_2^2 annähernd gleich sind (vgl. Gersovitz, 1980, S. 241). Ansonsten ermöglicht die bedingte Wahrscheinlichkeit eine zuverlässigere Regimezuordnung, da mehr Information verwertet wird. Lee (1984) zeigt analytisch, daß die Wahrscheinlichkeit einer falschen Regimezuordnung minimiert wird, wenn nach der bedingten Wahrscheinlichkeit klassifiziert wird. Die schärfere Regimezuordnung anhand der bedingten Wahrscheinlichkeit wird in den Monte-Carlo-Analysen von Gersovitz (1980), Burkett (1981) und Quandt/Rosen (1985) bestätigt.

Ist man im *Modell A* an den Parametern der Nachfrage und des Angebots — und damit an einer Quantifizierung einer möglichen Rationierung und den Wahrscheinlichkeiten der verschiedenen Regime — weniger interessiert, sondern nur an der Überprüfung der Rationierungshypothese, kann dafür der von Hwang (1980) vorgeschlagene Ansatz angewendet werden, der auf einem Vergleich eines Rationierungsmodells mit einem marktgeräumten basiert.
Rationierungsmodell *Modell A* kann unter Aufspaltung des Zinses aus dem Vektor der exogenen Variablen bei Definition der binären Variablen δ_t

$$\delta_t = \begin{cases} 0 & \text{falls } D_t = \alpha_1 r_t + \beta_1' X_{1t} + u_{1t} < S_t = \alpha_2 r_t + \beta_2' X_{2t} + u_{2t} \\ 1 & \text{sonst} \end{cases}$$

in folgender Form geschrieben werden

$$\begin{aligned} Q_t &= (1-\delta_t)(\alpha_1 r_t + \beta_1' X_{1t} + u_{1t}) + \delta_t(\alpha_2 r_t + \beta_2' X_{2t} + u_{2t}) \\ &= [(1-\delta_t)\alpha_1 + \delta_t \alpha_2] r_t + (1-\delta_t)\beta_1' X_{1t} + \delta_t \beta_2' X_{2t} + \eta_t, \end{aligned} \tag{3.40}$$

wobei

$$\eta_t = (1-\delta_t) u_{1t} + \delta_t u_{2t}.$$

Auf einem geräumten Markt

$$D_t = \alpha_1 r_t + \beta_1' X_{1t} + u_{1t} \tag{3.41}$$

$$S_t = \alpha_2 r_t + \beta_2' X_{2t} + u_{2t} \tag{3.42}$$

$$D_t = S_t = Q_t \tag{3.43}$$

gilt für die reduzierte Form des Modells:

$$\begin{bmatrix} Q_t \\ r_t \end{bmatrix} = \frac{1}{\alpha_2 - \alpha_1} \begin{bmatrix} \alpha_2 \beta_1' X_{1t} - \alpha_1 \beta_2' X_{2t} \\ \beta_1' X_{1t} - \beta_2' X_{2t} \end{bmatrix} + \begin{bmatrix} v_{1t} \\ v_{2t} \end{bmatrix}, \tag{3.44}$$

wobei

$$\begin{bmatrix} v_{1t} \\ v_{2t} \end{bmatrix} = \frac{1}{\alpha_2 - \alpha_1} \begin{bmatrix} \alpha_2 & -\alpha_1 \\ 1 & -1 \end{bmatrix} \begin{bmatrix} u_{1t} \\ u_{2t} \end{bmatrix} = \Gamma \begin{bmatrix} u_{1t} \\ u_{2t} \end{bmatrix}. \tag{3.45}$$

Da die Störterme $u_{.t}$ normalverteilt sind mit Erwartungswert Null und Kovarianzmatrix Σ, sind v_{1t}, v_{2t} auch normalverteilt mit Erwartungswert Null und Kovarianzmatrix $\Omega = \Gamma\Sigma\Gamma' = \begin{bmatrix} \omega_1^2 & \omega_{12} \\ \omega_{12} & \omega_2^2 \end{bmatrix}$.

Für die Regression $v_{1t} = l v_{2t} + \varepsilon_t$ mit ε_t als von v_{2t} unabhängige (auch normalverteilte) Störterme mit Erwartungswert Null und konstanten Varianzen gilt dann für den OLS-Regressionskoeffizienten l[36], $l = \omega_{12}/\omega_2^2$. Für den Störterm aus (3.45) $u_{1t} = v_{1t} - \alpha_1 v_{2t}$ kann dann geschrieben werden:

$$\begin{aligned} u_{1t} &= v_{2t}(\omega_{12}/\omega_2^2 - \alpha_1) + \varepsilon_t \\ &= (r_t - \frac{\beta_1'}{\alpha_2 - \alpha_1} X_{1t} + \frac{\beta_2'}{\alpha_2 - \alpha_1} X_{2t})(\frac{\omega_{12}}{\omega_2^2} - \alpha_1) + \varepsilon_t. \end{aligned} \tag{3.46}$$

Durch Einsetzen von (3.46) in die erste Strukturgleichung des Modells erhält man:

$$Q_t = \frac{\omega_{12}}{\omega_{22}} r_t + \frac{(\alpha_2 - \frac{\omega_{12}}{\omega_2^2})\beta_1'}{\alpha_2 - \alpha_1} X_{1t} + \frac{(\frac{\omega_{12}}{\omega_2^2} - \alpha_1)\beta_2'}{\alpha_2 - \alpha_1} X_{2t} + \varepsilon_t \tag{3.47}$$

$$= x_t' c + \varepsilon_t \tag{3.48}$$

mit $x_t' = (r_t, X_{1t}, X_{2t})$ und c als entsprechenden Koeffizientenvektor.

Ein Vergleich des Rationierungsmodells (3.40) mit dem marktgeräumten Modell (3.48) zeigt, daß die Regressionsparameter und die Varianz des Störterms im ersteren zeitabhängig sind, während die Parameter im Walras-Modell stabil sind. Ein Test der Markträumungshypothese gegen die Rationierungshypothese kann folglich mit einem Test auf Parameterstabilität geführt werden. Die von Brown et al. (1975) vorgeschlagenen kumulierten Summe- (Cusum-) und Quadratsumme- (Cusumsq-)Tests sind zwei relativ einfach durchzuführende Statistiken, die wegen der Normalität der Residuen ε hier angewendet werden können.

[36] In einer klassischen linearen Regression $y_t = \alpha + \beta x_t + u_t$ gilt für den Parameter β: $\beta = \frac{cov(x,y)}{var(y)}$. Siehe z. B. Schneeweiß (1990, S. 44).

Der Cusum- und der Cusumsq-Test werden anhand der rekursiven Residuen w_t durchgeführt, die durch den standardisierten Prognosefehler einer KQ-Rekursion angegeben werden:

$$w_t = \frac{Q_t - x_t' c_{t-1}}{\sqrt{1 + x_t'(X_{t-1}'X_{t-1})^{-1}x_t}},$$

wobei X_{t-1} die $(t-1)$-Beobachtungsmatrix der k Regressoren ist. Die sukzessive Schätzung der Koeffizienten kann anhand der Updating-Formeln erfolgen (vgl. Harvey, 1994, S. 53):

$$\begin{aligned} c_t &= \frac{c_{t-1} + (X_{t-1}'X_{t-1})^{-1}x_t(Q_t - x_t'c_{t-1})}{1 + x_t'(X_{t-1}'X_{t-1})^{-1}x_t} \\ (X_t'X_t)^{-1} &= (X_{t-1}'X_{t-1})^{-1} - \frac{(X_{t-1}'X_{t-1})^{-1}x_t x_t'(X_{t-1}'X_{t-1})^{-1}}{1 + x_t'(X_{t-1}'X_{t-1})^{-1}x_t}. \end{aligned}$$

Der Cusum-Test ist dann definiert durch:

$$W_t = \frac{1}{\hat{\sigma}} \sum_{j=k+1}^{t} w_j, \quad t = k+1, \cdots, T, \tag{3.49}$$

wobei

$$\hat{\sigma}^2 = \frac{1}{T-k-1} \sum_{j=k+1}^{T} (w_j - \bar{w})^2$$

ist. $\bar{w}$ stellt den Residuendurchschnitt dar[37]. Der Cusum-Test lehnt die Nullhypothese der stabilen Parameter mit einem Signifikanzniveau α ab, wenn $|W_t| > [a\sqrt{T-k} + 2a(t-k)]/\sqrt{T-k}$. Für ein Signifikanzniveau $\alpha = 1\%$ ist $a = 1.143$, für $\alpha = 5\%$ ist $a = 0.948$ und $a = 0.850$ für $\alpha = 10\%$.

Anschaulich wird die Statistik, wenn die Cusum-Werte und die Signifikanzlinien $\pm[a\sqrt{T-k} + 2\alpha(t-k)]/\sqrt{T-k}]$ graphisch übertragen werden. Die Stabilitätshypothese wird verworfen, wenn eine der beiden Linien überschritten wird.

Der Cusumsq-Test ist durch folgende Größe definiert:

$$WQ_t = \sum_{j=k+1}^{t} w_j^2 / \sum_{j=k+1}^{T} w_j^2 \quad t = k+1, \cdots, T. \tag{3.50}$$

Er verwirft die Stabilitätshypothese, wenn $|WQ_t - (t-k)/(T-k)| > d$; bei einer graphischen Darstellung, wenn WQ_t eine der beiden Linien $\pm d + (t-k)/(T-k)$ überschreitet. Der Wert d bestimmt den Signifikanzwert der Statistik und ist für kleine Stichproben ($T \leq 100$) Durbin (1969, Tab. 1) zu entnehmen. Für größere Stichproben ($T \leq 10.000$) sind die Werte in Edgerton/Wells (1994, Tab. 2) tabelliert.

Der Cusumsq-Test kann auch mit den OLS-Residuen durchgeführt werden (vgl. McCabe/Harri-

[37] Harvey (1975) schlägt vor, die Varianz der rekursiven Residuen mit $T-k-1$ statt wie Brown et al. (1975) mit $T-k$ zu berechnen, um die Testgüte zu erhöhen.

son, 1980 u. Harvey, 1994, S. 158).

Auch wenn für das *Modell A* der Cusum-Test und der Cusumsq-Test im Vergleich zur Maximierung der Likelihoodfunktion viel einfacher sind und daher attraktiv erscheinen, können sie — wie Brown et al. (1975, S. 155) betonen — weniger als formaler Signifikanztest der Rationierungshypothese angesehen werden, sondern nur als Vorabtests, anhand derer beobachtete Verläufe der Stichproben beurteilt werden können. Wird anhand der Tests eine Instabilität aufgezeigt, muß sie nicht unbedingt auf Rationierung zurückzuführen sein, denn der aufgezeigte Strukturbruch kann auch bei einer fehlerfreien Spezifikation des Modells verschiedene Ursachen haben (Änderung in der statistischen Abgrenzung der Variablen, Änderung der statistischen Erhebungsverfahren, institutionelle Veränderungen etc.). Für die Entwicklungsländer ist dieser Aspekt besonders relevant, denn dort, wie weiter unten am Beispiel Marokkos dargestellt wird, befinden sich die Finanzmärkte in einer Umbruchphase und sind mehrfachen institutionellen Veränderungen unterworfen.
Zeigen umgekehrt die Tests eine Parameterstabilität an, muß dies nicht mit Markträumung gleichgesetzt werden (vgl. Hwang, 1980, S. 332), denn erstens weisen die statistischen Tests auf Strukturbrüche im allgemeinen eine sehr niedrige Testgüte auf[38], und zweitens sind die Tests zur Aufdeckung einer einmaligen Parameteränderung konzipiert, so daß bei mehrmaligen Strukturbrüchen die Testgüte noch niedriger wird (vgl. Hwang, 1980, S. 326): Der Fehler zweiter Art wird sehr wahrscheinlich.

Abgesehen von diesen dem Stabilitätstest inhärenten Schwächen ist der Hwang-Ansatz mit einem konzeptionellen Problem behaftet, auf den Hwang (1980, S. 323) selbst hinweist: Ein Vergleich zwischen dem Rationierungs- und dem Markträumungsmodell ist strenggenommen gar nicht möglich, weil im ersteren die Preise exogen, im zweiten die Preise endogen modelliert werden.

Mwenda (1993) wählt den Hwang-Ansatz, um die Rationierung der Agrarkredite in Sambia zu untersuchen. Die Arbeit ist die einzige im Rahmen der entwicklungspolitischen Forschung, die Rationierung anhand eines short-side-Modells untersucht. In seiner Arbeit bleiben die strukturellen Parameter allerdings ungeschätzt, da die Likelihoodfunktion des Rationierungsmodells nicht betrachtet wird.

Auch in der vorliegenden Arbeit wird, um Ergebnisse zu vergleichen, der Hwang-Ansatz trotz seiner Schwächen neben der Schätzung der Parameter in *Modell A* als weiterer Test für die Überprüfung der Rationierungshypothese herangezogen.

[38] Asymptotisch ist die Testgüte des Cusum-Tests und des Cusumsq-Tests von der Art des Strukturbruchs abhängig und mitunter hoch (siehe Ploberger (1989), Ploberger/Krämer [1990]). Für kleine Stichproben weisen allerdings die Tests, wie die verschiedenen Monte-Carlo-Studien von Garbade (1977), Hackl (1980) und McCabe/Harrison (1980) zeigen, eine niedrige Testgüte auf.

3.6.1.2 Das Modell mit deterministischer Regimezuordnung Die Regressionsparameter in (3.25)–(3.27) können alternativ geschätzt werden, wenn die stochastische Spezifikation des Modells nicht durch die Verhaltensgleichung, sondern durch die Minimumregel bestimmt wird. Ginsburgh/Tishler/Zang (1980) spezifizieren ein Rationierungsmodell wie folgt :

$$D_t = \beta_1' X_{1t} \tag{3.51}$$

$$S_t = \beta_2' X_{2t} \tag{3.52}$$

$$Q_t = min(D_t, S_t) + u_t. \tag{3.53}$$

Das Modell (*Modell B*) kann auch in Form einer sog. (exogenen) "switching regression" formuliert werden:

$$Q_t = \begin{cases} \beta_1' X_{1t} + u_t & \text{falls } \beta_1' X_{1t} < \beta_1' X_{1t} \\ \beta_2' X_{2t} + u_t & \text{falls } \beta_1' X_{1t} \geq \beta_1' X_{1t}. \end{cases} \tag{3.54}$$

Die Dichtefunktion der beobachteten Variablen Q_t ist bei Normalverteilung des Störterms $u_t \sim N(0, \sigma^2)$ bestimmt durch:

$$h(Q_t) = \begin{cases} \frac{1}{\sqrt{2\pi}\sigma} exp\left\{-\frac{(Q_t - \beta_1' X_{1t})^2}{2\sigma^2}\right\} & \text{falls } \beta_1' X_{1t} < \beta_2' X_{2t} \\ \frac{1}{\sqrt{2\pi}\sigma} exp\left\{-\frac{(Q_t - \beta_2' X_{2t})^2}{2\sigma^2}\right\} & \text{falls } \beta_1' X_{1t} \geq \beta_2' X_{2t}. \end{cases}$$

Nach Definition der binären Variablen

$$\delta_t = \begin{cases} 0 & \text{falls } \beta_1' X_{1t} < \beta_2' X_{2t} \\ 1 & \text{falls } \beta_1' X_{1t} \geq \beta_2' X_{2t} \end{cases}$$

kann die Dichtefunktion in folgende Form gebracht werden:

$$h(Q_t) = (1 - \delta_t) \frac{1}{\sqrt{2\pi}\sigma} exp\left\{-\frac{(Q_t - \beta_1' X_{1t})^2}{2\sigma^2}\right\} + \delta_t \frac{1}{\sqrt{2\pi}\sigma} exp\left\{-\frac{(Q_t - \beta_2' X_{2t})^2}{2\sigma^2}\right\}. \tag{3.55}$$

Die Maximierung der logarithmierten Likelihoodfunktion aus (3.55) ist in dieser Form nicht durchführbar, da die Funktion wegen der Sprungform von δ nicht stetig ist. Eine effiziente Möglichkeit, die Maximierung durchzuführen, ist die von Tishler/Zang (1979) vorgeschlagene Approximation von δ durch das zweimal differenzierbare Polynom fünften Grades:

$$\delta_t = \begin{cases} 0 & \text{falls } z_t \leq -\alpha \\ \frac{3}{16}\left(\frac{z_t}{\alpha}\right)^5 - \frac{5}{8}\left(\frac{z_t}{\alpha}\right)^3 + \frac{15}{16}\frac{z_t}{\alpha} + \frac{1}{2} & \text{falls } -\alpha \leq z_t \leq \alpha \\ 1 & \text{falls } \alpha \leq z_t, \end{cases}$$

wobei $z_t = \beta_1' X_{1t} - \beta_2 X_{2t}$ und α eine positive reelle Zahl ist, welche die Größe des Approximationsintervalls um den "switch"-Punkt von einem Regime in das andere bestimmt. Nur mit kleineren Werten von α ist es möglich, einen Regimewechsel genau zu erfassen. Tishler/Zang (1979, S. 266) schlagen ein Iterationsverfahren für eine möglichst genaue Bestimmung des Intervalls und damit eine möglichst genaue Schätzung der Parameter vor: Der Anfangswert für α soll relativ groß gewählt und die Maximierung mit diesem Wert durchgeführt werden. Sodann soll ein neuer Wert von α nach der Regel $\alpha = 0.99|z_t|$ bestimmt und die Maximierung für diesen erneuten Wert durchgeführt werden. Die Iteration wird so lange wiederholt, bis die Konvergenzbedingung ($\alpha \leq min|z_t|$) erfüllt wird.

Unter rechentechnischen Aspekten ist die Ginsburgh-Tishler-Zang-Spezifikation auch mit dem Problem der Unbeschränktheit der Likelihoodfunktion behaftet (vgl. Quandt, 1988, S. 112 u. Stenius, 1986, S. 41). Sie hat bei der Partialanalyse wie beim *Modell A* allerdings keine praktische Relevanz, wie die bisher mit dieser Spezifikation durchgeführten Analysen zeigen[39]. Sneessens (1985) zeigt in einer Monte-Carlo-Studie bei dem Vergleich der Ginsburgh-Tishler-Zang-Spezifikation mit der von *Modell A*, daß die erstere Spezifikation gute Resultate liefert, auch wenn das wahre Modell *Modell A* wäre und die Schätzung mit der in diesem Fall falschen Spezifikation durchgeführt wird.
Für die Analyse des marokkanischen Kreditmarktes wird auch ein Schätzvergleich bezweckt und die Ginsburgh-Tishler-Zang-Spezifikation ebenfalls verwendet.

Die deterministische Ginsburgh-Tishler-Zang-Formulierung der Verhaltensgleichungen in einem ökonometrischen Modell ist auf den ersten Blick befremdlich und schwer nachvollziehbar. Folgt man der Argumentation von Sneessens (1981, S. 74) und Richard (1982, S. 82), läßt sie sich jedoch begründen, wenn die Verhaltensgleichungen als von den Wirtschaftssubjekten geplante Transaktionsgrößen D^e, S^e aufgefaßt werden, die wegen unbekannter oder unvorhergesehener stochastischer Faktoren nicht realisiert werden können. Diese Faktoren werden bei rationalen Wirtschaftssubjekten ex ante in der Form $Q_t = min(D_t^e, S_t^e) + u_t$ berücksichtigt.

Die Kritik Richards (1982, S. 82), die deterministische Minimumregel in *Modell A* $Q_t = min(D_t, S_t) = min(D_t^e + u_{1t}, S_t^e + u_{2t})$ impliziere ein unrealistisches Verhalten der Marktteilnehmer, da diese die Möglichkeit einer Rationierung bei der Realisierung ihrer Pläne nicht berücksichtigen und die Pläne erst ex post verändern, hat keinen Bestand. Erstens führt eine ex-ante-Korrektur des Angebots und der Nachfrage durch eine stochastische Minimumregel in *Modell A* formal zur gleichen Spezifikation eines Modells mit deterministischer Minimumregel. Ein Modell der Form

$$\begin{aligned} D_t &= \beta_1' X_{1t} + u_{1t} \\ S_t &= \beta_2' X_{2t} + u_{2t} \\ Q_t &= min(D_t, S_t) + u_{3t} \end{aligned}$$

[39] Gubitz (1984) verwendet diese Spezifikation bei der Analyse des Geldmarktes in Frankreich und in der BRD; Stenius/Viren (1984) für die Analyse des Arbeitsmarktes in den USA; Bauer (1984) und Hujer (1986) für die Analyse des Arbeitsmarktes in der BRD; Stenius (1986, S. 89ff.) für die Analyse des finnischen Rentenmarktes. Avery (1982) wendet den Ansatz für eine Analyse des US-amerikanischen Marktes für Konsumentenkredite mit Befragungsdaten an. Für die Analyse von Investitionskrediten sind Schätzungen mit diesem Ansatz bisher nicht bekannt.

läßt sich mit $D_t^* = D_t + u_{3t}$ und $S_t^* = S_t + u_{3t}$ auch schreiben:

$$\begin{aligned} D_t^* &= \beta_1' X_{1t} + u_{1t}^* \\ S_t^* &= \beta_2' X_{2t} + u_{2t}^* \\ Q_t &= min(D_t^*, S_t^*). \end{aligned}$$

Abgesehen davon ist es zweitens mit der deterministischen Minimumregel möglich, die Wahrscheinlichkeit einer Rationierung p_t ex ante in den Nachfrage- bzw. in den Angebotsplänen explizit zu erfassen. Schreibt man z. B. das *Modell A* mit $D_t = \beta_1' X_{1t} + \beta_p p_t + u_{1t}$, dann ist in $Q_t = min(D_t, S_t)$ die Rationierungsmöglichkeit explizit erfaßt. Modelle dieser Form lassen sich prinzipiell in der gleichen Form schätzen wie *Modell A*. Die Dichtefunktion wird mit einer weiteren exogenen Variablen durch (3.33) oder (3.35) gegeben. Der Unterschied bei der Schätzung besteht darin, daß die Variable

$$\begin{aligned} p_t &= Pr(D_t \geq S_t) = Pr(u_{1t} - u_{2t} = v \leq \beta_1' X_{1t} + \delta p_t - \beta_2' X_{2t}) \\ &= \int_{-\infty}^{\beta_1' X_{1t} + \delta p_t - \beta_2' X_{2t}} \frac{1}{\sqrt{2\pi}\sigma} exp\left\{ -\frac{1}{2}\frac{v^2}{\sigma^2} \right\} dv = \Phi\left(\frac{\beta_1' X_{1t} + \delta p_t - \beta_2' X_{2t}}{\sigma} \right) \end{aligned} \tag{3.56}$$

nicht beobachtbar ist und ihrerseits geschätzt werden muß. Die Wurzel p_t der nichtlinearen Funktion $p_t - \Phi\left(\frac{\beta_1' X_{1t} + \delta p_t - \beta_2' X_{2t}}{\sigma}\right) = 0$ läßt sich durch die Anwendung numerischer Verfahren, wie sie z. B. in Pizer (1975, Kap. 3) beschrieben werden, berechnen[40].

Die Modellierung von Kreditmärkten in den Entwicklungsländern anhand des *Modells A* oder des *Modells B* zur Aufdeckung der Rationierung ist wegen des exogen betrachteten Zinses geeignet für Volkswirtschaften, in denen Kreditzinsen von den monetären Behörden festgesetzt werden[41]. Oft werden jedoch nicht unmittelbar diese Zinsen, sondern eine Zinsobergrenze festgelegt. Die Durchführung einer Schätzung mit den Kreditobergrenzen als Variable würde implizieren, daß die Märkte sich stets in einem Regime der Überschußnachfrage befinden. Diese Annahme ist im allgemeinen nicht gültig, so daß die Schätzung mit *Modell A* oder *Modell B* nicht möglich sein wird, wenn, wie es häufig geschieht, nur die Zinsobergrenzen, nicht aber die tatsächlich vereinbarten Zinsen rapportiert werden.

Ist das nicht der Fall, ist eine Schätzung mit den tatsächlich vereinbarten (und damit endogenen)

[40] Eine effektive Methode zur Bestimmung der Wurzel einer nichtlinearen Funktion $f(x) = 0$, wie sie (3.56) darstellt, besteht in der Anwendung der iterativen Methode der "false position" (vgl. Pizer, 1975, S. 189ff.). Nach der Festlegung einer Intervallgrenze $[x_i^+, x_i^-]$, in der die Wurzel vermutet wird, wird nach dem Algorithmus $x_{i+1} = \frac{x_i^+ f(x_i^-) - x_i^- f(x_i^+)}{f(x_i^-) - f(x_i^+)}$ verfahren. Der neue Wert x_{i+1} wird als die neue Intervallgrenze herangezogen und die Prozedur wiederholt, bis die Konvergenz mit einer Toleranzgrenze ε $|f(x_{i+1})| < \varepsilon$ erreicht wird. Modelle dieser Form wurden von Eaton/Quandt (1983) und Stenius (1986, S. 105) jeweils bei der Schätzung von Rationierungsmodellen für den US-amerikanischen Arbeitsmarkt und den finnischen Markt für staatliche Rentenpapiere angewendet.

[41] Ein Spezialfall des *Modells A* für die Entwicklungsländer liegt vor, wenn die angebotene Kreditmenge festgeschrieben wird. Die entsprechende Likelihoodfunktion läßt sich aus (3.33) ableiten und wird in Hartley (1976) explizit behandelt.

Zinsen möglich; sie nimmt allerdings eine exogene Behandlung der endogenen Zinsen und die Vernachlässigung der a-priori-Information über die Zinsobergrenzen in Kauf. Vorzuziehen wäre eine Modellierung der Kreditmärkte unter kontrolliertem Preis, welche die Zinsen teils endogen und bei Erreichen der Zinsobergrenzen exogen behandelt. In 3.6.3 wird darauf eingegangen.

In dem hier zu untersuchenden Beispiel Marokko liegt, wie in Kapitel 4 gezeigt werden wird, ein Fall vor, bei dem Kreditobergrenzen bestehen und veröffentlicht werden. Die Kreditzinsen sind dagegen nicht verfügbar, so daß eine Schätzung mit den bisher dargestellten Modellen strenggenommen nicht möglich ist. Eine korrekte Schätzung muß daher anhand von Modellen mit kontrollierten, aber nicht beobachteten Preisen vorgenommen werden. Um einen Vergleich mit dieser korrekten Spezifikation zu ermöglichen, werden trotzdem *Modell A* und *Modell B* für eine alternative Schätzung herangezogen. Die marokkanischen Zentralbankstatistiken weisen die Besonderheit auf, daß neben den Zinsobergrenzen sog. *taux de référence* veröffentlicht werden. Auch wenn sie den Kreditzinssatz nicht genau abbilden, werden in der Arbeit diese Zinsen verwendet, um eine Schätzung anhand des *Modells A* und des *Modells B* zu ermöglichen. Bei *Modell A* wird die Kreditrationierungshypothese sowohl anhand einer Quantifizierung der Überschußnachfrage und der Wahrscheinlichkeiten der Regimezuordnung als auch nach der Hwang-Vorgehensweise überprüft.

3.6.2 Preisanpassung in Rationierungsmodellen

Bei der Schätzung von Angebots- und Nachfragefunktionen auf rationierten Märkten anhand der Modelle A und B wurde implizit die eigentliche Ursache der Rationierung in einem exogen fixierten Zinssatz gesehen. Dies ist für viele Entwicklungsländer der Fall, so daß die Modelle geeignet erscheinen, Kreditmärkte in diesen Ländern zu modellieren. Der Ansatz bleibt insofern unbefriedigend, als die Preise nicht mitmodelliert werden und als völlig exogen bestimmt betrachtet werden. Auch in den Entwicklungsländern, in denen der Zins in der laufenden Periode exogen bestimmt wird, erfolgt die Preisfestsetzung nicht unabhängig vom Marktgeschehen. Solche Informationen bleiben jedoch bei der Schätzung mit den bisher dargestellten Rationierungsmodellen außer acht. Liegen diese Informationen vor und werden sie nicht berücksichtigt, dann wird die Effizienz der Schätzung anhand dieser Modelle beeinträchtigt. Goldfeld/Quandt (1975) haben durch Monte-Carlo-Experimente und Kiefer (1979) durch asymptotische Analysen gezeigt, daß die Varianz der Parameter in einem Modell, in dem diese Informationen genutzt werden, um die Regime zuzuordnen, stets geringer ist als die Varianz in einem Modell ohne ihre explizite Berücksichtigung, wie z. B. beim *Modell A*[42].

Eine üblicherweise in empirischen Arbeiten betrachtete Möglichkeit, weitere Informationen explizit bei der Schätzung einzubeziehen, besteht darin, das Verhalten der Marktteilnehmer in

[42] Die oben beschriebene Unbeschränktheit dieser Modelle rührt von den bei der Modellierung sehr gering verwendeten Informationen her. So tritt das Problem in den nun zu behandelnden Modellen mit expliziter Berücksichtigung von Preisinformationen nicht auf (vgl. Quandt, 1988, S. 40).

Form von Preisreaktionen zu berücksichtigen[43]. Solche Preisreaktionen werden proportional zu Nachfrage- und Angebotsänderungen mit dem Anpassungsparameter λ angenommen, so daß bei Aufspaltung des Zinses aus dem Vektor der erklärenden Variablen das Modell die Form annimmt:

$$D_t = \alpha_1 r_t + \beta_1' X_{1t} + u_{1t} \tag{3.57}$$

$$S_t = \alpha_2 r_t + \beta_2' X_{2t} + u_{2t} \tag{3.58}$$

$$Q_t = min(D_t, S_t) \tag{3.59}$$

$$\triangle r_t = \lambda(D_t - S_t), \quad 0 \leq \lambda \leq \infty^{44}. \tag{3.60}$$

Eine ökonomische Interpretation der Preisanpassungsgleichung (3.60) macht die im theoretischen Teil aufgedeckten Ursachen der Kreditrationierung deutlich.

Die Preisanpassungsgleichung erlaubt für Märkte mit exogen fixierten Preisen, wie es in vielen Entwicklungsländern der Fall ist, eine erste Interpretation als die Regel, wonach die monetäre Behörde in Abhängigkeit von Angebot und Nachfrage den Preis festsetzt (vgl. Maddala, 1986, S. 1654). Nach dieser Interpretation kann die Preisfestsetzung aber nicht für die laufende Periode erfolgen, da Angebot und Nachfrage während der Periode unbekannt sind. Angebots- und Nachfrageänderungen schlagen sich bei der Preisfestsetzung in der darauffolgenden Periode nieder. Die Preisanpassungsgleichung nimmt dann im einfachen Fall die Form an:

$$\triangle r_{t+1} = r_{t+1} - r_t = \lambda(D_t - S_t). \tag{3.61}$$

Eine zweite Interpretation steht in Einklang mit der im ersten Teil dargestellten Theorie der Kreditrationierung, nämlich daß eine träge Anpassung der Preise eine dynamische Rationierung verursacht. Diese Interpretation wird deutlicher, wenn die Preisanpassungsgleichung (3.60) aus einer partiellen Anpassung an die Markträumung abgeleitet werden kann. Eine deterministische Anpassungsgleichung zur Markträumung kann in der von Bowden (1978a, 1978b) vorgeschlagenen Form geschrieben werden als

$$r_t = \mu r_{t-1} + (1 - \mu) r_t^*, \quad 0 \leq \mu \leq 1, \tag{3.62}$$

wobei r_t^* den markträumenden Zins darstellt und durch die Gleichsetzung der Nachfrage und

[43] Eine andere Möglichkeit, in einem ökonometrischen Modell Preise endogen zu berücksichtigen, besteht darin, aus einer Zielfunktion der Banken Bestimmungsvariablen der Preisfestsetzung abzuleiten. Eine aus der Minimierung einer quadratischen Verlustfunktion resultierende Preisgleichung und die entsprechende Likelihoodfunktion haben Goldfeld/Quandt (1986) abgeleitet. Sich auf diesen Beitrag stützend leitet Winker (1996, S. 190ff.) eine Preisgleichung aus der Zielfunktion Ertragsmaximierung für ein Rationierungsmodell für Kredite in der BRD ab.

[44] Alternativ kann die Preisanpassungsgleichung stochastisch formuliert werden. Die Analyse (und die Schätzung des Modells für den marokkanischen Kreditmarkt) wird mit einer deterministischen Formulierung vorgenommen. Die Schätzung eines Modells mit stochastischer Preisanpassung ist aufgrund fehlender Regimezuordnung analog zu *Modell A*. Für die Ableitung der entsprechenden Likelihoodfunktion siehe Quandt (1978) und Quandt (1988, S. 33).

des Angebots bestimmt wird:

$$r_t^* = \frac{\beta_2' X_{2t} - \beta_1' X_{1t} + u_{2t} - u_{1t}}{\alpha_1 - \alpha_2}. \tag{3.63}$$

Aus Gleichung (3.57), (3.58) und (3.63) resultiert

$$D_t - S_t = (\alpha_1 - \alpha_2)(r_t - r_t^*). \tag{3.64}$$

Aus Gleichung (3.62) können die Beziehungen

$$r_t - r_t^* = \mu(r_{t-1} - r_t^*), \quad \text{und} \tag{3.65}$$

$$r_t - r_{t-1} = (1-\mu)(r_t^* - r_{t-1}) \tag{3.66}$$

abgeleitet werden. Das Einsetzen von (3.64) und (3.65) in (3.66) ergibt

$$\Delta r_t = \frac{(1-\mu)}{\mu(\alpha_2 - \alpha_1)}(D_t - S_t). \tag{3.67}$$

Die Gleichungen (3.67) und (3.60) sind äquivalent.

Auch wenn die Verwendung einer Preisanpassungsgleichung die a priori vorliegenden Informationen über Preisanpassungen berücksichtigt und damit die Mitmodellierung der Preise auf Kreditmärkten ermöglicht, ist ihre Verwendung nicht unproblematisch. Eine Preisanpassungsregel der Form (3.60), so wie sie auf freien Märkten mit endogen bestimmten Preisen und Mengen in Betracht kommt, bedingt zusammen mit der Minimumregel in einem ökonometrischen Modell eine unerklärliche asymmetrische Behandlung der Mengen beim Anpassungsprozeß. Dies läßt sich in Anlehnung an Maddala (1983a, S. 323f.) mit Hilfe von Abbildung 11 verdeutlichen.

Angenommen, eine Nachfragesenkung in der Periode t löst eine Preisanpassung der Form (3.60) aus, wird das neue markträumende Gleichgewicht (r_t^*, Q_t^*) nicht erreicht. Da in der Periode $t-1$ nicht bekannt ist, ob sich der Markt im walrasianischen Gleichgewicht befindet oder nicht, sind zwei Möglichkeiten bei r_{t-1} zu unterscheiden:

1. Liegt der Preis der Vorperiode über dem nicht erreichten Gleichgewichtspreis $r_t^* < r_{t-1} <$ $(< x)$, dann gilt nach der Minimumregel, daß $Q_t^* < Q_{t-1} < Q_{t-1}^*$ und nach der Preisanpassungsgleichung $Q_t < Q_t^*$. Daraus folgt für die Mengenanpasssung, daß

$$Q_t - Q_{t-1} = \mu'(Q_t^* - Q_{t-1}) \quad \mu' > 1. \tag{3.68}$$

2. Liegt er dagegen unterhalb des neuen Walras-Gleichgewichts $r_{t-1} < r_t^*$, dann gilt nach der Minimumregel, daß $Q_{t-1} < Q_t^* < Q_{t-1}^*$ und nach der Preisanpassungsgleichung $Q_{t-1} <$ $Q_t < Q_t^*$. Daraus folgt für die Mengenanpassung

$$Q_{t-1} - Q_t = \mu'(Q_t^* - Q_t) \quad 0 < \mu' < 1. \tag{3.69}$$

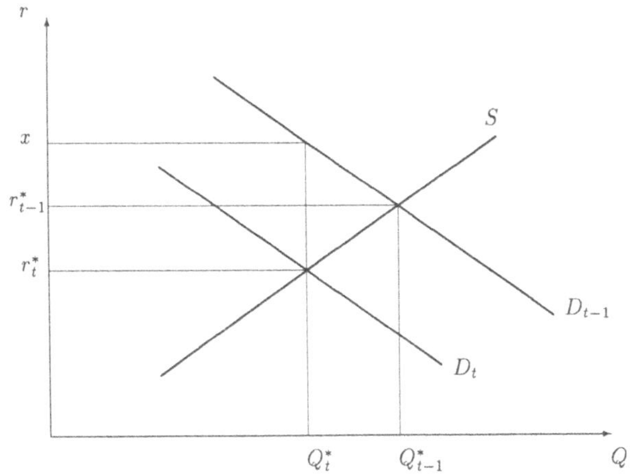

Abbildung 11: Preis- und Mengenanpassung in einem Rationierungsmodell mit Preisanpassung

Wie aus den beiden letzten Gleichungen ersichtlich wird, führt die Verwendung der Minimumregel und der Preisanpassungsgleichung im ersten Fall zu einem "overshooting" bei den Mengenanpassungen, während im zweiten Fall nur eine allmähliche Annäherung an das Walras-Gleichgewicht stattfindet. Dies ist bei simultaner Bestimmung der endogenen Variablen Q_t und r_t nach der gleichen Preisanpassungsregel in beiden Fällen nicht nachvollziehbar.

Bei einer Preisanpassungsgleichung gemäß (3.61), die wegen der in vielen Entwicklungsländern exogen festgesetzten Zinsen geeignet erscheint, den Anpassungsprozeß zu beschreiben, stellt sich das Problem einer unerklärlichen asymmetrischen Mengenanpassung nicht, da kein Zusammenhang zwischen der Preisfestsetzungsregel und der Anpassungsgleichung an das Gleichgewicht hergestellt werden kann. Ihre Verwendung ist aber dort, wo die Zinsen über längere Perioden hinweg festgesetzt werden, nicht berechtigt. Damit wird in diesem Fall eine Abbildung des Kreditmarktes in Entwicklungsländern mit staatlich festgesetzten Zinsen anhand eines Modells mit Preisanpassung nicht möglich. Es müssen Alternativen gefunden werden, die diese institutionelle Gegebenheit berücksichtigen und die Preiskontrolle explizit modellieren.
Bevor auf diesen Punkt im nächsten Unterabschnitt eingegangen wird, wird die Preisanpassungsgleichung der Form (3.61) als relevant für einige Entwicklungsländer betrachtet und die Schätzmethode eines Rationierungsmodells mit dieser Preisanpassungsgleichung dargestellt. Bei der Analyse werden bei Nachfrage- und Angebotsüberschuß unterschiedliche Anpassungsparameter zugelassen. Das vollständige Modell wird dann durch das folgende Gleichungssystem wiedergegeben (*Modell C*):

$$D_t = \alpha_1 r_t + \beta_1' X_{1t} + u_{1t} \tag{3.70}$$

$$S_t = \alpha_2 r_t + \beta_2' X_{2t} + u_{2t} \tag{3.71}$$

$$Q_t = min(D_t, S_t) \tag{3.72}$$

$$\Delta r_{t+1} = \begin{cases} \lambda_1(D_t - S_t), & \text{falls } D_t \geq S_t \\ \lambda_2(D_t - S_t), & \text{falls } D_t < S_t. \end{cases} \tag{3.73}$$

Fair/Jaffee (1972) haben zum ersten Mal eine Möglichkeit aufgezeigt, Modelle in der Form (3.70)–(3.73) zu schätzen. Zweckmäßig für die Schätzung ist eine Umformulierung des Modells, so daß alle in ihm vorkommenden Variablen beobachtbar sind. Für $D_t \geq S_t$ gilt:

$$\begin{aligned} Q_t &= D_t - \tfrac{1}{\lambda_1}\Delta r_{t+1} = \alpha_1 r_t + \beta_1' X_{1t} - \tfrac{1}{\lambda_1}\Delta r_{t+1} + u_{1t}, \\ Q_t &= S_t = \alpha_2 r_t + \beta_2' X_{2t} + u_{2t}. \end{aligned} \tag{3.74}$$

Für $D_t < S_t$ gilt:

$$\begin{aligned} Q_t &= D_t = \alpha_1 r_t + \beta_1' X_{1t} + u_{1t}, \\ Q_t &= S_t + \tfrac{1}{\lambda_2}\Delta r_{t+1} = \alpha_2 r_t + \beta_2' X_{2t} + \tfrac{1}{\lambda_2}\Delta r_{t+1} + u_{2t}. \end{aligned} \tag{3.75}$$

Die Gleichungssysteme (3.74) und (3.75) können kombiniert werden, wenn die Indikatorvariablen d_t und s_t eingeführt werden:

$$\begin{aligned} Q_t &= \alpha_1 r_t + \beta_1' X_{1t} - \tfrac{1}{\lambda_1} d_t + u_{1t}, \\ Q_t &= \alpha_2 r_t + \beta_2' X_{2t} + \tfrac{1}{\lambda_2} s_t + u_{2t}, \end{aligned} \tag{3.76}$$

wobei

$$d_t = \begin{cases} \Delta r_{t+1}, & \text{falls } \Delta r_{t+1} > 0, \\ 0, & \text{sonst} \end{cases}$$

$$s_t = \begin{cases} \Delta r_{t+1}, & \text{falls } \Delta r_{t+1} < 0, \\ 0, & \text{sonst.} \end{cases}$$

Das Gleichungssystem (3.76) läßt sich konsistent durch die gewöhnliche zweistufige Methode der kleinsten Quadrate (2SLS-Methode) schätzen: In einer ersten Stufe müssen mittels einer OLS-Regression der endogenen Variablen d_t, s_t auf die exogenen Variablen X_{1t}, X_{2t} *für alle Perioden* die theoretischen Werte $\hat{d}_t, \hat{s}_t$ gewonnen werden, um nach ihrer Substitution für d_t, s_t in einer zweiten OLS-Regression konsistente Parameter zu erhalten[45].

[45] Die von Fair/Jaffee (1972, S. 506) vorgeschlagene Vorgehensweise, in der ersten Stufe theoretische Werte für d_t und s_t nur aus Beobachtungen zu gewinnen, wo jeweils $d_t > 0$ bzw. $d_t < 0$ gilt, und sonst den theoretischen Wert gleich Null zu setzen, liefert inkonsistente Schätzparameter. Einen formalen Beweis führt Amemiya (1974, S. 760) an. Siehe auch Quandt (1988, S. 44f.).

Bekanntlich liefert die 2SLS-Methode zwar konsistente Schätzwerte, ist aber nicht effizient, da sie bei der Schätzung der einzelnen Gleichungen die a-priori-Informationen (Ausschluß von Variablen, stochastischer Prozeß der Störterme usw.) über die anderen Strukturgleichungen nicht ausnutzt. Hinzu kommt, daß bei diesem Modell die endogenen Variablen d_t und s_t als Treppenfunktionen nicht linear von den exogenen Variablen abhängig sind (vgl. Amemiya, 1974, S. 760). Eine konsistente, asymptotisch effiziente Schätzung für das *Modell C* wird mit der ML-Methode erreicht. Zur Ableitung der entsprechenden Likelihoodfunktion, wie sie zum ersten Mal von Amemiya (1974) vorgenommen wurde, werden die gemeinsamen Dichten der endogenen Variablen $f_1(Q_t, \triangle r_{t+1}), f_2(Q_t, \triangle r_{t+1})$ für die Teilperioden T_1 und T_2, in denen jeweils $\triangle r_{t+1} > 0$, $\triangle r_{t+1} < 0$ gilt, formuliert.

Die gemeinsamen Dichtefunktionen $f_1(.)$ und $f_2(.)$ lassen sich mit Hilfe der jeweiligen Jacobideterminante des Gleichungssystems (3.76) für T_1 und T_2 aus der gemeinsamen Dichtefunktion der Störterme $\mathbf{u}'_t = (u_{1t}, u_{2t}) = (Q_t - \alpha_1 r_t - \beta'_1 X_{1t} + \frac{d_t}{\lambda_1}, Q_t - \alpha_2 r_t + \beta'_2 X_{2t} - \frac{s_t}{\lambda_2})$ mit der Verteilung $N(0, \Sigma)$ gewinnen. Die Jacobideterminante der Transformation (u_{1t}, u_{2t}) in $(Q_t, \triangle r_{t+1})$ beträgt in T_1 $1/\lambda_1$ und in T_2 $-1/\lambda_2$; die Dichtefunktionen damit

$$\begin{aligned} f_1(Q_t, \triangle r_{t+1}) &= \frac{1}{2\pi}\frac{1}{\lambda_1}|\Sigma|^{-1/2} exp\left\{-\frac{1}{2}\mathbf{u}'_t\Sigma^{-1}\mathbf{u}_t\right\} \\ f_2(Q_t, \triangle r_{t+1}) &= \frac{1}{2\pi}\frac{1}{\lambda_2}|\Sigma|^{-1/2} exp\left\{-\frac{1}{2}\mathbf{u}'_t\Sigma^{-1}\mathbf{u}_t\right\}. \end{aligned}$$

Die Likelihoodfunktion lautet dann:

$$L = \prod_{t\in T_1} f_1(Q_t, \triangle r_{t+1}) \prod_{t\in T_2} f_2(Q_t, \triangle r_{t+1})^{46}; \tag{3.77}$$

die entsprechende Loglikelihoodfunktion:

$$\begin{aligned} logL &= \sum_{t\in T_1} log f_1(Q_t, \triangle r_{t+1}) + \sum_{t\in T_2} log f_2(Q_t, \triangle r_{t+1}) = \\ & -T log(2\pi) - T_1 log\lambda_1 - T_2 log\lambda_2 - \frac{T}{2}log|\Sigma| - \frac{1}{2}\sum_1^T \mathbf{u}'_t\Sigma^{-1}\mathbf{u}_t. \end{aligned} \tag{3.78}$$

Rationierungsmodelle mit einer Preisanpassungsgleichung erlauben neben einer Quantifizie-

[46] Fair/Kelejian (1974, S. 182f.) haben vorgeschlagen, die Likelihoodfunktion zu verwenden, die aus den bedingten Dichten resultiert:

$$L = \prod_{t\in T_1} f_1(Q_t, \triangle r_{t+1}|D_t > S_t) \prod_{t\in T_2} f_2(Q_t, \triangle r_{t+1}|D_t < S_t).$$

Die Schätzung anhand dieser Funktion ist jedoch ineffizient, da die a-priori-Information über die Stichprobentrennung im Gegensatz zu (3.77) nicht ausgenutzt wird. Der Unterschied wird ersichtlich, wenn (3.77) wie folgt geschrieben wird:

$$L = \prod_{t\in T_1} f_1(Q_t, \triangle r_{t+1}|D_t > S_t)pr(D_t > S_t) \prod_{t\in T_2} f_2(Q_t, \triangle r_{t+1}|D_t < S_t)pr(D_t < S_t).$$

(Vgl. Amemiya, 1974, S. 761f. und Maddala/Nelson, 1974, S. 1020f.)

rung der Kreditrationierung über die Schätzung der Nachfrage und des Angebots auch einen Test der Markträumungs- gegen die Rationierungshypothese. Der Test kann nach Fair/Jaffee (1972) durch den Hypothesentest $H_0 = \lambda_i^* = 1/\lambda_i = 0$ durchgeführt werden[47]. Nach der Monte-Carlo-Studie von Quandt (1978) ist dieser Test für die Markträumungshypothese jedoch mit dem Problem behaftet, daß der Parameter λ^* nicht normalverteilt ist und daher ein t−Test verzerrt ist. Nach der Studie ist die Wahrscheinlichkeit für einen Fehler der ersten Art hoch. Der Test liefert dagegen gute Resultate, wenn die Markträumungshypothese wirklich falsch ist (vgl. Quandt, 1978, S. 445).

Einige empirische Analysen anhand von Rationierungsmodellen mit einer Preisanpassungsgleichung liegen vor[48]. Wie oben dargestellt, ermöglichen diese Modelle die Erfassung des Marktteilnehmerverhaltens anhand der Preisanpassungsgleichung. Ihre Likelihoodfunktion ist nicht unbeschränkt und rechentechnisch bei einer korrekten Spezifikation einfacher zu handhaben als die von *Modell A*. Ihre Maximierung ist mit den 2SLS-Parametern als Startwerten im Vergleich zu *Modell A* etwas einfacher zu bewerkstelligen. In dieser Arbeit wird *Modell C*, auch wenn es den marokkanischen Kreditmarkt wegen der manchmal über längere Perioden festgesetzten Zinsen nicht richtig abbildet, ebenfalls zu einem Vergleich der Schätzwerte herangezogen.

3.6.3 Modelle mit kontrollierten Preisen

Wie oben erwähnt, ist die Berücksichtigung von a-priori-Informationen in einem ökonometrischen Rationierungsmodell in Form einer Preisanpassungsgleichung nicht geeignet für Märkte mit über längere Perioden hinweg festgelegten Preisen, wie es in den Entwicklungsländern oft der Fall ist. Eine explizite Berücksichtigung der Informationen in Form von Preisobergrenzen bildet hier diese Kreditmärkte besser ab. Maddala (1983b), Chanda/Maddala (1983) und Gourieroux/Monfort (1983) haben im Rahmen der Rationierungsökonometrie Modelle mit kontrollierten Preisen analysiert und Schätzmethoden aufgezeigt. Relevant für Kreditmärkte in Entwicklungsländern sind Modelle, die die Preiskontrolle in Form von exogenen Zinsobergrenzen $\overline{r_t}$ berücksichtigen. Ein Modell dieser Form wird durch das folgende Gleichungssystem definiert:

$$D_t = \alpha_1 r_t + \beta_1' X_{1t} + u_{1t} \tag{3.79}$$

$$S_t = \alpha_2 r_t + \beta_2' X_{2t} + u_{2t} \tag{3.80}$$

$$Q_t = min(D_t, S_t) \tag{3.81}$$

---

[47] Quandt (1978, S. 440) hat argumentiert, daß in einem Rationierungsmodell wie dem hier dargestellten *Modell C* dieser Nullhypothesentest ungeeignet ist, da die Likelihoodfunktion eines marktgeräumten Modells nicht aus dem Rationierungsmodell abgeleitet werden kann und die Hypothese damit nicht genistet ist. Dies trifft jedoch nicht zu. Für $\lambda \to \infty$ wird die Likelihoodfunktion des Rationierungsmodells C in ein Walras-Modell überführt (vgl. Maddala, 1986, S. 1665).

[48] In den empirischen Arbeiten wird meist eine Anpassungsgleichung mit endogenem Preis $\Delta p_t = \lambda(D_t - S_t)$ bzw. $\Delta p_t = \lambda(D_t - S_t) + u_{3t}$ verwendet. Rosen/Quandt (1978) und Eaton/Quandt (1983) verwenden die Spezifikation zur Analyse des US-amerikanischen Arbeitsmarktes; Nishimizu et al. (1982) schätzen mit der Spezifikation die Nachfrage- und Angebotsparameter für den Investitionsgütermarkt in Japan; Bauer (1985) analysiert den Arbeitsmarkt in der BRD. Für den Kreditmarkt sind — wie weiter unten ausführlich behandelt wird — bisher die Arbeiten von Laffont/Garcia/1977), Sealey (1979), Ito/Ueda (1981), Frei/Schips (1986), Martin (1991) erschienen.

$$r_t \leq \overline{r_t}. \tag{3.82}$$

Das Modell (3.79)–(3.82) weist die Besonderheit auf, daß der Zins einmal als endogene, ein anderes Mal als exogene Variable fungiert: Unterhalb der Preisobergrenze wird er von den Marktteilnehmern endogen bestimmt; bei der Preisobergrenze dagegen wird er exogen festgelegt. Im ersten Fall liegt ein unvollständiges Modell vor, das mit drei endogenen Variablen D_t, S_t, r_t und zwei Gleichungen nicht geschätzt werden kann. Es bedarf daher weiterer Annahmen, um die Vollständigkeit des Modells herbeizuführen.

Die folgende Darstellung folgt der Analyse von Maddala (1983b, S. 362ff.), in der angenommen wird, daß für Preise unterhalb der Preisobergrenzen die Märkte geräumt sind. Rationierung tritt daher nur zeitweise auf, nämlich dann, wenn die Preise die Obergrenze erreichen. Damit wird auch implizit eine eventuelle Rationierung nicht mehr im Kreditrisiko, sondern in einer zu niedrig festgeschriebenen Zinsobergrenze begründet.

Das Modell kann mit Hilfe dieser Annahme auch in folgender Form geschrieben werden:

$$D_t = \alpha_1 r_t + \beta_1' X_{1t} + u_{1t} \tag{3.83}$$

$$S_t = \alpha_2 r_t + \beta_2' X_{2t} + u_{2t} \tag{3.84}$$

$$Q_t = D_t = S_t \quad \text{falls } r_t < \overline{r_t} \tag{3.85}$$

$$Q_t = S_t \quad \text{falls } r_t = \overline{r_t} \tag{3.86}$$

und läßt sich anhand der ML-Methode schätzen. Zur Ableitung der Likelihoodfunktion werden die Dichtefunktionen der endogenen Variablen benötigt.

Für die T_1-Perioden mit $r_t < \overline{r_t}$ sind $Q_t (= D_t = S_t)$ und r_t endogene Variablen. Ihre Dichtefunktion läßt sich aus (3.83) und (3.84) mit Hilfe der Jacobideterminante $\alpha_1 - \alpha_2$ und der bekannten gemeinsamen Dichtefunktion der Störterme $g(u_{1t}, u_{2t}) = g(Q_t - \alpha_1 r_t - \beta_1' X_{1t}, Q_t - \alpha_2 r_t - \beta_2' X_{2t})$ bestimmen.

Für die T_2-Perioden mit $r_t = \overline{r_t}$ ist r_t exogen, und die endogenen Variablen sind D_t und $S_t = Q_t$. Die Jacobideterminante beträgt in diesem Fall 1, und die Dichtefunktion der endogenen Variablen stimmt mit der gemeinsamen Dichte der Störterme überein $g(D_t - \alpha_1 \overline{r_t} - \beta_1' X_{1t}, Q_t - \alpha_2 \overline{r_t} - \beta_2' X_{2t})$. Daraus läßt sich analog wie beim *Modell A* die Dichtefunktion der beobachteten Variablen Q_t anhand von $\int_{Q_t}^{\infty} g(.)\, dD_t$ ermitteln.

Die Likelihoodfunktion schreibt sich dann bei unabhängigen Beobachtungen als

$$\begin{aligned} L = & \prod_{T_1} |\alpha_1 - \alpha_2| g(Q_t - \alpha_1 r_t + \beta_1' X_{1t}, Q_t - \alpha_2 r_t + \beta_2' X_{2t}) \\ & \times \prod_{T_2} \int_{Q_t}^{\infty} g(D_t - \alpha_1 \overline{r_t} - \beta_1' X_{1t}, Q_t - \alpha_2 \overline{r_t} - \beta_2' X_{2t})\, dD_t. \end{aligned} \tag{3.87}$$

Bei normalverteilten, temporär unkorrelierten Störtermen schreibt sich (3.87) explizit:

$$L = \prod_{T_1} \frac{|\alpha_1 - \alpha_2|}{2\pi\sigma_1\sigma_2} exp\left\{-\frac{1}{2}\left[\frac{(Q_t - \alpha_1 r_t - \beta_1' X_{1t})^2}{\sigma_1^2} + \frac{(Q_t - \alpha_2 r_t - \beta_2' X_{2t})^2}{\sigma_2^2}\right]\right\}$$
$$\times \prod_{T_2} \frac{1}{\sqrt{2\pi}\sigma_2} exp\left\{-\frac{1}{2}\frac{(Q_t - \alpha_2 \overline{r_t} - \beta_2' X_{2t})^2}{\sigma_2^2}\right\}$$
$$\times \left[1 - \Phi\left(\frac{Q_t - \alpha_1 \overline{r_t} - \beta_1' X_{1t}}{\sigma_1}\right)\right]^{49}. \quad (3.88)$$

Die Anwendung des so beschriebenen Modells auf Kreditmärkte mit festgelegten Zinsobergrenzen setzt u. a. voraus, daß neben Q_t und $\overline{r_t}$ auch die tatsächlich erhobenen Kreditzinsen r_t beobachtbar sind. Diese Voraussetzung ist jedoch nicht immer gegeben. Die von den Marktteilnehmern vereinbarten Zinsen r_t werden oft, so wie auch für den hier untersuchten marokkanischen Kreditmarkt, nicht veröffentlicht. Damit ist die Likelihoodfunktion (3.88) nicht mehr schätzbar. Will man die Kreditmärkte in solchen Volkswirtschaften anhand eines Modells mit kontrollierten Preisen abbilden und schätzen, muß der Unbeobachtbarkeit der Zinsen Rechnung getragen werden.

Maddala (1983b, S. 369) hat für den Fall der Unbeobachtbarkeit der Preise aber weiterhin bei möglichen Regimezuordnungen die entsprechende Likelihoodfunktion abgeleitet. Sie schreibt sich analog zu (3.87):

$$L = \prod_{T_1} g(Q_t) \prod_{T_2} g(D_t, Q_t)\, dD_t. \quad (3.89)$$

Der Unterschied zwischen beiden Funktionen besteht in $g(Q_t)$. Diese Funktion stellt die Dichtefunktion der beobachteten Variablen beim $r_t < \overline{r_t}$ dar und läßt sich aus der reduzierten Form aus (3.83) und (3.84) ableiten.

Das von Maddala (1983b) beschriebene Szenario ist jedoch unwahrscheinlich, da eine Regimezuordnung selten exogen bestimmbar ist, sondern erst durch einen Vergleich der tatsächlich gehandelten Preise mit den Preisobergrenzen möglich wird. Eine Likelihoodfunktion der Form (3.89) ist, auch für den marokkanischen Kreditmarkt, daher oft nicht anwendbar. Ein neuer Likelihoodschätzer, der es erlaubt, die Parameter in Modellen mit unbeobachteten Preisen und ohne eine a-priori-Regimezuordnung zu schätzen, kann zwar, wie gleich gezeigt wird, abgeleitet werden; eine Überprüfung der Rationierungshypothese ist allerdings nicht möglich, da wegen der Unbeobachtbarkeit der tatsächlichen Zinsen weder der Umfang der Nachfrage noch der des Angebots geschätzt werden kann. Ebensowenig lassen sich die Wahrscheinlichkeiten einer Regimezuordnung

$$Pr(rt = \bar{r}) = Pr(D_t > S_t) = Pr[\beta_1' X_{1t} - \beta_2' X_{2t} > u_2 - u_1 + r_t(\alpha_2 - \alpha_1)]$$

[49] Eine ähnliche Likelihoodfunktion erhält man, wenn man statt der tatsächlichen Periodenpreise die rational erwarteten Preise in den Verhaltensgleichungen verwendet. Chanda/Maddala (1983) verwenden diese Variante des Modells in der Angebotsfunktion und leiten die entsprechende Likelihoodfunktion ab.

ermitteln, da die Varianz von r_t nicht bekannt ist.

Bei einer fehlenden a-priori-Regimezuordnung muß eine Dichtefunktion für die einzig beobachtete endogene Variable Q_t ähnlich wie beim *Modell A* anhand von Realisationswahrscheinlichkeiten bestimmt und daraus die entsprechende Likelihoodfunktion abgeleitet werden. Die Dichtefunktion $h(Q_t)$ läßt sich nach dem Satz der totalen Wahrscheinlichkeit schreiben:

$$\begin{aligned} h(Q_t) &= f(Q_t|r_t < \overline{r_t})pr(r_t < \overline{r_t}) + f(Q_t|r_t = \overline{r_t})pr(r_t = \overline{r}_t) \\ &= f(Q_t|r_t < \overline{r_t})pr(r_t < \overline{r_t}) + f(Q_t|D_t > S_t)pr(D_t > S_t). \end{aligned} \tag{3.90}$$

Die bedingten Dichtefunktionen für die Nachfrage- und Angebotsfunktionen lassen sich formulieren als

$$f(Q_t|r_t < \overline{r_t}) = \int_0^{\overline{r_t}} g(Q_t, r_t|r_t < \overline{r_t})\, dr_t = \frac{\int_0^{\overline{r_t}} g(Q_t, r_t)\, dr_t}{pr(r_t < \overline{r_t})}, \tag{3.91}$$

$$f(Q_t|D_t > S_t) = \int_{Q_t}^{\infty} g(D_t, Q_t|D_t > S_t)\, dD_t = \frac{\int_{Q_t}^{\infty} g(D_t, Q_t)\, dD_t}{pr(D_t > S_t)}. \tag{3.92}$$

Die Substitution von (3.91) und (3.92) in (3.90) ergibt:

$$h(Q_t) = \int_0^{\overline{r_t}} g(Q_t, r_t)\, dr_t + \int_{Q_t}^{\infty} g(D_t, Q_t)\, dD_t. \tag{3.93}$$

Aus der gemeinsamen Dichte der Störterme und den jeweiligen Jacobideterminanten der Transformation der Variablen können die gemeinsamen Dichten der endogenen Variablen gewonnen werden. Damit läßt sich (3.93) auch schreiben:

$$\begin{aligned} h(Q_t) &= \int_0^{\overline{r_t}} |\alpha_1 - \alpha_2| g(Q_t - \alpha_1 r_t - \beta_1' X_{1t}, Q_t - \alpha_2 r_t - \beta_2' X_{2t})\, dr_t \\ &\quad + \int_{Q_t}^{\infty} g(Q_t - \alpha_1 \overline{r_t} - \beta_1' X_{1t}, Q_t - \alpha_2 \overline{r_t} - \beta_2' X_{2t})\, dD_t. \end{aligned} \tag{3.94}$$

Bei normalverteilten, kontemporär unkorrelierten Störtermen schreibt sich (3.94) als:

$$\begin{aligned} h(Q_t) = \\ &\int_0^{\overline{r_t}} \frac{|\alpha_1 - \alpha_2|}{2\pi\sigma_1\sigma_2} exp\left\{ -\frac{1}{2}\left[\frac{(Q_t - \alpha_1 r_t - \beta_1' X_{1t})^2}{\sigma_1^2} + \frac{(Q_t - \alpha_2 r_t - \beta_2' X_{2t})^2}{\sigma_2^2} \right] \right\} dr_t \\ &+ \frac{1}{\sqrt{2\pi}\sigma_2} exp\left\{ -\frac{1}{2}\frac{(Q_t - \alpha_2 \overline{r_t} - \beta_2' X_{2t})^2}{\sigma_2^2} \right\} \times \left[1 - \Phi\left(\frac{Q_t - \alpha_1 \overline{r_t} - \beta_1' X_{1t}}{\sigma_1} \right) \right]. \end{aligned} \tag{3.95}$$

Zur Integration des ersten Terms der Gleichung (3.95) sind einige algebraische Umformungen nötig. Der Term in eckiger Klammer kann mit $A_{1t} = Q_t - \beta_1' X_{1t}$ und $A_{2t} = Q_t - \beta_2' X_{2t}$ in die Form

$$\begin{aligned} & \frac{(-\alpha_1 r_t + A_{1t})^2}{\sigma_1^2} + \frac{(-\alpha_1 r_t + A_{2t})^2}{\sigma_2^2} \\ = & \frac{1}{\sigma_1^2 \sigma_2^2} \left[\sigma_2^2 (A_{1t} - \alpha_1 r_t)^2 + \sigma_1^2 (A_{2t} - \alpha_2 r_t)^2 \right] \end{aligned}$$

gebracht werden. Durch Ausmultiplizieren erhält man dann:

$$\begin{aligned} & \frac{\sigma_2^2 \alpha_1^2 + \sigma_1^2 \alpha_2^2}{\sigma_1^2 \sigma_2^2} \left(r_t^2 - 2 r_t B_{1t} + B_{2t} \right) \\ = & \frac{\sigma_2^2 \alpha_1^2 + \sigma_1^2 \alpha_2^2}{\sigma_1^2 \sigma_2^2} \left[(r_t - B_{1t})^2 + B_{2t} - B_{1t}^2 \right], \end{aligned}$$

wobei

$$\begin{aligned} B_{1t} &= \frac{\sigma_2^2 \alpha_1 A_{1t} + \sigma_1^2 \alpha_2 A_{2t}}{\sigma_2^2 \alpha_1^2 + \sigma_1^2 \alpha_2^2} \\ B_{2t} &= \frac{\sigma_2^2 A_{1t}^2 + \sigma_1^2 A_{2t}^2}{\sigma_2^2 \alpha_1^2 + \sigma_1^2 \alpha_2^2}. \end{aligned}$$

Der erste Term kann daher geschrieben werden als

$$\int_0^{\overline{r_t}} \frac{|\alpha_1 - \alpha_2|}{2\pi \sigma_1 \sigma_2} exp \left\{ -\frac{1}{2} \left[\frac{(r_t - B_{1t})^2 + B_{2t} - B_{1t}^2}{\sigma_1^2 \sigma_2^2 / (\sigma_2^2 \alpha_1^2 + \sigma_1^2 \alpha_2^2)} \right] \right\} dr_t =$$

$$\begin{aligned} & \frac{|\alpha_1 - \alpha_2|}{\sqrt{2\pi} \sqrt{\sigma_2^2 \alpha_1^2 + \sigma_1^2 \alpha_2^2}} exp \left\{ -\frac{1}{2} \frac{B_{2t} - B_{1t}^2}{\sigma_1^2 \sigma_2^2 / (\sigma_2^2 \alpha_1^2 + \sigma_1^2 \alpha_2^2)} \right\} \\ & \times \int_0^{\overline{r_t}} \frac{1}{\sqrt{2\pi} \sigma_1 \sigma_2 / \sqrt{\sigma_2^2 \alpha_1^2 + \sigma_1^2 \alpha_2^2}} exp \left\{ -\frac{1}{2} \frac{(r_t - B_{1t})^2}{\sigma_1^2 \sigma_2^2 / (\sigma_2^2 \alpha_1^2 + \sigma_1^2 \alpha_2^2)} \right\} = \end{aligned}$$

$$\begin{aligned} & \frac{|\alpha_1 - \alpha_2|}{\sqrt{2\pi} \sqrt{\sigma_2^2 \alpha_1^2 + \sigma_1^2 \alpha_2^2}} exp \left\{ -\frac{1}{2} \frac{B_{2t} - B_{1t}^2}{\sigma_1^2 \sigma_2^2 / (\sigma_2^2 \alpha_1^2 + \sigma_1^2 \alpha_2^2)} \right\} \\ & \times \Phi \left(\frac{\overline{r_t} - B_{1t}}{\sigma_1 \sigma_2 / \sqrt{(\sigma_2^2 \alpha_1^2 + \sigma_1^2 \alpha_2^2)}} \right). \end{aligned}$$

Die entsprechende Likelihoodfunktion lautet dann bei unabhängigen Beobachtungen:

$$L = \prod_{t=1}^{T} h(Q_t). \tag{3.96}$$

Anhand dieser neuen Likelihoodfunktion lassen sich wie ausgeführt alle Parameter des Modells schätzen; die empirische Überprüfung der Rationierungshypothese bleibt aber aus. Um einen Parametervergleich zwischen den verschiedenen Modellen vorzunehmen, wird sie im nächsten Kapitel auf das marokkanische Kreditmarktmodell angewandt.

3.6.4 Empirische Rationierungsmodelle für den Kreditmarkt

Wie schon erwähnt, liegen einige empirische Kreditmarktanalysen vor, welche die Auswirkungen von unvollkommenen Kreditmärkten auf das Investitionsverhalten anhand von short-side-Partialmodellen untersuchen und Kreditrationierung über die Schätzung einer aggregierten Kreditnachfrage- und Kreditangebotsfunktion quantifizieren. Diese Untersuchungen beziehen sich ausschließlich auf Volkswirtschaften mit hochentwickelten Finanzmärkten. Entsprechende Schätzungen von Angebot an und Nachfrage nach Investitionskrediten sind bisher für kein Entwicklungsland bekannt.

Zur Formulierung des aggregierten Angebots und der Nachfrage stützen sich alle diese Arbeiten auf das von Melitz/Pardue (1973) vorgestellte Modell für den Kreditmarkt. In diesem Modell wird das Kreditangebot der Banken S charakterisiert (1) durch eine durch die Passivpositionen der Bankbilanz und durch Mindestreserven bestimmte Volumenschranke Liq, die das Kreditpotential der Banken wiedergibt, (2) durch den Kreditzinssatz r, (3) durch den Ertrag alternativer Anlagen r_b und schließlich (4) durch die Finanzierungskosten der Bank d; formal ausgedrückt:

$$S = f(Liq, r, r_b, d).$$

Dabei ist $\partial S/\partial Liq > 0$; $\partial S/\partial r > 0$; $\partial S/\partial r_b < 0$; und $\partial S/\partial d > 0$.

Die Abhängigkeit des Angebots von der Volumenschranke, dem Kreditzinssatz und den alternativen Anlagen ist einleuchtend und bedarf keiner weiteren Erläuterungen. Erklärungsbedürftig in dieser Formulierung ist die positive Abhängigkeit des Kreditangebots von den Kosten der Bank: Melitz und Pardue argumentieren, daß eine Erhöhung der Finanzierungskosten und die damit einhergehende Verringerung des Bankertrages zu einer Umschichtung von risiko- und ertragsärmeren Aktiva (Wertpapieren) zu risiko- und ertragsreicheren Aktiva (Krediten) führt, um den Rückgang des Ertrages zu kompensieren.

Denkbar ist jedoch auch — wie in der Geldtheorie i. d. R. angenommen wird —, daß eine Erhöhung der Finanzierungskosten zu einer Verringerung der Kreditvergabe führt. Welcher der beiden Effekte maßgeblich für das Kreditangebot ist, kann daher a priori nicht bestimmt werden (vgl. Sealey, 1979, S. 695). Nach diesen Überlegungen nimmt die Melitz-Pardue-Formulierung der Kreditangebotsfunktion in einer linearen Approximation die Form an:

$$S = \beta_0 + \beta_1\, Liq + \beta_2\, r + \beta_3\, r_b + \beta_4\, d, \tag{3.97}$$

mit $\beta_1 > 0, \beta_2 > 0, \beta_3 < 0$ und $\beta_4 \gtrless 0$.

Die Nachfrage nach Investitionskrediten wird nach Melitz und Pardue neben dem Kreditzins in erster Linie von einer Aktivitätsvariablen IP und den Eigenmitteln der Nachfrager Y zur Deckung ihres Finanzierungsbedarfs bestimmt. Bei dieser Formulierung werden alternative Finanzierungsformen nicht berücksichtigt. Daher werden in einigen empirischen Arbeiten die alternativen Finanzierungskosten AF als weitere Variable aufgenommen. Die Kreditnachfragefunktion nimmt dann die Form an:

$$D = g(r, AF, IP, Y), \tag{3.98}$$

mit $\partial D/\partial r < 0$; $\partial D/\partial AF < 0$; $\partial D/\partial IP > 0$, falls IP eine Produktionsaktivität widerspiegelt. Bezüglich der Korrelation der Nachfrage und der Eigenmittel Y kann keine Aussage a priori gemacht werden. Einerseits erlauben hohe eigene Mittel eine geringere Nachfrage nach Krediten, andererseits aber ist eine Kreditvergabe zur Investitionsfinanzierung i. d. R. mit einer Eigenkapitaleinbringung gekoppelt, so daß eine positive Korrelation zwischen diesen Variablen besteht (vgl. Laffont/Garcia, 1977, S. 1189f.).
Linear approximiert nimmt die Kreditnachfragefunktion die Form

$$D = \alpha_0 + \alpha_1 r + \alpha_2 AF + \alpha_3 IP + \alpha_4 Y \tag{3.99}$$

an, mit $\alpha_1 < 0$, $\alpha_2 < 0$, $\alpha_3 > 0$ und $\alpha_4 \gtrless 0$.

Bei dieser sich auf Melitz/Pardue (1973) stützenden Formulierung bleibt die eigentliche, im ersten Teil der Arbeit analysierte Ursache der Rationierung — das Ausfallrisiko einer Investition — unberücksichtigt. Will man Angebot und Nachfrage entsprechend der dargestellten Theorie modellieren, muß eine Variable aufgenommen werden, die das Ausfallrisiko abbildet. Fast alle empirischen Arbeiten sehen von einer expliziten Berücksichtigung dieser Variablen ab. Die Arbeit von Winker (1996) stellt unter den empirischen Studien in dieser Hinsicht eine Ausnahme dar, da dem Ausfallrisiko in der Angebotsfunktion, wie von Stiglitz (1992) vorgeschlagen, in Form der Insolvenzrate im verarbeitenden Gewerbe Rechnung getragen wird.

Die in den empirischen Arbeiten jeweils gewählte Spezifikation der Nachfrage- und Angebotsfunktion wird von den institutionellen Gegebenheiten und der Verfügbarkeit von Daten bestimmt. So werden in den Studien die Variablen unterschiedlich abgebildet und verschiedene Dummies einbezogen. In den Tabellen 1 und 2 werden die Spezifikationen von Nachfrage und Angebot der verschiedenen Rationierungsstudien zusammengefaßt.

Mit Ausnahme der Arbeiten von Frei/Schips (1985) und Browne (1987) wird die Rationierung der Investitionskredite untersucht. Die von den beiden Arbeiten vorgenommene Aggregation von Konsum- und Investitionskrediten ist nicht unproblematisch, denn es ist zu erwarten, daß die beiden Wirtschaftseinheiten ein unterschiedliches Nachfrageverhalten aufweisen. Problematisch ist noch bei Browne (1987) die Wahl der Lagerhaltung zur Abbildung der Aktivitätsvariable als prädeterminierter Variable in der Nachfragefunktion. Die Lagerhaltung als Investition ist in ei-

Studie	Kreditangebot				
	Liquidität	Kreditzins	Alternative Anlagen	Kreditkosten	Sonstige Variablen
Laffont/Garcia (1977), Kanada, Monatsdaten 1967–1973	Sicht-, Termineinlagen, Mindestreserven	prime rate, Zins langfristiger Kredite	Zins für Staatsanleihen	Zins für Termingelder	Produktionsindex
Sealey (1979), USA, Quartalsdaten 1952.2–1977.3	gesamte Bankeinlagen	nicht weiter spezifizierter Kreditzins	Treasury bill rate	gewichteter Einlagenzins	Produktionsindex
Ito/Ueda (1981), Quartalsdaten, USA 1965.3–1979.2, Japan 1968.2–1977.1	gesamte Bankeinlagen	prime rate	Bestand an treasury bill bzw. Wertpapieren	Diskontsatz	Kredite der Vorperiode
Artus (1984), Frankreich, Quartalsdaten 1969.1–1981.4	–	Zins kurzfristiger Kredite		gewichteter Geldmarktsatz	Kredite der Vorperiode, Wertschöpfung
Frei/Schips (1985), Schweiz, Quartalsdaten 1969.3–1983.2	Spareinlagen	Zins von Kassenobligationen	Zins für Staatsanleihen	–	realer BIP
King (1986), USA, Quartalsdaten 1955.1–1979.3	Sichteinlagen	Zins kurzfristiger Kredite	Hypothekarzins	erwartete Inflationsrate	Kredite der Vorperiode
Browne (1987), Irland, Quartalsdaten, 1966.1–1980.4	Bilanzvolumen	Kreditzins	–	gewichteter Einlagenzins	–
Martin (1990), Großbritannien, Quartalsdaten 1964.2–1984.4	Geldmenge	realer bond rate	–	–	Kredite der Vorperiode
Winker (1996), BRD, Monatsdaten 1974.1–1989.10	haftendes Eigenkapital	Zins für Kontokorrentkredite	–	Kosten der Reservehaltung	Insolvenzrate

Tabelle 1: Spezifikation des Kreditangebots in empirischen Rationierungsmodellen

nem Modell, das Kredite als eine abhängige Variable betrachtet, keine strikt exogene Variable, denn sie wird von den tatsächlich erhaltenen Krediten, sprich von der Rationierung, bestimmt.

Mit Ausnahme der Arbeit von Martin (1990) wird von der Problematik der Aggregation heterogener Kreditmärkte abgesehen. Martin (1990) verwendet in seiner Spezifikation die in den Arbeiten von Kooiman/Kloek (1979) und Nickell (1984) abgeleiteten aggregierten Verhaltensgleichungen. Ferner ist diese Arbeit, die einzige die spillover von Gütermärkten explizit einbezieht. Diese Variable wird durch eine qualitative, aus Umfragedaten stammende Variable abgebildet.

Studie	Kreditnachfrage				
	Aktivitätsvariable	Kreditzins	Alternative Kosten	Eigenmittel	Sonstige Variablen
Laffont/Garcia (1977), Kanada, Monatsdaten 1967–1973	Produktionsindex	prime rate und Zins für langfristige Kredite	Zins der Bank- und Industrieanleihen	nicht ausgeschüttete Gewinne	–
Sealey (1979), USA, Quartalsdaten 1952.2–1977.3	Produktionsindex	nicht weiter spezifizierter Kreditzins	Zins der Aaa Industrieanleihe	nicht ausgeschüttete Gewinne	–
Ito/Ueda (1981), Quartalsdaten, USA 1965.3–1979.2, Japan 1968.2–1977.1	Produktionsindex, Kapazitätsauslastungsgrad	prime rate	Zins der commercial paper	Kredite der Vorperiode	–
Artus (1984), Frankreich, Quartalsdaten 1969.1–1981.4	Wertschöpfung	Zins kurzfristiger Kredite	Bestand an Industrieobligationen und Aktien	nicht ausgeschüttete Gewinne	Kredite der Vorperiode, erwartete Inflationsrate
Frei/Schips (1985), Schweiz, Quartalsdaten 1969.3–1983.2	reales BIP	Zins von Kassenobligationen	Dreimonatszins auf dem Eurofrankenmarkt	–	Preisindex des BIP
King (1986), USA, Quartalsdaten 1955.1–1979.3	BIP	Zins kurzfristiger Kredite	Zins der commercial paper	Kredite der Vorperiode	erwartete Inflationsrate
Browne (1987), Irland, Quartalsdaten, 1966.1–1980.4	Konsum und Lagerhaltung	Kreditzins	UK-Zins	reale Gewinne	erwartete Inflationsrate
Martin (1990), Großbritannien, Quartalsdaten 1964.2–1984.4	Finanztransaktionen der Unternehmen, Welthandel	realer bond rate	treasury bill rate	nicht ausgeschüttete Gewinne	Überschuß auf dem Gütermarkt
Winker (1996), BRD, Monatsdaten 1974.1–1989.10	Produktionsindex, erwartete Geschäftslage	Zins für Kontokorrentkredite	–		Erzeugerpreisindex, Lohnquote

Tabelle 2: Spezifikation der Kreditnachfrage in empirischen Rationierungsmodellen

Neben den Spezifikationsdifferenzen unterscheiden sich diese Studien auch in der Wahl des ökonometrischen Rationierungsmodells. In den Studien von King (1986) wird die Schätzung ausschließlich mit einem Modell ohne Preisanpassungsgleichungen vorgenommen (*Modell A* in dieser Arbeit), so daß hier die Rationierung als Gleichgewicht analysiert wird. Sealey (1979) wählt ein Rationierungsmodell mit einer stochastischen Preisanpassungsgleichung. Ito/Ueda (1981), Browne (1987) und Martin (1990) wählen eine deterministische Preisanpassung mit endogenem Periodenpreis, wobei sie die Gleichung in der von Bowden vorgeschlagenen Form formulieren. Ebenfalls mit der Bowden-Spezifikation, aber in stochastischer Form, wird das Modell von Frei/Schips (1985) geschätzt. Laffont/Garcia (1977) und Artus (1984) schätzen neben dem Modell mit exogenem Preis auch ein Modell mit einer deterministischen Preisanpassungsgleichung. Sealey (1979) wählt das Modell mit einer stochastischen Preisanpassungsgleichung für seine Schätzung. Alle diese Formulierungen mit der Preisanpassungsgleichung zielen auf die Analyse der dynamischen Kreditrationierung.

Hinsichtlich der Ergebnisse gelangen die Studien fast ausnahmslos zu einer Ablehnung der Markträumungshypothese. Bedingt wird dies allerdings nicht immer durch einen Nachfrageüberschuß, so daß in wenigen Studien die Kreditrationierungshypothese vorbehaltlos akzeptiert werden kann.
Der kanadische Kreditmarkt ist nach Laffont/Garcia (1977, S. 1198) ein "essentially demand-determined market" mit einer relativ hohen Preisanpassungsgeschwindigkeit zur Markträumung hin im Falle eines Nachfrageüberhanges, was der Kreditrationierungstheorie widerspricht.

Die Arbeiten von Sealey (1979), Ito/Ueda (1981) und King (1986) kommen — auch wenn sich die Untersuchungsperioden weitgehend entsprechen — zu abweichenden Ergebnissen über die Bedeutung der Kreditrationierung auf dem US-amerikanischen Kreditmarkt.
Sealey (1979) schätzt, daß von den untersuchten 102 Quartalsperioden 66 durch (dynamische) Kreditrationierung gekennzeichnet sind. Er schließt daraus "in the U.S., business loans are essentially supply determinated" Sealey (1979, S. 697).
In Ito/Ueda (1981) wird dagegen die Hypothese der dynamischen Kreditrationierung abgelehnt. Nach dieser Studie sind die Kreditzinsen sowohl beim Nachfrage- als auch beim Angebotsüberschuß vollkommen flexibel, so daß der Markt stets geräumt ist.
King (1986) kommt in seiner Analyse zu ähnlichen Resultaten wie Sealey (1979) und findet von den 99 untersuchten Perioden 62 in einem Regime des Nachfrageüberschusses. Diese Rationierung ist stark ausgeprägt in der Periode 1966–1975 und erreicht das hohe Ausmaß von mehr als 10% des Kreditvolumens. Die Signifikanz des Zinssatzes für das Angebot in seinem Rationierungsmodell ohne Anpassungsgleichung ist aber nicht vereinbar mit der Gleichgewichtsanalyse der Rationierungstheorie.
Für Japan ist nach Ito/Ueda (1981) der Markt nicht durch Räumung gekennzeichnet; die Zinsanpassungsgeschwindigkeit fällt, wenn auch nicht signifikant, kleiner aus als bei einem Angebotsüberschuß, was auf eine dynamische Rationierung hindeutet.
Die Schätzung von Artus (1984) für den französischen Kreditmarkt ergibt ein etwa gleich häufiges Auftreten von Nachfrage- und Angebotsüberschuß: 29 von 52 untersuchten Perioden sind durch ein Regime des Nachfrageüberschusses gekennzeichnet. Das Ausmaß der Rationierung ist jedoch sehr gering und beträgt mit sehr wenigen Ausnahmen weniger als 3% des Kreditvolumens.
In der Schweiz, Großbritannien und der BRD ist die Nachfragerationierung nach den Studien von Frei/Schips (1985), Martin (1990) und Winker (1996) sehr ausgeprägt. Die Märkte dort

sind i. d. R. rationiert, und das Ausmaß der Rationierung ist mitunter hoch. So sind für die BRD nach Winker (1996) Nachfrageüberschüsse von 10% des Kreditvolumens keine Seltenheit.

Vergleichbare Studien, so wie die hier dargestellten für entwickelte Volkswirtschaften, sind für Märkte der Entwicklungsländer unbekannt. Im folgenden Kapitel wird versucht, diesem Mangel Rechnung zu tragen, und eine empirische Studie erstellt, die Rationierung auf dem marokkanischen Kreditmarkt untersucht.

4 Empirische Analyse der Kreditrationierung auf dem marokkanischen reformierten Bankenkreditmarkt

4.1 Vorbemerkungen

Im letzten Kapitel wurden Schätz- und Testmethoden vorgestellt, die für eine Überprüfung der Kreditrationierung grundsätzlich in Frage kommen. Es wurde gezeigt, daß — abgesehen von ihren konzeptionellen Schwächen — viele dieser Ansätze aus institutionellen Gründen oder aus Gründen der Datenverfügbarkeit nicht auf Kreditmärkte der Entwicklungsländer anwendbar sind. Ansätze, die eine Anpassung der Kredit- an die Geldmarktzinsen analysieren, kommen oft deshalb nicht in Betracht, weil die Kreditzinsen sich aufgrund von Zinsfestschreibung oder Zinsobergrenzen nicht frei bilden können. Qualitative Daten für die Anwendung von mikroökonometrischen Ansätzen stehen nicht zur Verfügung. Als einzige Möglichkeit zur Durchführung einer empirischen Analyse bleibt oft nur die Anwendung ökonometrischer Rationierungsmodelle. Sie ermöglichen, wenn auch unter großem Rechenaufwand, als einziger Ansatz eine Schätzung der strukturellen Parameter und die Quantifizierung der Rationierung.

In diesem Kapitel wird eine empirische Analyse der Rationierung der Unternehmenskredite auf dem marokkanischen Bankenkreditmarkt nach der schrittweisen Liberalisierung im Jahre 1991 vorgenommen. Für den für Entwicklungsländer mit den typischen Merkmalen gekennzeichneten marokkanischen Kreditmarkt sind nicht alle dargestellten Ansätze anwendbar. Auch nach der Einleitung von Reformmaßnahmen blieben Regelungen über die Festsetzung von Kreditzinsen bestehen, so daß eine Untersuchung der Beziehung zwischen Geld- und Kreditzins keinen unmittelbaren Aufschluß über die Rationierung geben kann. Ebensowenig in Betracht kommt eine Untersuchung mit mikroökonometrischen Ansätzen, da keine Mikrodaten, sei es in quantitativer oder in qualitativer Form, zur Verfügung stehen. Die Analyse muß daher mit ökonometrischen Rationierungsmodellen vorgenommen werden.
Zugrundegelegt werden die Daten der marokkanischen Zentralbank *Bank Al-Maghrib* und die Daten des marokkanischen Amtes für Statistik *Direction de la Statistique*. Die Analyse wird mit Monatsdaten vorgenommen und erstreckt sich auf den Zeitraum 1991.01 bis 1994.12. Die Verwendung von Monatsdaten — auch wenn nicht alle Daten in monatlicher Frequenz vorliegen und interpoliert werden müssen — ist zwingend notwendig, um überhaupt eine mögliche Lösung einer Maximierung der Likelihoodfunktionen zu gewährleisten. Diese Maximierung mit der in den statistischen Programmen implementierten Maximierungsroutine erfordert eine Mindestanzahl von Freiheitsgraden, die mit Quartalsdaten für den sehr kurzen Untersuchungszeitraum nicht gegeben ist.

Zur Aufstellung der Modelle sind neben den gewonnenen theoretischen Erkenntnissen und der Erfahrung mit anderen ökonometrischen Modellen die institutionellen Gegebenheiten in der untersuchten Periode und die Verfügbarkeit der Daten maßgeblich. Kapitel 4 beginnt daher in Abschnitt 4.2 mit einer Analyse, die ausgehend von den Hintergründen der Reformen die Struk-

tur des marokkanischen Bankensystems und seine Entwicklung in dem betrachteten Zeitraum untersucht. Abhängig von dieser Struktur werden die Variablen des Kreditangebots abgebildet; mögliche Strukturänderungen werden dann durch entsprechende Dummies erfaßt.
Die Spezifikation des Angebots und der Nachfrage wird ferner von der Datenlage bestimmt. Dadurch können nicht alle in der Theorie betrachteten Variablen erfaßt werden. So bleiben in der Angebotsfunktion, wie üblich in empirischen Arbeiten, Kreditsicherheiten und Investitionsrisiko unberücksichtigt. In der Nachfragefunktion wird die Eigenfinanzierungsvariable nicht betrachtet, da Firmendaten, die einen Einblick in die Finanzierungspraktiken der Firmen vermitteln, nicht verfügbar sind.

In Abschnitt 4.3 werden alle vorgestellten ökonometrischen Rationierungsmodelle zur Abbildung des marokkanischen Kreditmarktes herangezogen und die entsprechenden Parameter geschätzt. Eine Schätzung ohne weitere Annahmen ist nur anhand des Modells mit kontrollierten Preisen möglich (*Modell D* im vorangehenden Kapitel), da Zinsobergrenzen bestehen und die vereinbarten Kreditzinsen nicht beobachtbar sind. Eine Quantifizierung der Kreditrationierung ist in diesem Modell allerdings nicht unmittelbar möglich. Erst eine Approximation der tatsächlichen Kreditzinsen mit Hilfe von Annahmen erlaubt diese Quantifizierung.
Will man die Robustheit der Ergebnisse anhand einer vergleichenden Analyse mit den übrigen Modellen (*Modelle A, B und C*) überprüfen, sind auch hier Annahmen über den tatsächlichen Zins nötig.

Die Abbildung des marokkanischen Kreditmarktes durch Rationierungsmodelle erlaubt einerseits — für diesen Markt erstmalig — die Schätzung einer Nachfrage- und Angebotsfunktion; andererseits eine durch die Schätzung des Umfangs der Rationierung erste Bestandsaufnahme der Ergebnisse der Reformen im Hinblick auf die Kreditvergabe. Die hier ausgewiesenen Ergebnisse büßen allerdings wegen der Kürze der Beobachtungsperiode und der problematischen Datenlage an Relevanz ein.

4.2 Institutionelle Gegebenheiten, Datenlage und Wahl der Variablen

4.2.1 Die Hintergründe der Reformen

Im Jahr 1991 wird die 1986 begonnene Reformpolitik auf dem Finanzsektor, deren allgemeines Ziel der Aufbau eines kompetitiven Finanzmarktes ist, fortgesetzt. Diese Reformen sind Teil einer umfassenden Umstrukturierung der marokkanischen Wirtschaft, die im Rahmen der Anfang der achtziger Jahre eingeleiteten Strukturanpassungsprogramme des Internationalen Währungsfonds und der Weltbank als Bedingung für die Vergabe neuer Kredite und Umschuldungsmaßnahmen vorgesehen sind. Die Programme stellten eine Reaktion auf die schon 1975 — wegen des Westsahara-Krieges, der im Zuge der expansiven Finanzpolitik höheren und mit Auslandskrediten finanzierten Staatsausgaben, der fallenden Phosphatpreise, der steigenden Importpreise und steigenden Weltmarktzinsen — beginnende Wirtschaftskrise dar, die in der

Unfähigkeit Marokkos zur Bedienung des Schuldendienstes im März 1983 gipfelte. Zeichnete das Budget im Jahre 1974 ein Defizit in Höhe von 3.9% des BIP, so erreichte es schon 1976 18.1 % und blieb bis Mitte der achtziger Jahre auf einem sehr hohen Niveau (1981: 14.8% und 1983: 12.7%). Parallel zu dieser Entwicklung verlief die Auslandsverschuldung: Während die Leistungsbilanz mit einem Überschuß von 3.1% des BIP im Jahre 1974 abschloß, erreichte der Leistungsbilanzsaldo 1977 ein Defizit von 16.5%; die debt ratio (Gesamtverschuldung/BIP) kletterte in dieser kurzen Periode von 12.5 auf 37.9 und erreichte mit 134.7 ihren höchsten Wert 1985; die debt service ratio (Schuldendienst/Export von Gütern und Dienstleistungen) stieg von 4.9 im Jahr 1974 auf 35.7 im Jahr 1986[1].

Kernstück der Reform des Finanzsektors von 1991 war die Aufhebung der Kreditplafondierung und damit der Übergang zu einer auf indirekten Instrumenten basierenden Geldpolitik sowie die weitgehende Liberalisierung der Einlagen- und Kreditzinsen. Die Einleitung solcher Maßnahmen war hauptsächlich wegen der strukturellen Veränderungen auf dem marokkanischen Bankensektor und der Verknappung von Kapital auf den internationalen Kreditmärkten zwingend geworden.

Die Kreditplafondierung stellte von 1969 bis 1991 ein Instrument für die direkte Kontrolle der Kreditgewährung der Banken dar, mit der die Notenbank unabhängig von der Bankenliquidität eine maximal erlaubte Wachstumsrate des Kreditvolumens festsetzte. Sie war als Instrument der Geldpolitik nach der Einführung von Strukturanpassungsmaßnahmen zunächst durchaus erfolgreich, denn mit ihrer Hilfe gelang es der Notenbank, die Inflationsrate auf einem niedrigen Niveau zu halten. So stieg die Inflationsrate in den Jahren 1987-1989 durchschnittlich um 2.7%[2]. Anfang der neunziger Jahre zeichnete sich mit Inflationsraten von 6.7% im Jahr 1990 und 8.2% im Jahr 1991 eine Kehrtwendung in dieser Entwicklung ab, die an der langfristigen Wirksamkeit des Instruments Kreditplafondierung, so wie es in Marokko gehandhabt wurde, Zweifel aufkommen ließ:

(1) Da die Kreditplafondierung nicht alle von den Kreditinstituten angebotenen Finanzierungsmöglichkeiten einschloß — Investitions-, Bau- und Exportkredite waren von der Plafondierung ausgeschlossen —, kam es verstärkt zur Inanspruchnahme solcher Kredite. Der Anteil dieser Kredite am gesamten Kreditvolumen erreichte 25% im Jahr 1989 (siehe Bank Al-Maghrib, 1989, S. 102), im Jahr 1990 gar einen Anteil von 30% (siehe Bank Al-Maghrib, 1990, S. 95).

(2) Wegen der ausschließlichen Anwendung der Plafondierungsregelungen auf die Geschäfts-

[1]Eine detaillierte Analyse der marokkanischen Wirtschaft in den siebziger und achtziger Jahren und eine Beschreibung der eingeleiteten Strukturprogramme liefert die Weltbankstudie von Horton (1990), aus deren Tabellenanhang diese Zahlen entnommen bzw. berechnet sind. Einen weiteren Überblick liefern Benazzou/Mouline (1993). Die dort aufgeführten Statistiken unterscheiden sich geringfügig von den Statistiken der Weltbank, da sie die offiziellen Statistiken Marokkos zugrundelegen.

[2]Der Durchschnittswert ist aus den Statistiken der Bank Al-Maghrib berechnet, Tabelle *Evolution de l'indice du coût de la vie* der verschiedenen Jahresberichte.

banken zogen die staatskontrollierten Kreditinstitute mit Sonderaufgaben (die sog. *Organismes Financiers Spécialisés*) viel Nachfrage nach sich[3]. Ferner wurden Teile der Kreditaktivität der Geschäftsbanken auf die (meist bankeneigenen) Finanzierungsgesellschaften (Leasing-Gesellschaften und Ratenkreditinstitute) verlagert.

(3) Da sich die Kreditplafondierung auf den Bankensektor beschränkte und die Unternehmen keiner Emissionskontrolle unterwarf, suchten Unternehmen ihren Kreditbedarf durch Emission von kurzfristigen Finanzierungspapieren (sog. *billets de trésorerie* mit einer Laufzeit von bis zu 9 Monaten) zu decken. Dies eröffnete den Banken eine dem Kreditgeschäft vergleichbare Möglichkeit der Mittelverwendung und damit einen Weg, die bestehenden Plafondierungsnormen zu umgehen. 1990 erreichte der Bestand dieser Papiere 6.139 Mio. Dirhams (DH), was einem Anteil von 15.1% der von den Geschäftsbanken vergebenen Kredite in Höhe von 40.730 Mio. DH entsprach[4].

Ähnlich unumgänglich war der andere Kernpunkt der Reformpolitik, die weitgehende Liberalisierung der Einlagen- und Kreditzinsen. Mit dem Ausbruch der Schuldenkrise 1983 und dem Verlust der Kreditwürdigkeit auf den internationalen Finanzmärkten standen die bis dahin reichlich vergebenen Auslandskredite zur Finanzierung der Staatsausgaben nicht mehr zur Verfügung. Der Aufbau eines kompetitiven Finanzmarktes, der eine verstärkte Mobilisierung inländischer Ersparnisse und den Rückgriff auf diese Ersparnisse auf einem Markt für Staatspapiere erlaubte, stellte eine Strategie dar, um den Finanzbedarf teilweise zu decken. Voraussetzung dafür war eine Zinsstruktur, die reale Einlagenerträge, und damit gekoppelt, reale Kreditzinsen ermöglichte. 1986 wurde die bis dahin verfolgte Zinspolitik der Notenbank mit Festschreibung — teilweise auf negativem realem Niveau — der Einlagen- und Kreditzinsen schrittweise revidiert[5], die dann in die vollständige Liberalisierung der Einlagenzinsen im Juli 1990 und der Zinsen für mittel- und und langfristige Kredite im Oktober 1990 mündete[6]. Im Januar 1991 folgte die Aufhebung

[3]Zu den Organismes Financiers Spécialisés (OFS) zählen sowohl die öffentlich-rechtlichen Banken, wie die Caisse Nationale du Crédit Agricole (CNCA), die Caisse Marocaine des Marchés (CMM) und die Caisse de Dépôt et de Gestion (CDG) als auch Banken mit privater Rechtsform und Mehrheitsbeteiligung des Staates, wie die Banque Nationale pour le Développement Economique (BNDE), die Crédit Immobilier et Hotelier (CIH) und die Caisse Marocaine des Marchés (CMM). Sie verfolgen u. a. allgemeine wirtschaftspolitische Aufgaben wie Investitionsförderung durch die BNDE, Bauförderung und Förderung des Fremdenverkehrs durch die CIH, die Förderung der Agrarwirtschaft durch die CNCA, die Verwaltung der Beiträge zur Sozialversicherung und die Gewährung von Kommunalkrediten durch die CDG oder die Finanzierung bzw. die Übernahme von Kreditgarantien für kleine und mittelgroße Betriebe, die öffentliche Aufträge durchführen, durch die CMM.
Seit 1986 treten sie für das Einlagen- und Kreditgeschäft mit den Geschäftsbanken in Konkurrenz, und im Unterschied zu den Geschäftsbanken bilden die mittel- und langfristigen Kredite den Schwerpunkt ihrer Aktivitäten (siehe weiter unten Tabelle 3). Eine aktuelle institutionelle Beschreibung der OFS (und überhaupt der Struktur des marokkanischen Bankensystems) findet sich in Berrada (1991, S. 65ff.); eine etwas ältere, aber teilweise noch geltende Beschreibung in Banque du Maroc (1977).

[4]Diese Angaben sind dem Geschäftsbericht der Bank Al-Maghrib für das Jahr 1990 entnommen, Tabellen *Répartition des concours à l'économie* und *Emplois et ressources des banques des dépôts*.

[5]So betrug beispielsweise im Jahr 1984 der Einlagenzins für Termingelder mit 12 Monaten Laufzeit 10%, der maximale Kreditzinssatz für kurzfristige Kredite 12%, während die Inflationsrate in diesem Jahr 12.5% erreichte. Eine ausführliche Darstellung über die Ziele und Handhabung der früheren Zinspolitik ist in Banque du Maroc (1979) zu finden.

[6]Von der Liberalisierung der mittelfristigen Kreditzinsen sind bis heute noch die Export- und die redis-

der Festschreibung der Zinsen für kurzfristige Kredite, die den Banken bis zu einer gewissen Schranke die Anhebung der Kreditzinsen erlaubte und zu ihrer Anpassung an die international vergleichbare Zinsstruktur führte.

Mit der Aufhebung der Kreditplafondierung und der schrittweisen Anhebung der realen Zinsen auf ein positives Niveau wurden die ersten Voraussetzungen für eine stärkere Mobilisierung von Sparkapital geschaffen[7]. Gleichwohl blieben mit dieser Liberalisierung bis heute Regelungen bestehen, die eine echte Marktsteuerung verhindern. Sie sind für die Aufstellung eines Kreditmarktmodells maßgeblich, denn sie betreffen, neben dem Kreditzins für kurzfristige Kredite, die Liquidität der Banken.

4.2.2 Die Kreditnachfragefunktion

Für die empirische Analyse der Kreditrationierung in Marokko wird der Markt der Geschäftsbanken für kurzfristige Kredite an inländische Unternehmer als relevanter Teil des Kreditmarktes betrachtet. Diese Abgrenzung resultiert aus der Bedeutung der kurzfristigen Kreditform auf dem Kreditmarkt. Sie macht etwa 60% aller Kredite an inländische Unternehmen und Privatpersonen aus. Davon wird der überwiegende Teil — etwa 80% — durch die Geschäftsbanken zur Verfügung gestellt. Tabelle 3 gibt Aufschluß über die Struktur des Kreditmarktes in Marokko in den Jahren 1991 bis 1994 und zeigt die Bedeutung der kurzfristigen Kredite sowie die Rolle der Geschäftsbanken.

Die von den Geschäftsbanken vergebenen Kredite liegen monatlich in Statistiken der *Bank Al-Maghrib* vor. Ein Nachteil dieser Abgrenzung, so wie sie in diesen Statistiken vorgenommen wird, resultiert aus der Aggregation der nicht homogenen Wirtschaftseinheiten Unternehmen und Privatpersonen, deren Kreditverhalten unterschiedlich ist. Um diesem Aggregationsproblem, das i. d. R. zur Schätzung eines Modells mit Fehlern in den Variablen führt, entgegenzutreten, werden von den kurzfristigen Krediten die Kredite für Konsumzwecke abgezogen. Das Ergebnis wird als Investitionskredite betrachtet und geht in die Schätzung als relevante endogene Variable ein.

Ein nach der Fristigkeit exakter Abzug der Konsumkredite ist allerdings nicht möglich, da erst ab 1994 die Konsumkredite in den Statistiken der *Bank Al-Maghrib* nach Fristigkeit geführt werden. Ein Teil dieser Kredite ist mittelfristiger Natur und nicht in den Minuend enthalten, so daß dieser Teil fälschlich abgezogen wird. Dieser Anteil ist jedoch gering, so daß zu erwarten ist, daß diese Form der Abgrenzung keinen Einfluß auf die Schätzung hat[8].

---

kontfähigen mittelfristigen Kredite für Kleinbetriebe ausgenommen, die mit 10% bzw. 12% verzinst werden.

[7] Die Termineinlagen bei den Geschäftsbanken verzeichneten nach der Liberalisierung der Einlagenzinsen ein starkes Wachstum (25.8% im Jahre 1991, 1992 19.9%, 1993 17.2% und 1994 7.7%; Berechnungen aus den Jahresberichten, Tabelle *Evolution de la monnaie scripturale et de la quasi-monnaie*).

[8] Legt man die ab 1994 nach Fristigkeit geführten Statistiken über die Konsumkredite zugrunde, dann beträgt der fälschlich abgezogene Anteil etwa 1% der kurzfristigen Kredite.

Tabelle 3: Kredite an inländische Nichtbanken zum 31.12. (in Prozent der gesamten Kreditvergabe)

	1991	1992	1993	1994
Kurzfristige Kredite	59.70	59.22	58.22	58.27
Bank Al-Maghrib	8.10	7.35	8.00	7.03
Geschäftsbanken	45.80	46.08	45.44	46.34
OFS	5.80	5.79	4.78	4.90
Mittel- und langfristige Kredite	40.30	40.78	41.78	41.73
Geschäftsbanken	12.60	13.65	14.31	15.21
OFS	27.70	27.13	27.47	26.52
Total	100.00	100.00	100.00	100.00

Quelle: Bank Al-Maghrib, Jahresbericht, verschiedene Jahrgänge, Tabelle: *Répartition des concours à l'économie.* Eigene Berechnungen.

Zur Spezifikation der prädeterminierten Variablen der Kreditnachfrage werden die in Abschnitt 3.6 diskutierten Bestimmungsfaktoren als Referenz genommen.

Maßgebliche Determinanten einer Nachfrage nach Investitionskrediten sind die Investitionsmöglichkeiten in der Volkswirtschaft. Verschiedene Variablen können die Investitionstätigkeit widerspiegeln oder abbilden, wie das Sozialprodukt, das Investitionsvolumen, der Produktionsindex oder der Auslastungsgrad. Nicht alle diese Variablen sind in einem ökonometrischen Modell geeignet, Rationierung zu untersuchen. Wie oben erwähnt, sind die Investitionen in einem Modell, das Kredite als abhängige Variable betrachtet, keine strikt exogene Variable, denn die Investitionen werden von den erhaltenen Krediten bestimmt. Das gleiche gilt für das Sozialprodukt. Hinzu kommt bei der Verwendung des Sozialprodukts als exogene Variable für die Kreditnachfrage in Marokko, daß es in hohem Maße von der landwirtschaftlichen Produktion bestimmt wird. Zum einen verursacht sie enorme Schwankungen im BIP und macht eine Anpassung einer linearen Funktion an den Datensatz sehr ungenau [9], und zum anderen steht diese Produktion nicht unbedingt mit der Kredittätigkeit in Beziehung, da nicht selten Teile des landwirtschaftlichen Sektors keinen Zugang zum Kreditmarkt haben. Für die Investitionskredite geeignete bestimmende Variablen sind daher der industrielle Produktionsindex oder der Kapazitätsauslastungsgrad.

Für die Schätzung wird als Approximation für die Aktivitätsvariable der Produktionsindex gewählt, da Daten in den offiziellen Statistiken des marokkanischen statistischen Amtes *Direction de la Statistique* nur über diese Größe geführt werden. Die Angaben liegen nur quartalsweise in den *Bulletin Mensuel des Statistiques* vor, so daß unumgänglich für die Schätzung eine Inter-

[9] In den Jahren 1991 bis 1994 betrugen die prozentuellen Veränderungen des BIP 6.9, -4.1, -1.1, 11.5%. Angaben aus dem Geschäftsbericht der Bank Al-Maghrib (1994), Tabelle *Variation du produit intérieur brut.*

polation vorgenommen werden muß. Der Produktionsindex IP weist eine eindeutige zyklische Bewegung auf und wird durch die folgende Regression approximiert:

$$IP = \alpha_o + \alpha_1 t + \sum_{i=1}^{3} \gamma_i SD_i + u_t,$$

wobei t den Trend und SD die Saisondummies bezeichnen. Folgende Schätzergebnisse wurden erzielt (Standardfehler in Klammern):

$$\begin{aligned} IP &= \underset{(1.851)}{127.734} + \underset{(0.142)}{0.051\,t} - \underset{(1.720)}{12.345\,SD_1} - \underset{(1.690)}{2.397\,SD_2} - \underset{(1.850)}{2.095\,SD_3} \\ R^2 &= 0.869 \qquad DW = 1.744 \end{aligned}$$

Der Kreditzins als zweite Determinante der Kreditnachfrage weist auf dem marokkanischen Kreditmarkt Besonderheiten auf, die für die hier angewandten Schätzmethoden einige Schwierigkeiten bereiten. Mit der Begründung, eine überhöhte Verteuerung von Krediten zu vermeiden und eine Anpassungsperiode zu gewährleisten, wurde für die frei gegebenen Kreditzinsen eine Zinsobergrenze festgelegt[10]. Diese Zinsobergrenze errechnet sich als eine Marge zu dem sog. Referenzsatz (*taux de référence*), der die Kosten der Banken widerspiegeln soll. Während die Referenzsätze und die Zinsobergrenzen monatlich in den Statistiken der *Bank Al-Maghrib* vorliegen, werden die tatsächlichen Kreditzinsen in keiner der marokkanischen Statistiken öffentlich rapportiert[11]. Die Unverfügbarkeit der Kreditzinsen stellt für die Schätzung der meisten Rationierungsmodelle ein unüberwindbares Hindernis dar, da ein Schätzer mit einer weiteren latenten Variablen nicht abzuleiten ist. Lediglich anhand des hier abgeleiteten neuen ML-Schätzers für Modelle mit kontrollierten Preisen ist eine Schätzung der Parameter ohne weitere Annahmen möglich. Will man aber die anderen vorgestellten Rationierungsmodelle zu einem Vergleich heranziehen und die Robustheit der Schätzungen überprüfen, müssen ad-hoc-Annahmen gemacht werden und der Kreditzins mit der Zinsobergrenze oder dem Referenzsatz gleichgesetzt werden. Selbst dann werden die Schätzungen mit großen Unsicherheiten belastet bleiben, da sowohl die Ermittlung des Referenzsatzes als auch die der Marge mehrmals geändert wurde und so wahrscheinlich Strukturbrüche induziert wurden. Im Zeitraum Januar 1991 bis Juni 1993 durften die Kreditzinsen für kurzfristige Kredite $1^{1/3}$ der Referenzsätze nicht überschreiten; in der Periode Juli 1993 bis März 1994 durften sie die Referenzsätze 2.5 Prozentpunkte, danach 3.0 Prozentpunkte nicht überschreiten.

Die Referenzsätze selbst wurden zuerst vierteljährlich (Januar 1991 bis Juni 1991) auf der Basis der gewichteten Zinssätze für die *bons du Trésor* ermittelt; von Juni 1991 bis Dezember 1991

---

[10] Im Jahresbericht 1991 der Bank Al-Maghrib heißt es: "Par ailleurs, la libération des taux d'intérêt ... s'est poursuivie en 1991 et a concerné les taux appliqués aux crédits à court terme, de sorte que la quasi-totalité des conditions tant créditrices que débitrices a été libérée. Cependant, et afin d'assurer un passage évolutif et prévenir des dérapages intempestifs et préjudiciables à la réforme elle-même, un plafond pour les taux débiteurs... a été maintenu."(Bank Al-Maghrib, 1991, S. 94).

[11] Nach Auskunft des marokkanischen Bankenverbands, des *Groupement Professionel des Banques du Maroc*, werden keine Zeitreihen über Zinssätze für Kredite geführt.

halbjährlich auf der Basis der gewichteten Zinssätze für Termineinlagen für 6 und 12 Monate; von Januar 1992 bis März 1994 auf der gleichen Basis, jedoch monatlich; schließlich von April 1994 bis heute halbjährlich auf der Basis der gesamten Aufwendungen der Geschäftsbanken, wie sie sich aus der konsolidierten Gewinn- und Verlustrechnung ergeben (auf der Basis der sog. *taux de base bancaire*).

Diese zahlreichen Veränderungen spiegeln die Schwierigkeiten der marokkanischen Zentralbank wider, eine auf indirekten Instrumenten (Pensionsgeschäften) basierende Steuerung der Geldmenge M3 zum Liquiditätsentzug bei niedrig gehaltenen Kreditzinsen durchzuführen. Die Kreditausweitung fiel aufgrund der hohen Kreditnachfrage und einer sehr hohen Liquidität der Banken im Jahr der Liberalisierung mit 35% sehr stark aus; das Geldmengenwachstum lag mit 16.8% deutlich über der Zielformulierung von 7%, und die Inflationsrate betrug 8.2%[12]. In ihrem Jahresbericht für 1991 stellt die *Bank Al-Maghrib* zu dieser Entwicklung fest:

> "le niveau atteint par le taux de liquidité de l'économie constitue une menace de dérapage dans le futur si des mesures correctrices ne sont pas prises en vue d'en éliminer les effets indésirables, en particulier en adoptant une politique monétaire restrictive au cours de l'exercice 1992." (Bank Al-Maghrib, 1991, S. 87)

Diese "menace de dérapage" veranlaßte dann neben der Verschärfung kontraktiver Maßnahmen (mehrmalige Erhöhung der Mindestreserven bis zu ihrem maximalen Satz von 25%, Einschränkung der Rediskontkontingente und Erhöhung der Diskont- und Pensionssätze) eine neue, flexiblere Handhabung der Zinsobergrenzen. Mit der Koppelung der Referenzsätze an die frei bestimmbaren Einlagensätze im Januar 1992 wurde eine Konstruktion geschaffen, die de facto die maximal vorgeschriebenen Kreditzinssätze außer Kraft setzte, denn die Banken hatten jetzt ein Instrument, um bei hoher Nachfrage die maximalen Kreditzinsen selber zu beeinflussen, und sie machten davon auch Gebrauch: Der Kreditzins erreichte im Juni 1993 ein Niveau von 15.8%. In diesen beiden Jahren wuchsen die Kreditgewährung mit 11.5% und 8.7% und die Geldmenge mit 9.3% und 7.9% langsamer, und die Inflationsraten gingen entsprechend auf 5.7% und 5.2% zurück.

---

[12] Diese vor allem in einem Aufschwung auftretende Zielkollision resultiert unvermeidlich, wenn die Notenbank nicht nur die Preisstabilität, sondern wegen ihrer Abhängigkeit von der Regierung auch allgemeine wirtschaftspolitische Ziele verfolgt. Wichtigstes Entscheidungsorgan im Bereich der Geld- und Währungspolitik in Marokko ist das Finanzministerium. Der Notenbank kamen während des Liberalisierungsjahres in dem von der Regierung dominierten Beratungsgremium *Comité du Crédit et Marché Financier* konsultative Aufgaben zu. Mit dem neuen Gesetz über das Kreditwesen vom Juli 1993 wird die Kompetenz dieses Gremiums, nun in *Conseil National de la Monnaie et de l'Epargne* umbenannt, durch eine neue Zusammensetzung seiner Mitglieder und seine unbedingte Zustimmung zu geld- und währungspolitischen Fragen erweitert. Eine eingeschränkte Unabhängigkeit erhält ferner die Notenbank durch das neue Gesetz über die Bank Al-Maghrib von Oktober 1993 (Dahir portant Loi 1-93-386 du 6 octobre 1993 (Bulletin Officiel no. 4223 du 6 octobre 1993, S. 534)), denn dieses Gesetz schreibt in Artikel 5-2 die Preisstabilität als vorrangiges Ziel vor und schränkt in Artikel 35-3 die unmittelbare Vergabe von Krediten durch die Notenbank an den Staat ein. Nichtsdestotrotz bleibt durch die Zusammensetzung des wichtigsten Organs der Notenbank — *Le Conseil de Bank Al-Maghrib* — und die Berufung seiner Mitglieder der Einfluß der Regierung groß: 5 der 13 Mitglieder dieses Gremiums sind Regierungsvertreter aus verschiedenen Ressorts, und alle Mitglieder, mit Ausnahme des Präsidenten und des Vizepräsidenten, werden auf deren Vorschlag vom Premierminister berufen (siehe Artikel 44 des Gesetzes über die Bank Al-Maghrib in der Fassung vom 6. Okober 1993).

Diese hohen Kreditzinsen und der im Jahr 1993 sich abzeichnende Konjunkturabschwung erforderten eine nochmalige Revision der Handhabung der Zinsobergrenzen im April 1994. An dem flexibleren Instrument der Koppelung mit der Zinsaufwendung der Banken wurde festgehalten, die Marge aber wurde von 1/3 auf 2.5 bzw. 3 Prozentpunkte gesenkt. Diese neue Handhabung erreichte 1994 zwar ihr konjunkturpolitisches Ziel, die Investitionsnachfrage zu beleben (sie stieg im Vergleich zu 1993 um 7.7%), verfehlte aber mit einer Inflationsrate von 5.1% das seit Oktober 1993 gesetzlich verankerte Ziel der Preisstabilität.

Bedingt durch die geringe Anzahl der Beobachtungen ist es ausgeschlossen, alle diese Veränderungen jeweils in Form verschiedener Dummies zu berücksichtigen. Es wird aber versucht, dem durch diese Politik möglicherweise induzierten Strukturbruch durch eine Dummy-Variable Rechnung zu tragen, die die Perioden mit im voraus für lange Zeit unveränderlich festgesetzten Zinsen erfaßt. Solche für lange Zeit konstant gehaltenen Zinsen können insofern positive Einflüsse auf das Nachfrageverhalten haben, als Investitionen zur Ausschaltung des Zinsänderungsrisikos bei der Investitionsfinanzierung antizipiert werden. Negative Effekte sind dann zu erwarten, wenn Attentismus ausgelöst wird oder wenn die Banken mit der Verschärfung anderer Vertragsvariablen (Kreditsicherheiten, -gebühren, Provisionen etc.) reagieren und Kredite so verteuern[13]. Der Dummy erhält den Wert 1 für die Perioden Januar–Dezember 1991 und März–Dezember 1994, ansonsten 0.

Neben diesen Variablen werden keine weiteren Bestimmungsfaktoren in der Spezifikation berücksichtigt. Die in einigen empirischen Studien betrachtete Eigenkapitalausstattung der Kreditnachfrager bleibt hier unbeachtet, da keine Möglichkeit ihrer Abbildung gesehen wird. In den verwendeten Statistiken der *Direction de la Statistique* und der *Bank Al-Maghrib* werden keine Reihen von Variablen wie nichtausgeschüttete Gewinne oder Eigenkapitalausstattung geführt, die Aufschluß über die Eigenkapitaleinbringung bei Kreditfinanzierung geben können.
Unbeachtet bleiben die alternativen Finanzierungsformen für die Unternehmen, da sie als insignifikant betrachtet werden. Die Ende der achtziger Jahre häufige Deckung des Finanzbedarfes der (großen) Unternehmen durch die *billets de trésorerie* verlor mit der Liberalisierung ihre Bedeutung, so daß sie als alternative Finanzierungsform kaum eine Rolle spielen. 1994 betrug ihr Volumen 0.24% der kurzfristigen Kredite. Hinzu kommt, daß sie als alternative Finanzierungsform nur für wenige emissionsfähige, bonitätsmäßig erstklassige Unternehmen in Betracht kommen[14].
Die allgemein bei der Kreditnachfrage oft beobachtete Saisonalität findet durch keine weiteren Variablen Berücksichtigung. Es wird angenommen, daß sie durch die saisonalen Schwankungen des Produktionsindexes erklärt wird. In der empirischen Literatur zur Kreditrationierung

[13] Laffont/Garcia (1977) verwenden eine ähnliche Dummy-Variable in ihrer Spezifikation für Perioden, in denen Zinsen über mehrere Perioden hinweg konstant geblieben sind. Sie gehen von einem positiven Einfluß dieser Variablen aus, da sie neben den für diese Perioden geltenden niedrigen Zinsen auch eine Lockerung der "nonprice terms" annehmen.

[14] Die Richtlinie über die *billets de trésorerie* sieht vor, daß nur solvable, reputierte Unternehmen mit einer Existenz von mindestens fünf Jahren Zugang zu diesem Markt haben (vgl. Berrada, 1993, S. 154).

wird die Saisonalität der Kreditnachfrage unterschiedlich behandelt. Eine korrekte Spezifikation verlangt die Berücksichtigung von saisonalen Einflüssen in Form von Saisondummies, so wie in Laffont/Garcia (1977) verfahren wird. Diese Vorgehensweise scheitert i. d. R. an der Anzahl der Freiheitsgrade der zu schätzenden Gleichung. Laffont/Garcia (1977) gelingt die Schätzung mit 11 Saisondummies in der Nachfragefunktion, da die meisten Beobachtungen (54 von 72) nach dem Wahrscheinlichkeitstest der Nachfrage entsprechen und einem Regime des Angebotsüberschusses zuzuordnen sind.
In den Studien von Sealey (1979), Ito/Ueda (1981), Frei/Schips (1985) und Winker (1996) werden die Daten vorab saisonbereinigt. Diese Vorgehensweise ist nicht unproblematisch, da das i. d. R. auf der Gewichtung der ursprünglichen Beobachtungswerte basierende Verfahren zu Verzerrungen bei der Schätzung der Beziehungen zwischen den Daten und damit beim Ausgang der Rationierungstests führen kann[15].
In den Studien von Artus (1984), King (1986) und Martin (1990) wird mit den ursprünglichen Zeitreihen gearbeitet; das Problem der Saisonalität wird nicht angesprochen.

4.2.3 Die Kreditangebotsfunktion

Neben dem Kreditzins hängt die Kreditangebotsfunktion von der Liquidität der Banken ab. Die Finanzierung der Kreditgeschäfte einer Bank kann grundsätzlich durch Einlagen, Eigenkapital und Mittelaufnahme auf dem Geld- und Kapitalmarkt erfolgen.
Wie aus der Analyse der Struktur der Bilanzpassiva der Geschäftsbanken hervorgeht, stellt, gemessen an ihrem Umfang, die Mittelbeschaffung in Form von Einlagen die bedeutendste Komponente der Finanzierung dar. Sie machen über 80% des Geschäftsvolumens aus (siehe Tab. 4) und werden daher als die relevante Variable betrachtet.

Eigenkapital und Mittelaufnahme auf dem Geld- und Kapitalmarkt kommen eine sekundäre Bedeutung zu, nicht nur was ihren Umfang, sondern auch was ihre im Bankengeschäft hauptsächlich zugeschriebenen Funktionen anbelangt. Geschäfte mit der Notenbank und Interbankengeschäfte auf dem Geldmarkt dienen in erster Linie dem kurzfristigen Liquiditätsausgleich und weniger der Finanzierung von Kundenkreditgeschäften. Ähnlich verhält es sich mit dem Eigenkapital einer Bank: Das Eigenkapital nimmt in erster Linie eine Gründungs- und Risikobegrenzungsfunktion an, da die nationalen Gesetze über das Kreditwesen eine bestimmte Mindestausstattung an Eigenmitteln und die Einhaltung bestimmter Relationen der Risikopositionen zum Eigenkapital vorschreiben[16].
Sicher wird die Eigenkapitalausstattung einer Bank die Planung und Durchführung von Kreditgeschäften langfristig bestimmen, da die Erweiterung ihres Geschäftsvolumens die Aufstockung des Eigenkapitals voraussetzt. Sie wird jedoch als strategische Größe weniger zur Finanzierung der kurzfristigen Geschäfte dienen. Aus diesen Gründen wird die kurzfristige Kreditpolitik einer Bank hauptsächlich durch die Einlagen bestimmt. Sie stellen in erster Linie den Engpaß der Kreditvergabe dar.

[15] Siehe hierzu z. B. Kmenta (1986, S. 424f.) u. Harvey (1994, S. 256).
[16] Zu Funktionen des Bankeigenkapitals siehe z. B. Büschgen (1991, S. 680ff.).

Tabelle 4: Struktur der Bilanzpassiva der Geschäftsbanken zum 31.12. (in Prozent des Bilanzvolumens)

Passivposition	1991	1992	1993	1994
1. Sichteinlagen	54.02	53.80	51.67	51.22
2. Termineinlagen	26.58	29.39	31.49	29.76
3. Verbindlichkeiten gegenüber der Zentralbank	7.35	2.07	0.71	0.72
4. Verbindlichkeiten gegenüber der OFS	0.02	0.36	0.16	0.17
5. Verbindlichkeiten gegenüber dem Ausland	1.91	2.58	2.75	3.90
6. Rückstellungen und Wertberichtigungen	1.05	1.62	1.91	2.43
7. Eigenkapital einschließlich Rücklagen	7.33	8.38	9.57	9.60
8. Sonstige Passiva	1.74	1.80	1.74	2.20
Total	100.00	100.00	100.00	100.00

Quelle: Bank Al-Maghrib, Jahresbericht, verschiedene Jahrgänge, Tabelle: *Emplois et ressources des banques des dépôts.* Eigene Berechnungen.

In den marokkanischen Statistiken der *Bank Al-Maghrib* werden die Einlagen bei der gebietsansässigen Geschäftsbanken monatlich, das Eigenkapital halbjährlich rapportiert. Wegen ihrer Bedeutung bei der Finanzierung der Kreditgeschäfte werden hier die Gesamteinlagen aus diesen Statistiken als Bestimmungsvariable für die Kreditgewährung verwendet.
Denkbar ist, neben den Einlagen das Eigenkapital trotz seiner geringeren Bedeutung für die Finanzierung des Kreditgeschäftes zusätzlich bei der Volumensvariablen zu berücksichtigen. Dies kann allerdings nur durch Interpolation von den lediglich acht zur Verfügung stehenden Beobachtungen erfolgen, was die Schätzung ungenauer macht. Wünschenswert wäre, die Eigenkapitalausstattung der Banken auch monatlich statistisch öffentlich zu führen, wie dies in anderen Ländern üblich ist. Nur so läßt sich der Einfluß dieser Variablen auf die vergebenen Kredite und die hier formulierten Hypothesen hinsichtlich ihrer Bedeutung für das Kreditgeschäft empirisch überprüfen.

Neben den Einlagen wird die Kreditvergabemöglichkeit marokkanischer Geschäftsbanken von den vorgeschriebenen Mindestreserven und Portfoliobeschränkungen stark tangiert.
Die Mindestreservepolitik stellt als direktes Kontrollinstrument, wie in fast allen Entwicklungsländern, einen Grundpfeiler der Geldpolitik dar. So liegen die Reservesätze dort weit über den Vergleichswerten für die Industrieländer[17]. Grund hierfür ist ein fehlender bzw. im Aufbau

[17] In der BRD beispielsweise betragen z. Z. die Reservesätze zwischen 2% und 1.5% der reservepflichtigen Verbindlichkeiten. In Entwicklungsländern sind Sätze über 20% keine Seltenheit. Ein Überblick über die Mindestreserveregelung in einigen Industrieländern ist in Deutsche Bundesbank (1990) zu finden; über die Entwick-

befindlicher Geldmarkt, der eine effektive Durchführung einer auf Offenmarktgeschäften basierenden Geldpolitik verhindert.
Die Reform des marokkanischen Finanzsystems sah aus diesem Grund neben der Abschaffung der Kreditplafondierung und der Liberalisierung der Zinssätze auch den Aufbau eines funktionsfähigen Geldmarktes vor. Mit der Emission von drei-, sechs- und zwölfmonatigen Staatspapieren 1989 und ein-, drei- und fünfwöchigen Staatspapieren 1990 (die *bons du Trésor*) wurden die Voraussetzungen für die Durchführung von Offenmarktgeschäften geschaffen. Obwohl die marokkanische Zentralbank dieses Instrument zur Liquiditätssteuerung in Form von Wertpapierpensionsgeschäften seitdem verstärkt einsetzt und mittlerweile die Liquidität der Banken in erster Linie durch einen regelmäßigen, wöchentlichen Abschluß von Wertpapierpensionsgeschäften im Ausschreibungsverfahren (bisher in Form vom Zinstender) mit unterschiedlichen Laufzeiten steuert, hielt sie jedoch an ihrer bisherigen Politik der hohen Reservesätze fest[18]. Mit der Abschaffung der Kreditplafondierung und der Festschreibung der Zinssätze im Januar 1991 setzte sie gleichzeitig die Reservesätze von 12% auf 15% fest. Sechsmal noch mußten diese Sätze bis zu dem gesetzlich maximal erlaubten Satz von 25% der Sichtverbindlichkeiten im Oktober 1992 erhöht werden. Dieser Satz hatte allerdings nur sehr kurzfristigen Bestand und wurde sofort auf 10% zurückgenommen, nachdem die Geschäftsbanken sich bereit erklärt hatten, langfristige Staatspapiere mit siebenjähriger Laufzeit zu einem marktähnlichen Zins von 10.5% anzukaufen. Damit wurde Liquidität in dem erheblichen Umfang von 9.4 Mrd. DH (6.5% der Geldmenge M3) absorbiert.
Die Mindestreserven werden bei der Formulierung der Kreditangebotsfunktion nicht als separate Variable berücksichtigt, sondern von den Einlagen abgezogen. Diese Vorgehensweise verhindert zwar eine Verringerung der ohnehin geringen, unbedingt benötigten Freiheitsgrade für die Likelihoodschätzung, bringt aber den Nachteil mit sich, daß wegen der Handhabung der Pflichtreserven ein genauer Abzug nicht möglich ist. Das Reserve-Soll wird durch die Anwendung des Reservesatzes auf den Monatsdurchschnitt der reservepflichtigen Verbindlichkeiten, die sich aus den Endständen aller Tage vom 21. des jeweiligen Vormonats bis zum 20. des laufenden Monats ergeben, errechnet. Der Bestand der reservepflichtigen Sichtverbindlichkeiten bezieht sich in den Statistiken jeweils auf das Ende des Monats. Die Anwendung der Reservesätze auf diese Bestände wird bei stetig wachsenden Einlagen immer eine höhere Reservehaltung anzeigen, als tatsächlich zu halten ist. Der Verzerrungseffekt verstärkt sich, wenn die Reservesätze oft steigen, wie es hier der Fall ist. Um diese durch steigende Einlagen und Reservesätze bedingte Verzerrung teilweise auszugleichen, wird die Reservehaltung einer Beobachtungsperiode mit dem Reservesatz der Vorperiode berechnet. Diese Approximation liefert bessere Schätzergebnisse als der Abzug einer höheren Reservehaltung, die sich durch die Anwendung der laufenden Werte ergibt.

Neben den Einlagen wird das Kreditangebot von den Anlagealternativen bestimmt. Als alter-

lungsländer in Fry (1988, S. 273ff.) und Hossain/Chowdhury (1996, S. 137ff.).

[18]Einen Einblick in die Interventionen der Bank Al-Maghrib auf dem Geldmarkt und überhaupt in den marokkanischen Geldmarkt vermitteln die monatlichen (nicht publizierten) *Notes sur l'évolution du marché monétaire.*

Tabelle 5: Struktur der Bilanzaktiva der Geschäftsbanken zum 31.12. (in Prozent des Bilanzvolumens)

Aktivaposition	1991	1992	1993	1994
1. Forderungen an die Zentralbank	10.86	5.86	6.47	5.44
2. Kredite an den öffentlichen Haushalt	29.21	31.92	32.94	33.22
(davon bons du Trésor)	(29.15)	(31.90)	(32.92)	(33.20)
3. Kredite an Unternehmen/Privatpersonen	47.43	49.90	48.57	47.74
4. Forderungen an die OFS	0.86	0.42	0.37	0.40
5. Wertpapiere und Beteiligungen	7.10	6.91	6.60	7.28
6. Forderungen gegenüber dem Ausland	1.42	1.53	1.34	2.34
8. Sonstige Aktiva	3.12	3.46	3.71	3.58
Total	100.00	100.00	100.00	100.00

Quelle: Bank Al-Maghrib, Jahresbericht, verschiedene Jahrgänge, Tabelle: *Emplois et ressources des banques des dépôts.* Eigene Berechnungen.

native Anlagen stehen einer Bank grundsätzlich alle Geschäftsabwicklungen zur Verfügung, die die Eigengeschäfte der Banken ausmachen (Effekten-, Geldmarkt- und Deviseneigengeschäft)[19]. Analysiert man die Struktur der Bilanzaktiva der Geschäftsbanken in Marokko, wird deutlich, daß neben den Krediten die Effekte in Form von *bons du Trésor* bei weitem den größten Teil der Anlagen ausmachen und damit die bedeutendste Anlageform der Banken darstellen (Tab. 5).

Das Effekteneigengeschäft unterliegt jedoch nicht der freien Disposition der Banken, und ein großer Teil davon kann daher nicht als echte alternative Anlageform betrachtet werden. Auch nach den eingeleiteten Liberalisierungsmaßnahmen blieben die Banken angehalten, einen Teil ihrer Portfolio in Form bestimmter Anlageformen zu halten, die zur Finanzierung der Staatsausgaben oder zur Förderung bestimmter Wirtschaftszweige bestimmt sind. Portfoliobeschränkungen in Form von niedrig verzinsten Zwangsanlagen stellen Instrumente einer selektiven Kreditpolitik dar, die unmittelbar die Liquidität der Banken betreffen. Zwei Formen sind hier zu unterscheiden:

1. *Le plancher d'effets publics* ist der Anteil an Staatspapieren, berechnet als Prozentsatz der Sichtverbindlichkeiten einer Bank, welche die Geschäftsbanken mindestens in ihrem Portfolio zu halten haben. Dieser Anteil wurde schrittweise mehrmals verringert und soll langfristig progressiv abgeschafft werden. So wurden die Sätze im Januar 1991 von 35% auf 33,5% zurückgenommen, danach im Juli 1991 auf 32% und schließlich im Juni 1993 auf 25%. Parallel zu dieser Verminderung wurde allerdings ein neuer Anteil in Höhe von

[19] Zu den Eigengeschäften der Banken vgl. z. B. Büschgen (1989, S. 249ff.).

1% der Sichtverbindlichkeiten an Staatspapieren mit einjähriger Laufzeit seit November 1991 eingeführt.
Diese Zwangsanlagen tragen zu einer im Vergleich zum Marktzins sehr niedrigen Rate von 4.5% wesentlich zur Finanzierung der Staatsausgaben bei: Von den 65.3 Mrd. DH Staatsschulden gegenüber inländischen Gläubigern (53.3% des BIP) werden etwa 77% durch die Zwangsanlage finanziert (Stand Ende 1994)[20].

2. Zur Förderung landwirtschaftlicher Projekte sind Banken verpflichtet, Schuldverschreibungen der CNCA mit einjähriger Laufzeit zu halten. Dieser Anteil wurde ähnlich wie der Anteil an Staatspapieren mit 4.25% sehr niedrig verzinst und wurde auch von 3.5% der Sichtverbindlichkeiten im Juli 1991 in einem ersten Schritt auf 3%, danach im November desselben Jahres auf 2% verringert.

Neben diesen Formen der Zwangsanlagen unterlagen Banken weiteren Beschränkungen bei der Verwendung ihrer Mittel. Diese Formen werden nicht berücksichtigt, da sie nicht unmittelbar die hier betrachtete Untersuchungsvariable der kurzfristigen Kredite betreffen und marktähnliche Zinsen vorsehen. Diese Zwangsanlagen sind (1) der Anteil an Krediten zur Exportfinanzierung mit einer Verzinsung von 10% (*coefficient de retenu pour la créance née sur l'étranger*), (2) der Anteil an mittelfristigen Krediten und Schuldverschreibungen der BNDE zur Investitionsförderung mit einer Verzinsung von 12% (*portefeuille minimum des crédits à moyen terme réescomptables*) und (3) der Anteil an mittel- und langfristigen Krediten zur Baufinanzierung und Schuldverschreibung der CIH (*coefficient d'emploi en crédits aux logements*).
Diese drei weiteren administrativen Formen der Mittelverwendung wurden im April 1994 abgeschafft.

Der Portfoliobestand der Geschäftsbanken an *bons du Trésor* kann den Statistiken der *Bank Al-Maghrib* über die öffentlichen Finanzen monatlich entnommen werden und wird als die maßgebliche Variable für die Anlagen betrachtet. Die Variable ist nicht wie in der theoretischen Analyse gesehen als alternative Anlage zu interpretieren. Als echte alternative Investitionsformen können nur diejenigen Transaktionen angesehen werden, die entweder in Form von Geldmarktpapieren über die Mindestquote hinausgehen oder in Form von Zentralbankgeld im Interbankengeschäft auf dem Geldmarkt gehandelt werden. Freiwillige Transaktionen von Geldmarktpapieren lassen sich anhand der Statistiken nicht genau erfassen, da wegen der gleichen Handhabung der Portfoliopflicht wie der Mindestreserven eine genaue Berechnung des pflichtigen Bestandes nicht möglich ist.

Eine weitere Determinante des Kreditangebots sind die Finanzierungskosten der Banken. In den meisten empirischen Arbeiten werden die Kosten der Kreditbeschaffung durch Sätze der Termineinlagen, eventuell mit den zinslosen Sichteinlagen gewichtet, approximiert. Die *Bank*

[20] Diese Angaben sind aus den Tabellen *Evolution des créances sur le Trésor* und *Evolution du produit intérieur brut* des Jahresberichts der Bank Al-Maghrib berechnet.

Al-Maghrib führt keine Statistiken über die Zinsen für Termineinlagen, so daß auch hier, wie beim tatsächlichen Kreditzins, eine wichtige Determinante nur ungenau abgebildet werden kann. Wünschenswert wäre auch hier, Reihen über diese beiden Variablen öffentlich zu führen, wie es in vielen Zentralbankstatistiken üblich ist.
Die Kosten der Kreditbeschaffung werden hier durch den Referenzsatz abgebildet. Er soll nach Berechnung der *Bank Al-Maghrib* die Kosten einer Bank widerspiegeln.

Neben diesen Variablen werden noch zwei Dummies in die Angebotsfunktion aufgenommen. Wie bei der Nachfragefunktion wird die Dummy-Variable für die Perioden mit konstanten, im voraus festgelegten Zinsen betrachtet, um mögliche Verhaltensänderungen zu erfasssen. Eine solche Zinspolitik kann insofern das Angebot der Banken beeinflussen, als bei der Kreditvergabe Zinsänderungen bei der Geldbeschaffung nicht berücksichtigt werden können. Banken reagieren dann mit einer Kreditverweigerung bzw. Verschärfung der "nonprice terms".
Die zweite Dummy-Variable mit dem Wert 1 ab Juli 1993 und sonst 0 soll einen möglichen Strukturbruch erfassen, der durch die Einführung des neuen marokkanischen Gesetzes über das Kreditwesen im Juli 1993 bedingt sein kann. Das neue Kreditwesengesetz brachte eine Reihe von Neuerungen, die das Kreditgeschäft beeinflussen können:

Erstens wird durch eine neue, auf dem Konzept der Universalbank fußende Bestimmung des Bank- und Bankgeschäftsbegriffes in den Artikeln 1 bis 12 eine Vereinheitlichung des gesetzlichen Rahmens für alle Kreditinstitute bezweckt, und damit werden die Voraussetzungen für Wettbewerbsgleichheit geschaffen. Alle staatseigenen Kreditinstitute oder Institute mit Mehrheitsbeteiligung des Staates — *les Organismes Financiers Spécialisés* BNDE, CNCA, CIH — werden den neuen Bestimmungen unterworfen und so den Geschäftsbanken gleichgestellt. Der verschärfte Wettbewerb zwischen den Kreditinstituten kann sich in den Kreditkonditionen niederschlagen, da Wettbewerbsvorteile gegenüber den Konkurrenten möglich werden.

Zweitens wird durch die Institutionalisierung eines Einlagensicherungssystems *Le Fonds Collectif de Garantie des Dépôts* in den Artikeln 56–66, das Einleger fallierender Banken bis zu einer Höhe von 50.000 DH entschädigt, das Vertrauen in die Sicherheit der Kreditinstitute gestärkt und die Voraussetzung für eine auf das Kreditgeschäft positiv einwirkende größere Mobilisierung von Sparkapital geschaffen.

Neben dieser für das Kreditgeschäft möglicherweise relevanten Regelung wurden in dem neuen Kreditwesengesetz die seit dem 1. Januar 1993 geltenden verschärften Aufsichtsnormen über die Eigenkapitalgrundsätze verankert. Der an den internationalen Normen der Bankenaufsicht orientierte Eigenkapitalgrundsatz über den *Coefficient minimum de solvabilité (Cooke ratio)* sieht vor, daß Eigenkapital mindestens 8% der mit dem Kreditrisiko behafteten Aktivpositionen — mit unterschiedlichen, nach Kreditnehmer gestaffelten Anrechnungssätzen gewichtet — betragen muß. Der Eigenkapitalgrundsatz *Coefficient de division des risques* schreibt für die einzelnen Großkredite eine Begrenzung auf 7% des Eigenkapitals vor.

Solche Normen wirken auf eine Begrenzung der Kreditrisiken hin und bei einer unzureichenden Eigenkapitalbasis auf das Kreditvolumen, so daß bei einer geringeren Eigenkapitalquote negative Effekte von diesen Normen ausgehen. Die Entwicklung der Eigenkapitalquote der marokkanischen Geschäftsbanken von 6.8% auf etwa 9.6% des Geschäftsvolumens[21] seit Bekanntgabe am 1. Dezember 1990 bis zur Einführung der Eigenkapitalgrundsätze am 1. Januar 1993 zeigt im Vorfeld eine Reaktion der Banken, die auf die Aufstockung des Eigenkapitals als Voraussetzung für die Ausweitung des Aktivgeschäfts gerichtet war und deutet damit nicht auf eine eigenkapitalbedingte Einschränkung des Kreditvolumens hin[22]. Es wird daher angenommen, daß die seit 1990 bekannten und seit dem 1. Januar 1993 geltenden Regelungen keinen Einfluß auf das Kreditgeschäft der Geschäftsbanken haben.

Weitere Variablen werden in der Spezifikation der Angebotsfunktion nicht berücksichtigt. Das Investitionsrisiko eines Kredites, das — neben einer zu niedrigen Zinsfestschreibung — für die Kreditrationierung verantwortlich zeichnet, bleibt wie in fast allen empirischen Arbeiten unbeachtet. Seine Abbildung anhand der Insolvenzquote in der Industrie, wie sie Winker (1996) vornimmt, ist nicht möglich, da keine entsprechenden Statistiken vorliegen. Statt der Insolvenzquote kann das Investitionsrisiko u. U. durch Größen erfaßt werden, die einen Einblick in die Risikovorsorge der Banken vermitteln können. Eine dieser Größen stellen die bei den Banken vorgenommenen Abschreibungen dar. Winker (1996) findet für die BRD eine zeitgleiche positive Korrelation der auf das Bilanzvolumen bezogenen Abschreibungsquote mit der Insolvenzquote. Die Abschreibungen, so wie sie in die Statistiken aufgenommen werden, eignen sich allerdings kaum für die Erfassung des Kreditrisikos. Ausgewiesene aggregierte Werte erlauben keine Aussagen über die Wertberichtigungen auf Investitionskredite, ja nicht einmal auf die gesamten Kredite, da sie auch Wertberichtigungen auf Sach- und Umlaufvermögen beinhalten. Die von Winker gefundene Korrelation ist daher länderspezifisch anzusehen und hängt maßgeblich von den bilanzrechtlichen Bestimmungen über die Abschreibungsmodalitäten und die Abschreibungspraktiken ab[23].
Die *Bank Al-Maghrib* führt keine öffentlichen Statistiken über die Wertberichtigungen der Banken durch, wie sie etwa in vielen Zentralbankstatistiken zu finden sind. Unter der Pauschalbezeichnung *Provisions* werden die Rückstellungen und Wertberichtigungen der Banken nur in jährlicher Frequenz veröffentlicht. Geführt wird allerdings eine Größe, die in direktem Zusammenhang mit dem Kreditrisiko steht, nämlich die zweifelhaft gewordenen Kredite (*Créances en souffrance*). Welche Kredite davon betroffen sind, lassen sich aus der Größe nicht ermitteln, da diese Statistik eine heterogene Größe darstellt, die sich nicht nur auf kurzfristige Investitions-

[21] Berechnungen aus den Geschäftsberichten der Bank Al-Maghrib für die Jahre 1990 und 1993, Tabelle *Emplois et ressources des banques de dépôts*.

[22] In der BRD beträgt gegenwärtig die Eigenkapitalquote der Großbanken nach den Statistiken der Bundesbank (Tabelle "Wichtige Aktiva und Passiva nach Bankengruppen", Monatsbericht Dezember 1996) etwa 7.5% des Geschäftsvolumens und stellt bei vergleichbaren Eigenkapitalgrundsätzen kein Hindernis für die Ausweitung des Kreditgeschäfts dar.

[23] In den USA beispielsweise signalisieren die Banken nach verschiedenen empirischen Studien durch hohe Abschreibungen gute Ertragsaussichten, so daß hier eine gegenläufige Korrelation zwischen Abschreibung und Kreditrisiko besteht. Siehe hierzu Wahlen (1994) und die dort angegebenen empirischen Studien.

kredite und damit auf das Investitionsrisiko, sondern auf alle vergebenen Kredite unabhängig von Fristigkeit und Zweck bezieht.

Alle Daten werden preisbereinigt. Die realen Zinssätze werden als die Differenz zwischen Nominalsatz und Inflationsrate berechnet, die aus dem Preisindex der Lebenshaltung in den Statistiken der *Bank Al-Maghrib* resultiert. Um reale Veränderungen in den Bestandsgrößen zu erfassen, werden die Schätzungen mit Bestandsgrößen zu konstanten Preisen (Basis Januar 1991) durchgeführt.

Der Übersicht halber werden die verwendeten Variablen mit ihrer Bezeichnung und Datenquelle zusammengefaßt. Die einzelnen Daten werden im Anhang C zusammengestellt.

r	: tatsächlicher nicht beobachtbarer Kreditzins	Bank Al-Maghrib
r^{max}	: maximal erlaubter Kreditzins	Bank Al-Maghrib
r^{ref}	: Referenzsatz	Bank Al-Maghrib
KPI	: Preisindex für die Lebenshaltung	Bank Al-Maghrib
GK	: Kurzfristige Kredite	Bank Al-Maghrib
KK	: Konsumkredite	Bank Al-Maghrib
Q	: Kurzfristige Kredite an inländische Unternehmen, berechnet als $GK - KK$	
IP	: Industrieproduktionsindex	Bulletin Mensuel des Statistiques
STE	: Sichteinlagen (SE) und Termineinlagen (TE)	Bank Al-Maghrib
k	: Reservesatz	Bank Al-Maghrib
BT	: Bestand der bei den Banken gehaltenen bons du Trésor	Bank Al-Maghrib
DUM_1	: Binärer Dummy mit dem Wert 1 für die Zeit Januar–Dezember 1991 und März–Dezember 1994	
DUM_2	: Binärer Dummy mit dem Wert 1 für die Zeit ab Juli 1993	

4.3 Die ökonometrischen Spezifikationen und die Schätzergebnisse

4.3.1 Das Modell mit kontrollierten Preisen

Im vorausgegangenen Abschnitt wurden die Bestimmungsvariablen und die entsprechenden Daten für die aggregierte Nachfrage und das Angebot auf dem marokkanischen Bankenkreditmarkt vorgestellt. Es hat sich gezeigt, daß wegen der Datenlage nicht alle von der Theorie betrachteten Variablen Berücksichtigung finden. Dies rührt hauptsächlich aus den kaum vorhandenen Daten über die Unternehmen her, eine Tatsache, die zum einen die Erfassung des Kreditrisikos durch eine Insolvenzrate in der Angebotsfunktion verhindert und zum anderen keine alternativen Spezifikationen der Kreditnachfrage zuläßt.
Es hat sich ferner gezeigt, daß wegen der institutionellen Gegebenheiten die Abbildung des Kreditmarktes durch ein ökonometrisches Rationierungsmodell nur bedingt möglich ist. Die meisten Rationierungsmodelle eignen sich zur Aufdeckung der Kreditrationierung, die sich bei marktbestimmten Zinsen ergibt und daher in einer endogenen Zinsstarrheit begründet ist, die von einem Kreditrisiko hervorgerufen wird. Im Fall Marokkos ist eine Zinsstarrrheit durch eine exogen festgelegte Zinsobergrenze bedingt, und daher scheint die Formulierung eines Rationierungsmodells mit expliziter Festlegung der Zinsobergrenzen geeignet für die Abbildung des marokkanischen Kreditmarktes zu sein. Die Schätzung eines Modells mit kontrollierten Preisen kommt wie im Unterabschnitt 3.6.3 dargelegt allerdings nicht ohne die Annahme der Markträumung für Zinsen unterhalb der Zinsobergrenzen aus, da sonst keine Vollständigkeit im Modell besteht. Dies impliziert eine nur in der Zinsfixierung und nicht (auch) in einem Kreditrisiko begründete Rationierung. Schätzungen anhand von Rationierungsmodellen müssen daher entweder die Informationen über die Zinsobergrenzen ignorieren oder die Ausschaltung des Kreditrisikos in Kauf nehmen.

Die Vernachlässigung der Informationen über die Zinsobergrenzen führt zu einer weniger effizienten Schätzung, stellt aber keinen gravierenden Nachteil dar, wenn die Schätzung mit den tatsächlich vereinbarten Kreditzinsen geführt wird. Dies ist wegen der Unbeobachtbarkeit der Kreditzinsen für den marokkanischen Fall nicht möglich, so daß hier ad-hoc-Annahmen über den relevanten Kreditzins gemacht werden müssen, wenn auch eine im Kreditrisiko begründete Rationierung überprüft werden soll.

Für Modelle mit kontrollierten Preisen stellt die Unbeobachtbarkeit der Kreditzinsen kein Hindernis dar. Mit dem neu abgeleiteten ML-Schätzer steht ein Schätzer zur Verfügung, der es ermöglicht, die Parameter ohne eine Regimezuordnung zu schätzen. Gravierender bei der Schätzung dieser Modelle ist die Annahme der Markträumung, die den gewonnenen Erkenntnissen im theoretischen Teil der Arbeit entgegensteht.

Mit diesen Einschränkungen werden im folgenden Schätzungen sowohl mit Modellen vorgenommen, die die Zinsobergrenze explizit berücksichtigen, als auch mit Modellen, die diese Information ignorieren und darüber hinaus ad-hoc-Annahmen über den Zins benötigen. Alle Schätzungen werden mit eigenen Programmen in GAUSS durchgeführt. Die numerische Maximierung der Likelihoodfunktionen erwies sich als mühsam. Haupthindernis für die erfolgreiche Maximierung stellten wie oft bei der Likelihoodschätzung die ungeeigneten Startwerte dar. Die oft in den empirischen Arbeiten als Startwerte verwendeten OLS-Werte der Eingleichungsschätzungen erwiesen sich nicht als ausreichend und konnten nur als grobe Anhaltswerte verwendet werden. Für die Maximierung zeigte sich der Berndt-Hall-Hall-Hausman-Algorithmus, manchmal mit Umschaltung auf den Davidson-Fletcher-Powell-Algorithmus, als effizient.

Für die Schätzung des Rationierungsmodells mit kontrollierten Preisen ergibt sich nach den Darstellungen des vorherigen Abschnitts folgende Spezifikation:

$$\begin{aligned} log\, D &= \alpha_0 + \alpha_1\, r + \alpha_2\, IP + \alpha_3\, DUM_1 + u_1 \\ log\, S &= \beta_0 + \beta_1\, r + \beta_2\, r^{ref} + \beta_3\, log\, STE + \beta_4\, log\, BT + \\ & \quad \beta_5\, DUM_1 + \beta_6\, DUM_2 + u_2 \\ log Q &= min(log\, D, log\, S) \\ r &\leq r^{max}, \end{aligned}$$

wobei der tatsächliche Zins r nicht, die Zinsobergrenze r^{max} jedoch beobachtbar ist. Der Referenzsatz r^{ref} erfaßt wie oben begründet die Kosten der Kreditbeschaffung der Banken. Die Maximierung der entsprechenden Likelihoodfunktion hat die in Tabelle 6 ausgewiesenen Ergebnisse geliefert (Standardfehler in Klammern):

Die Ergebnisse zeigen, daß alle Parameter des Modells das richtige Vorzeichen tragen und mit Ausnahme des Kreditzinssatzes in der Nachfragefunktion (Signifikanzniveau 11.14%) signifikant sind. Die oft in den empirischen Arbeiten gefundene Insignifikanz des Kreditzinses bei der Nachfrage, wie bei den Arbeiten von Laffont/Garcia (1977) und Ito/Ueda (1981), oder sein sehr geringer Einfluß wie in Artus (1984) und Martin (1990) scheint auf den ersten Blick gegen die ökonomische Intuition zu stehen, kann u. a. aber durch ein moral-hazard-Verhalten der Nachfrager erklärt werden: Den Kreditnachfragern stehen Investitionsmöglichkeiten mit unterschiedlichem Ertrag und unterschiedlichen Risikokombinationen zur Verfügung, die unabhängig von der Zinshöhe stets mit positiven Renditen realisiert werden können; der Zinssatz beeinflußt nur die Wahl der einzelnen Projekte, aber nicht den nachgefragten Kreditbetrag. Maßgeblich also für die Nachfrage sind die Investitionsmöglichkeiten. Sie spiegeln sich in der Aktivitätsvariablen wider, deren Parameter in der Schätzung signifikant sind. Die Größenordnung dieser Parameter in Verbindung mit der Insignifikanz des Kreditzinses gibt allerdings Anlaß zu einer vorsichtigen Interpretation der Ergebnisse in der Nachfragefunktion. Zum einen zeigt sich hier die wegen der Datenlage bedingte arme Spezifikation der Nachfragefunktion. Zum anderen liefert eine Schätzung der Nachfragefunktion auf einem Kreditmarkt, der sich überwiegend in einem Regime des Nachfrageüberschusses befindet und damit mit den meisten Beobachtungen dem Angebot zugeordnet ist und eine sehr geringe Anzahl von Freiheitsgraden für die Nachfrage hat,

Tabelle 6: Schätzwerte für das Modell mit kontrollierten Preisen

Kreditnachfrage		Kreditangebot	
α_0	7.519	β_0	1.660
	(0.1402)		(0.1235)
α_1	-0.0962	β_1	0.1430
	(0.0789)		(0.0418)
α_2	0.0373	β_2	-0.1428
	(0.0195)		(0.0403)
α_3	-0.4349	β_3	0.9557
	(0.1698)		(0.1201)
σ_1	0.0546	β_4	-0.2453
	(0.0535)		(0.0551)
		β_5	-0.0698
			(0.0127)
		β_6	0.2128
			(0.0627)
		σ_2	0.0220
			(0.0024)
$LogL = 112.557$			

schlechte Schätzergebnisse. Auch wenn in einer Schätzung wie dieser wegen der Unbeobachtbarkeit des Kreditzinses keine exakte Regimezuordnung bzw. Schätzung der nachgefragten und angebotenen Menge möglich ist, trifft der Einwand, wie weiter unten aufgeführt, auch auf den marokkanischen Markt zu.
Der Parameter der Dummy-Variablen zeigt ferner, daß die Festsetzung der Kreditzinsen für lange Perioden einen negativen Einfluß auf die Kreditnachfrage hat. Dies kann durch eine Verschärfung der übrigen Kreditkonditionen seitens der Banken oder durch einen ausgelösten Attentismus bei den Investoren bedingt sein. Viele von der Dummy-Variablen erfaßte Perioden entsprechen Perioden fallender Zinsen, so daß hier in Erwartung weiterer Zinssenkungen Investitionen hinausgezögert werden konnten.

In der Kreditangebotsfunktion dominiert der Effekt der Einlagen. Ihr Einfluß ist mit einer Angebotselastizität nahe 1 groß und hochgradig signifikant.
Ebenfalls hochgradig signifikant ist der negative Einfluß der Anlagen in *bons du Trésor*, die in erheblichem Umfang in Form von Zwangsanlagen gehalten werden.
Der signifikante positive Einfluß des tatsächlich vereinbarten Kreditzinssatzes auf das Kreditvolumen steht im Einklang mit der im Modell implizierten Annahme einer Markträumung unterhalb der Zinsobergrenze: Je höher die Zinsobergrenzen festgelegt werden, desto höher können die Kreditzinsen bei Bedarf vereinbart werden und desto geringer ist die Wahrscheinlichkeit ei-

ner Rationierung.
Für die Kosten der Banken (r^{ref}) ist die Argumentation von Melitz/Pardue (1973), wonach eine Erhöhung der Kosten zu einer Umschichtung des Bankportfolios zu risiko- und ertragsreicheren Krediten führt, nicht gültig. Hier dominiert der direkte Kosteneffekt über den Substitutionseffekt, der zu einer Verringerung des Kreditangebots führt. Dieses Ergebnis ist für den marokkanischen Kreditmarkt nicht überraschend, da die Banken wegen der Zwangsanlagen wenig Spielraum für Portfolioumschichtungen haben.
Der Parameter der Dummy-Variablen DUM_1 zeigt, daß die Banken für die Perioden mit im voraus festgelegten, konstant gehaltenen Zinsobergrenzen mit einer Einschränkung ihrer Kredite bzw. mit einer Verschärfung der übrigen Kreditkonditionen (Erhöhung von Gebühren, Provisionen und damit Verminderung des Auszahlungsbetrages) reagiert haben. Dies deutet darauf hin, daß die festgelegten Kreditzinsen und die Kosten der Geldbeschaffung nicht im Einklang standen.
Die Einführung des neuen Gesetzes über das Kreditwesen zeitigt einen positiven Einfluß auf die Kreditvergabe der Geschäftsbanken. Dieser Einfluß ist aber nicht auf eine Einlagenerhöhung, die mit der Schaffung eines Einlagensicherungssystems zu erwarten wäre, zurückzuführen: Die Wachstumsraten der Einlagen blieben vor und nach der Einführung der Einlagensicherung nahezu konstant. Die monatlichen durchschnittlichen Wachstumsraten betrugen jeweils 0.95% und 1.00%. Zu vermuten ist hier, daß die Gleichstellung aller Finanzierungsinstitute durch das Gesetz und die Schaffung einer Wettbewerbsgleichheit zugunsten der Geschäftsbanken ausfiel, indem sie Teile der Nachfrage nach sich zog und auch bediente.

Wie erwähnt, ermöglicht die Schätzung wegen der Unbeobachtbarkeit des Kreditzinses keine exakte Regimezuordnung bzw. Schätzung der nachgefragten und angebotenen Menge. Nimmt man an, daß für den marokkanischen Kreditmarkt der tatsächliche Kreditzins der Zinsobergrenze entsprach, dann ergibt die Schätzung die in Abbildung 12 dargestellte geschätzte Kreditmenge.

Diese geschätzte Kreditmenge stellt mit Ausnahme der ersten 6 Perioden eine gute Approximation der beobachteten Kreditmenge dar und läßt den Schluß zu, daß der Kreditzins meist in der Nähe der Zinsobergrenzen gelegen hat und daß sich der marokkanische Kreditmarkt meist in einem Regime des Nachfrageüberschusses befand. Dies zeigt deutlich Abbildung 13, in der der geschätzte Nachfrageüberschuß, die Differenz zwischen der geschätzten Nachfrage und dem geschätzten Angebot als prozentualer Anteil am Kreditvolumen ausgewiesen wird.
Der geschätzte Nachfrageüberschuß steht im Einklang mit der beobachteten Wirtschaftsentwicklung: Nach der Einleitung von Liberalisierungsmaßnahmen war der Kreditmarkt durch eine hohe Liquidität der Banken und eine hohe Kreditausweitung (33.1% gegenüber dem Vorjahr) gekennzeichnet, so daß hier die Wahrscheinlichkeit einer Rationierung kaum bestand. Die mehrmalige Erhöhung des Mindestreservesatzes ab August 1991 und die Reduktion der Refinanzierungsfazilitäten der Banken bei der Notenbank schränkte die Liquidität der Banken ein und führte zu einer Rationierung der Kreditnachfrage. Der beobachtete Abfall in der Höhe des Nachfrageüberschusses zu Beginn der Jahre ist saisonbedingt. Die Nachfrage für diese Peri-

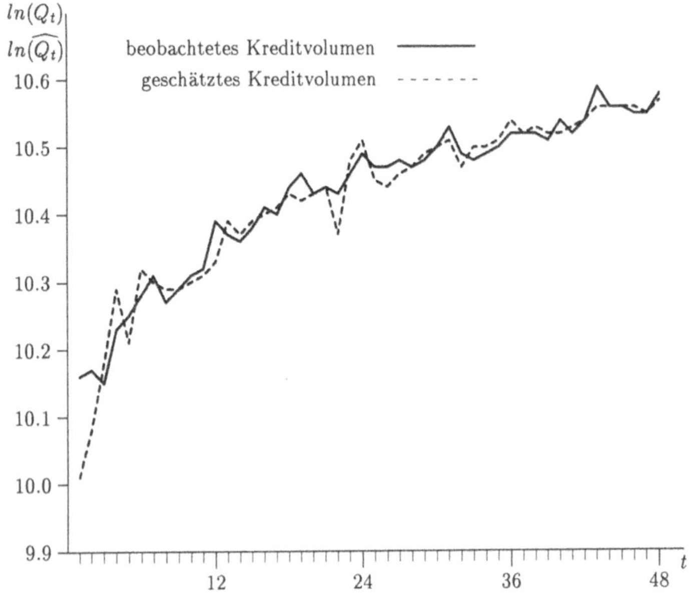

Abbildung 12: Geschätzte und beobachtete Kreditmenge im Modell mit kontrollierten Preisen

oden fällt angesichts des niedrigeren Produktionsindexes gering aus.

Die Periode Januar 1992 bis Juli 1993 war durch eine scharfe Rationierung mit dem realen Spitzenwert von etwa 6% des Kreditvolumens gekennzeichnet. Verantwortlich dafür war bei einer — zumindest im Jahre 1992— regen Nachfrage die sehr restriktiv gehandhabte Geldpolitik (mehrmalige Erhöhung der Mindestreserve bis zu ihrem maximalen Satz von 25%, Einschränkung der Rediskontkontingente und Erhöhung der Diskont- und Pensionssätze), die unmittelbar die Kreditverfügbarkeit der Banken verminderte. Erst mit der Lockerung der Geldpolitik ab Juli 1993, die die Liquidität der Banken in den letzten Monaten des Jahres 1993 steigen ließ, zeichnete sich eine Verringerung der Rationierung ab.

Die hier aufgezeichnete scharfe Rationierung während des Rezessionsjahres 1993 steht im Widerspruch zu der Ursachenerklärung der *Bank Al-Maghrib*. Sie begründet den wirtschaftlichen Abschwung mit einem Nachfrageausfall und Attentismus der Investoren: "la persistance d'une conjoncture deprimée s'est traduite par tassement de la demande...et a maintenu les investisseurs dans une position d'attentisme." (Bank Al-Maghrib, 1993, S. 112). Hier aber zeigt sich, daß nicht in erster Linie die Nachfrage, sondern die knappe Liquidität der Banken Ursache für die Persistenz des Abschwungs war.

Der relativ kleine Umfang der Rationierung in 1994 erklärt sich neben einer vorhandenen Liquidität der Bank durch die verhaltene Nachfrage in diesen Perioden, die die *Bank Al-Maghrib*

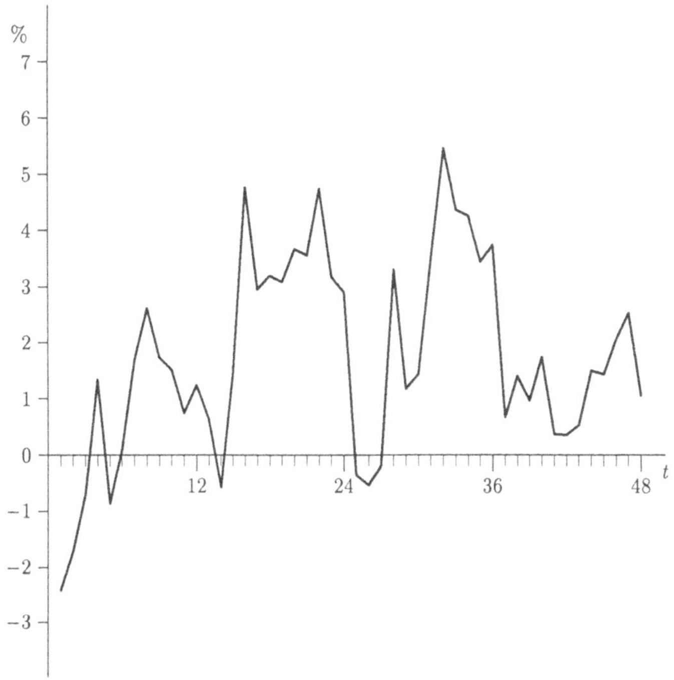

Abbildung 13: Nachfrageüberschuß im Modell mit kontrollierten Preisen

zu einer weiteren Revision der Handhabung der Zinsobergrenzen veranlaßte: "les autorités monétaires sont elles intervenues dès le mois d'avril pour réduire les taux plafonds, d'autant que la demande de crédit ne s'est pas faite pressante."(Bank Al-Maghrib, 1994, S. 96)

4.3.2 Modelle mit exogenen Preisen

Um die Robustheit dieser Ergebnisse zu überprüfen, bietet sich ein Vergleich mit der Schätzung eines Modells gleicher stochastischer Struktur an, in der die tatsächlichen Zinsen durch die Zinsobergrenzen approximiert werden und die Information über die Zinsfestlegung ignoriert wird. Die Schätzung eines Modells der Form

$$\begin{aligned} log\, D &= \alpha_0 + \alpha_1\, r^{max} + \alpha_2\, IP + \alpha_3\, DUM_1 + u_1 \\ log\, S &= \beta_0 + \beta_1\, r^{max} + \beta_2\, r^{ref} + \beta_3\, log\, STE + \beta_4\, log\, BT + \\ &\quad \beta_5\, DUM_1 + \beta_6\, DUM_2 + u_2 \\ log\, Q &= min(log\, D, log\, S) \end{aligned}$$

ergab die folgenden Werte (Tab. 7):

Tabelle 7: Schätzwerte für das Grundmodell mit stochastischer Regimezuordnung ($r = r^{max}$)

Kreditnachfrage		Kreditangebot	
α_0	8.285	β_0	4.449
	(0.0621)		(0.1380)
α_1	-0.0944	β_1	0.1855
	(0.0220)		(0.0275)
α_2	0.0310	β_2	-0.1810
	(0.0056)		(0.0261)
α_3	-0.4409	β_3	0.6048
	(0.0769)		(0.1902)
σ_1	0.0781	β_4	-0.1525
	(0.0214)		(0.0780)
		β_5	-0.0632
			(0.0085)
		β_6	0.2822
			(0.0416)
		σ_2	0.0179
			(0.0026)
$LogL = 111.606$			

Auch hier tragen alle Parameter des Modells das richtige Vorzeichen. In der Nachfragefunktion ändert sich die Größenordnung der geschätzten Parameter kaum, ihre Standardfehler sind aber stets geringer. Hier übt damit auch der Zinssatz einen signifikanten Einfluß auf die Nachfrage aus.

In der Angebotsfunktion dominiert weiterhin der Effekt der Einlagen, allerdings in geringerem Umfang. Geringer ist auch der Einfluß der Anlagen in *bons du Trésor*. Dafür ist der Effekt der Kreditzinsen und der Kosten höher. Dieses Resultat über den Einfluß der Kreditzinsen auf das Kreditangebot steht nicht im Einklang mit einer kreditrisikobegründeten Theorie der gleichgewichtigen Kreditrationierung, wonach Zinsen im Gleichgewicht nicht mehr volumenwirksam sind. Damit deutet dieses Resultat darauf hin, daß im Falle einer Rationierung — wie beim Modell mit kontrollierten Preisen — die exogen zu niedrig festgesetzten Zinsobergrenzen dafür verantwortlich sind.

Die Unterschiede in den numerischen Ergebnissen beider Modelle erweisen sich im Hinblick auf die Schätzungsgüte und den Umfang der Rationierung als gering. Abbildung 14 zeigt, daß die geschätzte Kreditmenge $\hat{Q} = min(\hat{D}, \hat{S})$ mit dieser Modellierung sich mit derjenigen des vorigen Modells weitgehend deckt und auch eine gute Approximation für die beobachtete Kreditmenge ist.

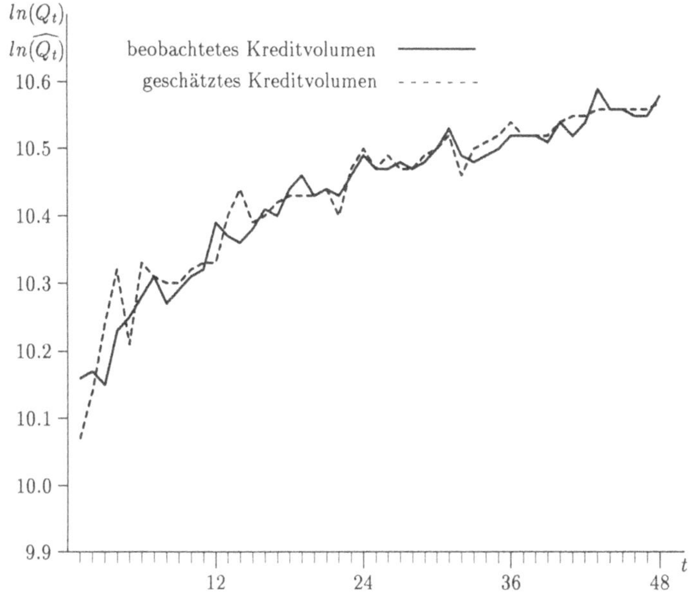

Abbildung 14: Geschätzte und beobachtete Menge im grundlegenden Rationierungsmodell (stochastische Regimezuordnung) mit $r = r^{max}$

Ebenfalls sehr ähnlich ist das Profil des Nachfrageüberschusses (Abbildung 15).

Die mit der Schätzung erhaltene Wahrscheinlichkeit der Regimezuordnung deckt sich mit den Ergebnissen des Modells mit kontrollierten Preisen. Mit Ausnahme der ersten 6 Perioden ist die Wahrscheinlichkeit einer Rationierung nahe 1. Tabelle 8 weist die Werte der bedingten Wahrscheinlichkeiten $Pr(D_t > S_t|Q_t)$ aus.

Alternativ kann im Modell die Rationierungshypothese mit dem von Hwang (1980) vorgeschlagenen Stabilitätstest für die Regressionskoeffizienten und die Varianz der linearen Gleichung überprüft werden:

$$\begin{aligned} log\,Q &= \alpha_0 + \alpha_1\, r^{ref} + \alpha_2\, r^{max} + \alpha_3\, IP + \\ &\quad + \alpha_4\, log\, STE + \alpha_5\, log\, BT + \alpha_6\, DUM_1 + \alpha_7\, DUM_2 + u. \end{aligned}$$

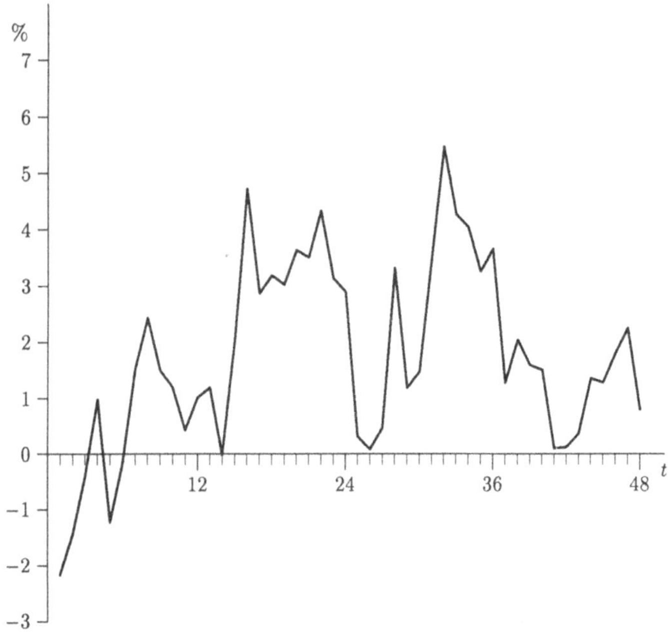

Abbildung 15: Nachfrageüberschuß im grundlegenden Rationierungsmodell (stochastische Regimezuordnung) mit $r = r^{max}$

Tabelle 8: Wahrscheinlichkeit eines Nachfrageüberschusses in den einzelnen Perioden

1.	1.40 e-11	9.	0.973	17.	0.999	25.	0.825	33	0.999	41.	0.550
2.	2.72 e-09	10.	0.956	18.	0.999	26.	0.612	34	0.999	42.	0.791
3.	4.48 e-11	11.	0.854	19.	0.999	27.	0.899	35	0.999	43.	0.922
4.	1.06 e-04	12.	0.970	20.	0.999	28.	0.999	36	0.999	44.	0.978
5.	1.12 e-05	13.	0.922	21.	0.999	29.	0.958	37	0.973	45.	0.971
6.	0.010	14.	0.001	22.	0.999	30.	0.983	38	0.997	46.	0.992
7.	0.982	15.	0.996	23.	0.999	31.	0.999	39	0.987	47.	0.998
8.	0.997	16.	1.000	24.	0.999	32.	1.000	40	0.985	48.	0.942

Wie dargestellt, bieten sich der Cusum- und der Cusumsq-Test an, die relativ einfach durchzuführen sind. Die hier gewählte Form für den Dummy DUM_1 verhindert die Vornahme der Tests mit den rekursiven Residuen, da für die ersten 30 Beobachtungen die Beobachtungsmatrix singulär ist. Angewendet wird daher der Cusumsq-Test anhand der OLS-Residuen.

Mit Hilfe dieses Tests wird auch die Markträumungshypothese verworfen. Abbildung 16 zeigt für ein Signifikanzniveau von 5%, daß in der 22. Periode ein Strukturbruch in der Regression vorliegt.

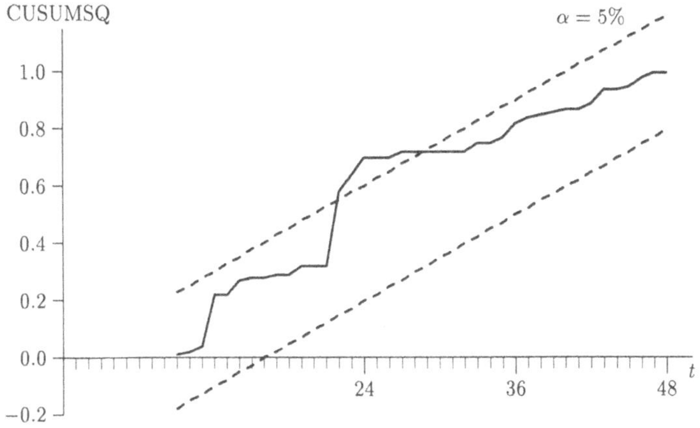

Abbildung 16: CUSUMSQ-Test der OLS-Residuen

Das gleiche Resultat wird mit dem 1%- und 2.5%-Niveau erzielt. Diese Periode (Oktober 1992) fällt mit den strengsten geldpolitischen Maßnahmen zusammen, so daß hier eine Zuspitzung der Rationierung — wie auch die beiden vorherigen Abbildungen zeigen — wahrscheinlich wurde. Die Mindestreservesätze erreichten ihren maximalen Wert; die *Bank Al-Maghrib* absorbierte in dieser Periode Liquidität in dem erheblichen Umfang von 9.4 Mrd. DH durch den Verkauf von langfristigen Staatspapieren.

Die bisher geschätzten Kreditmengen und der Umfang der Rationierung auf dem marokkanischen Kreditmarkt basieren auf der Annahme, daß die relevanten Kreditzinsen durch die Zinsobergrenzen wiedergegeben werden. Damit wurde auch die Rationierung, und die bisherigen Resultate sprechen dafür, in den zu niedrig festgesetzten Zinsobergrenzen begründet. Um weitere Vergleichswerte heranzuziehen, die diese Resultate stützen bzw. in Frage stellen, wird nun angenommen, daß für die Nachfrage der Referenzsatz der relevante Kreditzins ist, an dem sie sich in erster Linie orientiert; die Banken dagegen werden neben diesem Satz auch die Zinsobergrenzen in ihrem Kalkül beachten müssen. Diese Annahme bringt allerdings eine konzeptionelle Schwierigkeit bei der Formulierung des Modells mit sich: Nimmt man an, daß die Referenzsätze die Kosten der Banken wiedergeben, dann wird eine Nachfrage, die sich an diesen Sätzen orientiert, im Grunde genommen nicht bedient. Wenn diese Formulierung einen Sinn macht, dann nur, wenn die Referenzsätze nicht als Kostenvariablen der Banken, sondern als eine ad hoc eingeführte Variable aufgefaßt werden.

Die ökonometrische Spezifikation nimmt dann bei einer stochastischen Regimezuordnung die

Form an

$$\begin{aligned} log\,D &= \alpha_0 + \alpha_1\, r^{ref} + \alpha_2\, IP + \alpha_3\, DUM_1 + u_1 \\ log\,S &= \beta_0 + \beta_1\, r^{max} + \beta_2\, r^{ref} + \beta_3\, log\,STE + \beta_4\, log\,BT + \\ & \quad \beta_5\, DUM_1 + \beta_6\, DUM_2 + u_2 \\ log\,Q &= min(log\,D, log\,S); \end{aligned}$$

bei einer deterministischen Regimezuordnung

$$\begin{aligned} log\,D &= \alpha_0 + \alpha_1\, r^{max} + \alpha_2\, IP + \alpha_3\, DUM_1 \\ log\,S &= \beta_0 + \beta_1\, r^{max} + \beta_2\, r^{ref} + \beta_3\, log\,STE + \beta_4\, log\,BT + \\ & \quad \beta_5\, DUM_1 + \beta_6\, DUM_2 \\ log\,Q &= min(log\,D, log\,S) + u. \end{aligned}$$

Die Maximierung der entsprechenden Likelihoodfunktionen hat die in Tabelle 9 ausgewiesenen Ergebnisse geliefert:

Tabelle 9: Schätzwerte für die grundlegenden Modelle ($r = r^{ref}$)

stochastische Regimezuordnung				deterministische Regimezuordnung			
α_0	8.694	β_0	-0.440	α_0	8.301	β_0	-0.014
	(0.0468)		(0.1463)		(0.1920)		(0.1389)
α_1	-0.1118	β_1	0.1555	α_1	-0.1538	β_1	0.1660
	(0.0180)		(0.0504)		(0.1267)		(0.0417)
α_2	0.0256	β_2	-0.1523	α_2	0.0329	β_2	-0.1619
	(0.0044)		(0.0478)		(0.0266)		(0.0405)
α_3	-0.2852	β_3	1.2662	α_3	-0.2904	β_3	1.2358
	(0.0374)		(0.1499)		(0.1038)		(0.1370)
σ_1	0.0151	β_4	-0.3884			β_4	-0.4017
	(0.0088)		(0.0762)				(0.0659)
		β_5	-0.0789			β_5	-0.0777
			(0.0178)				(0.0150)
		β_6	0.2278			β_6	0.2464
			(0.0732)				(0.0629)
		σ_2	0.0271	σ	0.0252		
			(0.0031)		(0.0026)		
$LogL = 110.846$				$LogL = 108.666$			

Auch hier zeigen alle Parameter das richtige Vorzeichen und in der Größenordnung sehr ähnliche Schätzwerte. Während sich aber in der Angebotsfunktion auch sehr ähnliche Standardfehler und damit die gleiche Signifikanz der Variablen zeigen, sind die Standardfehler in der Nachfragefunktion bei der deterministischen Regimezuordnung stets höher. Die beiden relevanten Variablen der Nachfrage, der Kreditzins und der Produktionsindex, sind hier insignifikant. Damit stellt die Ginsburgh-Tishler-Zang-Formulierung mit der deterministischen Regimezuordnung eine Fehlspezifikation dar. Dieses Ergebnis könnte als Erhärtung der oben getroffenen Annahme, daß die Kreditzinsen durch die Zinsobergrenzen abgebildet werden, angesehen werden. Allerdings ist bei dieser Interpretation Vorsicht geboten. Oben wurde argumentiert, daß die Größenordnung der Parameter in der Nachfragefunktion in Verbindung mit der Insignifikanz des Kreditzinses Anlaß zu einer vorsichtigen Interpretation der Ergebnisse der Nachfrageschätzung gibt. Erstens ist die Erfassung der Nachfrage mit Hilfe der verfügbaren Daten nur schwer möglich und damit arm spezifiziert, und zweitens liefert eine Schätzung der Nachfragefunktion auf einem Kreditmarkt, der sich überwiegend in einem Regime des Nachfrageüberschusses befindet, schlechte Schätzergebnisse. Es ist möglich, daß die schlechten Ergebnisse in der Ginsburgh-Tishler-Zang-Formulierung weniger durch die stochastische Spezifikation des Modells oder die Zinsabbildung als vielmehr durch eine Fehlspezifikation der Nachfrage bzw. durch geringe Freiheitsgrade bedingt sind.

Die Schätzung des Modells bei der stochastischen Regimezuordnung liefert dagegen gute Resultate. In der Nachfragefunktion ist der Einfluß des Kreditzinses und des Produktionsindexes hochsignifikant. In der Angebotsfunktion dominiert, ähnlich wie beim Modell mit kontrollierten Preisen, der Effekt der Einlagen und der Anlagen in *bons du Trésor*. Auch die übrigen Schätzwerte sind, sowohl in bezug auf die Größenordnung als auch auf die Signifikanz, denjenigen des Modells mit kontrollierten Preisen sehr ähnlich.
Was die Schätzungsgüte der Modelle mit stochastischer Regimezuordnung betrifft, erfaßt diese Schätzung die ersten Perioden besser als in den Modellen mit Zinsobergrenzen als relevantem Zins (siehe Abbildung 17). Allerdings zeigt die Schätzung für die übrigen Perioden etwas höhere Schätzfehler als diese letzteren, so daß die oben getroffene Aussage, die Zinsen lägen mit Ausnahme der ersten Perioden in der Nähe der Zinsobergrenzen, gestützt wird.

Der mit dieser Schätzung erhaltene Umfang der Kreditrationierung ist in Abbildung 18 dargestellt. Das Profil des Nachfrageüberschusses deckt sich mit Ausnahme der ersten und der letzten Perioden mit dem erhaltenen Profil der Schätzung mit den Zinsobergrenzen als relevantem Zins. Der Umfang der Rationierung ist allerdings für diese Fälle stets geringer. Dies kann im Einklang mit einer kreditrisikobegründeten Theorie der Kreditrationierung interpretiert werden: Je niedriger die Zinsen sind, desto niedriger ist auch das Risiko von Investitionen und desto niedriger die Wahrscheinlichkeit, rationiert zu werden. Zu beachten ist hier aber, daß dieser geringere Umfang der Rationierung durch die spezifische Formulierung der Nachfrage in Abhängigkeit von den Referenzsätzen mitbedingt ist. Nachfrage und Angebot bewegen sich in dem Modell in bezug auf die Referenzsätze im Gleichschritt, so daß zwangsläufig keine hohen Überhänge bestehen können.

Abbildung 17: Beobachtete und geschätzte Kreditmenge im grundlegenden Rationierungsmodell mit $r = r^{ref}$

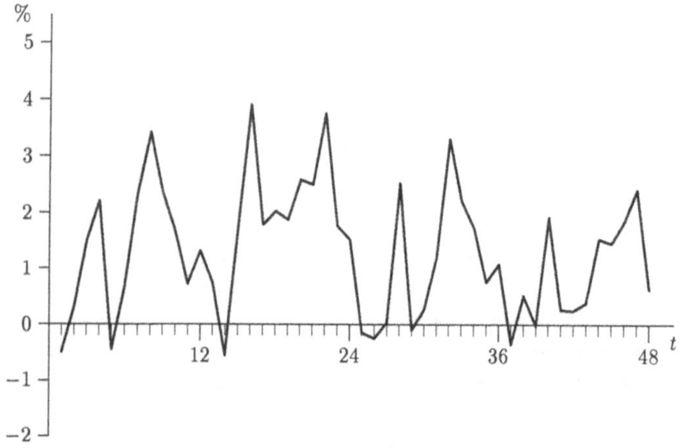

Abbildung 18: Nachfrageüberschuß im grundlegenden Rationierungsmodell mit $r = r^{ref}$

4.3.3 Das Modell mit Preisanpassung

Bisher wurden empirische Modelle aufgestellt, die auf eine Überprüfung der Kreditrationierung als Gleichgewichtsphänomen abzielen. Dabei wurde entweder die Zinsobergrenze oder der Referenzsatz als die relevante Variable in die Nachfragefunktion aufgenommen. Denkbar ist aber, daß sich die Nachfrage an beiden Sätzen gleichzeitig orientiert. Die Schätzung einer solchen Nachfrage im Rahmen der dargestellten ökonometrischen Spezifikationen erwies sich als nicht erfolgreich. Das ist wahrscheinlich auf das oft angesprochene Problem der Freiheitsgrade zurückzuführen, das durch die Aufnahme einer weiteren Variablen in die Nachfragefunktion verschärft wurde[24]. Eine solche Nachfrage läßt sich im Rahmen einer Überprüfung der dynamischen Rationierung aufstellen. Hier tritt das Problem der Freiheitsgrade nicht mehr auf, denn die Regimezuordnung wird durch die Zinsbewegungen bestimmt, die sich gemäß einer Walras-Preisanpassungsgleichung proportional zur Nachfrage bzw. zum Angebotsüberschuß ermitteln.

Nach der Ausführung des vorhergehenden Abschnitts eignet sich bei Märkten mit exogener Zinsbestimmung wie dem marokkanischen Kreditmarkt eine Zinsanpassungsgleichung der Form $\triangle r_{t+1} = \lambda(D_t - S_t)$, um Zinsbewegungen zu modellieren. Diese Formulierung ist aber für den marokkanischen Kreditmarkt nicht immer gültig, da die Zinsen oft für längere Perioden festgelegt wurden. Von diesem Problem wird aber abgesehen, um überhaupt eine Überprüfung der dynamischen Rationierung durchzuführen. Das Modell nimmt dann bei unterschiedlichen Anpassungsgeschwindigkeiten die Form an

$$
\begin{aligned}
log\,D &= \alpha_0 + \alpha_1\, r^{max} + \alpha_2\, r^{ref} + \alpha_3\, IP + \alpha_4\, DUM_1 + u_1 \\
log\,S &= \beta_0 + \beta_1\, r^{max} + \beta_2\, r^{ref} + \beta_3\, log\,STE + \beta_4\, log\,BT + \\
&\quad \beta_5\, DUM_1 + \beta_6\, DUM_2 + u_2 \\
log\,Q &= min(log\,D, log\,S) \\
\triangle r_{t+1} &= \begin{cases} \lambda_1(log\,D_t - log\,S_t), & \text{falls } D_t \geq S_t \\ \lambda_2(log\,D_t - log\,S_t), & \text{falls } D_t < S_t. \end{cases}
\end{aligned}
$$

Wie dargestellt, kann das Modell mittels der 2SLS-Methode oder effizienter mittels der ML-Methode geschätzt werden. Die entsprechenden Schätzwerte sind in Tabelle 10 ausgewiesen. Auch hier tragen alle Parameter das richtige Vorzeichen. Bei der Angebotsschätzung liefern die 2SLS- und die ML-Schätzung ähnliche Werte. Hier dominieren wie bei den obigen Modellen die Effekte der Einlagen und der Anlagen in *bons du Trésor*, wobei jetzt die Parameter höhere Werte aufweisen. Auch wirken der Kosteneffekt aufgrund mangelnder Möglichkeiten einer Portfoliosubstitution sowie die langfristige Festlegung der Zinsen angebotsmindernd. Die Einführung des neuen Gesetzes über das Kreditwesen bestätigt die schon erhaltenen Resultate eines positiven Einflusses.

Bei der Nachfrageschätzung weichen die Resultate in der 2SLS- und ML-Schätzung etwas

[24] Ebenfalls nicht erfolgreich erwies sich der Versuch einer Schätzung mit einer weiteren Variablen in der Nachfragefunktion, welche die Wahrscheinlichkeit, rationiert zu werden, mit Hilfe der regula-falsi-Methode erfaßt.

Tabelle 10: Schätzwerte für das Modell mit Preisanpassung

2-SLS-Werte				ML-Werte			
α_0	9.790	β_0	-2.380	α_0	9.86	β_0	-1.96
	(0.1584)		(1.3265)		(0.0042)		(0.0182)
α_1	-0.0188	β_1	0.1300	α_1	-0.0369	β_1	0.1320
	(0.0128)		(0.0344)		(0.0381)		(0.0586)
α_2	-0.0882	β_2	-0.0959	α_2	-0.0476	β_2	-0.1132
	(0.0186)		(0.0350)		(0.0513)		(0.0573)
α_3	0.0161	β_3	1.4800	α_3	0.0139	β_3	1.4464
	(0.0013)		(0.1655)		(0.0032)		(0.2119)
α_4	-0.2277	β_4	-0.4476	α_4	-0.2038	β_4	-0.4453
	(0.0161)		(0.0682)		(0.0328)		(0.0876)
		β_5	-0.0458			β_5	-0.0555
			(0.0136)				(0.0218)
		β_6	0.2116			β_6	0.2105
			(0.0510)				(0.0850)
$1/\lambda_1$	0.2056	$1/\lambda_2$	0.07812	$1/\lambda_1$	0.1327	$1/\lambda_2$	0.0552
	(0.0183)		(0.0200)		(0.0243)		(0.0095)
SEE	0.039	SEE	0.026	σ_1	0.0688	σ_2	0.0337
					(0.0135)		(0.0053)
R^2	0.898	R^2	0.949				
DW	1.752	DW	1.711	$LogL$	36.599		

voneinander ab. Bei der ersteren ist die Zinsobergrenze insignifikant, der Referenzsatz dagegen signifikant. Eine Erklärung dafür könnte in der Orientierung der Nachfrage an den Referenzsätzen und weniger an der Zinsobergrenze liegen, wie bei den obigen Schätzungen mit $r = r^{ref}$ ad hoc angenommen wurde.

Bei der effizienteren ML-Schätzung zeigen sich jedoch sowohl Referenzzins als auch maximaler Zins insignifikant für die Nachfrage. Dieses Ergebnis wurde auch beim Modell der kontrollierten Preise erhalten. Dort wurde argumentiert, daß sich für die Investoren bei jedem Zins stets Ertrag-Risiko-Kombinationen finden lassen, die eine Nachfrage induzieren. Maßgebliche Determinante der Kreditnachfrage ist die Aktivitätsvariable, die in beiden Schätzungen hochsignifikant ist. Die 2SLS-Ergebnisse können angesichts dieses ML-Resultates im Hinblick auf den Kreditzins nicht überzeugen. Auch alle bisherigen Schätzungen sprechen dafür, daß die tatsächlichen Zinsen meistens in der Nähe der Zinsobergrenzen lagen. Wenn Zinsen überhaupt für die Nachfrage relevant sind, dann sind aus diesem Grund die Zinsobergrenzen die maßgebliche Größe der Nachfrage.

Die Hypothese einer trägen Anpassung der Zinsen an Mengen, die eine dynamische Kreditrationierung begründen, kann eindeutig nicht verworfen werden. Die Nullhypothese für die Anpassungsparameter $1/\lambda$ kann sowohl bei einem Angebots- als auch bei einem Nachfrageüberschuß eindeutig abgelehnt werden. Auch die Hypothese einer gleich schnellen Anpassung der Zinsen im Falle eines Angebots- oder Nachfrageüberschusses $\lambda_1 = \lambda_2$ kann eindeutig verworfen werden. Diese Anpassungsparameter zeigen, daß die Zinsen im Falle eines Angebotsüberschusses schneller nach unten genommen werden, wohingegen sie im Falle eines Nachfrageüberschusses träger reagieren. Dies ist ein Ergebnis, das im Falle eines vollständig liberalisierten Marktes die Aussagen der Theorie der Kreditrationierung bekräftigen würde; hier dagegen kann dieses Ergebnis nicht überraschen, denn die festgelegten Obergrenzen erlauben keine unbeschränkten Bewegungen nach oben.

Will man die Schätzungsgüte des Modells mit Preisanpassung anhand der geschätzten und beobachteten Kreditmenge beurteilen, zeigt sich das in Abbildung 19 dargestellte Ergebnis.

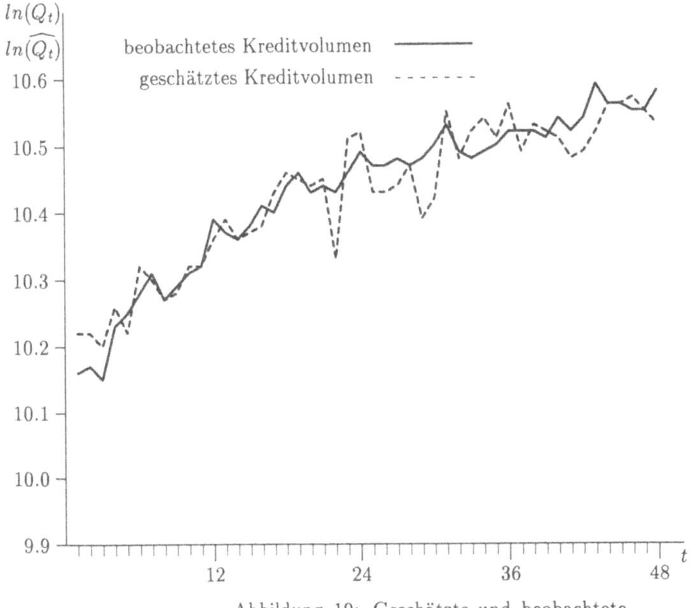

Abbildung 19: Geschätzte und beobachtete Kreditmenge im Modell mit Preisanpassung

Im Vergleich zu den vorherigen Schätzungen weist diese hier die größten Abweichungen auf. Die Gründe dürften in der Annahme über die Preisgleichung liegen. Sie ist für den marokkanischen Kreditmarkt nicht immer gültig und stellt genau genommen eine Fehlspezifikation dar. Will man aber eine Vorstellung von der dynamischen Kreditrationierung in Marokko gewinnen, ist ihre Verwendung unumgänglich, denn eine bessere Möglichkeit, die Regel der Preisfestsetzung zu erfassen, besteht nicht.

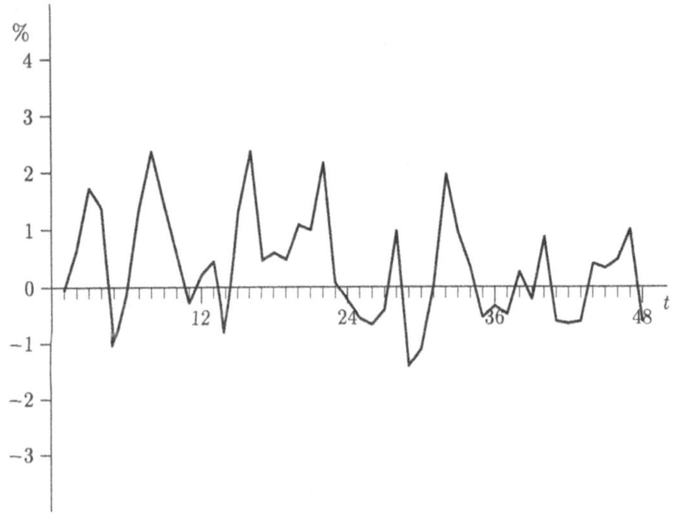

Abbildung 20: Nachfrageüberschuß im Modell mit Preisanpassung

Der Umfang der dynamischen Rationierung, der sich anhand dieses Modells schätzen läßt, ist in Abbildung 20 dargestellt.

Da in einem Modell mit Preisanpassung die Regimezuordnung durch die Preisbewegung bestimmt wird, wechseln sich hier öfter die Regime eines Nachfrage- und Angebotsüberschusses ab. Im Vergleich zur in den vorherigen Modellen geschätzten gleichgewichtigen Rationierung mit Spitzenwerten von etwa 6% ist der Umfang der dynamischen Kreditrationierung relativ gering. Er beträgt real höchstens etwa 3% des Kreditvolumens. Beide Rationierungen zeigen aber mit Ausnahme des Jahres 1993 die gleiche Entwicklung. Oben wurde für die Erklärung dieser Entwicklung ausführlich dargestellt, daß die scharfe Rationierung ab der zweiten Hälfte des Liberalisierungsjahres auf die bei einer regen Nachfrage sehr restriktiv gehandhabte Geldpolitik zurückzuführen ist und unmittelbar die Kreditverfügbarkeit der Banken verminderte.
Der relativ kleine Umfang der Rationierung in 1994 erklärt sich durch die verhaltene Nachfrage bei vorhandener Liquidität der Banken in diesen Perioden.
Der mit dieser Schätzung erhaltene Rationierungsumfang für das Jahr 1993 entspricht im Gegensatz zu der Schätzung in den obigen Modellen nicht der beobachteten wirtschaftlichen Entwicklung. Diese Periode war bis September 1993 durch eine sehr knappe Liquidität der Banken gekennzeichnet. Die *Bank Al-Maghrib*, auch wenn sie an anderer Stelle, wie oben ausgeführt, den wirtschaftlichen Abschwung im Jahr 1993 unmißverständlich mit dem Nachfrageausfall begründet, schreibt in ihrem Jahresbericht: "durant la majeure partie de l'exercice, l'impact des facteurs autonomes aggisant sur la liquidité bancaire, en s'avérant globalement restrictif, n'était

pas de nature à compromettre la réalisation de l'objectif de croissance de la masse monétaire." (Bank Al-Maghrib, 1993, S. 89)

Unter diesen Umständen ist — auch wenn die Nachfrage gering war — die Möglichkeit eines Angebotsüberschusses schwer vorstellbar.

Bezeichnenderweise zeigt die Schätzung in der Periode 1993 in Abbildung 19 die höchsten Abweichungen, so daß die Ergebnisse der Schätzung mit großen Unsicherheiten belastet sind.

Anhang C: Die verwendeten Daten in der Periode Januar 1991–Dezember 1994[25]

GK	KK	r^{max}	r^{ref}	SE	TE	k	BT	KPI	IP
27498	1513	14.63	11.00	54397	24341	15.0	29457	434.7	
28063	1506	14.63	11.00	54012	24756	15.0	28356	439.3	
28066	1522	14.63	11.00	54754	25352	15.0	28891	448.5	114
30428	1520	15.16	11.40	55721	25678	15.0	28081	454.1	
30963	1562	15.16	11.40	55967	26076	15.0	27960	449.9	
32055	1630	15.16	11.40	56982	25985	15.0	26865	451.1	123
33152	1694	14.50	10.90	58825	26013	15.0	27615	455.7	
32497	1717	14.50	10.90	59034	26541	16.0	28190	464.3	
33433	1716	14.50	10.90	58718	27534	16.0	28416	468.4	126
34189	1759	14.50	10.90	58823	28405	18.0	27872	468.4	
34294	1778	14.50	10.90	58550	28934	20.0	26479	464.9	
36800	1877	14.50	10.90	61757	30383	20.0	28224	464.8	129
36335	1865	14.70	11.04	60787	30637	20.0	29184	466.7	
36121	1940	15.30	11.50	62112	30639	22.5	28464	467.2	
37114	1923	14.75	11.09	62170	30778	22.5	28323	473.1	121
38558	1961	14.92	11.22	63026	31160	22.5	28194	479.2	
38023	2017	15.07	11.33	63106	31623	22.5	28715	477.2	
39562	2001	15.14	11.38	63491	31552	24.0	26440	478.0	126
40290	2056	15.14	11.38	65294	31458	24.0	27858	477.3	
39705	2053	15.15	11.39	65138	32601	24.0	28393	479.8	
40016	2035	15.36	11.55	64585	33428	24.0	28235	483.1	126
40129	2083	15.22	11.44	64355	34882	10.0	38454	484.6	
41044	2102	15.32	11.52	64377	35765	10.0	38180	484.0	
42449	2233	15.59	11.72	66636	36425	10.0	39513	484.7	128
41808	2124	15.55	11.69	64595	36777	10.0	39639	124.0	
42391	2103	15.97	12.01	63949	37711	10.0	39341	125.7	
43283	2023	15.60	11.73	65193	37547	10.0	39003	127.3	114
43691	2084	15.79	11.87	64417	37947	10.0	39516	129.0	
43679	2115	15.71	11.81	65241	37940	10.0	39074	127.8	
44051	2139	15.80	11.88	66211	37944	10.0	40131	127.2	125
45712	2332	14.29	11.79	67693	37240	10.0	39485	127.7	
45124	2292	14.29	11.97	67469	36947	10.0	39106	130.3	
45023	2372	14.14	11.64	66212	39240	10.0	40156	131.5	126

(Fortsetzung nächste Seite)

[25] Die Angaben über Kredite, Sicht- und Termineinlagen und *bons du Trésor* in Mio. DH; Zinsen und Reservesatz in %.
Ab Januar 1993 wird der Preisindex auf neuer Basis berechnet. Der Preisindex der Vorperiode beträgt auf der Grundlage der neuen Basis 122.7.
Ebenfalls auf der Grundlage der neuen Basis liegen die Daten des Industrieproduktionsindexes des 3. und 4. Quartals 1994 mit den Werten 114 und 109 im *Bulletin Mensuel des Statistiques* von Juni 1995 vor. Diese Werte müssen mit den übrigen durch eine Approximation vergleichbar gemacht werden. Das 4. Quartal läßt sich durch den Wert 128 gut approximieren, da der Wert 128 des 4. Quartals 1993 auch auf der Grundlage dieser Basis in diesem Bulletin vorliegt und 109 beträgt. Auf eine Approximation der 3. Quartals 1994 wird dagegen verzichtet, um Approximationsfehler zu vermeiden.

(Fortsetzung der vorherigen Seite)

GK	KK	r^{max}	r^{ref}	SE	TE	k	BT	KIP	IP
45685	2415	14.00	11.50	67767	40342	10.0	43206	131.4	
45560	2473	14.00	11.50	67792	41947	10.0	44754	130.3	
46580	2485	14.00	11.50	70033	42687	10.0	44616	130.0	128
46750	2516	13.95	11.45	68523	44045	10.0	46907	131.2	
47823	2524	13.95	11.45	69585	44279	10.0	46179	133.5	
47743	2499	13.75	11.25	70435	44430	10.0	46424	134.9	114
49455	2684	12.00	9.00	71434	43821	10.0	46059	136.0	
48279	2660	12.00	9.00	71867	43634	10.0	46537	135.1	
49095	2641	12.00	9.00	73270	42921	10.0	46642	134.3	129
51178	2738	12.00	9.00	75956	42459	10.0	46438	133.9	
50397	3037	12.00	9.00	76496	42949	10.0	47079	134.9	
50328	2810	12.00	9.00	75324	45015	10.0	47691	135.8	
50583	3115	12.00	9.00	76607	45421	10.0	48586	136.6	
50678	2836	12.00	9.00	76524	45700	10.0	48950	138.0	
52184	2889	12.00	9.00	79099	45958	10.0	50721	137.4	128

Schlußfolgerungen und Ausblick

Finanzsysteme haben im Wachstumsprozeß einer Volkswirtschaft verschiedene Funktionen zu erfüllen. Neben der Monetisierung mobilisiert ein Finanzsystem Ersparnisse und stellt sie für produktive(re) Verwendungsmöglichkeiten zur Verfügung. In dieser Intermediationsfunktion sorgt es für die Abstimmung zwischen Volumen und zeitlicher Struktur von Kapitalangebot und Kapitalnachfrage und trägt dadurch zu einer erhöhten Investitionstätigkeit bei. Durch Überwachung von Investitionen und durch Maßnahmen der Risikobegrenzung, -diversifizierung und -kompensation ermöglicht die Intermediation darüber hinaus eine verbesserte Allokation des Kapitals.

Der Wachstumsbeitrag von Finanzmärkten setzt Bedingungen voraus, die oft nicht erfüllt sind; staatliche Interventionen und/oder Marktunvollkommenheiten beeinflussen die Funktionsfähigkeit und beeinträchtigen die Wachstumseffekte der Finanzmärkte. Hier setzte diese Arbeit an und betrachtete die Kreditallokation in Entwicklungsländern als ihren Untersuchungsgegenstand. Die Zielsetzung bestand darin, anhand einer theoretischen Analyse Ursachen und Einflußfaktoren einer Rationierung der Investitionskredite aufzudecken und ihre empirische Relevanz anhand des Fallbeispiels Marokko zu untersuchen.

Die Analyse des ersten Kapitels hat gezeigt, daß das inhärente Objektrisiko einer Investition den von den Banken maximal zu vergebenden Kredit begrenzt.
Auf Monopolmärkten stellt die Begrenzung keine Bedingung für Rationierung dar, da der Monopolist den gewinnmaximierenden Zins stets oberhalb des markträumenden Zinses festsetzt. Hier kann Rationierung nur auftreten, wenn, wie in den Entwicklungsländern oft der Fall, institutionelle Beschränkungen hinsichtlich der Preisfestsetzung bestehen.
Auf Wettbewerbsmärkten dagegen führt die Begrenzung zu einer Rationierung vom Typ I.

Im zweiten Kapitel der Arbeit wurde bei der Analyse zusätzlich zum Objektrisiko der Investitionen das in der asymmetrischen Informationsverteilung begründete Subjektrisiko hinzugezogen. Adverse selection und moral hazard führen bei fixem Investitionsbetrag und unzureichenden Kreditsicherheiten zu einer Rationierung vom Typ II.
Bei variabler Investitionshöhe führt die asymmetrische Information — unabhängig davon, ob Kreditsicherheiten bestellt werden oder nicht — zu einer Rationierung vom Typ I. Werden Sicherheiten bestellt und können nicht erbracht werden, tritt eine Rationierung vom Typ II ein.

Der zweite Teil der Arbeit war der empirischen Analyse gewidmet. Nach einer Darstellung der möglichen Schätz- und Testansätze für die Theorie der Kreditrationierung im dritten Kapitel wurden im vierten und letzten Kapitel empirische Ergebnisse für den marokkanischen Bankenkreditmarkt abgeleitet. Die Analyse hat gezeigt, daß viele der dargestellten Ansätze wegen der Datenlage oder wegen der Zinsfestschreibung für eine empirische Analyse der Kreditrationierung in Entwicklungsländern nicht in Frage kommen. Oft bleibt als einzige Möglichkeit für die

Überprüfung der Rationierung die Anwendung von ökonometrischen Rationierungsmodellen. Sie erlauben eine Schätzung der strukturellen Parameter der Verhaltensgleichungen und eine Quantifizierung der Rationierung, sind allerdings rechenaufwendig. Hinzu kommt, daß diese Modelle oft wegen der nicht verfügbaren Kreditzinsen und der Zinsfestschreibung nur bei weiteren Annahmen einsetzbar sind.
Die empirischen Ergebnisse des vierten Kapitels haben gezeigt, daß der Umfang der Rationierung auf dem mit den typischen Merkmalen charakterisierten marokkanischen Kreditmarkt hoch ist und real Werte von etwa 6% des realisierten Kreditvolumens erreicht. Die alternativ angewandten Schätzansätze haben die Ergebnisse und den hohen Rationierungsumfang bestätigt. Die Ergebnisse der Analyse der Beziehungen zwischen Konjunkturentwicklung, geldpolitischen Maßnahmen und Umfang der Kreditrationierung gaben Anhaltspunkte für eine Bestätigung der Hypothese, daß die Kreditverfügbarkeit als Transmissionsmechanismus geldpolitischer Maßnahmen relevant ist.
Die empirischen Resultate sprechen dafür, daß die Rationierung nicht nur im Investitionsrisiko, sondern auch in einer zu niedrig festgesetzten Zinsobergrenze begründet ist. Sie deuten ferner darauf hin, daß die Kosten der Geldbeschaffung und die festgelegten Zinsobergrenzen nicht im Einklang standen. Die Verstärkung des Wettbewerbs zeigte anhand dieser Ergebnisse einen positiven Einfluß auf die Kreditvergabe.

Die erste wirtschaftspolitische Implikation aus diesen Ergebnissen ist — entsprechend der McKinnon-Shaw-Theorie — eine Abschaffung der Zinsobergrenzen, die eine Anpassung der Kreditzinsen an die Kosten ermöglicht und den Wettbewerb zwischen den Kreditinstituten fördert. Die Festschreibung von Zinsobergrenzen ist zwar in einer ersten Phase der Liberalisierung, wenn sich der Geldmarkt zur Durchführung einer antiinflationären Politik im Aufbau befindet, sinnvoll, hat aber in einem makroökonomisch stabilen Umfeld keine Berechtigung. Sie verzerrt die Kosten der Intermediation, die sich in den Zinsmargen reflektieren und aus deren Senkung eine Bank gegenüber den Konkurrenten Wettbewerbsvorteile erlangen kann. Zusätzlich untergräbt eine Festschreibung die ohnehin durch Informationsprobleme eingeschränkte Funktion des Zinses als Selektionsinstrument einer effizienten Kapitalallokation. Die jüngste Krise der südostasiatischen Länder, die u. a. auch das lange Zeit als Musterbeispiel für eine gelungene, schrittweise vorgenommene Liberalisierung geltende südkoreanische Bankensystem erfaßt hat, läßt deutlich werden, daß eine langfristige Festhaltung an Zinskontrollen Fehlinvestitionen und Überschuldung von Unternehmen verursacht mit der Gefahr einer Wirtschaftskrise und einer Krisenanfälligkeit des ganzen Bankensystems.

Die Abschaffung der Zinsobergrenzen schafft erste, jedoch nicht ausreichende Bedingungen für eine effiziente Allokation des Kapitals. Wie die Analyse zeigte, kann eine im Investitionsrisiko begründete Rationierung wohlfahrtsmindernd wirken. Eine bei symmetrischer Informationsverteilung auftretende Rationierung ist Pareto-effizient, so daß sich hier beim akzeptierten Status quo wirtschaftspolitische Maßnahmen erübrigen.
Die in der Informationsasymmetrie bedingte Rationierung ist dagegen ineffizient. Ebenso inef-

fizient ist hier die vom Markt erbrachte Lösung, wenn Sicherheiten gestellt werden können und keine Rationierung stattfindet.
Hier können wirtschaftspolitische Maßnahmen zu einer verbesserten Allokation führen. Der Beitrag der Wirtschaftspolitik besteht darin, Institutionen zu schaffen, die allgemein auf eine Reduzierung der für die Rationierung verantwortlichen Risiken und/oder auf eine Reduzierung der durch den Umfang bzw. die Bereitstellung von Kreditsicherheiten bedingten Ineffizienzen abzielen.

Durch Rechnungslegungs- und Publizitätsvorschriften, die eine verbesserte Verfügbarkeit und Qualität der Informationen über die Kreditnehmer ermöglichen, lassen sich die Unsicherheiten bei Kreditentscheidungen verringern. Insolvenzrechtliche Regelungen und schnelle Eintreibungsverfahren, die bei Zahlungsunfähigkeit oder -unwilligkeit der Kreditnehmer einen rechtmäßigen Zugriff der Banken auf deren Vermögen erlauben, wirken disziplinierend auf die Kreditnehmer und reduzieren weiter die Unsicherheiten einer Kreditvergabe. Die Verbindlichkeit der Rechnungslegung erfordert ferner den Aufbau von Revisionseinrichtungen, die eine solche Verbindlichkeit garantieren. Neben der Entwicklung des Handels- und Gesellschaftsrechts ist also der Aufbau einer funktionierenden Verwaltung und der Aufbau von Wirtschaftsprüfungsinstanzen notwendig.

Kreditrationierung läßt sich, wie das zweite Kapitel zeigte, nicht nur durch eine Reduzierung von Unsicherheiten bei Kreditentscheidungen vermindern, sondern auch durch eine Erhöhung der verfügbaren Mittel. Die Schaffung von Institutionen, die Unsicherheiten bei Sparentscheidungen verringern und Vertrauen in die Sicherheit der Kreditinstitute stärken, reduziert die mit der Rationierung verbundenen Ineffizienzen. Zu diesen Institutionen gehören die Einrichtung eines Einlagensicherungssystems, das Einleger fallierender Banken entschädigt, und — wie die Finanzkrisen in den Entwicklungsländern immer wieder zeigen —, noch wichtiger, die Einrichtung einer Bankenaufsicht, deren Aufgabe die Begrenzung von Bankrisiken ist und nicht die Devisenkontrolle und die Kontrolle der reglementierten Kreditverteilung und Kreditzinsen.
Die Steuerung des Risikoverhaltens der Kreditinstitute in den Entwicklungsländern läßt sich zusätzlich durch die Zulassung von Auslandsbanken erreichen[26]. Das Standing einer internationalen Bank stellt ein effizientes Steuerungsinstrument ihres Risikoverhaltens dar, da der Reputationsverlust im Vergleich zu einer heimischen Bank sehr hoch ist. Die Zulassung des Wettbewerbs der Auslandsbanken ermöglicht ferner eine weitere Risikominderung, da die internationalen Banken durch den Zugang zu internationalen Finanzmärkten über eine breite Palette von Möglichkeiten zur Risikodiversifizierung und Risikokompensation verfügen.
Der Wettbewerb der Auslandsbanken wird allerdings nur schrittweise zugelassen werden, da er mit anderen wirtschaftspolitischen Zielen wie dem Aufbau eines nationalen Bankensystems oder der Finanzierung einer diversifizierten Entwicklung kollidiert.

[26] Die Ausführungen über die Rolle der Auslandsbanken stützen sich auf Stiglitz (1989, S. 62f.) u. Stiglitz (1991, S. 26ff.).

Neben der Reduzierung von Unsicherheiten bei Kredit- und Sparentscheidungen können wirtschaftspolitische Maßnahmen auf die Beseitigung der Ineffizienzen abzielen, die durch die prohibitive Höhe der Kreditsicherheiten oder durch ihre Bereitstellung entstehen. Hier besteht der wirtschaftspolitische Beitrag in einer indirekten Subventionierung von Krediten durch die Übernahme von Kreditgarantien[27]. Anders als die erste Intuition vermuten läßt, muß die Garantieübernahme nicht die rationierten Kreditnehmer, sondern die riskanteren Kreditnehmer betreffen. Jede Garantie für die risikoärmeren, wegen unzureichenden Vermögens von der Rationierung betroffenen Kreditnehmer wirkt wohlfahrtsmindernd, da mit dieser Übernahme auch der Umfang der bestellten Sicherheiten steigt. Dahinter steht die Bedingung für die Anreizkompatibilität der Verträge: Wird eine Garantie für die risikoarmen Kredite übernommen, geht dies mit einer Senkung der Kreditzinsen einher und macht diesen Vertrag für die riskanteren Nachfrager attraktiver. Sie können aus diesem Vertrag nur ausgeschlossen werden, wenn die geforderten Kreditsicherheiten steigen.

Die theoretischen und empirischen Ergebnisse dieser Arbeit lassen vier wichtige Forschungsgebiete für künftige Analysen erkennen:

— Kreditmärkte kennzeichnen sich durch eine mehrperiodige Banken-Kunden-Beziehung. Eine dynamische Betrachtung der Kreditrationierung und die Wirkungsweise von Trennkontrakten ist vor diesem Hintergrund notwendig. Im Gegensatz zu der Vielzahl der theoretischen Arbeiten, die in einem statischen Rahmen Rationierung untersuchen, sind dynamische Analysen kaum vorhanden.
Die Überprüfung der Theorie der Kreditrationierung unter Berücksichtigung der Dynamik in der Angebots- und Nachfragefunktion stellt bei einigen ökonometrischen Rationierungsmodellen z. Z. ein unüberwindbares Problem dar. Während in Modellen mit Preisanpassung eine dynamische Modellierung, so wie sie von Laffont/Monfort (1979), Dagenais (1980) und Orsi (1982, 1984) vorgenommen wird, keine weiteren Schätzschwierigkeiten bereitet, ist die Berücksichtigung der Dynamik und die damit verbundene serielle Korrelation in den übrigen Modellen im Hinblick auf die Maximierung der Likelihoodfunktion nicht möglich. Gegenwärtig behält die Feststellung von Maddala/Nelson (1974, S. 1019) "The problem with serial correlation is ... serious and indeed hopeless... The likelihood function can be formally written but we see no point in doing it as it is computationally intractable" noch ihre Gültigkeit.

— Die in dieser Arbeit für den sehr kurzen Beobachtungszeitraum abgeleiteten empirischen Ergebnisse müssen zweitens mit einem erweiterten Datensatz und bei einer verbesserten Datenlage mit alternativen Schätzansätzen auf ihre Robustheit hin überprüft werden. Ebenfalls notwendig ist eine dynamische Spezifikation der Kreditnachfrage und des Angebots im Rahmen von ökonometrischen Rationierungsmodellen.

---

[27] Die Ausführungen in diesem Abschnitt basieren auf Gale (1989).

Interessant wäre hier Vergleiche mit anderen empirischen Länderanalysen anzustellen, die allgemeinere Aussagen über die Kreditrationierung in Entwicklungsländern erlauben.

— Naheliegend ist drittens eine Erweiterung der abgeleiteten Ergebnisse durch empirische Untersuchungen der realwirtschaftlichen Effekte einer Kreditrationierung. Hier stehen empirische Analysen über die Konsequenzen von Finanzrestriktionen auf den Konsum und auf das Investitionsverhalten der Firmen sowie über den geldpolitischen Transmissionsmechanismus in den Entwicklungsländern noch aus.
In Zusammenhang mit der Analyse des Investitionsverhaltens bei Finanzrestriktionen ist eine Feststellung der Marktverteilung durch mikroökonometrische Analysen notwendig. Konkrete wirtschaftspolitische Maßnahmen zur Investitionsförderung lassen sich nur ableiten, wenn die von der Rationierung betroffenenen Unternehmen nach ihrer Sektorzugehörigkeit und Größe ausgemacht werden können.

— Damit zusammenhängend ist viertens eine eingehende Analyse der wirtschaftspolitischen Implikationen notwendig. Die hier skizzierten wirtschaftspolitischen Maßnahmen lassen erkennen, daß die Verbesserung der Funktionsfähigkeit von Kreditmärkten in den Entwicklungsländern ein komplizierter, langwieriger Prozeß ist, der durch die Ordnungs-, die Geld-, die Verteilungs- und die Fiskalpolitik bestimmt wird. Die Reformen bieten jedoch die Möglichkeit, effizientere Märkte zu schaffen und damit Wachstum zu fördern.

Literaturverzeichnis

AGIAKLOGLOU, C./NEWBOLD, P. (1992): Empirical Evidence on Dickey-Fuller-Type Tests, *Journal of Time Series Analysis*, Vol. 13, S. 471–483.

AIGNER, D. J./SPRENKLE, C. M. (1968): A Simple Model of Information and Lending Behavior, *Journal of Finance*, Vol. 23, S. 151–166.

AKERLOF, G[eorge] A. (1970): The Market for "lemons": Quality Uncertainty and the Market Mechanism, *Quarterly Journal of Economics*, Vol. 84, S. 488–500.

AMEMIYA, Takeshi (1974): A Note on Fair and Jaffee Model, *Econometrica*, Vol. 42, S. 759–762.

AMSDEN, Alice H./EUH, Yoon-Dae (1993): South Korea's 1980s Financial Reforms: Good-bye Financial Repression (Maybe), Hello New Institutional Restraints, *World Development*, Vol. 21, S. 379–390.

ANDERSON, T[heodore] W. (1994): *The Statistical Analysis of Time Series*, New York u. a. O.: John Wiley & Sons, Inc.

ARELLANO, Consuelo/PANTULA, Sastry G. (1995): Testing for Trend Stationarity versus Difference Stationarity, *Journal of Time Series Analysis*, Vol. 16, S. 147–164.

ARROW, Kenneth J. (1963): Uncertainty and the Welfare Economics of Medical Care, *American Economic Review*, Vol. 53, S. 941–973.

ARROW, Kenneth J. (1968): The Economics of Moral Hazard: Further Comment, *American Economic Review*, Vol. 58, S. 537–539.

ARTUS, Patrick (1984): Le fonctionnement du marché du crédit, *Revue Economique*, Vol. 35, S. 591–621.

AVERY, Robert B. (1984): Estimating Credit Constraints by Switching Regressions, in: MANSKI, Charles F./MCFADDEN, Daniel (eds.): *Structural Analysis of Discrete Data with Econometric Applications*, Cambridge, Mass.: MIT Press, S. 435–472.

AZZI, Corry F./COX, James C. (1976): A Theory and Test of Credit Rationing: Comment, *American Economic Review*, Vol. 66, S. 911–917.

BACH, G. L./HUIZENGA, C. J. (1961a): The Differential Effects of Tight Money, *American Economic Review*, Vol. 51, S. 52–80.

BACH, G. L./HUIZENGA, C. J. (1961b): The Differential Effects of Tight Money: Reply, *American Economic Review*, Vol. 51, S. 1042–1044.

BACH, G. L./HUIZENGA, C. J. (1963): The Differential Effects of Tight Money: Reply, *American Economic Review*, Vol. 53, S. 743–745.

BALTENSPERGER, Ernst (1976): The Borrower-Lender Relationship, Competitive Equilibrium, and the Theory of Hedonic Prices, *American Economic Review*, Vol. 66, S. 401–405.

BALTENSPERGER, Ernst (1978): Credit Rationing: Issues and Questions, *Journal of Money, Credit, and Banking*, Vol. 10, S. 170–183.

BALTENSPERGER, Ernst/DEVINNEY, Timothy M. (1985): Credit Rationing Theory: A Survey and Synthesis, *Journal of Institutional and Theoretical Economics*, Vol. 141, S. 475–502.

BANERJEE, Anindya/DOLADO, Juan J./GALBRAITH, John W./HENDRY, David F. (1993): *Co-integration, Error Correction, and the Econometric Analysis of Non-stationary Data*, New York u. a. O.: Oxford University Press.

BANERJEE, Anindya/HENDRY, David F. (1992): Testing Integration and Cointegration: An Overview, *Oxford Bulletin of Economics and Statistics*, Vol. 54, S. 225–255.

BANERJEE, Anindya/HENDRY, David F./SMITH, Gregor W. (1986): Exploring Equilibrium Relationships in Econometrics through Static Models: Some Monte Carlo Evidence, *Oxford Bulletin of Economics and Statistics*, Vol. 48, S. 253–277.

BANK AL-MAGHRIB (verschiedene Jahrgänge): *Rapport sur l'exercice.*

BANK AL-MAGHRIB (verschiedene Monatsberichte): *Notes sur l'évolution du marché monétaire.*

BANQUE DU MAROC (1977): Banques et Organismes Financiers Spécialisés au Maroc, *Etudes et Statistiques*, No. 74.

BANQUE DU MAROC (1979): La politique des taux d'interêt au Maroc, *Etudes et Statistiques*, No. 75.

BARRAN, Fernando (1994): Credit Market Imperfections, Financial Structure, and Economic Activity: An Overview of Empirical Findings, *Université Catholique de Louvain, Discussion Paper* No. 9410.

BARRO, Robert J. (1976): The Loan Market, Collateral, and Rates of Interest, *Journal of Money, Credit and Banking*, Vol. 8, S. 439–456.

BAUER, Gerhard (1985): *Schätzung von ökonometrischen Ungleichgewichtsmodellen. Empirische Analysen am Beispiel von Faktornachfrageentscheidungen*, Idstein: Schulz-Kirchner.

BENAZZOU, Chaouki/MOULINE, Tawfik (1993): *Panorama économique du Maroc 1985–1990*, Rabat [Druckort]: o. Verlag.

BENCIVENGA, Valerie R./SMITH, Bruce D. (1991): Financial Intermediation and Endogenous Growth, *Review of Economic Studies*, Vol. 58, S. 195–209.

BENCIVENGA, Valerie R./SMITH, Bruce D. (1993): Some Consequences of Credit Rationing in an Endogenous Growth Model, *Journal of Economic Dynamics and Control*, Vol. 17, S. 97–122.

BERGER, Allen N./UDELL, Gregory F. (1990): Some Evidence on the Empirical Significance of Credit Rationing, *Journal of Political Economy*, Vol. 100, S. 1047–1077.

BERNANKE, Ben S. (1983): Nonmonetary Effects of the Financial Crisis in the Propagation of the Great Depression, *American Economic Review*, S. 257–276.

BERNANKE, Ben S. (1993): Credit in the Macroeconomy, *Federal Reserve Bank of New York Quarterly Review*, Vol. 18, S. 50–70.

BERNANKE, Ben S./BLINDER, Alan S. (1988): Credit, Money, and Aggregate Demand, *American Economic Review, Papers and Proceedings*, Vol. 78, S. 435–439.

BERNANKE, Ben S./BLINDER, Alan S. (1992): The Federal Funds Rate and the Channels of Monetary Transmission, *American Economic Review*, Vol. 82, S. 901–921.

BERNANKE, Ben S./GERTLER, Mark (1989): Agency Costs, Net Worth, and Business Fluctuations, *American Economic Review*, Vol. 79, S. 14–31.

BERNANKE, Ben S./GERTLER, Mark (1990): Financial Fragility and Economic Performance, *Quarterly Journal of Economics*, Vol. 105, S. 87–114.

BERNANKE, Ben S./GERTLER, Mark (1995): Inside the Black Box: The Credit Channel of Monetary Policy Transmission, *Journal of Economic Perspectives*, Vol. 9, S. 27–48.

BERNANKE Ben S./LOWN, Cara S. (1991): The Credit Crunch, *Brookings Papers on Economic Activity*, Vol. 2, S. 205–247.

BERRADA, Mohammed Azzedine (1991): *Les techniques de banque et de crédit au Maroc*, 3ème Edition, Casablanca: Secea.

BERRADA, Mohammed Azzedine (1993): *Les nouvelles réformes bancaires. Quelles implications pour les banques et les entreprises au Maroc?*, Casablanca: Secea.

BERTHÉLEMY, Jean Claude/VAROUDAKIS, Aristomene (1994): Intermédiation financière et croissance endogène, *Revue Economique*, Vol. 45, S. 737–750.

BERTHÉLEMY, Jean Claude/VAROUDAKIS, Aristomene (1995): Thresholds in Financial Development and Economic Growth, *The Manchester School of Economic and Social Studies, Supplement*, Vol. 63, S. 70–84.

BERTHÉLEMY, Jean Claude/VAROUDAKIS, Aristomene (1996a): Models of Financial Development and Growth: A Survey of Recent Literature, in : HERMES, Niels/LENSINK, Robert (eds.): *Financial Development and Economic Growth*, London u. New York: Routledge, S. 7–34.

BERTHÉLEMY, Jean Claude/VAROUDAKIS, Aristomene (1996b): Financial Development, Policy, and Economic Growth, in : HERMES, Niels/LENSINK, Robert (eds.): *Financial Development and Economic Growth*, London u. New York: Routledge, S. 66–93.

BESANKO, David/THAKOR, Anjan V. (1987a): Collateral and Rationing: Sorting Equilibria in Monopolistic and Competitive Credit Markets, *International Economic Review*, Vol. 28, S. 671–689.

BESANKO, David/THAKOR, Anjan V. (1987b): Competitive Equilibrium in the Credit Market under Asymmetric Information, *Journal of Economic Theory*, Vol. 42, S. 162–182.

BESTER, Helmut (1984): Screening vs. Rationing in Credit Markets with Imperfect Information, *University of Bonn, Discussion Paper* No. 136.

BESTER, Helmut (1985a): Screening vs. Rationing in Credit Markets with Imperfect Information, *American Economic Review*, Vol. 75, S. 850–855.

BESTER, Helmut (1985b): The Level of Investment in Credit Markets with Imperfect Information, *Journal of Institutional and Theoretical Economics*, Vol. 141, S. 503–515.

BESTER, Helmut (1987a): The Role of Collateral in Credit Markets with Imperfect Information, *European Economic Review*, Vol. 31, S. 887–889.

BESTER, Helmut (1987b): Die Anreizfunktion von Kreditsicherheiten, in: SCHNEIDER, Dieter (Hrsg.): *Kapitalmarkt und Finanzierung*, Berlin: Duncker und Humblot, S. 225–236.

BHARGAVA, Alok (1986): On the Theory of Testing for Unit Roots in Observed Time Series, *Review of Economic Studies*, Vol. 53, S.369-384.

BIERENS, Herman J. (1997): Nonparametric Cointegration Analysis, *Journal of Econometrics*, Vol. 77, S. 379–404.

BLINDER, Alan S. (1987): Credit Rationing and Effective Supply Failures, *Economic Journal*, Vol. 97, S. 327–352.

BLINDER, Alan S./STIGLITZ, Joseph E. (1983): Money, Credit Constraints, and Economic Activity, *American Economic Review, Papers and Proceedings*, Vol. 73, S. 297–302.

BOWDEN, Roger J. (1978a): *The Econometrics of Disequilibrium*, Amsterdam: North-Holland.

BOWDEN, Roger J. (1978b): Specification, Estimation and Inference for Models of Markets in Disequilibrium, *International Economic Review*, Vol. 19, S. 711–726.

BROWN, R. L./DURBIN, J./EVANS, J. M. (1975): Techniques for Testing the Constancy of Regression Relations over Time, *Journal of the Royal Statistical Society, series B*, Vol. 37, S. 149–163.

BROWNE, F. X. (1987): Sluggish Quantity Adjustment in a Non-Clearing Market — A Disequilibrium Econometric Application to the Loan Market, *Journal of Applied Econometrics*, Vol. 2, S. 335–349.

BÜSCHGEN, Hans E. (1989): *Bankbetriebslehre*, 2., neubearb. u. erw. Aufl., Stuttgart u. New York: Fischer.

BÜSCHGEN, Hans E. (1991): *Bankbetriebslehre: Bankgeschäfte und Bankmanagement*, 3., neu bearb. Aufl., Wiesbaden: Gabler.

BUFFIE, Edward F. (1990): Credit Rationing and Capital Accumulation, *Economica*, Vol. 58, S. 299–316.

BURKETT, John P. (1981): Marginal and Conditional Probabilities of Excess Demand, *Economics Letters*, Vol. 8, S. 159–162.

BURKETT, Paul/DUTT, Amitava Krishna (1991): Interest Rate Policy, Effective Demand, and Growth in LDCs, *International Review of Applied Economics*, Vol. 5, S. 127–154.

CALOMIRIS, Charles W. (1993): Financial Factors in the Great Depression, *Journal of Economic Perspectives*, Vol. 7, S. 61–85.

CALOMIRIS, Charles W./HUBBARD R. Glenn (1989): Price Flexibility, Credit Availability, and Economic Fluctuations: Evidence from the United States, 1894–1909, *Quarterly Journal of Economics*, Vol. 104, S. 429–452.

CAMERON, Rondo (1961): *France and the Economic Development of Europe (1800-1914)*, Princeton, N. J.: Princeton University Press.

CAMERON, Rondo (ed.) (1970): *Essays in the French Economic History*, Homewood, Ill.: Irwin.

CAMPBELL, John Y./MANKIW, Gregory N. (1990): Permanent Income, Current Income, and Consumption, *Journal of Business and Economic Statistics*, Vol. 8, S. 265–279.

CAMPBELL, John Y./PERRON, Pierre (1991): Pitfalls and Opportunities: What Macroeconomist Should Know about Unit Roots, in: BLANCHARD, Olivier Jean/FISHER, Stanley (eds.): *NBER Macroeconomics Annual 1991*, Cambridge, Mass.: MIT Press, S. 141–211.

CAPIE, Forrest/COLLINS, Michael (1992): *Have the Banks Failed British Industry?*, London: Institute of Economic Affairs.

CAPRIO, Gerard Jr./ATIYAS, Izak/HANSON, James A. (eds.) (1994): *Financial Reform, Theory and Experience*, Cambridge: Cambridge University Press.

CARSON, Deane (1961): The Differential Effects of Tight Money: Comment, *American Economic Review*, Vol. 51, S. 1039–1042.

CECCHETTI, Stephen G. (1995): Distinguishing Theories of Monetary Transmission Mechanism, *Federal Reserve Bank of St. Louis Review*, Vol. 77, S. 83–97.

CHAN, Yuk-See/THAKOR, Anjan V. (1987): Collateral and Competitive Equilibria with Moral Hazard and Private Information, *Journal of Finance*, Vol. 42, S. 345–363.

CHANDA, Anup/MADDALA, G. S. (1983): Methods of Estimation for Models of Markets with Bounded Price Variation under Rational Expectations, *Economics Letters*, Vol. 13, S. 181–184.

CHANDAVARKAR, Anand (1992): Of Finance and Development: Neglected and Unsettled Questions, *World Development*, Vol. 20, S. 133–142.

CHASE, Sam B. Jr. (1961): Credit Risk and Credit Rationing: Comment, *Quarterly Journal of Economics*, Vol. 75, S. 319–329.

CHO, Yoon Je (1989): Finance and Development: The Korean Approach, *Oxford Review of Economic Policy*, Vol. 5, S. 88–102.

CHO, Yoon Je/KHATKHATE, Deena (1989): Financial Liberalization: Issues and Evidence, *Economic and Political Weekly*, May 20, S. 1105–1114.

CHOI, In (1992): Durbin-Hausman Tests for a Unit Root, *Oxford Bulletin of Economics and Statistics*, Vol. 54, S. 289–304.

CLAESSENS, Stijn (1995): The Emergence of Equity Investment in Developing Countries: Overview, *World Bank Economic Review*, Vol. 9, S. 1–17.

CLEMENZ, Gerhard (1986): *Credit Markets with Asymmetric Information*, Berlin u. a. O.: Springer.

COCHRANE, John H. (1988): How Big Is the Random Walk in GNP?, *Journal of Political Economy*, Vol. 96, S. 893–920.

DAGENAIS, Marcel G. (1980): Specification and Estimation of a Dynamic Disequilibrium Model, *Economics Letters*, Vol. 5, S. 323–328.

DAILAMI, Mansoor/GIUGALE, Marcelo (1991): Reflections on Credit Policy in Developing Countries: Its Effect on Private Investment, *The World Bank Policy, Research, and External Affaires Working Papers*, No. 654.

DE GREGORIO, José (1993a): Saving, Growth, and Capital Market Imperfections: The Case of Borrowing Constraints, *International Monetary Fund Working Paper*, WP/93/31.

DE GREGORIO, José (1993b): Credit Market and Stagnation in an Endogenous Growth Model, *International Monetary Fund Working Paper*, WP 93/72.

DE GREGORIO, José/GUIDOTTI, Pablo E. (1995): Financial Development and Economic Growth, *World Development*, Vol. 23, S. 433–448.

DEJONG, David N./NANKERVIS, John C./SAVIN, N. E./WHITEMAN, Charles H. (1992a): Integration versus Trend Stationarity in Time Series, *Econometrica*, Vol. 60, S. 423–433.

DEJONG, David N./NANKERVIS, John C./SAVIN, N. E./WHITEMAN, Charles H. (1992b): The Power Problem of Unit Root Test in Time Series with Autoregressive Errors, *Journal of Econometrics*, Vol. 53, S. 323–343.

DEMETRIADES Panicos O./DEVEREUX, Michael P. (1992): Investment and "Financial Repression": Theory and Evidence from 63 LDCs, *University of Keele, Working Paper*, No. 92-16.

DEMETRIADES, Panicos O./HUSSEIN, Khaled A. (1996): Does Financial Development cause Economic Growth? Time-Series Evidence from 16 Countries, *Journal of Developoment Economics*, Vol. 51, S. 387–411.

DEUTSCHE BUNDESBANK (1990): Mindestreserveregelungen im Ausland, *Monatsbericht der Deutschen Bundesbank*, März, S. 22–29.

DEUTSCHE BUNDESBANK (1996): Monatsbericht, Dezember.

DEVEREUX, Michael P./SCHIANTARELLI, Fabio (1990): Investment, Financial Factors and Cash-Flow from U. K. Panel Data, in: HUBBARD, Glenn R. (ed.) (1990): *Asymmetric Information, Corporate Finance, and Investment*, Chicago u. London: The University of Chicago Press, S. 279–306.

DEVINNEY, Timothy M. (1986): *Rationing in a Theory of Banking Firm*, Berlin u. a. O.: Springer.

DIAMOND, Peter A./STIGLITZ, Joseph E., (1974): Increases in Risk and in Risk Aversion, *Journal of Economic Theory*, Vol. 8, S. 337–360.

DÍAZ-ALEJANDRO, Carlos (1985): Good-Bye Financial Repression, Hello Financial Crash, *Journal of Development Economics*, Vol. 19, S. 1–24.

DICKEY, David A./FULLER, Wayne A. (1981): Likelihood Ratio Statistics for Autoregressive Time Series with a Unit Root, *Econometrica*, Vol. 49, S. 1057–1072.

DICKEY, David A./BELL, William R./MILLER, Robert B. (1986): Unit Roots in Time Series Models: Tests and Implications, *The American Statistician*, Vol. 40, S.12–26.

DIEBOLD, Francis X./NERLOVE, Marc (1990): Unit Roots in Economic Time Series: A Selective Survey, in: FOMBY, Thomas B./RHODES, George F. Jr. (eds.): *Co-Integration, Spurious Regressions, and Unit Roots*, Advances in Econometrics, Vol. 8, London: Jai Press, S. 3–69.

DIRECTION DE LA STATISTIQUE (verschiedene Ausgaben): *Bulletin Mensuel des Statistiques*.

DORNBUSCH, Rudiger/REYNOSO, Alejandro (1989): Financial Factors in Economic Development, *American Economic Review, Papers and Proceedings*, Vol. 79, S. 204–209.

DUTT, Amitava Krishna (1991): Interest Rate Policies in LDCs: A Post Keynesian View, *Journal of Post Keynesian Economics*, Vol. 13, S. 210–232.

EATON, Jonathan/QUANDT, Richard E. (1983): A Model of Rationing and Labour Supply: Theory and Estimation, *Economica*, Vol. 50, S. 221–233.

EDGERTON, David/WELLS, Curt (1994): Critical Values for the Cusumsq Statistic in Medium and Large Sized Samples, *Oxford Bulletin of Economics and Statistics*, Vol. 56, S. 355–365.

EDWARDS, Sebastian/EDWARDS, Alejandra Cox (1987): *Monetarism and Liberalisation: The Chilean Experiment*, Cambridge, Mass.: Ballinger.

EL-ERIAN, Mohamed A./KUMAR, Manmohan S. (1995): Emerging Equity Markets in Middle Eastern Countries, *International Monetary Fund Staff Papers*, Vol. 42, S. 313–343.

ELSTON, Julie Ann/ALBACH , Horst (1995): Bank Affiliations and Firm Capital Investment in Germany, *Ifo Studien*, Vol. 41, S. 3-16.

ENGELHARDT, Gary V. (1996): Consumption, Down Payments, and Liquidity Constraints, *Journal of Money, Credit, and Banking*, Vol. 28, S. 255–271.

ENGLE, Robert F./GRANGER, C[live] W. J. (1987): Co-integration and Error Correction: Representation, Estimation and Testing, *Econometrica*, Vol. 55, S. 251–276.

ENGLE, Robert F./YOO, Byung Sam (1987): Forecasting and Testing in Co-Integrated Systems, *Journal of Econometrics*, Vol. 35, S. 143–159.

EVANS, G. B. A./SAVIN, N. E. (1981): Testing for Unit Root: 1, *Econometrica*, Vol. 49, S. 753–779.

FAIR, Ray C./JAFFEE, Dwight M. (1972): Methods of Estimation for Markets in Disequilibrium, *Econometrica*, Vol. 40, S. 497–514.

FAIR, Ray C./KELEJIAN Harry H. (1974): Methods of Estimation for Markets in Disequilibrium: A Further Study, *Econometrica*, Vol. 42, S. 177–190.

FASE, M. M. G. (1995): The Demand for Commercial Bank Loans and the Lending Rate, *European Economic Review*, Vol. 39, S. 99–115.

FAZZARI, Steven M./HUBBARD, Glenn R./PETERSEN, Bruce C. (1988): Financing Constraints and Corporate Investment, *Brookings Papers on Economic Activity*, Vol. 1, S. 141–195.

FICHTENHOLZ, G. M. (1978): *Differential- und Integralrechnung*, Bd. 1, 10. Aufl., Berlin: VEB Deutscher Verlag der Wissenschaft.

FISCHER, Thomas R. (1986): *Entscheidungskriterien für Gläubiger*, Wiesbaden: Gabler.

FLAIG, Gebhard (1993): Reale Effekte von unvollkommenen Kapitalmärkten: Eine empirische Studie der Konsumfunktion, in: GAHLEN, Bernhard/HESSE, Helmut/RAMSER, Hans Jürgen (Hrsg.): *Makroökonomik unvollkommener Märkte*, Tübingen: J.C.B. Mohr (Paul Siebeck), S. 257–274.

FREI, Gertrud/SCHIPS, Bernd (1985): Kreditrationierung in der Schweiz?, *Diskussionsbeiträge der Volkswirtschaftlichen Abteilung der Hochschule St. Gallen*, Nr. 46.

FREIMER, Marshall/GORDON, Myron G. (1965): Why Bankers Ration Credit, *Quarterly Journal of Economics*, Vol. 79, S. 397–416.

FRY, Maxwell J. (1988): *Money, Interest, and Banking in Economic Development*, Baltimore u. London: Johns Hopkins University Press.

Fuller, Wayne A. (1996): *Introduction to Statistical Time Series*, 2nd Edition, New York: John Willey & Sons, Inc.

GALBIS, Vicente (1977): Financial Intermediation and Economic Growth in Less-Developed Countries: A Theoretical Approach, *Journal of Development Studies*, Vol. 13, S. 58–72.

GALBIS, Vicente (1995): Financial Sector Reforms in Eight Countries: Issues and Results, *International Monetary Fund Working Paper*, WP/95/141.

GALE, William G. (1989): Collateral, Rationing and Government Intervention in Credit Markets, *NBER Working Paper* No. 3083, wieder abgedruckt in: HUBBARD, Glenn R. (ed.) (1990): *Asymmetric Information, Corporate Finance, and Investment*, Chicago u. London: The University of Chicago Press, S. 43–61.

GALLEGATI, Mauro (1993): Endogenous Growth, Economic Fluctuations, and Capital Accumulation, *Banca Nazionale del Lavoro Quarterly Review*, Vol. 187, S. 445–461.

GARBADE, Kenneth (1977): Two Methods for Examining the Stability of Regression Coefficients, *Journal of the American Statistical Association*, Vol. 72, S. 54–63.

GERSCHENKRON, Alexander (1962): *Economic Backwardness in Historical Perspective*, Cambridge, Mass.: Harvard University Press.

GERSOVITZ, Mark (1980): On Classification Probabilities for the Disequilibrium Model, *Journal of Econometrics*, Vol. 14, S. 239–246.

GERTLER, Mark/GILCHRIST, Simon (1993): The Role of Credit Market Imperfections in the Monetary Transmission Mechanism: Arguments and Evidence, *Scandinavian Journal of Economics*, Vol. 95, S. 43–64.

GERTLER, Mark/GILCHRIST, Simon (1994): Monetary Policy, Business Cycles, and the Behavior of Small Manufacturing Firms, *Quarterly Journal of Economics*, Vol. 109, S. 309–340.

GEWEKE, John (1982): Measurement of Linear Dependence and Feedback between Multiple Time Series, *Journal of the American Statistical Association*, Vol. 77, S. 304–313.

GEWEKE, John (1984): Inference and Causality in Economic Time Series Models, in: GRILICHES, Zvi/INTRILIGATOR, Michael D. (eds.): *Handbook of Econometrics*, Vol. 2, Amsterdam: North-Holland, S. 1101–1144.

GEWEKE, John/MEESE, Richard/DENT, Warren (1983): Comparing Alternative Tests of Causality in Temporal Systems: Analytic Results and Experimental Evidence, *Journal of Econometrics*, Vol. 21, S. 161–194.

GIBSON, Heather D./TSAKALOTOS, Euclid (1994): The Scope and Limits of Financial Liberalisation in Developing Countries: A Critical Survey, *Journal of Development Studies*, Vol. 30, S. 578–628.

GINSBURGH, Victor/TISHLER, Asher/ZANG, Israel (1980): Alternative Estimation Methods for Two-Regime Models. A Mathematical Programming Approach, *European Economic Review*, Vol. 13, S. 207–228.

GIOVANNINI, Alberto (1983): The Interest Elasticity of Saving in Developing Countries: The Existing Evidence, *World Development*, Vol. 11, S. 601–607.

GIOVANNINI, Alberto (1985): Saving and the Real Interest Rate in LDCs, *Journal of Development Economics*, Vol. 18, S. 197–217.

GOLDFELD, Stephen M. (1966): Commercial Bank Behavior and Economic Activity. A Structural Study of Monetary Policy in the Postwar United States, Amsterdam: North-Holland.

GOLDFELD, Stephen, M./QUANDT, Richard E. (1975): Estimation in a Disequilibrium Model and the Value of Information, *Journal of Econometrics*, Vol. 3, S. 325–348.

GOLDFELD, Stephen, M./QUANDT, Richard E. (1978): Some Properties of the Simple Disequilibrium Model with Covariance, *Economics Letters*, Vol. 1, S. 343–346.

GOLDFELD, Stephen, M./QUANDT, Richard E. (1981): Econometric Modelling with Non-normal Disturbances, *Journal of Econometrics*, Vol. 17, S. 141–155.

GOLDFELD, Stephen, M./QUANDT, Richard E. (1986): Effects of Multiple Uncertainty on Rationing, *Economics Letters*, Vol. 22, S. 127–131.

GOLDSMITH, Raymond (1969): *Financial Structure and Development*, New Haven, Conn.: Yale University Press.

GOURIEROUX, Christian/MONFORT, Alain (1983): Méthodes d'éstimation pour les modèles avec prix planchers, *Annales de l'INSEE*, no. 50., S. 49–71.

GOURIEROUX, Christian/LAFFONT, Jean-Jacques/MONFORT, Alain (1984): Econométrie des modèles d'équilibre avec rationnement: une mise à jour, *Annales de l'INSEE*, no. 55/56., S. 5–38.

GOURIEROUX, Christian/MONFORT, Alain/TROGNON, Alain (1984): Pseudo-Maximum Likelihood Methods: Theory, *Econometrica*, Vol. 52, S. 681–700.

GRANGER, C[live] W. J. (1969): Investigating Causal Relations by Econometric Models and Cross-Spectral Methods, *Econometrica*, Vol. 37, S. 424–438.

GRANGER, Clive W. J./NEWBOLD, Paul (1974): Spurious Regressions in Econometrics, *Journal of Econometrics*, Vol. 2, S. 111–120.

GREENE, Joshua/VILLANUEVA, Delano (1991): Private Investment in Developing Countries, *International Monetary Fund Staff Papers*, Vol. 38, S. 33–58.

GREENWALD, Bruce C./STIGLITZ, Joseph E. (1988a): Imperfect Information, Finance Constraints, and Business Fluctuations, in : KOHN, Meir/TSIANG Sho-Chieh (eds.): *Finance Constraints, Expectations, and Macroeconomics*, Oxford: Oxford University Press, S. 103–140.

GREENWALD, Bruce C./STIGLITZ, Joseph E. (1988b): Money, Imperfect Information, and Economic Fluctuations, in : KOHN, Meir/TSIANG Sho-Chieh (eds.): *Finance Constraints, Expectations, and Macroeconomics*, Oxford: Oxford University Press, S. 141–165.

GREENWALD, Bruce C./STIGLITZ, Joseph E. (1990): Macroeconomic Models with Equity and Credit Rationing, in: HUBBARD, Glenn R. (ed.): *Asymmetric Information, Corporate Finance, and Investment*, Chicago u. London: The University of Chicago Press, S. 15–42.

GREENWALD, Bruce C./STIGLITZ, Joseph E. (1993): Financial Market and Business Cycles, *Quarterly Journal of Economics*, Vol. 108, S. 77–114.

GREENWALD, Bruce C./STIGLITZ, Joseph E./WEISS, Andrew (1984): Informational Imperfections in the Capital Market and Macroeconomic Fluctuations, *American Economic Review, Papers and Proceedings*, Vol. 74, S. 194–199.

GREENWOOD, Jeremy/JOVANOVIC, Boyan (1990): Financial Development, Growth, and the Distribution of Income, *Journal of Political Economy*, Vol. 48, S. 1076–1107.

GUBITZ, Andrea (1984): *Geldmärkte und europäisches Währungssystem: Ein ökonometrisches Ungleichgewichtsmodell für die Bundesrepublik Deutschland und Frankreich*, wirtschaftswiss. Diss., Frankfurt/Main.

GUPTA, Kanhaya L. (1984): *Finance and Economic Growth in Developing Countries*, London: Croom Helm.

GUPTA, Kanhaya L. (1987): Aggregate Savings, Financial Intermediation, and Interest Rate, *Review of Economics and Statistics*, Vol. 69, S. 303–311.

GUPTA, Manak C. (1972): Differential Effects of Tight Money: An Economic Rationale, *Journal of Finance*, Vol. 27, S. 825–838.

GURLEY, John G./SHAW, Edward S. (1955): Financial Aspects of Economic Development, *American Economic Review*, Vol. 45, S. 515–538.

GURLEY, John G./SHAW, Edward S. (1960). *Money in a Theory of Finance*, Washington, D. C.: Brookings Institution.

HACKL, Peter (1980): *Testing the Constancy of Regression Models over Time*, Göttingen: Vandenhoeck und Ruprecht.

HAJIVASSILIOU, Vassilis A. (1983): Estimating and Testing an Aggregative Disequilibrium Model of the US Labor Market, *Massachusetts Institute of Technology*, mimeo.

HALL, Alastair (1989): Testing for a Unit Root in the Presence of Moving Average Errors, *Biometrika*, Vol. 76, S. 49–56.

HALL, Alastair (1992): Testing for a Unit Root in Time Series Using Instrumental Variable Estimators with Pretest Data Based Model Selection, *Journal of Econometrics*, Vol. 54, S. 223–250.

HALL, Alastair (1994): Testing for a Unit Root in Time Series with Pretest Data Based Model Selection, *Journal of Business and Economic Statistics*, Vol. 12, S. 461–470.

HAMILTON, James D. (1987): Monetary Factors in the Great Depression, *Journal of Monetary Economics*, Vol. 19, S. 145–169.

HAMILTON, James D., (1994), *Time Series Analysis*, Princeton, N. J.: Princeton University Press.

HANSEN, Bruce E. (1992): Efficient Estimation and Testing of Cointegrating Vectors in the Presence of Deterministic Trends, *Journal of Econometrics*, Vol. 53, S. 87–121.

HARHOFF, Dietmar/LICHT, Georg et al. (1996): *Innovationsaktivitäten kleinerer und mittlerer Unternehmen. Ergebnisse des Mannheimer Innovationspanels*, Schriftenreihe des Zentrums für Europäische Forschung, Nr. 8, Baden-Baden: Nomos Verlagsgesellschaft.

HARRIS, Duane G. (1974a): Credit Rationing at Commercial Banks. Some Empirical Evidence, *Journal of Money, Credit and Banking*, Vol. 41, S. 227–240.

HARRIS, Duane G. (1974b): Interest Rates, Nonprice Terms and the Allocation of Bank Credit, *Southern Economic Journal*, Vol. 40, S. 428–433.

Harris, John R./SCHIANTARELI, Fabio/SIREGAR, Miranda G. (1994): The Effects of Financial Liberalization on the Capital Structure and Investment Decisions of Indonesian Manufacturing Establishments, *World Bank Economic Review*, Vol. 8, S. 17–47.

HARRIS, R. I. D. (1992): Testing for Unit Roots using the Augmented Dickey-Fuller Test. Some Issues Relating to the Size, Power and the Lag Structure of the Test, *Economics Letters*, Vol. 38, S. 381–386.

HARTLEY, Michael J. (1976): The Estimation of Markets in Disequilibrium: The Fixed Supply Case, *International Economic Review*, Vol. 17, S. 687–700.

HARTLEY, Michael J. (1977): On the Calculation of the Maximum Likelihood Estimator for a

Model of Markets in Disequilibrium, *State University of New York at Buffalo, Economic Research Group, Discussion paper* no. 409.

HARTLEY, Michael J./MALLELA, Parthasaradhi (1977): The Asymptotic Properties of a Maximum Likelihood Estimator for a Model of Markets in Disequilibrium, *Econometrica*, Vol. 45, S. 1205–1220.

HARVEY, A[ndrew] C. (1975): Comment, *Journal of the Royal Statistical Society, series B*, Vol. 37, S. 179–180.

HARVEY, Andrew C. (1994): *Ökonometrische Analyse von Zeitreihen* (The Econometric Analysis of Time Series), übers. von Gerhard Untied, 2. Aufl., München: Oldenbourg.

HAUG, Alfred A. (1992): Critical Values for the $\hat{Z}_\alpha$-Phillips-Ouliaris Test for Cointegration, *Oxford Bulletin of Economics and Statistics*, Vol. 54, S. 473–480.

HAUG, Alfred A. (1993): Residual Based Tests for Cointegration. A Monte Carlo Study of Size Distorsions, *Economics Letters*, Vol. 41, S. 345–351.

HAUG, Alfred A. (1996): Tests for Cointegration. A Monte Carlo Comparison, *Journal of Econometrics*, Vol. 71, S. 89–115.

HAYASHI, Fumio (1982): The Permanent Income Hypothesis: Estimation and Testing by Instrumental Variables, *Journal of Political Economy*, Vol. 90, S. 895–916.

HAYASHI, Fumio (1985): The Effect of Liquidity Constraints on Consumption: A Cross-Sectional Analysis, *Quarterly Journal of Economics*, Vol. 100, S. 183–206.

HELLWIG, Martin (1988): Kreditrationierung und Kreditsicherheiten bei asymmetrischer Information: Der Fall des Monopolmarktes, in: RUDOLPH, Bernd/WILHELM, Jochen (Hrsg.): *Bankpolitik, finanzielle Unternehmensführung, und die Theorie der Finanzmärkte*, Festschrift für Hans-Jacob Krümmel, Berlin: Duncker und Humblot, S. 135–162.

HENDRY, David F. (1986): Econometric Modelling with Cointegrated Variables: An Overview, *Oxford Bulletin of Economics and Statistics*, Vol. 48, S. 201–212.

HERMES, Niels (1996): Financial Reform and Financial Intermediation in Chile, 1983-1992, in : HERMES, Niels/LENSINK, Robert (eds.): *Financial Development and Economic Growth*, London u. New York: Routledge, S. 310–335.

HESTER, Donald D. (1967): An Empirical Examination of a Commercial Bank Loan Offer Function, in: HESTER, Donald D./TOBIN, James (eds.): *Studies of Portfolio Behavior*, New York: John Willey & Sons, Inc., S. 118–170.

HIRSCHLEIFER, Jack/RILEY, John G. (1992): *The Analytics of Uncertainty and Information*, Cambridge: Cambridge University Press.

HODGMAN, Donald R. (1960): Credit Risk and Credit Rationing, *Quarterly Journal of Economics*, Vol. 74, S. 258–278.

HODGMAN, Donald R. (1961): Reply, *Quarterly Journal of Economics*, Vol. 75, S. 327–329.

HODGMAN, Donald R. (1962): Reply, *Quarterly Journal of Economics*, Vol. 76, S. 488–493.

HOOKER, Mark A. (1993): Testing for Cointegration: Power versus Frequency of Observation, *Economics Letters*, Vol. 41, S. 359–362.

HORTON, Brendan (1990): *Morocco: Analysis and Reform of Economic Policy*, EDI Development Policy Case Series, Analytical Case Studies no. 4, Washington, D. C.: The World Bank.

HOSELITZ, Bert, F. (1956): *Capital Formation and Economic Growth*, Princeton, N. J.: Princeton University Press.

HOSHI, Takeo/KASHYAP, Anil/SCHARFSTEIN, David (1991): Corporate Structure, Liquidity, and Investement: Evidence from Japanese Industrial Groups, *Quarterly Journal of Economics*, Vol. 106, S. 33–60.

HOSSAIN, Akhtar/CHOWDHURY, Anis (1996): *Monetary and Financial Policies in Developing Countries. Growth and Stabilisation*, London u. New York: Routledge.

HUBBARD, R. Glenn (1995): Is There a " Credit Channel for Monetary Policy"?, *Federal Reserve Bank of St. Louis Review*, Vol. 77, S. 63–74.

HUJER, Reinhard (1986): Ökonometrische „Switch"-Modelle: Methodische Ansätze und empirische Analysen, *Jahrbücher für Nationalökonomie und Statistik*, Vol. 201, S. 229-256.

HWANG, Hae-shin (1980): A Test of a Disequilibrium Model, *Journal of Econometrics*, Vol. 12, S. 319–333.

ITO, Takatoshi/UEDA, Kazuo (1981): Tests of the Equilibrium Hypothesis in Disequilibrium Econometrics: An International Comparison of Credit Rationing, *International Economic Review*, Vol. 22, S. 691–708.

JAFFEE, Dwight M. (1971): *Credit Rationing and the Commercial Loan Markets. An Econometric Study of the Structure of the Commercial Loan Markets*, New York u. a. O.: John Wiley & Sons, Inc.

JAFFEE, Dwight M. (1972): A Theory and Test of Credit Rationing: Further Notes, *American Economic Review*, Vol. 62, S. 484–488.

JAFFEE, Dwight M./MODIGLIANI, Franco (1969): A Theory and Test of Credit Rationing, *American Economic Review*, Vol. 59, S. 850–872.

JAFFEE, Dwight M./MODIGLIANI, Franco (1976): A Theory and Test of Credit Rationing: Reply, *American Economic Review*, Vol. 66, S. 918–920.

JAFFEE, Dwight [M.]/STIGLITZ, Joseph [E.] (1990): Credit Rationing, in: FRIEDMAN, Benjamin. M./HAHN, Frank H. (eds.): *Handbook of Monetary Economics*, Vol. II, Amsterdam: North-Holland, S. 837–888.

JAPPELLI, Tullio/PAGANO, Marco (1989): Consumption and Capital Market Imperfections: An International Comparison, *American Economic Review*, Vol. 79, S. 1088–1105.

JAPPELLI, Tullio/PAGANO, Marco (1994): Saving, Growth, and Liquidity Constraints, *Quarterly Journal of Economics*, Vol. 109, S. 83–109.

JARAMILLO, Fidel/SCHIANTARELLI, Fabio/WEISS, Andrew (1996): Capital Market Imperfections before and after Financial Liberalization: An Euler Equation Approach to Panel Data for Ecuadorian Firms, *Journal of Development Economics*, Vol. 51, S. 367–386.

JOHANSEN, Søren (1988): Statistical Analysis of Cointegration Vectors, *Journal of Economic Dynamics and Control*, Vol. 12, S. 231–254.

JOHANSEN, Søren (1991): Estimation and Hypothesis Testing of Cointegration Vectors in Gaussian Vector Autoregressive Models, *Econometrica*, Vol. 59, S. 1551–1580.

JOHANSEN, Søren/JUSELIUS, Katarina (1990): Maximum Likelihood Estimation and Inference in Cointegration - With Applications to the Demand for Money, *Oxford Bulletin of Economics and Statistics*, Vol. 52, S. 169–211.

JUNG, Woo S. (1986): Financial Development and Economic Growth: International Evidence, *Economic Development and Cultural Change*, Vol. 34, S. 333–346.

KAPUR, Basant K. (1976): Alternative Stabilization Policies for Less-Developed Economies, *Journal of Political Economy*, Vol. 84, S. 777–795.

KAPUR, Basant K. (1983): Optimal Financial and Foreign-Exchange Liberalization of Less Developed Economies, *Quarterly Journal of Economics*, Vol. 98, S. 41–62.

KASHYAP, Anil K./STEIN, Jeremy C./WILCOX, David W. (1993): Monetary Policy and Credit Conditions: Evidence from the Composition of External Finance, *American Economic Review*, Vol. 83, S. 78–98.

KASHYAP, Anil K./STEIN, Jeremy C./WILCOX, David W. (1996): Monetary Policy and Credit Conditions: Evidence from the Composition of External Finance: Reply, *American Economic Review*, Vol. 86, S. 310–314.

KEETON, William R. (1979): *Equilibrium Credit Rationing*, New York u. London: Garland Publishing Company.

KHAN, Mohsin S./VILLANUEVA, Delano (1991): Macroeconomic Policies and Long-Term Growth: A Conceptual and Empirical Review, *International Monetary Fund Working Paper*, WP/91/28.

KHATKHATE, Deena R. (1988): Assessing the Impact of Interest Rate in Less Developed Countries, *World Development*, Vol. 16, S. 577–588.

KIEFER, Nicholas M. (1980): A Note on Regime Classification in Disequilibrium Models, *Review of Economic Studies*, Vol. 47, S.637–639.

KIEFER, Nicholas M. (1979): On the Value of Sample Separation Information, *Econometrica*, Vol. 47, S. 997–1003.

KING, Robert G./LEVINE, Ross (1993a): Finance, Entrepreneurship, and Growth, *Journal of Monetary Economics*, Vol. 32, S. 513–542.

KING, Robert G./LEVINE, Ross (1993b): Finance and Growth: Schumpeter Might Be Right, *Quarterly Journal of Economics*, Vol. 108, S. 717–737.

KING, Robert G./LEVINE, Ross (1993c): Financial Intermediation and Economic Development, in: MAYER, Colin/VIVES, Xavier (eds.): *Capital Markets and Financial Intermediation*, Cambridge: Cambridge University Press, S. 156–189.

KING, Stephen R. (1986): Monetary Transmission: Through Bank Loans or Bank Liabilities?, *Journal of Money, Credit, and Banking*, Vol. 18, S. 290–303.

KMENTA, Jan (1986): *Elements of Econometrics*, 2nd Edition, New York: MacMillan Publishing Company.

KOOIMAN, Peter/KLOEK, Tuen (1979): Aggregation of Micro Markets in Disequilibrium, *Erasmus University Rotterdam, Working Paper.*

KOSKELA, Erkki (1976): *A Study of Bank Behaviour and Credit Rationing*, Helsinki: Suomalainen Tiedeakatemia.

KOSKELA, Erkki (1979): On the Theory of Rationing Equilibria with Special Reference to Credit Markets: A Survey, *Zeitschrift für Nationalökonomie*, Vol. 39, S. 63–82.

KOSKELA, Erkki (1983): Credit Rationing and Non-Price Loan Terms. A Re-Examination, *Journal of Banking and Finance*, Vol. 7, S. 405–416.

KREMERS, Jeroen J. M./ERICSSON, Neil R./DOLADO, Juan J. (1992): The Power of Cointegration Tests, *Oxford Bulletin of Economics and Statistics*, Vol. 54, S. 325–348.

KWIATKOWSKI, Denis/PHILLIPS, Peter C. B./SCHMIDT, Peter/SHIN, Yongcheol (1992): Testing the Null Hypothesis of Stationarity against the Alternative of a Unit Root: How Sure Are We That Economic Time Series a Unit Root?, *Journal of Econometrics*, Vol. 54, S. 159–178.

LAFFONT, Jean-Jacques/GARCIA, René (1977): Disequilibrium Econometrics for Business Loans, *Econometrica*, Vol. 5, S. 1187–1204.

LAFFONT, Jean-Jacques/MONFORT, Alain (1979): Disequilibrium Econometrics in Dynamic Models, *Journal of Econometrics*, Vol. 11, S. 353–361.

LAROQUE, Guy/SALANIÉ, Bernard (1994): Estimating the Canonical Disequilibrium Model. Asymptotic Theory and Finite Sample Properties, *Journal of Econometrics*, Vol. 62, S. 165–210.

LEE, Junsoo/SCHMIDT, Peter (1994): Unit Root Tests Based on Instrumental Variables Estimation, *International Economic Review*, Vol. 35, S. 449–462.

LEE, Lung-Fei (1984): Regime Classifications in the Disequilibrium Markets Models, *Economics Letters*, Vol. 14, S. 187–193.

LEVINE, Ross (1991): Stock Markets, Growth, and Tax Policy, *Journal of Finance*, Vol. 46, S. 1445–1465.

LEVINE, Ross (1992): Financial Intermediary Services and Growth, *Journal of Japanese and International Economies*, Vol. 6, S. 383–405.

LEVINE, Ross/ZERVOS, Sara J. (1993): Looking at the Facts: What We Have Learned about Policy and Growth from Cross-Country Regressions?, *American Economic Review, Papers and Proceedings*, Vol. 83, S. 426–430.

LEVY, Heim (1992): Stochastic Dominance and Expected Utility: Survey and Analysis, *Management Science*, Vol. 38, S. 555-593.

LEYBOURNE, S. J./MCCABE, B. P. M. (1994): A Consistent Test of Unit Root, *Journal of Business and Economic Statistics*, Vol. 12, S. 157–166.

LINDBECK, Assar (1959): *The 'New' Theory of Credit Control in the United States. An Interpretation and Elaboration*, Stockholm: Almquist & Wicksell.

LO, Andrew W./MACKINLAY, Craig A. (1988): Stock Market Prices Do Not Follow Random Walks: Evidence from a Simple Specification Test, *Review of Financial Studies*, Vol. 1, S. 41–66.

LO, Andrew W./MACKINLAY, Craig A. (1989): The Size and Power of the Variance Ratio Test in Finite Samples. A Monte Carlo Investigation, *Journal of Econometrics*, Vol. 40, S. 203–238.

MACKINNON, James G. (1991): Critical Values for Cointegration Tests, in: ENGLE, Robert F./ GRANGER, Clive W. J. (eds.): *Long Run Economic Relations: Readings in Cointegration*, New York: Oxford University Press, S. 267–276.

MADDALA, G. S. (1983a) *Limited-Dependent and Qualitative Variables in Econometrics*, Cambridge u. a. O.: Cambridge University Press.

MADDALA, G. S. (1983b): Methods of Estimation for Models of Markets with Bounded Price Variation, *International Economic Review*, Vol. 24, S. 361–378.

MADDALA, G. S. (1986): Disequilibrium, Self-Selection, and Switching Models, in: GRILICHES, Ziv/INTRILIGATOR, Michael D. (eds.): *Handbook of Econometrics*, Vol. III, Amsterdam: North-Holland, S. 1633–1688.

MADDALA, G. S. (1987): Limited Dependent Variable Models Using Panel Data, *Journal of Human Resources*, Vol. 22, S. 307–338.

MADDALA, G. S. (1992): *Introduction to Econometrics*, 2nd Edition, New York: MacMillan Publishing Company.

MADDALA, G. S./NELSON, Forrest D. (1974): Maximum Likelihood Methods for Models of Market in Disequilibrium, *Econometrica*, Vol. 42, S. 1013–1030.

MARTIN, Christopher (1990): Corporate Borrowing and Credit Constraints: Structural Disequilibrium Estimates for the U.K., *Review of Economics and Statistics*, Vol. 72, S. 78–86.

MATHIESON, Donald J. (1979): Financial Reform and Capital Flows in a Developing Economy, *International Monetary Fund Staff Papers*, Vol. 26, S. 450–489.

MATHIESON, Donald J. (1980): Financial Reform and Stabilization Policy in a Developing Economy, *Journal of Development Economics*, Vol. 7, S. 359–395.

MCCABE, B. P. M./HARRISON M. J. (1980): Testing the Constancy of Regression Relationships over Time Using Least Squares Residuals, *Applied Statistics*, Vol. 29, S. 142–148.

MCCALLUM, John (1991): Credit Rationig and the Monetary Transmission Mechanism, *American Economic Review*, Vol. 81, S. 946–951.

MCKINNON, Ronald I. (1973): *Money and Capital in Economic Development*, Washington, D.C.: Brookings Institution.

MCKINNON, Ronald I. (1989): Financial Liberalization and Economic Development: A Reassessment of Interest-Rate Policies in Asia and Latin America, *Oxford Review of Economic Policy*, Vol. 5, S. 29–74.

MCKINNON, Ronald I. (1993): *The Order of Economic Liberalization: Financial Control in the Transition to a Market Economy*, 2nd Edition, Baltimore u. London: Johns Hopkins University Press.

MELITZ, Jacques/PARDUE, Morris (1973): The Demand and Supply of Commercial Bank Loans, *Journal of Money, Credit, and Banking*, Vol. 5, S. 669–692.

MELTZLER, Allan H. (1995): Monetary, Credit (and Other) Transmission Processes: A Monetarist Perspective, *Journal of Economic Perspectives*, Vol. 9, S. 49–72.

MENRAD, Siegfried (1966): Kreditgewährung, Einlagenwachstum und Geldschöpfung, *Zeitschrift für Betriebswirtschaft, Ergänzungsheft*, S. 115–133.

MILDE, Hellmuth (1974): Informationskosten, Anpassungskosten und die Theorie des Kreditmarktes, *Kredit und Kapital*, Vol. 7, S. 489–507.

MILDE, Hellmuth (1976): Kreditrisiko und Informationsaktivität im Bankbetrieb, *Zeitschrift für Wirtschafts- und Sozialwissenschaften*, Vol. 96, S. 127–142.

MILDE, Hellmuth/RILEY, John G. (1988): Signaling in Credit Markets, *Quarterly Journal of Economics*, Vol. 103, S. 101–129.

MILDE, Hellmuth/SHIM, Ji-Hong/YOON, Suk Heun (1985): Credit Markets with Private Information, in: GÖPPL, Hermann/HENN, Rudolf (Hrsg.): *Geld, Banken und Versicherungen*, 1984, Bd. I., Karlsruhe: VVW, S. 383–398.

MILLER, Merton H. (1962): Credit Risk and Credit Rationing: Further Comment, *Quarterly Journal of Economics*, Vol. 76, S. 480–488.

MILLS, Gordon (1984): *Optimisation in Economic Analysis*, London: George Allen & Urwin.

MISHKIN, Frederic S. (1996): The Channels of Monetary Transmission: Lessons for Monetary Policy, *NBER Working Paper*, No. 5464.

MORISSET, Jacques (1993): Does Financial Liberalization really Improve Private Investment in Developing Countries?, *Journal of Development Economics*, Vol. 40, S. 133–150.

MUELLBAUER, John (1978): Macrotheory vs. Macroeconometrics: The Treatment of "Disequilibrium" in Macromodels, *Birbeck College Discussion Paper*, No. 59.

MWENDA, Abraham (1993): *Credit Rationing and Investment Behaviour under Market Imperfections: Evidence from Commercial Agriculture in Zambia*, Doctoral Thesis, University of Göteborg.

NABI, Ijaz (1989): Investment in Segmented Capital-Markets, *Quarterly Journal of Economics*, Vol. 104, S. 453–462.

NAHR, Gottfried (1980): *Kreditrationierung, Information und Unsicherheit: Zur Bestimmung von Kredithöhe und Zinssatz bei Kreditverhandlungen*, München: V. Florentz.

NASIM, A./SATCHELL, S. (1982): A Nonlinear Least Squares Method for Estimating Markets in Disequilibrium, *Essex Economic Papers*, no. 208.

NG, Serena/PERRON, Pierre (1995): Unit Root Test in ARMA Models With Data-Dependent Methods for the Selection of the Truncation Lag, *Journal of the American Statistical Association*, Vol. 90, S. 268–281.

NICKELL, Stephen J. (1984): The Modelling of Wages and Employment, in : HENDRY, David F./WALLIS, Kenneth F. (eds.): *Econometrics and Quantitative Economics*, Oxford: Basil Blackwell, S. 13–35.

NISHIMIZU, Mieko/QUANDT, Richard E./ROSEN, Harvey S. (1982): The Demand and Supply of Investment Goods: Does the Market Clear?, *Journal of Macroeconomics*, Vol. 4, S. 1–21.

OBSTFELD, Maurice (1994): Risk-Taking, Global Diversification, and Growth, *American Economic Review*, Vol. 84, S. 1310–1329.

ODEDOKUN, M[atthew] O. (1996a): Alternative Econometric Approaches for Analysing the Role of the Financial Sector in Economic Growth: Time-Series Evidence from LDCs, *Journal of Development Economics*, Vol. 50, S. 119–146.

ODEDOKUN, Matthew O. (1996b): Financial Indicators and Economic Efficiency in Developing

Countries, in : Hermes, Niels/Lensink, Robert (eds.): *Financial Development and Economic Growth*, London u. New York: Routledge, S. 115–137.

Oliner, Stephen D./Rudebusch, Glenn D. (1996): Monetary Policy and Credit Conditions: Evidence from the Composition of External Finance: Comment, *American Economic Review*, Vol. 86, S. 300–309.

Orsi, Renzo (1982): On the Dynamic Specification of Disequilibrium Econometrics: An Analysis of Italian Male and Female Labour Markets, *CORE Discussion Paper*, No. 8228.

Orsi, Renzo (1984): A Dynamic Disequilibrium Analysis of the Labour Markets in the Italian Manufacturing Industry, *CORE Discussion Paper*, No. 8443.

Ott, Alfred E. (1984): *Grundzüge der Preistheorie*, 3. überarb. Aufl., Göttingen: Vandenhoeck und Ruprecht.

Oyewole, Oluropo Babafemi (1994): Financial Repression, Financial Deepening, and the Determinants of Financial Saving in Nigeria, *Rivista Internazionale di Scienze Economiche e Commerciali*, Vol. 41, S. 925–939.

Pagano, Marco (1993): Financial Markets and Growth: An Overview, *European Economic Review*, Vol. 37, S. 613–622.

Pantula, Sastry G./Hall, Alastair (1991): Testing for Unit Roots in Autoregressive Moving Average Models. An Instrumental Variable Approach, *Journal of Econometrics*, Vol. 48, S. 325–353.

Park, Joon Y. (1990): Testing for Unit Roots and Cointegration by Variable Addition, in: Fomby, Thomas B./Rhodes, George F. Jr. (eds.): *Co-Integration, Spurious Regressions, and Unit Roots*, Advances in Econometrics, Vol. 8, London: Jai Press, S. 107–159.

Park Joon Y. (1992): Canonical Cointegrating Regressions, *Econometrica*, Vol. 60, S. 119–143.

Park, Joon Y./Choi, B. (1988): A New Approach to Testing for a Unit Root, *CAE Working Paper*, No. 82-23, Cornell University, Ithaca, N. Y.

Park Joon Y./Phillips, Peter C. B. (1988): Statistical Inference in Regression with Integrated Processes: Part 1, *Econometric Theory*, Vol. 4, S. 468-497.

Park, Joon Y./Ouliaris, S[am]/Choi, B. (1988): Spurious Regression and Tests for Cointegration, *CAE Working Paper*, No. 88-07, Cornell University, Ithaca, N. Y.

Patrick, Hugh T. (1966): Financial Development and Economic Growth in Underdeveloped Countries, *Economic Development and Cultural Change*, Vol. 14, S. 174–189.

Perron, Pierre (1991): Test Consistency with Varying Sampling Frequency, *Econometric Theory*, Vol. 7, S. 341–368.

Phillips, P[eter] C. B., (1986): Understanding Spurious Regression in Econometrics, *Journal of Econometrics*, Vol. 33, S.311-340.

Phillips, P[eter] C. B. (1987): Time Series Regression with a Unit Root, *Econometrica*, Vol. 55, 277-301.

Phillips, P[eter] C. B./Durlauf, S. N. (1986): Multiple Time Series Regression with Integrated Processes, *Review of Economic Studies*, Vol. 53, S. 473–495.

Phillips, Peter C. B./Hansen, Bruce E. (1990): Statistical Inference in Instrumental Variables

Regression with I(1) Processes, *Review of Economic Studies*, Vol. 57, S.99–125.

PHILLIPS, Peter C. B./LORETAN, Mico (1991): Estimating Long-Run Equilibria, *Review of Economic Studies*, Vol. 58, S. 407–436.

PHILLIPS, P[eter] C. B./OULIARIS, S[am] (1990): Asymptotic Properties of Residual Based Tests for Cointegration, *Econometrica*, Vol. 58, S. 165–193.

PHILLIPS, P[eter] C. B./PARK, Joon Y. (1988): Asymptotic Equivalence of Ordinary Least Squares and Generalized Least Squares in Regressions with Integrated Regressors, *Journal of the American Statistical Association*, Vol. 83, S. 111–115.

PHILLIPS, Peter C. B./PERRON, Pierre (1988): Testing for a Unit Root in Time Series Regression, *Biometrika*, Vol. 75, S. 335–346.

PIERCE, David A./HAUGH, Larry D. (1977): Causality in Temporal Systems: Characterization and a Survey, *Journal of Econometrics*, Vol. 5, S. 265–293.

PIZER, Stephen M. (1975): *Numerical Computing and Mathematical Analysis*, Chicago u. a. O.: Science Research Associates.

PLOBERGER, Werner (1989): The Local Power of the Cusum-SQ Test against Heteroskedasticity, in: HACKL, Peter. (ed.): *Statistical Analysis and Forecasting of Economic Structural Change*, Heidelberg u. a. O.: Springer, S. 127–133.

PLOBERGER, Werner/KRÄMER, Walter (1990): The Local Power of the Cusum and the Cusum Squares Tests, *Econometric Theory*, Vol. 6, S. 335–347.

PORTES, Richard/WINTER, David (1980): Disequilibrium Estimates for Consumption Goods Markets in Centrally Planned Economies, *Review of Economic Studies*, Vol. 47, S. 137–159.

QUANDT, Richard E. (1978): Tests of the Equilibrium vs. Disequilibrium Hypothesis, *International Economic Review*, Vol. 19, S. 435–452.

QUANDT, Richard E. (1982): Econometric Disequilibrium Models, *Econometric Review*, Vol. 1, S. 1–63.

QUANDT, Richard E. (1986): A Note on Estimating Disequilibrium Models with Aggregation, *Empirical Economics*, Vol. 11, S. 223–242.

QUANDT, Richard E. (1988) *The Econometrics of Disequilibrium*, Oxford u. New York: Basil Blackwell.

QUANDT, Richard E./ROSEN, Harvey S. (1985): Is There a Chronic Excess Supply of Labor? Designing a Statistical Test, *Economics Letters*, Vol. 19, S. 193–197.

RAMEY, Valerie A. (1993): How Important Is the Credit Channel in the Transmission of Monetary Policy, *NBER Working Paper*, No. 4285.

RICHARD, Jean-François (1982): Comment, *Econometric Review*, Vol. 1, S. 81-87.

RITTHALER, Mona (1994): *Kreditrationierung*, Weiden u. Regensburg: Eurotrans.

ROBINSON, Joan (1952): *The Rate of Interest and Other Essays*, London: MacMillan.

ROCKERBIE, Duane W. (1993): Credit Rationing and Macroeconomic Adjustment in Latin America, *Quarterly Review of Economics and Finance*, Vol. 33, S. 325–342.

ROMER Christina D./ROMER, David H. (1990): New Evidence on the Monetary Transmission Mechanism, *Brookings Papers on Economic Activity*, Vol. 1, S. 149–213.

RONNING, Gerd (1991): *Mikroökonometrie*, Berlin u. a. O.: Springer.

ROOSA [ROSA], Robert V. (1951): Interest Rates and the Central Bank, in: *Money, Trade, and Economic Growth*, in Honor of John Henry Williams, New York: The Macmillan Company.

ROSEN, Harvey S./QUANDT, Richard E. (1978): Estimation of a Disequilibrium Aggregate Labour Market, *Review of Economics and Statistics*, Vol. 40, S. 371–379.

ROSEN, Sherwin (1974): Hedonic Prices and Implicit Markets: Product Differentiation in Pure Competition, *Journal of Political Economy*, Vol. 82, S. 34–55.

ROTHSCHILD, Michael/STIGLITZ, Joseph E. (1970): Increasing Risk: A Definition, *Journal of Economic Theory*, Vol. 2, S. 225–243.

ROTHSCHILD, Michael/STIGLITZ, Joseph E. (1976): Equilibrium in Competitive Markets: An Essay on the Economics of Imperfect Information, *Quarterly Journal of Economics*, Vol. 90, S. 628–649.

ROUBINI, Nouriel/SALA-I-MARTIN, Xavier (1992): Financial Repression and Economic Growth, *Journal of Development Economics*, Vol. 39, S. 5–30.

RYDER, Harl E. Jr. (1962) Credit Risk and Credit Rationing: Comment, *Quarterly Journal of Economics*, Vol. 76, S. 471–479.

RILEY, John G. (1987): Credit Rationing: A Further Remark, *American Economic Review*, Vol. 77, S. 224–227.

SAID, Said E./DICKEY, David A. (1984): Testing for Units Root in Autoregressive Moving Average Models of Unknown Order, *Biometrika*, Vol. 71, S. 599–607.

SAIKKONEN, Pentti (1991): Asymptotically Efficient Estimation of Cointegration Regression, *Econometric Theory*, Vol. 7, S. 1–21.

SAIKKONEN, Pentti/LUUKKONEN, Ritva (1993): Point Optimal Tests for Testing the Order of Differencing in ARIMA Models, *Econometric Theory*, Vol. 9, S. 343–362.

SAINT-PAUL, Gilles (1992): Technological Choice, Financial Markets, and Economic Development, *European Economic Review*, Vol. 37, S. 763–781.

SAINT-PAUL, Gilles (1993): Technological Dualism, Financial Markets, and Economic Development, *Journal of International Trade and Economic Development*, Vol. 2, S. 13–26.

SAINT-PAUL, Gilles (1996): Demand-Driven Financial Development, in: HERMES, Niels/LENSINK, Robert (eds.): *Financial Development and Economic Growth*, London u. New York: Routledge, S. 37–52.

SARGAN, J. D./BARGHAVA, Alok, (1986): Testing Residuals from Least Squares Regression for Being Generated by the Gaussian Random Walk, *Econometrica*, Vol. 51, S. 153–174.

SCHALLER, Huntley, (1993): Asymmetric Information, Liquidity Constraints and Canadian Investment, *Canadian Journal of Economics*, Vol. 26, S. 552–574.

SCHLITTGEN, Rainer/STREITBERG, Bernd (1997): *Zeitreihenanalyse*, 7. unwesentl. verän. Aufl., München u. Wien: Oldenbourg.

SCHMIDT, Peter (1990): Dickey-Fuller Tests with Drift, in: FOMBY, Thomas B./RHODES, George F. Jr. (eds.): *Co-Integration, Spurious Regressions, and Unit Roots*, Advances in Econometrics, Vol. 8, London: Jai Press, S. 161-200.

SCHMIDT, Peter/LEE, Junsoo (1991): A Modification of the Schmidt-Phillips Unit Root Test, *Economics Letters*, Vol. 36, S. 285–289.

SCHMIDT, Peter/PHILLIPS, Peter, C. B. (1992): LM Tests for a Unit Root in the Presence of Deterministic Trends, *Oxford Bulletin of Economics and Statistics*, Vol. 54, S. 257–287.

SCHMIDT-HEBBEL, Klaus/WEBB, Steven B./CORSETTI, Giancarlo (1992): Household Saving in Developing Countries: First Cross-Country Evidence, *World Bank Economic Review*, Vol. 6, S. 529–547.

SCHMIDT-MOHR, Udo (1992): *Informationsökonomische Theorien der Bankunternehmung und des Bankverhaltens*, wirtschaftswiss. Diss., Universität des Saarlandes.

SCHNEEWEISS, Hans (1990): *Ökonometrie*, 4. überarbeitete Aufl., Heidelberg: Physica-Verlag.

SCHOLNICK, Barry (1991): Testing a Disequilibrium Model of Lending Rate Determination: The Case of Malaysia, *International Monetary Fund Working Paper*, WP/91/84.

SCHUMPETER, Joseph Alois (1993): *Theorie der wirtschaftlichen Entwicklung; eine Untersuchung über Unternehmergewinn, Kapital, Kredit, Zins und den Konjunkturzyklus*, Berlin: Duncker & Humblot.

SCHWERT, William G. (1989): Test for Unit Roots: A Monte Carlo Investigation, *Journal of Business and Economic Statistics*, Vol. 7, S. 147–159.

SCOTT, Ira O. Jr. (1957): The Availability Doctrine: Theoretical Underpinnings, *Review of Economic Studies*, Vol. 25, S. 41–48.

SEALEY, C. W. Jr. (1979): Credit Rationing in the Commercial Loan Market: Estimates of a Structural Model under Conditions of Disequilibrium, *Journal of Finance*, Vol. 34, S. 689–702.

SHARPE, Steven A. (1991): Credit Rationing, Concessionary Lending, and Debt Maturity, *Journal of Banking and Finance*, Vol. 15, S. 581–604.

SHAW, Edward S. (1973): *Financial Deepening in Economic Development*, New York: Oxford University Press.

SHILLER, Robert J./PERRON, Pierre (1985): Testing the Randow Walk Hypothesis. Power versus Frequency of Observation, *Economics Letters*, Vol. 18, S. 381–386.

SILBER, William L./POLAKOFF, Murray E. (1970): The Differential Effects of Tight Money: An Econometric Study, *Journal of Finance*, Vol. 25 , S. 83–97.

SIMS, Christopher A. (1972): Money, Income and Causality, *American Economic Review*, Vol. 62, S. 540–552.

SIMS, Christopher A./STOCK, James H./WATSON, Mark W. (1990): Inference in Linear Time Series Models with Some Unit Roots, *Econometrica*, Vol. 58, S. 113–144.

SLOVIN, Myron B/SUSHKA, Marie Elizabeth (1983): A Model of the Commercial Loan Rate, *Journal of Finance*, Vol. 38, S. 1583–1596.

SMITH, Vernon L. (1972): A Theory and Test of Credit Rationing: Some Generalizations, *American Economic Review*, Vol. 62, S. 477–483.

SMITH, Vernon L. (1976): The Borrower-Lender Relationship, *American Economic Review*, Vol. 66, S. 406–407.

SNEESSENS, Henri R. (1981): *Theory and Estimation of Macroeconomic Rationing Models*, Berlin u. a. O.: Springer.

SNEESSENS, Henri R. (1985): Two Alternative Stochastic Specifications and Estimation for Quantity Rationing Models. A Monte-Carlo Comparison, *European Economic Review*, Vol. 19, S. 111–136.

SOFIANOS, George/WACHTEL, Paul/MELNIK, Arie (1990): Loan Commitments and Monetary Policy, *Journal of Banking and Finance*, Vol. 14, S. 677–689.

SOLO, Victor (1984): The Order of Differencing in ARIMA Models, *Journal of the American Statistical Association*, Vol. 79, S. 916–921.

STALDER, Peter (1984): Schaetzung von Ungleichgewichtsmodellen auf der Basis eines adaptierten "Nonlinear Least Squares"-Verfahrens, Paper no. 11, *Konjunkturforschungsstelle ETH Zürich.*

STENIUS, Marianne (1986): *Disequilibrium Econometrics for the Finnish Bond Market*, Helsinki: Societas Scientarium Fennica (The Finnish Society of Sciences and Letters).

STENIUS, Marianne/VIRÉN, Matti (1984): Some Further Results on Rosen and Quandt's Labour Market Model, *European Economic Review*, Vol. 26 , S. 369–377.

STIGLITZ, J[oseph] E. (1979): Equilibrium in Product Markets with Imperfect Information, *American Economic Review, Papers and Proceedings*, Vol. 69, S. 339–345.

STIGLITZ, Joseph E. (1989): Financial Markets and Development, *Oxford Review of Economic Policy*, Vol. 5, S. 55–68.

STIGLITZ, Joseph E. (1991): Government, Financial Markets, and Economic Development, *NBER Working Paper*, No. 3669.

STIGLITZ, Joseph E. (1992): Capital Markets and Economic Fluctuations in Capitalist Economies, *European Economic Review*, Vol. 36, S. 269–306.

STIGLITZ, Joseph E./WEISS, Andrew (1981): Credit Rationing in Markets with imperfect Information, *American Economic Review*, Vol. 71, S. 393–410.

STIGLITZ, Joseph E./WEISS, Andrew (1987): Credit Rationing: Reply, *American Economic Review*, Vol. 77, S. 228–231.

STIGLITZ, Joseph E./WEISS, Andrew (1992): Asymmetric Information in Credit Markets and Its Implications for Macro-Economics, *Oxford Economic Papers*, Vol. 44, S. 694–724.

STOCK, James H. (1987): Asymptotic Properties of Least Squares Estimators of Cointegrating Vectors, *Econometrica*, Vol. 55, S. 1035–1056.

STOCK, James H. (1994a): Unit Roots, Structural Breaks and Trends, in: ENGLE, Robert E./MCFADDEN, Daniel L. (eds.): *Handbook of Econometrics*, Vol. IV, S. 2739–2841.

STOCK, James H. (1994b): Deciding between I(1) and I(0), *Journal of Econometrics*, Vol. 63, S. 105–131.

STOCK, James H./WATSON, Mark W. (1993): A Simple Estimator of Cointegrating Vectors in Higher Order Integrated Systems, *Econometrica*, Vol. 61, S. 783–820.

STUDART, Rogerio (1993): Financial Repression and Economic Development: Towards a Post-Keynesian Alternative, *Review of Political Economy*, Vol. 5, S. 277–298.

STUDART, Rogerio (1995): *Investment Finance and Economic Development*, London u. New York: Routledge.

STUDART, Rogerio (1995/96): The Efficiency of Financial Systems, Liberalization, and Economic Development, *Journal of Post Keynesian Economics*, Vol. 18, S. 269–292.

TANAKA, Katsuto (1990): Testing for a Moving Average Root, *Econometric Theory*, Vol. 6, S. 433–444.

TAYLOR, John B. (1995): The Monetray Transmission Mechanism: An Empirical Framework, *Journal of Economic Perspectives*, Vol. 9, S. 11–26.

TAYLOR, Lance (1983): *Structuralist Macroeconomics: Applicable Models for the Third World*, New York: Basic Books.

TERBERGER, Eva (1987): *Der Kreditvertrag als Instrument zur Lösung von Anreizproblemen: Fremdfinanzierung als Principal/Agent-Beziehung*, Heidelberg: Physica-Verlag.

THIES, Clifford F. (1989): Deregulation and Commercial Bank Credit Rationing. An Econometric Analysis, *Review of Research in Banking and Finance*, Vol. 5, S. 1–17.

TISHLER, Asher/ZANG, Israel (1980): A Switching Regression Method Using Inequality Conditions, *Journal of Econometrics*, Vol. 11, S. 259–274.

TODA, Hiro Y./PHILLIPS, Peter C. B. (1993): Vector Autoregression and Causality, *Econometrica*, Vol. 61, S. 1367–1393.

TUSSING, A. Dale (1963): The Differential Effects of Tight Money: Comment, *American Economic Review*, Vol. 53, S. 740–743.

TYBOUT, James R. (1983): Credit Rationing and Investment Behavior in a Developing Country, *Review of Economics and Statistics*, Vol. 65, S. 598–607.

TYBOUT, James R. (1984): Interest Controls and Credit Allocation in Developing Countries, *Journal of Money, Credit, and Banking*, Vol. 16, S. 474–487.

VILLANUEVA, Delano/MIRAKHOR, Abbas (1991): Strategies for Financial Reforms: Interest Rate Policies, Stabilization, and Bank Supervision in Developing Countries, *International Monetary Fund Staff Papers*, Vol. 37, S. 509–536.

WAHLEN, James M. (1994): The Nature of Information in Commercial Bank Loans Loss Disclosures, *The Accounting Review*, Vol. 69, S. 455–478.

WARMAN, Fanny/THIRLWALL, A. P. (1994): Interest Rates, Investment and Growth in Mexico 1960-90: Tests of the Financial Liberalisation Hypothesis, *Journal of Development Studies*, Vol. 30, S. 629–649.

WATSON, Harry (1984): Credit Markets and Borrowers Effort, *Southern Economic Journal*, Vol. 50, S. 802–813.

WATSON, Mark W. (1994): Vector Autoregression and Cointegration, in: ENGLE, Robert E./MCFADDEN, Daniel L. (eds.): *Handbook of Econometrics*, Vol. IV, S. 2739–2841.

WELTBANK (1989): *Weltentwicklungsbericht*, New York: Oxford University Press.

WETTE, Hildegard C. (1983): Collateral and Credit Rationing in Markets with Imperfect Information: Note, *American Economic Review*, Vol. 73, S. 442–445.

WHITED, Toni M. (1992): Debt, Liquidity Constraints, and Corporate Investment: Evidence from Panel Data, *Journal of Finance*, Vol. 47, S. 1425–1460.

VAN WIJNBERGEN, Sweder (1983a): Interest Rate Management in LDCs, *Journal of Monetary Economics*, Vol. 12, S. 433–452.

VAN WIJNBERGEN, Sweder (1983b): Credit Policies, Inflation, and Growth in a Financially Repressed Economy, *Journal of Development Economics*, Vol. 13, S. 45–65.

WILSON, Charles A. (1977): A Model of Insurance Markets with Incomplete Information, *Journal of Economic Theory*, Vol. 16, S. 167–207.

WINKER, Peter (1995): Die Trägheit der Zinssätze und Kreditrationierung in der Bundesrepublik Deutschland, *Jahrbücher für Nationalökonomie und Statistik*, Vol. 214, S.154–174.

WINKER, Peter (1996): Rationierung auf dem Markt für Unternehmenskredite in der BRD, Tübingen: J.C.B. Mohr (Paul Siebeck).

XU, Xiaonian (1995): Precautionary Savings under Liquidity Constraints: A Decomposition, *International Economic Review*, Vol. 36, S. 675–690.

ZELDES, Stephen P. (1989): Consumption and Liquidity Constraints: An Empirical Investigation, *Journal of Political Economy*, Vol. 97, S. 305–346.

ZELLER, Manfred (1994): Determinants of Credit Rationing: A Study of Informal Lenders and Formal Credit Groups in Madagascar, *World Development*, Vol. 22, S. 1895–1907.

ZILIBOTTI, Fabrizio (1994): Endogenous Growth and Intermediation in a 'Archipelago' Economy, *Economic Journal*, Vol. 103, S. 462–473.

GPSR Compliance

The European Union's (EU) General Product Safety Regulation (GPSR) is a set of rules that requires consumer products to be safe and our obligations to ensure this.

If you have any concerns about our products, you can contact us on ProductSafety@springernature.com

In case Publisher is established outside the EU, the EU authorized representative is:

Springer Nature Customer Service Center GmbH
Europaplatz 3
69115 Heidelberg, Germany

Batch number: 10815964

Printed by Printforce, the Netherlands